Manfred Schneider

Die erkaltete Herzensschrift

Der autobiographische Text
im 20. Jahrhundert

Carl Hanser Verlag

ISBN 3–446–14656–3
© 1986 Carl Hanser Verlag München Wien
Schutzumschlag: Klaus Detjen, unter Verwendung
des Bildes *Hat Kopf, Hand, Fuß und Herz*
von Paul Klee, 1930, S 4 (214).
Kunstsammlung NRW, Düsseldorf
© 1986 Cosmopress, Genf
Satz: Janß, Pfungstadt
Druck und Bindung: Hieronymus Mühlberger, Augsburg
Printed in Germany

Inhaltsverzeichnis

I
Über das Entstehen und Verschwinden eines Archivs der Innerlichkeiten

Prolog

Eine kleine metaphorische Verschiebung rückt das Problem, dem die folgenden Überlegungen gewidmet sind, in den Blick. Aus solchen Spuren von Metaphern lassen sich bisweilen ganze Literaturgeschichten herauslesen. Das Signet, das herrschaftliche Emblem, das über Jahrhunderte hinweg die literarischen Akte des Bekennens, die diaristischen und autobiographischen Beichten, gesteuert hat, heißt *Herzensschrift*. Der Stifter dieses unaufhörlich wirksamen Zeichens war der Apostel Paulus, der aus der buchstäblichen Unterscheidung, die ihn von seinem ursprünglichen Namen Saulus und vom Judentum trennte, ein abendländisches Politikum gemacht hat. Der biographisch folgenreiche Tausch der Anlaute zwischen S(aulus) und P(aulus) geht über die gleiche Markierung, die auch die *Buchstaben* vom *Geist* trennt. Diese paulinische Unterscheidung, die alle wahre Schrift in einen Nebel von Spiritualität hüllte, ermöglichte die Einschreibung von Lettern an den unzugänglichsten Stellen. Von dieser Art ist die Herzensschrift. Paulus nannte seine Gemeinde in Korinth einen »Brief« Christi, »geschrieben nicht mit Tinte, sondern mit dem Geist des lebendigen Gottes, nicht in steinerne Tafeln, sondern in die fleischernen Tafeln des Herzens« (2. Kor. 3, 2).[1] Diese spirituelle Gottesschrift, die in den Herzen der christlichen Gemeindemitglieder residiert, ist eine der merkwürdigsten und folgenreichsten medienpolitischen Erfindungen, die die Geschichte kennt. Die *politische* Macht dieser Schrift haben jahrhundertelang Juden bezeugen müssen, die sich an ihr altes, in die steinernen Tafeln geschnittenes Gesetz hielten. Denn die Markierung zwischen Buchstaben und Geist fand im Realen zahlreiche architektonische Varianten: Sie reichen von den Ghettomauern bis zu KZ-Gräben. Nicht minder effektiv ließ sich die unsichtbare Schrift als Medium nutzen: Wie sehr nämlich die *Herzensschrift* eine vorläufige *mediale* Konzeption war, das sollte die Zeit nach der Reformation ans Licht bringen. Die Epoche des Drucks mit beweglichen Lettern (Charakteren)[2] eröffnete die sogleich genutzte Möglichkeit, die Gläubigen nicht nur als Adressaten der Briefe Christi zu begrüßen, sondern auch als Absender und Autoren ihrer eigenen intimen Zeichen/Charaktere einzusetzen. Eine Mythologie des (Schrift-)Mediums, die unbewußt noch den Direktiven der paulinischen Geistpolitik gehorcht, entziffert bis heute in der seit Ende des 16. Jahrhunderts buchstäblich in den Himmel wachsenden Bibliothek der überwiegend protestantisch-religiösen Lebens- und Gewissensprotokolle die authentischen Schriftzüge eines erwachenden neuzeitlichen Selbstbewußtseins und schreibsüchtigen Bürgergeistes. Paulus sitzt auch noch den Welt- und Texthistorikern in den Knochen: Es gibt nämlich keinen Geist ohne Gesetze, und es gibt keine Innerlichkeit ohne die Drucktechnik.

Zwei Jahrhunderte neuzeitlicher protestantischer, insbesondere calvinistischer Schriftpolitik genügten allerdings, um dieses neue Medium Druck zum heißen Medium der Herzensschriften werden zu lassen: Mit einem Schlage begannen neugegründete Archive die Mägen ihres Gedächtnisses mit diaristischen und autobiographischen Bekenntnissen zu füllen.[3] Es waren allesamt Duplikate der Geisterschrift in den Herzen der Gläubigen. Warum wurde es notwendig, daß die Gläubigen diese in ihr Innerstes eingetragenen Lettern unaufhörlich kopierten? Denn darum handelte es sich: Die calvinistische und die protestantische Schrift-Konfession standen unter der Direktive, daß die Verfasser die anderen auf diese Weise in ihren Herzen lesen lassen sollten. *Heiß* nennen wir diese Kopien der testamentarischen Inskriptionen zum einen, weil sie im Sinne der Medientheorie McLuhans ein homogenes, detailreiches, alle Information intensiv, suggestiv abstrahlendes Medium speisten.[4] Und zum anderen erreichten die Mitteilungen selbst solch hohe Temperaturwerte, weil sie unter der Regel uneingeschränkter, vorbehaltloser, erpreßter Wahrheit ergingen.[5]

Das mit aufgerissenem Herzen geschriebene, gedruckte und vervielfältigte autobiographische Bekenntnis calvinistischer Observanz wurde von dem Genfer Bürger Jean-Jacques Rousseau noch um einige Grade stärker erhitzt und über die Grenzen seiner ursprünglichen Domäne getrieben. Rousseau hat die alte *Herzensschrift* an sich selbst neu gelesen und definiert: Die *Confessions* präsentieren sich als Prototyp eines ebenso radikal subjektiven wie wissenschaftlich verbindlichen Diskurses.[6] Zwei Schriften kreuzen sich nämlich nach Rousseau im Herzen der Menschen, die Inskription einer anthropologischen Natur und die Zeichen seiner Individualität. Noch ehe sie in den frei gewählten Parlamenten das Wort ergreifen, treten die bürgerlichen Subjekte (der Literatur) ins Amt der Repräsentation. In ihren Herzen, in ihren Seelen führen sie die künftigen psychologischen und kriminalistischen Kompendien spazieren. Dies geht einher mit einer Politik der Verleugnung, die Rousseau begründet: Die kulturellen Zeichen, für Rousseau die Semiotik des Unwahren, bleiben diesen fleischernen Urschriften gegenüber äußerlich. Wer also, dem delphischen Imperativ gemäß, durch das Dickicht der zivilisatorischen Markierungen hindurch sich selbst erkennen will, der muß zunächst »im Herzen eines anderen lesen«.[7] Diesen Text offerieren die *Confessions*: »Ich möchte, daß alle Welt in meinem Herzen liest«.[8] Damit wird die spirituelle Schrift des Paulus geschlossen und das große anthropologische Buch der Psychologie und Kriminologie aufgeschlagen. Doch was so neu erscheint, zeigt vielmehr alle Kraft der Beharrlichkeit. In den neuen Archiven wird die gleiche Schrift wie früher gesammelt. Die Prinzipien lauten: ›Erkenne dich selbst! Liefere deine innerste Wahrheit ab! Schreib auf!‹ Allein der Titel der Verwaltung ist neu. Die neuen Angestellten des paulinischen Logos heißen nicht mehr Theologen, sondern Psychologen und Kriminologen. Ihre trügerische Amtsvorschrift bleibt in Kraft: Weiterhin nennen sie »Seele« und »Herz«, was die Residenz der Gesetze ist. Wie einst die Sünde wurzelt in der Moderne das Verbrechen in einem verdorbenen Text.

Das neunzehnte Jahrhundert, eher memoirensüchtig als bekenntnisgierig, verzeichnet freilich das Projekt einer noch heißeren Schrift als die literarische Beichte des Autors Jean-Jacques. Es findet sich bei Edgar Allen Poe und Charles Baudelaire. Eine Notiz in Poes berühmten *Marginalia* lautet:

Sollte irgend einem Mann von Ambitionen der Sinn danach stehen, mit einem einzigen Gewalt-Streich die gesammte Welt menschlichen Denkens, menschlichen Meinens und menschlichen Empfindens zu revolutionieren, so steht ihm solche Gelegenheit jederzeit zu Gebote (...). Was er zu tun hat, ist lediglich, ein ganz kleines Buch zu schreiben und zu publiciren. Der Titel sollte recht einfach sein – dürfte blos wenige, schlichte Worte umfassen: »Mein blosgelegtes Herz«. Allein, dies kleine Buch müßte *halten, was sein Titel verspricht.*
(...) Aber dies Buch zu *schreiben* – da liegt der Hase im Pfeffer! Darüber wagt sich Keiner und wird sich in aller Zukunft Keiner wagen. Und wagte es gleich Einer, so könnt' er's gar nicht schreiben! Glosend verschrumpfen würde das Papier unter den Zügen so brennender Feder![9]

Baudelaire hat eine kleine Materialsammlung für ein solches Buch angelegt. Er wollte unter dem Titel *Mon cœur mis à nu* seine Autobiographie niederschreiben. Und diese *Höllenschrift*, so verriet er im April 1861 Mme Aupick, sollte alle seine Bosheit, seinen ganzen Haß verzeichnen: »Wenn es jemals das Licht der Welt erblicken soll, so werden die Confessions daneben blaß erscheinen«.[10] Diese, wie Poe prophezeite, unschreibbare Schrift blieb somit vorerst ein Projekt.

Siebzig Jahre später, zwischen 1930 und 1935, wagte sich der französische Autor Michel Leiris in seinem ersten autobiographischen Versuch *L'âge d'homme* erneut an eine solche »Höllenschrift«. Dies jedenfalls behauptet Leiris in dem 1945/46 nachträglich verfaßten Vorwort zu diesen Bekenntnissen *Literatur als Stierkampf*. Im Rückblick auf die Zeit der Niederschrift erkennt er seinen Ehrgeiz, die von Poe geforderte graphische Temperatur zu erreichen. So träumte er davon ...

(...) jenes Projekt (...) auf meine eigene Rechnung fortzuführen, zu welchem sich Baudelaire durch eine Stelle in den *Marginalien* von Poe hatte anregen lassen: sein Herz bloßzulegen, (...) und darin die Bemühung um Aufrichtigkeit so weit zu treiben, daß unter den Sätzen des Verfassers »das Papier sich kräuseln und aufflammen müßte bei jedem Strich der Feuerfeder«.[11]

Doch Leiris war zuvor schon, nämlich Anfang 1940, zu der Erkenntnis gelangt, daß eine solche heiße Schrift nicht mehr hervorzubringen sei. Im ersten Band seiner zu dieser Zeit in Angriff genommenen Autobiographie *La règle du jeu* hatte er daher bereits jene metaphorische Verschiebung vorgenommen, die das alte paulinische Bild, die Wahrheitsmetapher Rousseaus, die höllische Metapher Poes aufnahm und sie zugleich abkühlte und modernisierte:

Ich stoße im Augenblick wieder auf einen Zustand dieser Art, wenn ich versuche, unter der Spitze meiner Feder etwas zu neuem Leben zu erwekken, was tatsächlich nur Nadelspitzen sind, will sagen: diesen recht eigentümlichen Flöz von Erinnerungen, dessen Abbau ich hier in Angriff nehme. Das sind sehr dünne Nadeln, deren stählerner Schimmer mich um so mehr faszinieren wird, je feiner ihre Spitzen sind und die natürlich um so besser perforieren, je unspürbarer ihr Stich ist. Von diesen nicht allzu grausamen Nadeln wünschte ich mir nur, daß sie wie eine schöne Schallplatte die kaum ahnbaren Rillen zum Singen bringen, die meinem Herzen eingraviert sind (...).[12]

Auf solch erstaunliche Weise hat sich die alte, von Paulus gegen die jüdische Gesetzesmacht aufgebotene spirituelle *Herzensschrift*, die von den neuzeitlichen, in den Namen Calvins, Rousseaus, Poes personifizierten Epochenmächten zu jener heißesten Schrift gemacht worden war, die nach McLuhan das Medium Druck selbst ist, zur Schallplatte des Herzens verwandelt. Das große Pathos und die unerbittliche Macht der Wahrheitsforderungen sind einer kühlen Bemühung um Nüchternheit und Präzision gewichen. Die kleine Differenz im Anlaut S/P des verwandelten Apostels Paulus, die den Gegensatz von Buchstaben und Geist, genauer: die Opposition von Gesetz und Wahrheit für beinahe zweitausend Jahre bezeichnete und organisierte, sie hat sich zu einer ganz anderen Unterscheidung vorwärtsbewegt, die Leiris' Herzensschallplatte ins Bild holte: zur unauslöschlichen Differenz von Subjekt-Wahrheit und Autorschaft. Dies ist das Ende eines Trugs und seiner unerhörten Wirksamkeit. Denn daß die autobiographischen Texte vom 16. bis zum 20. Jahrhundert Duplikate waren, das leidet keinen Zweifel. Doch waren es keine Kopien von Subjektivitäten und Innerlichkeiten, sondern Kopien von Vorschriften, die Innerlichkeiten (Herzensschriften) produzierten, um durch diese spirituellen Medien die Politik des Geistes zu sichern. Das 20. Jahrhundert benötigt Seelen nur noch für Patienten und Delinquenten. Die Homogenisierung der übrigen armen Seelen ist vollständig gesichert. Erkennbarkeit und Regierbarkeit der Menschen sichern die technischen Medien. Ihre Macht liest sich daran ab, daß sie sich in die alte Metaphorik der (trügerischen) Subjektwahrheiten einnisten.

Die Verschiebung von der Herzensschrift zur Herzensschallplatte hinterläßt nicht nur eine metaphorische Spur. Das neue Zeichen signiert ein erheblich größeres Reich von Tatsachen als nur den einfachen Sachverhalt, daß die Technik des zwanzigsten Jahrhunderts neue Inventare von Bildern zur Verfügung stellt. Diese Spur verbindet und repräsentiert zugleich zwei Schriftordnungen, zwei Grundgesetze des autobiographischen Textes. Und diese beiden Systeme, das alte und das neue, die Kräfte, die sie halten, und die Kräfte, die ihre Ablösung erzwingen – sie bilden den Horizont dieser Überlegungen.

Der autobiographische Text im zwanzigsten Jahrhundert verläßt das symbolische Territorium der Wahrheit. Er löst sich von der Vorschrift, die einst seine Bewegungen zu diktieren schien: Der Autor verzichtet auf die Suggestion, daß er die Schatten seines Profils in der *camera obscura*[13] nachzeichnet, daß er ein natur- oder wahrheitsgetreues Porträt von sich gibt. Die Person des Autobiographen bleibt zwar Gegenstand der Schrift als eine fiktive kulturelle Einheit; dafür treibt der Text sich innerhalb seiner eigenen Domäne auf jene höhere Ebene, wo er die autobiographische Aktivität, das Schreiben selbst zum Ersatz für das unerreichbare Objekt – Körper und Erfahrung des schreibenden Subjekts – präsentiert. Dieser Text läuft nicht mehr als treuer Mittler hin und her zwischen einem Autorkörper und dem himmlischen oder irdischen Leser. Er umschließt nicht mehr das durch den Schlüssel seines Namens eröffnete Archiv von Ereignissen, Begegnungen, Leiden und Gedanken. Der autobiographische Text im Zeichen der modernen Medien macht sich selbst zum Ereignis. Diese Inthronisierung erfolgt bereits in dem empirischen Sinne, daß eine ganze Reihe moderner Autoren die autobiographische Schrift, die Niederschrift des Lebens als privilegierten Lebensinhalt betreiben. Und die Geste der Selbsterhöhung schreibt sich zum anderen in den zahlreichen autoreferenziellen Schleifen aus, wo der autobiographische Text immer wieder auf seine eigene Entstehungsgeschichte zurückkommt. Insofern ist die alte – eher empirische als diskursive – Unterscheidung von Tagebuch und Autobiographie getilgt: Der Inhalt des Lebens wird – die Beispiele Proust und Leiris stehen dafür ein – der autobiographische Text. Der Inhalt des Lebens wird eine pathetische Vergeblichkeit. Wie Scheherazade kämpft ein unendlicher Diskurs um den Aufschub; von Satz zu Satz, von Seite zu Seite, von Kapitel zu Kapitel ist alle Schrift schwarze, geheimnisvolle Pantomime eines Flehens um Ewigkeit. Das Leben und das Medium nähern sich asymptotisch, aber die Koordinaten messen nicht mehr die Werte *Subjekt* und *Wahrheit*, sondern die Intensitäten Schreiben und Schrift. Der Funktionsverlust der alten symbolischen Bezugsgrößen Seele, Wahrheit, Mensch, Leben macht die Aktivität *Schreiben* im zwanzigsten Jahrhundert selbst zum Existential. Daher bezieht es seine letzten ungeheuren Kräfte. Das große Territorium der Menschenkenntnis, das die Literatur einmal eröffnet und durchschritten hat, haben die anthropologischen Wissenschaften besetzt und kartographiert. So blickt das Schreiben nur noch auf sich selbst und vergeudet alle Kräfte bei der Buchhaltung

seiner Verluste und Intensitäten. Wo immer diese Schrift ihre eigene
Bewegung als Ereignis proklamiert, hat sie das alte, vielfältig geglie-
derte Reich der Gottes- und Menschenwahrheiten nicht nur verlassen, sondern zugleich auch zum Verschwinden gebracht. Dennoch
gehört dieses Verschwundensein zu ihren Voraussetzungen: so
lange, wie dieses Phantomreich, das entseelte Territorium der alten
Herzensschriften, in der Erinnerung fortlebt, kann die moderne
Schrift der Fluchten und Intensitäten niedergehen.

Aber welche Kräfte haben den autobiographischen Text in dieser
Weise entseelt, sklerotisiert und poetisch aufgeladen? Darum geht
es. Doch nicht im Sinne allgemeiner Theorien. Die Texte sind selbst
Kronzeugen der Prozesse und Brüche, die sie aus dem Zentrum
kultureller Praktiken, aus dem Sanktuarium der geistigen Welt hin-
ausgetrieben und von den großen Produktions- und Reproduk-
tionsstätten der Menschenwahrheiten abgeschnitten haben. Diese
Frage steht jedoch auch nicht mehr auf jenem Papier, das einmal die
buchstäblichen und geistigen Abbilder der königlichen Universalien
des Abendlandes zu speichern hatte. Die Epoche der Schrift und
die Epoche des Drucks, die zu ihrer eigenen Beglaubigung die
autobiographische Tätigkeit erzeugte, stehen zur Debatte. Die
Schrift, die sich heute nur noch als Medium gegenständlich wird,
sieht sich von den Steuerungsmächten, den Polizeien und ihren
effektivsten Medien, isoliert. Insofern schließt sich diese Epoche.
Sie wird erkennbar als vergangene abendländische Monarchie der
Schrift und des Drucks. Freilich wurden nicht dem *Medium* die
fürstlichen Insignien zuerkannt, sondern seinen unsichtbaren
Reichtümern – dem Geist, der Dauer, der Kraft. Dennoch waren
die gedruckten Bücher das absolute gesalbte Medium der Wahrheit
und des Gedächtnisses. Heute dienen neue Medien – wie nicht nur
Leiris sich überzeugen mußte – zur Speicherung. Und es sind neue
semiotische Mächte, die das alte autobiographische Wissen verwalten. Die anthropologischen Wahrheiten gehören heute der
Psychologie und der Kriminalistik. Sie beherrschen die Semiotik
des Innenraums (Herzensschrift) und die Semiotik des Leibes
(unveränderliche Kennzeichen).

Die Einheit von Subjekt und Buchstaben: Charakterologie

Der Ursprung der Autobiographie steht in einem kulturellen Horizont mit technischen und polizeitaktischen Innovationen. Die Polizei[14], die jenen Diskursraum eröffnet und kontrolliert, worin die modernen Herzensschriften kursieren, erscheint als Leibgarde der Technik und des Drucks. Polizei und Druckschrift sind Mächte der Homogenisierung, und der bürgerliche Name dieser Homogenität heißt *Gewissen*. Die protestantische Schließung der Institution Beichte erfolgt zugunsten einer effektiveren allgemeinen Normierung. Bücher sorgen für die Verbreitung und Sicherung eines kulturellen Codes, der umfassender, tiefer und leichter zu steuern ist als die traditionellen Kulturformationen. Stiftung des Gewissens als Kontrollinstanz der Herzensschrift ist allein durch die Erfindung des Drucks möglich geworden.[15] Sie formieren eine neuzeitliche polizeistrategische Einheit. Die von McLuhan begründete Astronomie der *Gutenberg-Galaxis*[16] muß nun auch das neue Medium der Beichte in den Blick fassen. Das Sakrament der Buße verschwand lediglich, um dem profanen Sakrament der wahren Herzensschrift Raum zu geben: Tagebücher, Autobiographien, die Protokolle einer lebenslangen Selbstprüfung gehorchen vornehmlich einer lautlosen Revision von Verwaltungstechniken. Nur Schriftmythologie, und dies heißt heute: Selbstbetrug, vermag das Auftauchen der Herzensschrift, der unzähligen Selbstbekenntnisse und Tagebuchblätter einer spirituellen Innovation zuzuschreiben, die Selbstbewußtsein, bürgerliche Identität, Innerlichkeit oder Subjektivität heißen könnte. Der Ende des 16. Jahrhunderts erscheinende autobiographische Text ist nichts weniger als die Notation der Naturtöne[17] bürgerlichen Seelenlebens. Denn es sind keineswegs in erster Linie die Kaufleute, Geschäftsmänner, die die neue doppelte Buchführung von innerer und äußerer Herzensschrift inaugurieren; es sind Geistliche, die Experten und Staatssekretäre der Schrift, die zunächst die Archive füllen.[18] Kein Archiv wächst auf dem Boden der Natur, keine Autobiographie keimt im Milieu einer historisch konstituierten Innerlichkeit. Tagebuch und Autobiographie entstehen auf dem gleichen Fundament religiöser, und das heißt bis in unser Jahrhundert hinein: polizeilicher Überwachung. In diesem Zusammenhang muß freilich der Begriff *Poli-*

zei als Behelf betrachtet werden, um das Strategische der Bekenntnisimperative innerhalb einer sich schlagartig umwälzenden kulturellen Ordnung im 16. Jahrhundert zu bestimmen. Die veränderte soziale Ordnung in Europa hat ziemlich genau in diesem Jahrhundert auch die Polizei als notwendiges Instrument fürstlicher Verwaltungspraxis entstehen lassen, als Instrument größerer Effizienz und Sicherheit. Der beginnenden juristischen Homogenisierung von kulturellen und politischen Räumen entspricht die literarische Homogenisierung jener Subjekte, die von diesen Systemen durchdrungen werden mußten. Jener von Habermas in diesem Zusammenhang analysierte Bereich der »Öffentlichkeit« bildet von allem Anfang an die Sphäre der Homogenisierung durch Mittel der Verwaltung: Die in ihr sich etablierende literarische Öffentlichkeit ist der Name einer stillen spirituellen Bürokratie neben der öffentlichen Gewalt, die unsichtbar, aber effektiv die sogenannten Privatsphären infiltriert. Sie durchdringt sie mit *Literatur* in genau dem Maße, wie Religion und Literatur zur Privatsache werden können: im Gefolge der neuen Techniken der Vervielfältigung und Distribution durch den Druck. Die Imperative der Innerlichkeit und die Aktivität der *intimen Schriften* stehen in einer genauen Korrelation wie Gesetz und Gehorsam. *Funktionell* also bilden die Imperative der Geständnisse und Bekenntnisse eine Nebenabteilung der öffentlichen Polizei, die Privatpolizei.

Die seit Mitte des 16. Jahrhunderts wuchernden Tagebücher und Autobiographien bilden das monströse symbolische Zeugnis für eine institutionelle Veränderung: Die selbstverfaßte Schrift fungiert als Doppel des Subjekts, nicht mehr die absolute spirituelle Schrift Gottes, die zwar nie in *alle* Herzen eingetragen war, die aber den Namen der institutionellen Aktivität bildete, die jenen Raum der Christenheit durchorganisierte. Das 16. Jahrhundert markiert den – technisch ermöglichten – strategischen Neubeginn: Homogenisierung nicht durch einen einheitlichen kulturellen Code (den christlichen juristischen Code), sondern durch die Gleichförmigkeit des Mediums Druck. Das altgriechische Wort *charaktär*, die Einritzung, Ausprägung, das schon lange die Doppelbedeutung von Schriftzeichen und Eigenart verwaltete, erlebt in allen europäischen Sprachen im 16. Jahrhundert einen neuen Bedeutungswandel: Charaktere heißen jetzt auch Druckbuchstaben und die besondere Konstituiertheit einzelner Personen. (Die allbekannte

»Charakterlosigkeit« der Frauen hängt mit deren Absenz vor der Druckschrift eindeutig zusammen). Die neue Welt der Schrift-Charaktere, der zahllosen Phantome von Bücher-Innerlichkeiten, organisiert sich nämlich nicht als einfaches empirisches Doppel schriftsüchtiger Subjekte. Vielmehr ist dieses plötzlich erstandene Schriftreich, die lange Parade der Bekenntnisse, beherrscht durch ein neues Polizeiwesen aus Imperativen, Anreizungen, Aufforderungen. Das historische Ereignis Autobiographie/Tagebuch hat die merkwürdige Masse an Erklärungen, Zuschreibungen, Deutungen, die hermeneutischen Festivals nach sich ziehen können, weil die Befehle der Polizeien des Herzens[19], so haben sich die Kulturmächte einmal selbst genannt, vergessen worden sind. Sie sind freilich eine Positivität. Ihr Revier eröffnete diese Polizei beispielsweise mit den Anweisungen der englischen calvinistischen Theologen an sich und andere zur täglichen/schriftlichen Selbstkontrolle; so etwa in dem Traktat von John Beadle *The Journal or Diary of a Thankful Christian* aus dem Jahre 1656.[20] In diesem Kontext ist der polizeiliche Charakter dieser Anweisungen augenscheinlich. Die calvinistische *Disziplin*, die an die Stelle der Beichte trat, ist der historische Begriff für eine Praxis öffentlicher Selbstkontrolle, der gegenseitigen Observation der Gemeindemitglieder. Von dort geht auch die nachdrückliche Aufforderung aus, die *öffentliche* Kontrolle durch schriftliche Selbsterforschung zu ermöglichen. Dies betraf zunächst nur die calvinistischen Geistlichen, aber rasch gedieh es zu einem weitverbreiteten Mittel, um protestantische Innerlichkeiten zu erzeugen. Zur religiösen Universalisierung drängten die Imperative in der Praxis der pietistischen Brüdergemeine, wo man allen Gemeinemitgliedern bereits zu Lebzeiten die schriftliche Fixierung des eigenen Erweckungserlebnisses abforderte.[21] Im 18. Jahrhundert eroberte die Polizei des Herzens die Kinderstuben: In unzähligen Erziehungsschriften wurde den frisch zur Schrift ertüchtigten Zöglingen nahegelegt, täglich über die eigene Sündhaftigkeit Buch zu führen.[22] Und schließlich zuckten die Imperative durch Gefängnisse und Irrenasyle: In der »Einladung« zu seinem *Magazin zur Erfahrungsseelenkunde* animierte Karl Philipp Moritz nicht nur Gelehrte und Ungelehrte, ihre zu Papier gebrachten Selbstbeobachtungen einzuschicken; es sollten auch Kriminelle und Sonderlinge zu schriftlichen Selbstdarstellungen aufgefordert werden.[23] Diese Positivitäten umfassend zu dokumentieren, ist nicht die Aufgabe unsrer Untersuchung, wohl aber, sie zu zitieren. Und ihre Funktion ist evident: Jene kulturelle Homogenität, die sich bis zum Ende des Mittelalters ganz nach den Mustern traditionell *oral* verfaßter Gesellschaften reorganisierte, wurde in der Epoche des Buchdrucks durch Induktion von Texten, durch Lektüre erzielt. *Die Polizei des Herzens* heißt mit ihrem wissenschaftlichen Namen das Diskursgesetz der eingeforderten Innerlichkeiten und Charaktere. Es ist das Verfahren öffentlicher Supervision der scheinbar restlos privaten und intimen Subjektivitäten. Während die Diaristik eine Form der Bindung und Kontrolle darstellt, die alle Schreibfähigen umfaßt, produziert die gedruckte Biographik die Leitfiguren einer literarisch verfaßten Gesellschaft: Theologen, Wissenschaftler, Schriftsteller, Politiker beleben das literarische Schattenreich sozial imitierbarer Charaktere. Die alte *Imitatio Christi*[24], mythisches Modell eines Menschenlebens, das sich der Schrift par excellence verschreibt, weicht einer Modellierung durch die *Imitatio Libri*, die Homogenisierung des Meinens und Fühlens anhand der Buch-Charaktere. Rousseau hat in seinen *Confessions* bereits auf den ersten Seiten den Leser aufgefordert, es ihm nachzutun, seine Modelle zu imitieren.[25] Und seine Wirkung, die Nachwirkung des Exempels, reicht bis auf den heutigen Tag. Zwei Begriffe, zwei institutionelle Termini, fachen dieses ungeheure Schwelen der diaristischen und autobiographischen Aktivität an: *Beichte* und *Selbsterkenntnis/Selbstbeobachtung*. Es sind die Monitore und Register, durch die sich die abendländische Herzensschrift selbst reproduziert.

Man hat diesen selbstquälerischen Fleiß, die rastlose Dokumentation der Autolektüren schließlich einer historischen oder kulturellen Form des moralischen Phänotypus der Moderne zugeschrieben: Schriftwerdung des neuzeitlichen Über-Ich, das sich aus der Traditionsbindung des Mittelalters herauslöst und sich in der Außensteuerung der modernen Massenmedien wieder verliert.[26] Aber auch diese Theorie bewegt sich in desorientiertem Zickzack zwischen einer hermeneutischen Ausbeutung imperativ gewonnener Dateien und einer Tautologie der Selbstexplikation, die die Diaristik und Autobiographik ohnehin bieten. Daß die Hermeneutik vom Schlage Diltheys ihrerseits auf dem autobiographischen Text begründet ist, macht sie zum einfachen Sediment dieser kulturellen Strömung.[27] Der Glaube an die Wahrheit oder wenigstens an die historische Aussagekraft dieser Schriftmasse ist logisch ein Doppel des autobiographischen Modells: Ebensowenig wie ein Subjekt sich selbst zu explizieren vermag, ist eine Kultur in der Lage, die Wahrheit ihrer Regularien zu erkennen. Es liegt in dieser doppelten Täuschung allenfalls die Wahrheit, daß die Imperative einer Kultur vergessen werden müssen, um dauerhafte Geltungskraft zu erlangen.

Ehe also den diaristischen und autobiographischen Schriften eine Signifikanz im Hinblick auf Sozialcharaktere und historische Typen zuerkannt wird, sollte sich ein philosophisches Staunen über ihre Tatsächlichkeit einstellen. Der wissenschaftliche Blick auf die einzigartige Gegebenheit dieser riesigen Archive ist bislang nicht aufgeschlagen worden – sieht man einmal von den Anregungen Foucaults und Derridas zur Diskursanalyse ab.[28] Es wird Zeit, daß die kritische Reflexion, daß die Philosophie unserer Tage aufhört, das gewaltige literarische Protokoll der polizeilichen Institutionen der Neuzeit als Spuren seiner naturalen Konstitutionsgeschichte zu lesen. Die anhaltende Blicktrübung ist immer noch erkennbar als Effekt des heißen Atems, der aus Hegels Mund herüberzieht.

Um es lapidar zu sagen: Die autobiographischen Schriften des zwanzigsten Jahrhunderts, die kühlen Photo-, Grammophon-, Telephon- und Kinoschriften Prousts, Leiris', Sartres und Benjamins, sind ihrerseits vorstrukturiert durch Bedürfnisse der Herzenspolizei und der Archivräte. Die modernen Menschenwissenschaften Kriminologie und Psychologie haben freilich das Privileg des Wissens an sich gerissen, das der alte autobiographische Text in eiferndem Selbstbetrug als seine pseudonaturale Menschenwahrheit hervorbuchstabierte. Dem autobiographischen Text bleibt daher heute nichts übrig, als dies zu bestätigen und zu begrüßen. Er verzichtet auf jede Rivalität mit diesen Institutionen. Aber dafür ist diesem Text eben die Rivalität der modernen Medien und Speichertechnologien erwachsen. Was bleibt zu wissen übrig, wenn das Gedächtnis der Schrift seine geschichtliche Aufgabe erfüllt hat?

Das kriminologische Archiv

Seit es die durch die Gutenberg-Galaxis möglich gewordene Literatur-Polizei, die neuzeitlichen Imperative der Bekenntnis-Schrift gibt, die das Kirchenmonopol der Kontrolle über die Herzensschriften abzulösen beginnen, seit dem 16. Jahrhundert also untersteht das autobiographische Archiv dem kriminologischen Willen zum Wissen. Foucault hat dies gezeigt: Die neuzeitlichen, aufgeklärten liberalen Institutionen domestizieren die Sexualität und das Verbrechen – erste und elementarste Gefährdung der kulturellen Ordnung – nicht mehr mit den archaischen Mitteln der Unterdrückung und Rache, sondern mit Steuerung am Nerv, am Wesen, an der Natur der Subjekte.[29] Nicht mehr Folter, Kerker, Galgen, sondern Motivforschung, Verwahrung, Besserungsanstalten organisieren das effektive institutionelle Geflecht der Moderne. Um aber diese lediglich charakterlosen und keineswegs bösen Delinquenten an ihrer *Natur*, an ihren konditionierten Reflexen, an ihren kulturisierten Subjektivitäten fassen und steuern zu können, müssen sich diese vorher erklären. Eine neue Folter entlockt den Kriminellen Lebensgeschichten, die die neuen pädagogischen und psychologischen Dispositive bestätigen. Kein anderer Wissenswunsch tönt aus den modernen Sprechimperativen hervor. In seinem *Vorschlag zu einem Magazin einer Erfahrungs-Seelenkunde* hat Karl Philipp Moritz diesen Gedanken artikuliert:

Tausend Verbrecher sahen wir hinrichten, ohne den moralischen Schaden dieser, von dem Körper der menschlichen Gesellschaft abgesonderten Glieder unserer Untersuchung wert zu halten. Da diese doch ein eben so wichtiger Gegenstand für den moralischen Arzt und für den nachdenkenden Philosophen, als für den Richter ist, welcher die traurige Operation veranstalten muß.
(...)
Könnten nicht der Schulmann, der Prediger, der Offizier, der Jurist zu einem solchen Werke wichtige Beiträge liefern? Schon die Geschichte der Missethäter und der Selbstmörder, was für einen reichen Stof bietet sie dar?[30]

Seitdem kennt die Welt die Archive der Verbrechergeständnisse[31], der Autobiographien von Wahnsinnigen.[32] Wie getreu solche Verbrechermemoiren den Imperativen der moralischen Ärzte gehorchen, das läßt sich beispielsweise an den Bekenntnissen des Mörders, Betrügers und Dichters Pierre-François Lacenaire ablesen. Überflüssig zu sagen, daß Lacenaire Rousseau-Leser war und die Verhängnisse seiner Kindheit und Jugend gemäß der idealen Konzeption des Erziehungsromans *Emile* analysiert hat. Darüber hinaus rückte er seine Geständnisse in das gleißende Licht reinster Wahrheitsbemühung: Er ließ das Publikum in seinem Herzen lesen[33] und unterwarf sich damit der dominanten Metapher, die die abendländische Polizei der Wahrheit als Hoheitszeichen führt. Was aber erfährt der Leser aus diesen intimen Vernehmungsprotokollen? Er liest das Register pädagogischer Fehler, die die neuen Menschen- und Kinderwissenschaften als Ursache gesellschaftlichen Verfalls angeprangert haben. Und welche Einsicht gewinnt er aus dem Bekenntnis der Lüste, aus der Beichte der Untaten? Er gewinnt nichts, außer der Festigung des Trugs, außer der Bestätigung und Vitalisierung der abendländischen Regel, daß ein Subjekt seinen eigenen Charakter, seine eigene Einzeichnung, seine eigenen Buchstaben besitzt – seine persönliche Wahrheit. Doch bleibt dies unüberschreitbar: Dem Subjekt gehört sein Körper und sonst nichts – die Spuren seiner Besonderheit finden sich nirgends sonst.

Die neuzeitliche Einheit der zwei Herzensschriften, wie sie Rousseau entworfen hat, nennt eine moderne Wissenschaft *Identität*. Dieser Term bildet das Kristallisationszentrum der Menschenwissenschaften im zwanzigsten Jahrhundert, die sich um die Kriminologie gruppieren: Psychologie und Soziologie. Die Vorgeschichte dieses Identitätsbegriffs, wie sie Dieter Henrich u. a. nachgezeichnet hat[34], wurde in der angelsächsischen Philosophie geschrieben, wo Hobbes ebenso wie Locke und Hume das Problem der Substantiierung des Subjekts durchdachten. Das Ergebnis läßt sich in aller Knappheit so fassen, daß eine solche Substanz der Person nicht gefunden werden kann. Subjekte sind der Inbegriff ihrer Relationen: ihrer Beziehung zur eigenen Lebensgeschichte und ihrer Beziehung zu anderen. Ehe die Überlegungen der angelsächsischen Philosophie in der Psychologie des 19. Jahrhunderts ihren Fortgang fanden, war jene Wissenschaft auf den Plan getreten, die bereits in den polizeilichen Diskursregulativen der Diaristik und Autobiographik ihre Filialen errichtet hatte: die Kriminalwissenschaft. Eingezogen in die juristischen/kriminalistischen Behörden ist der philosophische Begriff der Identität im Gefolge der gesetzgeberischen Reformen der französischen Revolution. In den Artikeln 518–520 des neuen *Code d'instruction criminelle* [35] wurde das Verfahren geregelt, demgemäß die Identität entlaufener und wieder festgenommener Verurteilter festzustellen war. Dieses Gesetz wurde im Jahre 1792 erlassen, im dritten Jahr der neuzeitlichen bürgerlichen Epoche, die sich das Recht auf jenes Eigentum an einer eigenen Herzensschrift durch die Enthauptung eines Königs und seiner Frau zu sichern hoffte. Aber nur wenige englische Philosophen ahnten damals bereits, daß dieses Recht an der eigenen Herzensschrift der semiotischen Steuerung frisch institutionalisierter kriminalistischer Polizeien unterlag. Noch glaubten die Gläubigen vom Schlage Rousseaus, daß die Erforschung der reinen personalen Herzensschrift, die Vermessung des Raumes der Subjektivitäten einer Expansion des Wissens vom Menschen diente. Indessen ging es seit jeher um die Erkennbarkeit der Abweichung, um die Semiotik des Kriminellen. Sie reicht – um eine Linie zu ziehen – von Rousseau bis Erikson.[36]

Die Frage nach der Herzensschrift, modern: die Frage nach der Identität ist die Frage nach der Erkennbarkeit der Abweichung. Denn die Sünde ist immer schon die Sünde der Individuation. Und während die Beichtväter diese Sünder expektorierten und die Richter ihnen unter der Marter das Geständnis abpreßten, hat die Neuzeit die Individuation als eigene, eigenste Schrift begründet, die ihre Abweichung vom allgemeinen Gesetz selbst einbekennt. Und während noch diese Bekenntnisliteratur wuchert und von Psychologen archiviert wird, gehen deren Zeitgenossen daran, die Natursemiotiken der Abweichung zu erforschen. Auf der Linie von Rousseau bis Erikson gruppieren sich Namen und Forschungsunternehmen wie Lavater und die Physiognomik [37], Franz Joseph Gall und die Phrenologie [38], Lombroso [39], Bertillon und die Anthropometrie [40], Mosso [41], Wundt [42], Galton und C. G. Jung [43], Münsterberg [44], die prominentesten Vertreter der Psychoanalyse und der Psychiatrie.[45] Sie alle stellten ihre Forschungen und Experimente auch in den Dienst der Kriminalistik. Alle ihre semiotischen Codes, Physiognomik, Schädelmessung, Wortassoziationen, Blutdruckmessungen, Pulsfrequenzanalysen, Befragungstechniken waren ursprünglich kriminalistische Zeichenlehren. Es ist hier nicht der Ort zu zeigen, daß sich Psychologie oder Soziologie, die modernen Menschenwissenschaften schlechthin, aus spezifischen Fragestellungen der entstehenden Kriminalistik bzw. Kriminologie heraus entwickelt haben. Die psychoanalytische Grundregel, das Prinzip der freien Assoziation, verdankt sich der kriminalistischen Erfindungsgabe Francis Galtons[46], der der Semiotik des Verbrechens und der Wissenschaft von der Identität immerhin jenes unveränderliche und restlos individuelle Zeichen beschert hat: den Abdruck der Papillarlinien.

Ohne Zweifel geht die neuere psychologische Identitätstheorie aus von dem einflußreichen Buch *The Principles of Psychology* von William James[47], der nicht nur Hobbes, Locke und Hume studiert hat, sondern mit Fleiß auch die Schriften von Francis Galton, der der Kriminalistik überhaupt erst den Zugang eröffnet hat zur truglosen Semiotik der Identität. Die Psychologie sucht nach Wegen, die innere, intime Semiotik des Individuums zu klassifizieren, freilich in der gleichen Absicht. Insofern markiert die Frage an den Menschen »Wer bist du?« und der Imperativ »Bekenne das Geheimnis deiner Begierden und Wünsche!« die Koordinaten eines alten abendländischen Kontrollverfahrens, das die Varianten Beichte, Tagebuch/Autobiographie, Verhör, Test, Psychoanalyse ausgebildet hat. Es sind Praktiken der großen Institutionen, die die Macht und die Geltung der Gesetze zu garantieren haben.

Der Sachverhalt liegt so offensichtlich im Licht der Geschichte, daß auch seine komischen Nebenepisoden zutage treten. Nachdem die Institutionen der Moderne die Subjekte mit dem Imperativ traktiert haben, daß sie eine Identität haben müssen, um die Kontrolle aller Normierungen zu passieren, sind exakt mit dem Beginn der Universalisierung dieses Imperativs jene Abweichungen entstanden, die die moderne Psychiatrie als Spaltung, Identitätsstörung, Schizophrenie klassifiziert hat. Man darf sagen, daß die Produktion der Identitäten die Nosologie der Nichtidentitäten zu verantworten hat. Und blickt man auf die Fälle, die etwa klassischen Rang erworben haben, so stellt man mit Erstaunen fest, daß eine häufig angewendete Therapie dem Imperativ vertraut hat, der die Patienten anwies, die eigene Lebensgeschichte zu schreiben. Das 1932 erschienene Buch von Morton Prince und Walter F. Prince *Die Spaltung der Persönlichkeit*[48] enthält gleich drei Fallgeschichten, die einen therapeutischen Erfolg als unmittelbare Folge der autobiographischen Besinnung verbuchen. Einfache und doppelte Spaltungen vergehen vor der Notwendigkeit, in die Homogenität eines Textes überzutreten. *Mein Leben als gespaltene Persönlichkeit*[49] könnte auch die Selbstdarstellung der berühmten amerikanischen Schizoiden Miss Sally Beauchamp heißen. Was Sally gelang und ihrem Fall zu großer literarischer Bedeutung verhalf, ist einem anderen armen Irren, dem Senatspräsidenten Schreber, mit seinem autobiographischen Text versagt geblieben, da er sein Übel von Anfang an offenbar falsch situierte: in den Nerven statt im ungeordneten Archiv seiner Lebensgeschichte. Und dann wollte Schreber seinen eigenen Fall darlegen, statt sich in Demut der Herzensschrift seiner Menschwerdung zu verschreiben.

Worin liegt das Geheimnis des Gelingens und des Mißlingens begründet? Die Differenz verläuft schlichtweg zwischen der Wirkung und Nichtwirkung des Imperativs. Wer nicht einer/eine sein will, sondern (wie Sally etwa) gleich vier, entweicht dem kulturellen Reglement, über das Psychiatrie und Kriminologie zu wachen haben. Er/sie kehren in die Ordnung zurück, sobald die Aufforderung zu schreiben befolgt wird. In dieser einfachen Tautologie nistet ein ganzes riesiges psychologisches Paradigma.

Nun ist längst bekannt, daß die Beichte, das autobiographische Bekenntnis, das kriminalistische Geständnis als eingeforderte Sprechakte keine Wahrheit gewährleisten. Sie sind ebenso fragwürdig wie die Aussagen von Zeugen, die aber von absoluter Funktion bleiben, unverzichtbar, zur Regulierung des Gesetzes. Die Zeugenschaften und die kriminalistischen Beweise standen schon immer in Konkurrenz nebeneinander – Lavaters *Physiognomik* und Moritz' *Magazin zur Erfahrungsseelenkunde* [50] verfolgten entgegengesetzte anthropologische Strategien. Pierre François Lacenaire, der seine Verbrechen so offen und rückhaltlos eingestand, wehrte sich mit grimmigen Worten gegen alle Versuche, seine Übeltaten in einer Metrik des Schädels nach den Theorien des Doktor Gall zu verankern. [51] Eine hartnäckige Wissenschaft versuchte dem Subjekt das Reservoir seiner Herzensschrift zu entreißen und forschte nach einer fälschungssicheren Semiotik des Einzelnen, nach der Naturschrift der Identität. Auf diese Weise haben Wissenschaftler wie Gall, Bertillon, Galton kriminalistisch jenen Boden bereitet, auf dem sich dann die psychologische/soziologische Identitätslyrik entfalten sollte. Sie hat heute keine andere Funktion als die alten Wissenschaften von den göttlichen oder auch natürlichen Herzensschriften: Sie sichern die kulturelle Konformität. So konnte die Kategorie und Pathologie der *Identität* zu einem Universalbegriff des gesellschaftlichen Imperativs zur Selbsterkenntnis werden, an dem Ethnologen, Psychiater, Pädagogen ihr Maß nehmen. Dieser Imperativ wird heute mit den feinsten Instrumenten, Sondierungen, Messungen, Analysen effizient gehalten. Doch nach wie vor sind sie Ratifikationsakte der kriminalistischen Wiedererkennungsgesetze, die heute beinahe 200 Jahre alt sind.

Die moderne Polizei der Herzen

Drei Daten, die der konditionierte historische Blick bislang ohne Zusammenhang fand, bilden den einheitlichen Ausdruck des neuzeitlichen Diskurssystems zur Erzeugung und Homogenisierung psychologischer Innerlichkeiten: Technische Voraussetzung ist die Erfindung des Bußsakraments. Institutionelle Bedingung ist die protestantische Abschaffung des Bußsakraments und der Ohrenbeichte. Diskursive Gegebenheit schließlich ist der die gesamte europäische Literatur reorganisierende Imperativ zur Offenbarung der Herzensschrift. Mit dem neuen Kulturgesetz, das jedermann zur Wahrhaftigkeit (sincérité) veranlaßt, werden nicht nur die calvinistischen, protestantischen Gläubigen konfrontiert, sondern – um eine ganz wahllose Paradigmenreihe zu errichten – ebenso Laertes in *Hamlet*[52], Hörer des Akademieredners Montesquieu[53], Dichter[54], Philosophen[55], Schulzöglinge[56], Verliebte, Adlige und Bürger, Brief- und Tagebuch-Autoren. Der grassierende Zwang zur Aufrichtigkeit wird von der anonymen Diskurspolizei durch das neue Medium des Drucks kontrolliert, inventarisiert und allenthalben reproduziert. Jedermann erwirbt die Kompetenz, seine Wahrheit zu sagen, jeder Gebildete sieht sich veranlaßt, das Repertoire des Bekenntnisses zu erlernen. Es ist ein Gestus. Freilich ein Gestus des zweifachen Codes, weil es nun nicht mehr genügt zu sprechen, die einfache Temperatur der Rede zu erreichen, sondern die Rede muß sich selbst beglaubigen: heiß werden. Die Wahrheit der ›sincérité‹ liegt darin, daß sie sich selbst – freiwillig – der Ordnung der Folter unterwirft; ihre Dispositive heißen eben Verhör, Geständnis, schmerzvolle Erpressung. Dies ist die heiße, kondensierte Rede. Indiz der Beglaubigungsnot, des Zwangs, ein Siegel der Authentizität vorzuweisen, ist auch die Tatsache, daß die weitaus überwiegende Zahl der Autobiographen der Neuzeit erklären,

ihre Herzensschrift auf den Wunsch von Freunden, Familienmit-
gliedern, Kollegen, Gemeinebrüdern hin verfaßt zu haben.[57] Und
selbst wenn man dieses Faktum einer Art Konvention, einem literarischen Topos zuschriebe, so hätte man auch nichts anderes in Händen als ein Element der autobiographischen Liturgie.

Diese neuzeitliche Polizeikonvention beruhte auf der keineswegs
selbstverständlichen Voraussetzung, daß ein jeder schriftkundige
Mensch auch Eigentümer, Verwalter jener Wahrheit ist, die ihm die
Welt abfordert: der Wahrheit seiner Individuation, der Druckschrift seines Charakters und der Geheimschrift seiner Wünsche,
Begierden, Verfehlungen. Diese Voraussetzung hat nicht lange unbestritten gegolten. Die Entdeckung des Unbewußten im 18. und
19. Jahrhundert ließ auch vor den Schranken der Literaturgeschichte
den Psychiater an die Stelle der Folterknechte treten. Die Psychoanalyse hat die Unzugänglichkeit der Wahrheit für das Subjekt
systematisch erforscht und eine Technik entwickelt, wie die Dispo-
sitionskräfte des Patienten angesichts seiner vergessenen Wahrheit
gestärkt werden könnten. Das alte kulturelle Apriori, das den Menschen seiner ganzen Wahrheit anheimgab, ist längst zerbrochen.
Auch die Kriminalistik hat sich davon verabschiedet. Sie setzt
bewußt auf Zeichensysteme, die dem Delinquenten unzugänglich
sind und von diesem nicht beherrscht werden können: auf unkon-
trollierte Spuren, auf unwillkürliche Reaktionen. Die Kriminalistik
hat – abweichend von der Psychologie – die ehrwürdige, europäische Metaphorik, daß das Bekenntnis »alle Winkel«[58] des Herzens
öffnen und ausleuchten soll, daß das Herz transparent gemacht
(Rousseau) oder bloßgelegt (Poe/Baudelaire) wird, technisch realisiert: Es sind zwar auch Herzensschriften, die plötzlich um 1900
von technischen Aggregaten notiert werden. Doch haben sie ihren
spirituellen Glanz und ihre poetische Suggestion eingebüßt. Der
italienische Physiologe Angelo Mosso erfand den Blutdruckschrei-
ber, den Plethysmographen, in den siebziger Jahren des vergangenen
Jahrhunderts. Die nächste Generation der automatischen Herzens-
schreibautomaten bildet das von F. Kiesow rund 20 Jahre später
beschriebene Sphygmomanometer, ein Meß- und Transkriptions-
verfahren, das nach dem Modell der Tonwalze Edisons kontinuierlich
den Blutdruck auf eine drehbare Fläche notiert. Später entwickeln
die fortschrittlichen Polizeien den Hydrosphygmographen und
schließlich den Behavior Research Photopolygraphen. Dies ist ein

Lügendetektor mit einem multimedial gesteuerten Polizeiblick: Bei einem Delinquenten, der auf diese schmerzlose Wahrheitsfolter gespannt wird, kontrolliert und verzeichnet das Gerät gleichzeitig Blutdruck, Puls, Atmung, Außenhautspannungen, Mimik, unwillkürliche und willkürliche Bewegungen und schließlich die Intervalle zwischen Frage und Antwort.[59] Diese Meßverfahren sind in den Assoziationstests, die Francis Galton erfunden hat, Wundt und C. G. Jung fortentwickelt haben, theoretisch und praktisch vorbereitet worden. Die anthropologische, grammatologische Prämisse des Assoziationstests geht ohne Zweifel auf Rousseau, den Gutenberg der Herzensschrift, zurück. Rousseau hat das Intervall, die Verzögerungsphase zwischen dem innersten Zeichen und seiner Artikulation, als jene Differenz bestimmt, in welcher das originäre Naturzeichen sich deformiert und eigentlich denaturiert.[60] Vor diesem Hintergrund zeichnen sich erneut Schemen einer Erkenntnis ab, wie sehr die Rousseausche Grammatologie, deren Klarlegung wir Jacques Derrida verdanken, *Charakterologie* gewesen ist – mit Konsequenzen bis zur Epoche des Lügendetektors.

Auf diese technische Weise haben die modernen Wahrheitsmaschinen die letzten Reservate eines Subjektgeheimnisses, wie sie noch das alte Phantasma der Herzensschrift verschließen wollte, einer mechanischen Transkription überantwortet. Denn diese Aufschreibeverfahren, die Elektrokardiogramme, die Photographien, die Kinematographien und Telegraphien sind allesamt kalte Medien, in denen sich die alten spirituellen heißen Bekenntnisschriften vollständig abgekühlt haben. Sie haben sich abgekühlt und sind dennoch keineswegs verschwunden; sie sind im Sinne der hier entwickelten Theoretisierung funktionslos geworden und wuchern doch unaufhörlich fort. Die zahllosen technischen Speicher, in denen sich heute die Lebensspuren und stillen Wahrheiten der Subjekte gespeichert finden, die großen nationalen und internationalen kriminalistischen Computer, die öffentlichen und privaten Bild-, Fernseh-, Film- und Tonarchive, die den modernen Polizeien zur Verfügung stehen, sie haben keineswegs den Bekenntniseifer der Autobiographen, die Insistenz der Subjektwahrheiten gelähmt. Ist denn nicht überhaupt heute erst die Epoche der Bekenntnisschrift angebrochen? Politiker, Sportler, Frauen, Patienten, Kriminelle, Schauspieler – das Ensemble der Subjektivitäten, die sich im autobiographischen Buchmarkt artikulieren, wird immer größer. Und in der angeblich reduzierten Diät der modernen Lektüre scheint sich der Hunger auf Individualitäten und Subjektivitäten ganz ungeheuerlich zu steigern. Zeigt diese Klimax auf beiden Seiten der Schrift nicht unwiderleglich an, daß der autobiographische Text strahlender denn je die Menschen in seine Faszinationen zieht? Gewiß. Aber es sind *sekundäre* Schriften – Reprisen von Erscheinungen, die in den anderen Medien, im Film, Fernsehen, in Pathologien, Kriminologien längst eine Gestalt angenommen haben, deren »Wahrheit« reproduziert wird. Diese wuchernden Texte sind einfache Doppel, freilich in anderem Sinne als die Autobiographien der Neuzeit, die sich als Doppel einer wahren Schrift präsentierten. Die Massen der heutigen Subjekt-Offenbarungen vermögen nur als Kopien biographischer Modelle geschrieben zu werden; sie organisieren kein Wissen mehr, weil die Organisation und Distribution von Codes der Subjektivitäten und Innerlichkeiten durch Institutionen gesichert wird.

Längst haben die Technologien der modernen Polizeien des Herzens – Kriminologie und Psychologie – den überlieferten autobiographischen Text entstellt. Er hat sich definitiv zu dem verwandelt, was er bisweilen auch schon gewesen ist: Er wird Literatur. Damit wäre noch nichts gesagt, wenn es nicht im Lichte der Erkenntnis gesagt wird, daß es Literatur erst gibt, seit die technischen Medien ihren Raub vollendet haben: Sie haben der Literatur das Phantom der Wahrheit, sie haben der Dichtung das Privileg des priesterlichen Mediums entrissen.[61] Dies wird sichtbar, wenn die heilige Semiotik der alten Texte mit der profanen Zeichenlehre der modernen Texte verglichen wird. Es geht immer noch um die zwei Schriften: die absolute Schrift des Herzens und die von Rousseau erfundene Schrift des Subjekts.

Die absoluten Texte und die Annäherungen der Herzensschrift

Wenn die »Polizeien des Herzens« ihre Methoden und Medien verändert haben – worin bestimmte sich denn ihre durchgängige Funktion? Welches Gesetz haben die Beichtväter, die Befehlsgeber der Autobiographen und Diaristen, die Psychologen in Geltung gebracht? Wenn heute keine Autobiographie mehr ihre Glaubwürdigkeit dadurch absichert, daß sie sich auf Wünsche und Imperative der anderen (des Anderen im Sinne Lacans) beruft – wofür kann sie denn noch Zeugnis ablegen? Die Antwort lautet: Bewacht und reproduziert wurde bis zu seinem Verschwinden in den Teilchenbeschleunigern, in den Elektronikmikroskopen, in der Gentechnologie der *absolute Text*. Das Gesetz, das den Polizeien des Herzens anvertraut war, trägt den abstrakten und hoheitsvollen Namen absoluter Text. Es soll nicht verschwiegen werden, daß dieser Begriff eine heuristische Konstruktion ist, die dazu dienen soll, Textwirkungen, Textmächte besonderer Art zu klassifizieren. Wie soll eine solche unbekannte und herrscherliche Charta regieren? Hier ergibt sich gleich das Problem: Der absolute Text verachtet die Schrift, sonst wäre er nicht absolut. Dieser Text hat eine Doppelnatur, er ist in seinem ganzen Wesen paradox, denn er ist zugleich geschrieben und nicht-geschrieben. Diese paradoxe Natur bildet freilich die Garantie seiner Wahrheit, strategisch gesprochen: seiner Wirksamkeit. Die Unschreibbarkeit ist immer schon eine Eigenschaft der Wahrheit; aber die Wahrheit hat nicht überall den Zug, daß sie eine Schrift ist. Gleich ein Beispiel: Als eine solche Schrift, als eine in visuelle Zeichen übertragene Rede, die dennoch nicht geschrieben ist, so bestimmte sich in der Antike die Mitteilung des *Fatums*.[62] Die diversen Semiotiken des Fatums, der Schicksalsgötter, waren lediglich privilegierten Lesern zugänglich – den Auguren, den Haruspices, den pythischen Priestern. Absolut war diese Schrift, weil sie nicht von Menschen geschrieben, sondern von ihnen lediglich gelesen oder kopiert wurde. Aber sie war auch nicht von Göttern geschrieben. Schrift und Nicht-Schrift zugleich, erging sie in einem medialen Zwischenreich, dessen Zugänglichkeit einem religiösen, rituellen Gesetz, dem Polizeigesetz, unterlag. Eben diesen logischen oder sagen wir bereits: strukturalen Status beansprucht auch die Heilige Schrift, deren Geschriebensein (in der Bibel) von den Aposteln (und insbesondere von dem bedeutendsten Medientheoretiker Paulus) als eine prekäre, ja beinahe täuschende Form der Mitteilung klassifiziert wurde.

Die Heilige Schrift enthält eine reduzierte Fassung der gesamten Mitteilung, der gesamten Wahrheit. Die Heilige Schrift ist Derivat des Geistes, eine unvollkommene und unvollständige Hypostase. Das Register der gemeinsamen semiotischen Merkmale der absoluten Schrift des Fatums und der Heiligen Schrift ergänzt sich somit:

Ihr Geschriebensein ist jeweils nur ein sekundärer Text, der die Unschreibbarkeit des absoluten Textes expliziert. Diese Explikation erfolgt auf drei Ebenen: auf der ersten des heiligen Zeichens selbst (das ja eine unvollständige Verlautbarung eines semiotischen Ganzen – des Fatums – ist), auf der zweiten der priesterlichen/polizeilichen Imperative und auf der dritten des Subjekts.

Die Literaturgeschichte des absoluten Textes bildet sich ab als eine allmähliche Verschmelzung der drei Funktionen der Explikation: In der Antike war die Trennung klar. Die Semiotik des Fatums wurde von Priestern gelesen, erläutert und einem Subjekt mitgeteilt, das sich diese Mitteilung durch die priesterliche Suggestion oder im Zeichen des Polizeiimperativs der Selbsterkenntnis induzierte. Die Autobiographie in ihrer Frühphase verschaltete die erste und zweite Explikationsebene (die der unvollständigen Verlautbarung und die der priesterlichen Explikation). Der Bekennende liest die Herzensschrift und expliziert ihre Wirkung in seinem Leben. In dieser Hinsicht liefern die *Confessiones* des Augustinus ein Anschauungsmodell für die Spannung, die zwischen den fragmentarischen Mitteilungen des Subjekts und diesem absoluten Text in der Beichte wie in der Autobiographie entsteht. Beichte und Autobiographie stehen danach im Verhältnis der unzureichenden Tautologie zu dem absoluten Text, der das Wissen Gottes oder das Wißbare überhaupt umfaßt. So erklärt Augustinus:

Dir also, Herr, bin ich bekannt, du weißt, wer ich bin. Und warum ich's dir bekenne, ich hab' es schon gesagt. Ich tu' es nicht mit hörbaren Worten und Lauten, sondern mit den Worten der Seele und dem Ruf meiner Gedanken, den dein Ohr vernimmt.[63]

Die Bekenntnisse Gott gegenüber erfolgen also in Permanenz. Solche Mitteilungen werden nicht artikuliert, sondern sind spiritueller Natur; anders die Mitteilungen gegenüber den Menschen:

Ich will sie (sc. die Wahrheit) tun, in meinem Herzen, indem ich vor dir mein Bekenntnis ablege, aber auch mit meinem Griffel vor vielen Zeugen. (Ebd.)

Gott zu bekennen, was dieser längst weiß, ist zwar, informationstheoretisch gesehen, redundant, aber doch nicht paradox. Denn in dem öffentlichen oder auch spirituellen Bekenntnisakt feiert das absolute Wissen seine Anerkennung: Der Bekennende vollzieht religiöse Sprechakte der Unterwerfung. Indem ich bekenne, daß ein

Anderer alles weiß, was von mir geschrieben wird, ja, daß meine Schrift ein unvollständiges Doppel des kompletten Wissens ist, beuge ich mich der Faktizität und Macht des absoluten Textes:

> So will ich denn bekennen, was ich von mir weiß, und auch bekennen, was ich nicht von mir weiß. Was ich aber von mir weiß, weiß ich, weil du mir Licht spendest (. . .). (250f.)

Der absolute Text, das absolute Wissen, das sich in allen Dingen selbst mitteilt, errichtet eine winzige Filiale in dem bekennenden Subjekt, das seine Mitteilung im Zeichen der Aporie, daß es nicht alles sagen kann, durch den Griffel gehen läßt. Somit wird leicht zu erkennen sein, daß die Polizei lediglich die Funktion hat, diese paradoxe Mitteilung einzufordern: dem absoluten Wissen, dem absoluten Text der Welt, der »(. . .) über den Völkern ausgebreitet (bleibt), bis der Wettlauf beendet ist« (379), zu sagen, was er weiß. Eingefordert wird das Bekenntnis, daß das eigene Sprechen nur ein Fragment des allumfassenden Diskurses ist, ein reduziertes Doppel seines Gesprochenseins. So wie das Fatum, die längst geschriebene Biographie jedes Einzelmenschen, in der antiken Divination als fragmentierte Doublette einer schicksalhaften Semiotik (Vogelflüge, Leber von Opfertieren, Delirium einer Pythia etc.) entziffert und angeeignet wird, so ergeht die *Confessio* des Bischofs Augustinus als Wiederholung eines Urtextes, der im Schoße des Universalautors ruht. In der antiken Divination und in der Beichte finden sich absoluter Text, priesterliche/polizeiliche Funktion und individuelle Explikation noch getrennt. Die Autobiographie anerkennt den absoluten Text, führt dagegen die polizeilichen Imperative und das subjektive Bekenntnis zusammen.

Die neuzeitliche Variante dieser Konstruktion, die eigentlich schon moderne Variante dieser Konzeption von *absoluter* und *prekärer* Schrift, findet sich in reinster Form bei Rousseau. So umreißt sich der diskurslogische Status der individuellen Herzensschrift. Absolute und individuelle Schrift finden sich in ihr zusammengeführt und gekreuzt. Diese Doppel-Schrift ist lesbar und wird doch von niemandem entziffert; so schreibt Rousseau über die Semiotik seines Herzens:

> (. . .) durchsichtig wie ein Kristall, vermag sein Herz nichts zu verbergen, was sich in ihm bewegt; jede Regung, die es durchläuft, überträgt sich in seinen Augen und seinen Zügen.[64]

Diese moderne absolute Schrift ist von der Natur (des Subjekts) verfaßt. Nur dem Privilegierten ist sie lesbar, nur dem Auguren der Physiognomik, nur dem Haruspex des Herzens. Rousseau beklagt sich häufig darüber, daß niemand über das Medium seiner Züge in seinem Herzen zu lesen vermag. Ihm selbst gelingt es problemlos, im Innern der anderen zu lesen.[65] Die absolute Schrift, die dort geschrieben steht, zu entziffern, die authentische Schrift des Einzelwesens zu lesen – dies wird dennoch die ganze Obsession des 18. Jahrhunderts. Es ist eine Polizeileidenschaft, die die Subjekte auf die schmerzlose Folter der semiotischen Observationen ruft. Denn wer garantiert, daß die Kopien der absoluten Menschenschrift nicht gefälscht sind? Rousseau beruft sich zwar immer noch auf Gott als Zeugen und Garanten seiner Herzensschrift; doch das Kardiogramm seiner Besonderheit ist kein Text von Gottes Hand. Was sich in den Subjekten ausschreibt, ist eine Schrift der Natur, der Subjektnatur. Daher muß der Schreibakt, der diese Schrift kopiert, die Zertifikate seiner Wahrheit in sich selbst tragen. Sie muß selbst aus der elementaren Semiotik, aus der Spontaneität des Herzens hervordrängen. So unmittelbar wie diese Schrift des Herzens auf der Physiognomie erscheint, so direkt, so verlustlos soll die autobiographische Schrift selbst aufs Papier gehen. So erklärt Rousseau in einer Variante zu den *Confessions*:

Ich benötige für das, was ich sagen will, eine Sprache, die ebenso unerhört ist wie mein Gegenstand: welche Tonart, welchen Stil soll ich wählen, um dieses ungeheure Chaos von Gefühlen zu entwirren, die so unterschiedlich, so widersprüchlich, so gemein und bisweilen so erhaben sind und mich unaufhörlich durchlaufen? (. . .)
Ich werde mich bei der Schreibweise ebenso verhalten, wie es die Dinge verlangen. Mir geht es nicht im geringsten um Einheitlichkeit; ich werde stets den Stil wählen, der sich mir aufdrängt, und ich werde ihn ohne Bedenken jeder Stimmungslage anpassen, alle Dinge werde ich sagen, wie ich sie empfinde, wie ich sie sehe, ohne gesuchte oder schamhafte Wendungen, ohne mich um den Eindruck der Absonderlichkeit zu besorgen. (. . .) mein Stil wird somit uneinheitlich und natürlich sein, mal schnell, mal zerstreut, mal überlegt, mal wild, mal gespreizt und mal lustig, und so wird er selbst zum Teil meiner Geschichte werden.[66]

Der *Stil* der Autobiographie wird hier zu einem zweiten Zeichensystem der Beglaubigung. Im Hinblick auf die Veränderung des alten absoluten Textes bildet der Stil die Semiotisierung der alten priesterlichen und der modernen polizeilichen Explikationsform. Nicht die institutionelle oder durch Folter erpreßte Beichte der gemeinen Tat, sondern die Semiotik der Unmittelbarkeit sorgt für die Garantie. *Heiß* ist die Temperatur einer Schrift, die alle drei Explikationsstufen in sich vereinigt. Heiß ist das Simulakrum des absoluten Textes. Während Ereignisse, gute und schlechte Taten nur erinnert werden können, erreicht der Autor in der Ordnung des Stils, in der Unordnung der Schrift jenen physiognomischen Text, die Mimik einer direkten Übertragung, die ganz der Herzensschrift, dem absoluten Text der Individualität analog ist. Eine solche physiognomische Schrift wird etwa zur gleichen Zeit, da Rousseaus *Confessions* erschienen und eine Welle heißer Nachfolgebekenntnisse nach sich zogen, von Lavater und seinen Freunden geschrieben und entziffert.[67] Zu diesen Freunden zählt auch die Sturm- und Drang-Bewegung. Ihre Kreation ist – von Herder inspiriert – die daseinsunmittelbare Schrift. Goethe ist der Erfinder einer radikalen Variante, der somnambulen Schrift; ihr Geheimnis verrät der Autor in *Dichtung und Wahrheit*:

Ich war dazu gelangt, das mir inwohnende dichterische Talent ganz als Natur zu betrachten (. . .). Die Ausübung dieser Dichtergabe konnte zwar durch Veranlassung erregt und bestimmt werden; aber am freudigsten und reichlichsten trat sie unwillkürlich, ja wider Willen hervor. (. . .) Auch beim nächtlichen Erwachen trat derselbe Fall ein, und ich hatte oft Lust, wie einer meiner Vorgänger, mir ein ledernes Wams machen zu lassen, und mich zu gewöhnen, im Finstern, durchs Gefühl, das, was unvermutet hervorbrach, zu fixieren. Ich war so gewohnt, mir ein Liedchen vorzusagen, ohne es wieder zusammen finden zu können, daß ich einigemal an den Pult rannte und mir nicht die Zeit nahm, einen quer liegenden Bogen zurecht zu rücken, sondern das Gedicht von Anfang bis zu Ende, ohne mich von der Stelle zu rühren, in der Diagonale herunterschrieb. In eben diesem Sinne griff ich weit lieber zu dem Bleistift, welcher williger die Züge hergab: denn es war mir einigemal begegnet, daß das Schnarren und Spritzen der Feder mich aus meinem nachtwandlerischen Dichten aufweckte, mich zerstreute und ein kleines Produkt in der Geburt erstickte.[68]

Diese unmittelbaren, unbewußten Emanationen einer poetischen Natur entsprechen ganz dem abendländischen Modell der absoluten Schrift. Solche ebenso zarten wie wirkungsmächtigen Zeichen zergehen im Augenblick ihrer profanen Hypostase, weil das spirituelle Medium, der Dichter, erwacht. Die wahren Zeichen sind in jeder Hinsicht Grenzwerte. Augustinus erklärte noch demütig, daß er erst im Angesicht des Todes seiner vollständigen Herzensschrift innewerden konnte.[69] Goethe hat das Genie, den Borderliner der Schrift- und Vernunftsysteme, immer wieder mit dem Schlafwandler verglichen[70]; der somnambule Poet erreicht Regionen einer Naturunmittelbarkeit, in die Rousseau auch als träumender Spaziergänger noch keinen Fuß setzen konnte. Die im Schlag niedergehenden Dichterzeichen sind eine Früh- und Vorform der surrealistischen *écriture automatique*. Und diese letzte Simulation von absoluten Zeichen steht in poetischer Opposition zu jener technifizierten Herzensschrift, die kurz zuvor die Kriminologie als neue automatische Schrift des innersten Reservats der Verbrecherwahrheiten in Betrieb genommen hatte. Erneuter Hinweis dafür, daß die Ahnherren der Lügendetektoren die genialen Passionsfiguren und ingeniösen Simulanten der Wahrheit, die Dichter des 18. Jahrhunderts, gewesen sind.

Geschrieben und doch unschreibbar – dies ist der paradoxe Status der absoluten Schrift, die strukturale Bedingung ihrer Wirkungswahrheiten. Ihr wunderbares Wirken reicht von der Tora[71] und ihren demiurgischen Kräften über die Niederschriften des paulinischen Logos bis hin zur Goetheschen Nachtwandlerschrift – und sie mündet in jene Flammenschrift, von der Poe und Baudelaire träumten und von der es hieß: »No man ever will dare write it«.[72]

Es fällt in die Augen, warum es heilige Schriften sind, die sich im paradoxen Status der Unschreibbarkeit auszeichnen: Es sind wahre Schriften, deren Geschriebensein durch die eigentlich undenkbar minimale Abweichung von der undurchdringlichen Substanz der Wahrheit geschieden sind. Minimalste Geschiedenheit, retouchierte différance[73], von Gottes Wort, von Gottes Zeichen, von den Zeichen der Gnade, von der Bewegung des Gefühls, von den Intensitätsmarken eines Affektes. Dieses Minimum der Abweichung, mehr als jedes Maximum der Approximation, bildet – gemäß der Zeichentheorie einer unabgeschlossenen Epoche des Abendlandes – die Garantie der Wahrheit. Der autobiographische Text trug hier die gouvernementale Bürde eines Paradigmas. Das 20. Jahrhundert erlaubt es ihm, diese Bürde abzulegen, nachdem Sigmund Freud als letzter das Goethesche Vorbild wissenschaftlich genutzt hat: *Die Traumdeutung* – letztes Modell der unerreichbaren Wahrheit der Schrift – ist im wesentlichen ein autobiographisches Register von Freuds eigenen Träumen. Die Erfahrung der Psychoanalyse bildet eine der Kräfte, die das Wahrheitsparadigma der autobiographischen Texte außer Kraft setzten.

Die wahren Zeichensysteme

»Lies die unerkennbaren Zeichen und notiere sie!« Auch so ließe sich der Imperativ der abendländischen Polizei der Selbsterkenntnis formulieren. Daß beide Anweisungen, die der Entzifferung und die der Schrift, von der gleichen anonymen Befehlsstimme erteilt werden, das zeigt sich etwa an den calvinistischen Direktiven: Jeder Gläubige tritt ein in die Profession und Qual, der Haruspex seines eigenen Inneren zu werden.[74] Die Suche nach solchen ungeschriebenen Zeichen himmlischer Gnade geht in der Geschichte der intimen Semiotiken allmählich über in deren Produktion. Auch Proust hat die Zeichen seiner Berufung, der poetischen Begnadung, so lange gesucht, bis er die Vergeblichkeit dieser Suche zum Gegenstand seines autobiographischen Textes machte.

Nach calvinistischer Regel und – beinahe übergangslos – auch nach den Regeln der Genieästhetik des 18. Jahrhunderts erfolgte die obskure Mitteilung der Gnade oder Auserwähltheit – Gottes Selbstmitteilung durch ein Subjektmedium – eben auch in gestreuten Zeichen. Daher wird der Autorkörper zum gefolterten Medium einer absoluten Zeichengebung, und die Feder dient dem Medium zur Versorgung des Archivs. Rousseau machte seinen Leib zum Medium einer noch zu klassifizierenden Wahrheit: der anthropologischen. Er legte den Grundstein zum babylonischen Turm der Polizeiarchive. Herder gab den Sturm- und Drang-Gesellen die genaue Anweisung, wie sie sich selbst auf die Folter der Verbalinspirationen legen sollten:

(Der Dichter) soll Empfindungen ausdrücken: – Empfindungen durch eine gemalte Sprache in Büchern ist schwer, ja an sich unmöglich. Im Auge, im Antlitz, durch den Ton, durch die Zeichensprache des Körpers – so spricht die Empfindung eigentlich – und überläßt den toten Gedanken das Gebiet der toten Sprache. Nun, armer Dichter! und du sollst deine Empfindungen aufs Blatt malen, sie durch einen Kanal schwarzen Safts hinströmen, du sollst schreiben, daß man es fühlt, und sollst dem wahren

Ausdruck der Empfindungen entsagen: du sollst nicht dein Papier mit Tränen benetzen, daß die Tinte zerfließt, du sollst deine ganze lebendige Seele in tote Buchstaben hinmalen und parlieren, statt auszudrücken. – Hier sieht man, daß bei dieser Sprache der Empfindungen, wo ich nicht sagen, sondern sprechen muß, daß man mir glaubt, wo ich nicht schreiben, sondern in die Seele reden muß, daß es der andre fühlt: daß hier der eigentliche Ausdruck unabtrennlich sei. Du mußt den natürlichen Ausdruck der Empfindung künstlich vorstellen, wie du einen Würfel auf der Oberfläche zeichnest.[75]

Wer will, der mag zählen, wie häufig die Modalverben »sollen« und »müssen« in diesem kurzen Zitat erscheinen. Sie geben das grammatische Bild einer neuen imperativischen Literatur, die, um ihrer Glaubwürdigkeit willen, sich selbst auf die Folter von Empfindungen spannt, die die Wahrheit der Schrift zu sein haben. Es hat seine Wirkung gehabt. Rousseau und Goethe sind emporgewachsen als Verkörperungen neuzeitlicher Subjektivität: Ihre semiotischen Lehren und Lektüren stehen als absolute Schriften im Archiv der Neuzeit. Sie sind Zeugen der unaufhörlichen Anstrengung, eine allererste Semiotik zu erzeugen und festzuhalten. Die abendländische Polizeiordnung, die eine Zeitlang unerkannt ihre Vorposten in der Genieästhetik errichtete, forderte sie ein, im Namen Gottes, im Namen des Menschen, im Namen der Wisenschaft. Die Folter, auf der heute die Semiotik der anthropologischen Wahrheit erpreßt wird, steht in den Behandlungszimmern der Psychoanalytiker.

»›Was nie geschrieben wurde, lesen.‹ Dies Lesen ist das älteste: das Lesen vor aller Sprache, aus den Eingeweiden, den Sternen oder Tänzen.« Dieser Satz aus Walter Benjamins Essay *Über das mimetische Vermögen* liefert ein knappes, aphoristisches Zeugnis seiner lebenslangen Suche nach Zeugnissen, die die alten heiligen Semiotiken in der Moderne wiederaufstehen lassen könnten. Und seine autobiographischen Texte *Berliner Kindheit um Neunzehnhundert* bilden eine esoterische Schrift und Lektüre solcher unlesbaren Zeichen, heiliger Semiotiken der Lebensgeschichte. Freilich hat sich etwas umgekehrt: Die heiligen Zeichen werden im 20. Jahrhundert polizeifest, der kriminalistischen und psychologischen Lektüre gegenüber resistent. Dies hängt zum einen mit Bedingungen zusammen, unter denen Benjamin seine Texte aus der *Berliner Kindheit* publizieren mußte: Der Autor, seine bürgerliche und politische Identität, mußten – wie er Gretel Adorno erklärte – den Blicken der faschistischen Staatsschutzbehörden gegenüber unerkennbar bleiben. Die autobiographische, die psychologische, die physiognomische und literarische Zeichenpolitik im 20. Jahrhundert, so wird hier zu zeigen sein, ist generell polizeifeindlich: Es sind Selbstoffenbarungen, die die Subjekte unerkennbar machen – psychologisch und kriminalistisch. Die Verweigerung, sich im Sinne der psychologischen und kriminalistischen Muster identifizierbar zu machen, bildet eine durchgängige Bewegung in den Texten, die hier das Profil der autobiographischen Schrift im 20. Jahrhundert zeichnen sollen. Der Bruch läßt sich erneut prägnant an der frühen – nämlich Baudelaireschen – Konzeption von Michel Leiris' Autobiographie *L'âge d'homme* ablesen. Sie beginnt mit einem Steckbrief:

Ich bin gerade vierunddreißig Jahre alt geworden (. . .). Körperlich bin ich mittelgroß, eher klein. Ich habe braune Haare, kurz geschnitten, damit sie sich nicht in Locken legen, auch aus Furcht vor einer beginnenden Kahlköpfigkeit. Soweit ich es beurteilen kann, sind die charakteristischen Züge meiner physiognomischen Erscheinung: ein sehr steiles Genick, das vertikal wie eine Mauer oder eine Steilküste abfällt, klassisches Erkennungszeichen (will man den Astrologen Glauben schenken) der unter dem Zeichen des Stieres Geborenen; eine entwickelte, ziemlich bucklige Stirn mit übertrieben knotig hervorstehenden Schläfenadern. (. . .) Meine Augen sind braun, die Lidränder gewöhnlich entzündet; meine Gesichtsfarbe ist lebhaft; ich schäme mich einer ärgerlichen Neigung zum Rotwerden und zum Hautglanz. Meine Hände sind mager, ziemlich behaart, mit sehr ausgeprägten Adern; meine beiden Mittelfinger sind an den Enden gekrümmt (. . .).[76]

Dies ist ein wahrhaft polizeikonformer Text, worin sich der Autor gleich in drei Zeichensystemen erkennbar macht, im astrologischen, im psychologischen und im physiognomischen. Dreifache Loyalität, die sich in dem Bekenntnis über die Scham, die sich von selbst zeigt, die reinsten Signifikanten der Beichte ausbreitet. *La règle du jeu* hingegen, die wahrhaft moderne kühle Schallplattenschrift, verwirft diese Zeichensysteme und bedient sich gänzlich anderer Semiotiken, deren Verbindlichkeit und Präzision sich auch neu beglaubigt. Freilich bewegt sie sich im alten Gesetz der Doppelanweisung: Entzifferung und Schrift, aber es ist nun vor allem das Gesetz der Sprache, das als Spielregel regiert. Auch Proust offeriert seine Lebensschrift als Doppel einer Lektüre unbekannter Zeichen, die keinen kriminalistischen oder psychologischen Code mehr anerkennen. Während die in die Schrift wandernden Zeichen, die sich lesen und aufschreiben lassen, bei Proust und Leiris die Schrift- und Zeichenordnungen der Wahrheit aufsprengen und löschen, bleiben Sartres autobiographische Bekenntnisse *Les Mots*, eingespannt in die Koordinaten von Wahrheit und Lüge, letzte Gehorsamsakte gegenüber den calvinistischen Imperativen. Die Unmöglichkeit, die reine Wahrheit zu sagen, führt zu einer Theoretisierung des Subjekts, das sich durch Entscheidungen aus seinen Gegebenheiten befreien kann und in diesem Entscheidungsakt *rein* im Sinne transzendentaler Kategorien ist. Diese vier Texte, die hier einer genauen Lektüre unterzogen werden sollen, setzen in einer gemeinsamen Bewegung, wenn auch in strategischen Varianten, die alten dekretierten Zeichensysteme der Priester- und Polizeimächte außer Kraft: die Augurenzeichen, Gotteszeichen, Naturzeichen, Seelenzeichen. An ihrer Stelle erscheinen absolute Zeichensysteme der profanen Lektüre und Schrift. Diese absoluten Zeichen, von denen doch einst geträumt wurde, simulieren keine Wahrheit einer höheren Semiotik, sondern sind symbolische Bewegungen, die nur für den Einzelfall Gültigkeit haben: Dokumente einer gelebten Unmöglichkeit, Konstruktionen einer symbolischen Opposition. Diese Gültigkeit darf nicht mit Wahrheit verwechselt werden. Sie zieht ihren Kreis so eng wie möglich. Dem unglücklichen Apostel der unmittelbarsten Herzensschrift, Werther, folgte kein Geistlicher mehr. Den symbolischen Spuren der Autobiographien des 20. Jahrhunderts folgt kein Psychologe oder Detektiv mehr.

Das alte und das neue Gedächtnis

Die Komplikation der Erinnerung und des Gedächtnisses ist modern. Sie läßt sich als einfachen Effekt der technischen Speicher erkennen: Es gibt wahrhaftigste Doppel zeitlich ergangener Zeichen: Film, Photographie, Phonographie. Die Herzensschriften haben sich nicht nur als absolute Texte den Grammophonen unterwerfen müssen. Der Schrift ist das Privileg der Wahrheit entrissen worden, der Vorzug des treuen und zeitresistenten Speichers. Die Geschichte des menschlichen Gedächtnisses – wir halten uns an ihre Spuren in den Autobiographien – stellt in ihren epochalen Varianten jeweils eine getreue Theoretisierung des historischen Standes der Speichertechnologien dar. Der Autobiograph Augustinus kannte nämlich überhaupt keine Schwierigkeiten der Erinnerung. Wenn er das Vergessen erwähnte, dann nur, um die Macht des Gedächtnisses, den »Magen des Geistes«[77], zu rühmen, der ja auch das Vergessene wiedererkennen kann, frühe Ahnung einer *mémoire involontaire* und eines Unbewußten. Angesichts dieser Speichermacht des Gedächtnisses konnten die Unsicherheit und der Trug der Erinnerung noch kein Thema werden – ganz so, wie es die geringe Verbreitung der *Schrift* auch forderte. Die Epoche der vornehmlich oralen Überlieferung und Frömmigkeit mußte dem menschlichen Gedächtnis das Äußerste zutrauen: Es gab kein Gottvergessen, da vor allem das Gedächtnis seinen Namen und seinen Text gespeichert hatte. Technik und Verbreitung der *Druckschrift* eröffneten hingegen die Möglichkeit, die Ungewißheit der Erinnerung und die Notwendigkeit des Erinnerns durch Lektüre und Schrift zu erörtern. Mit einem Schlage bricht ein Imperativ der Erinnerung aus dem neuen System hervor. So heißt es in der Anweisung zur Tagebuchschrift des puritanischen Geistlichen John Beadle:

There is scarce any other sin that God gives his people so great a charge to take heed of, as this sin of forgetfulnesse.[78]

Die Gottvergessenheit ist die größte Sünde, und die Vorsicht, die Vorsorge gegenüber dieser Sünde hat Gott den Menschen als schwere Bürde auferlegt: ›Sei Gott eingedenk, memoriere seinen Text, suche seine Zeichen in allen Winkeln deines Leibes!‹ Dies ist der Imperativ, der sich allen Diaristen und Autobiographen dieser frühen protestantischen Epoche in die Seele gräbt. Eine radikal veränderte Kultur des Eingedenkens stellt sich mit dem neuen Kommunikationsmedium ein. Und so ist es eine veränderte Mnemotechnik, die es den Protestanten nahelegt, die Zahl der heiligen Erinnerungszeichen zu reduzieren, denn die Sakramente sind nichts anderes als Zeichen des Eingedenkens, profan gesprochen: Gedächtnisstützen der Verkündigung. Der Druck und die Zugänglichkeit der gedruckten Bibel sichern das Erinnern auf die ökonomischste Art: die Sicherheit der Erinnerung allerdings ist freilich das Risiko des Vergessens. Die Funktion der protestantischen Ermahnungen, die Funktion der intimen Zeugnisse ist das Repetitorium der heiligen (Druck-)Schrift. Und so finden sich in den frühen reli-

giösen Autobiographien und Diarien dichtgesponnene Netzwerke
biblischer Zitate – das Zitat des absoluten Textes ist das neue Sakrament in der frühen Epoche des Drucks –, worin die Erzählung und
Erinnerung des biographischen Ereignisses fundiert.

Ganz analog bewertet Rousseau die Speicherkraft der zwei Erin-
nerungssysteme und ihr Verhältnis untereinander – das Gedächtnis
der Empfindungen (der neuzeitliche absolute Text) und die Niederschriften biographischer Ereignisse; in seinen *Confessions* führt er
darüber aus:

Alle Papiere, die ich gesammelt hatte, damit sie meine Erinnerungen er-
gänzten und mich bei diesem Unternehmen leiteten, sind in andere Hände
übergegangen und werden nicht mehr in die meinen zurückgelangen. Ich
habe nur einen treuen Führer, auf den ich zählen kann, das ist die Kette der
Gefühle, die die Entwicklung meines Daseins begleitet haben, und durch
sie die der Ereignisse, die ihre Ursache oder Wirkung gewesen sind. Ich
vergesse leicht mein Unglück, aber ich kann meine Fehler nicht vergessen,
und noch weniger vergesse ich meine guten Gefühle. Die Erinnerung ist
mir zu teuer, als daß sie je aus meinem Herzen schwinden könnte. Ich
kann Lücken in den Tatsachen lassen, sie verschieben, mich in den Daten
irren, aber ich kann mich nicht über das täuschen, was ich gefühlt habe
(. . .).[79]

Der biographische Text mag fragmentarisch sein, aber der absolute
Text des Subjekts, »la chaîne des sentiments«, ist untrügerisch. Unter dem Polizeiblick der entstehenden Menschenwissenschaften
konstituiert sich ein inneres, zugängliches Reich unmittelbarer Daten: »Um wahrheitsgetreu zu schreiben, benötige ich keine Gedächtnisstützen, sondern ich brauche bloß in mich selbst einzutreten«, heißt es an gleicher Stelle. Doch auch diese Herrlichkeit ist
nicht ohne Komplikation. Rousseau selbst hat die sichere Allianz
von Empfindung und *Schrift*, wie früher gezeigt wurde, auseinandergerissen. An ihrer Stelle erschien das komplizierte Verhältnis
ungeschriebener Zeichen. Die Gefühlszeichen reproduzieren ihre
Aktualität auf der Ebene des *Stils*. Die authentische Erinnerung findet in der Ungleichheit, Sprunghaftigkeit die adäquate Symbolisie-
rung. Diese Verschiebung bewirkt eine Veränderung in zweierlei
Hinsicht: Einerseits erscheint die Domäne irreduzibler subjektiver
Wahrheit, die später die Psychologie und Kriminalistik ins Brot setzen. Dieser Phantomwelt korrespondiert andererseits die Semiotik
des literarischen Stils, mit der die intime Geisterwelt der truglosen

Empfindungen eine symbolische Geselligkeit pflegt. Mit dieser Konzeption eröffnet Rousseau das Taufregister einer Million von lyrischen Innerlichkeiten. Die literarisch simulierte »chaîne des sentiments« ist das Beglaubigungszeichen der Individualität.

Doch das 20. Jahrhundert, das mit Tonarchiven, Photodokumentationen, Fingerabdruckkarteien, Wochenschauen ein neues historisches und kulturelles Gedächtnis errichtet, eröffnet den Beichtenden, den Memoirenschreibern, den Erinnerungstheoretikern einen neuen Raum und die größte Freiheit, die Ungewißheiten der Datensicherung durch das Menschengedächtnis zu erörtern. Das alte Paradigma der Erinnerung hat sich umgewälzt, und diese Umwälzung liest sich allenthalben. Das Problematische, ja das Täuschende des Erinnerns, und mit wachsender Präzision: die physiologischen Schaltungen und Fehlschaltungen der Gedächtnisarbeit suchen sich erzählerische Korrelate. Wie von Geisterhand gesteuert, treten in diesem Kontext die modernen technischen Speicher als Metaphern und Paradigmen der neuen Unmöglichkeiten (Verdrängung, Unbewußtes etc.) auf den Plan. Nicht nur die Erinnerungsschallplatte von Leiris; bei Proust rückt die Photographie mit bislang kaum erkannter Macht ins Zentrum der Komplikationen des Diskurses. Die Unerkennbarkeit der anderen und die Unschreibbarkeit des wahren Textes finden im photographischen Medium ein technisches Paradigma: Photos sind die Beweisstücke der *Suche nach der verlorenen Zeit* im Prozeß dieser Unmöglichkeiten. Und Benjamin hat gewiß in seiner Zeit das Klügste gesagt über die Veränderung der Erkenntnis und der elementaren kulturellen Praktiken durch die Speicherkraft und Reproduktionsmacht der technischen Medien. Wie sehr aber die *Berliner Kindheit um Neunzehnhundert* theoretisch und strategisch (im Sinne der Unerkennbarkeit) von diesen epochalen Gegebenheiten geprägt ist, das scheint noch in keinen Leserblick eingedrungen zu sein. Und die Modernität Sartres liest sich daran ab, daß er seine philosophische Moral (die im Kern eine calvinistische ist) und die Erkenntnis ihrer Zerbrochenheit am Kino-Medium entwickelt und theoretisch härtet.

Die verschiedenen Konzeptionen zur Erkennbarkeit des Selbst, zur Erinnerung, zur Wahrheit der Schrift und der Sprache, die auffällige Durchschlagskraft der modernen technischen Medien bei allen Versuchen der Theoretisierung von Gedächtnis und Wahrheit im autobiographischen Text des 20. Jahrhunderts – alle diese Beobachtungen geben Anlaß, das Gedächtnis der Moderne in einer Medientheorie und Zeichentheorie aufgehen zu lassen. Denn längst ist die »chaîne des sentiments« Rousseaus ersetzt durch eine »chaîne des signes«, eine Signifikantenreihe, die, auf metaphorischen und metonymischen Substitutionen aufbauend, das Spiel der Erinnerungen organisiert. Gegenüber den so verläßlichen Schaltungen, die die technischen Aggregate der Kommunikation erlauben, fallen die Schaltungen des Gedächtnisses ins empirische Feld der Störungen, Fehler, Täuschungen. Im Zuge dieser (experimentell validierten) Verwüstungen der alten anthropologischen Sicherheiten ist eine Figur, eine lebendige Beglaubigungsinstanz, beinahe ruiniert worden: der Zeuge. Indem sich das Phantomreich der Wahrheiten technisch zu organisieren sucht, lösen sich die philosophischen und literarischen (sie waren freilich stets juristische) Universalien der Menschentümer auf. Die Verzweiflung der Richter zieht ihre Leuchtspur in den poetischen Triumphen der Zeugen des eigenen Lebens.

Der autobiographische Text ohne polizeiliche Funktion

Wenn alle Techniken der Haruspiciana des Herzens, die Identifizierung, wenn die alten polizeilichen Funktionen heute so sicher in den Händen von Psychologen und Kriminalisten liegen, warum ist dann der autobiographische Text, der doch ehedem diese Funktionen vorbereitete, nicht erloschen, verkümmert, ausgeblieben? Tatsächlich beruft sich im 20. Jahrhundert kein Autor eines autobiographischen Textes mehr auf den Wissenswunsch der anderen, wenn er seine Beichte in die Welt gehen läßt.[80]
Es wurde bereits festgestellt: Er ist aber keineswegs am Ende, sondern er wuchert und strebt in eine Breite, von der sich sagen ließe, daß sie alle anderen Texte und Formen, Lyrik, Epik, Novelle, zu infiltrieren beginnt. Lediglich das Drama scheint er noch nicht erobert zu haben. Oder doch? In Becketts Stück *The last tape* hat sich der autobiographische Text in seiner modernen, eigentlich hypermodernen Ausprägung auf die Bühne begeben: Krapp, alt und gebeugt, begeht seinen Geburtstag in einem offenbar alljährlich sich wiederholenden Ritual der Erinnerung, indem er die eigene Stimme auf einer Bandaufzeichnung wiederhört und die Tatsache

dieses Hörens als Ereignis des Tages einem anderen Band anvertraut. Auf diese Weise verfügt er über ein ganzes Archiv solcher Aufzeichnungen von alljährlichen Geburtstagsmonologen. Solche dramatische Brechung der autobiographischen Aktivität in Bekketts Stück verweist noch schärfer auf das Funktionslose autobiographischer Notationsgewohnheiten in der Moderne. Was indessen steuert diese altertümliche Praxis, was hält sie in Bewegung? Oder, um eine letzte Variante dieser Frage zu erörtern: Kennt das 20. Jahrhundert jenseits dieser technischen Graphien noch einen absoluten Text oder absolute Zeichen? Sieht man einmal davon ab, daß die alten Götterzeichen, die unschreibbaren Mitteilungen, noch in modernen Autobiographien auftauchen, bei Julien Green oder Marcel Jouhandeau, so stoßen die Autoren des autobiographischen Textes im 20. Jahrhundert auf die absolute Tatsächlichkeit, auf die unüberschreitbare Grenze der Sprache selbst. Die sprachliche Regel, das Gesetz der Grammatik hat Michel Leiris in den Titel seiner *Règle du jeu* erhoben. Walter Benjamin träumte davon, durch eine neue Kunst der Lektüre (die eigentlich eine alte/archaische wäre) das Medium des Sprachlichen von seinen Mitteilungsfunktionen zu reinigen: Subversion des Signifikats und Verwandlung der Signifikanten in Kanäle reinen Rauschens. Die absolute Macht und das kulturelle Apriori der Sprache sind auf vergleichbare Weise, wenngleich fundamental anders, von Sartre anerkannt worden, der seine Kindheitserinnerungen *Les Mots* taufte. Die Sprache als *System* ist gleichfalls unschreibbar, und insofern ist es eine Banalität, eine Wiederholung der allereinfachsten Empirie, daß ein jeder Text eben diese Absolutheit anerkennt. Doch das Besondere des modernen autobiographischen Textes, der hier poetisch und strategisch gelesen werden soll, liegt darin, daß die Sprache, die Textualität als die äußerste Wahrheit eines Subjektlebens anerkannt wird. Diese Anerkennung ist eine Reduktion: Im Rauschen der Sprache vergeht das Schattenreich des Empirischen; zugleich bildet das Zeichen, das im Bewußtsein seiner Erlösung aus der Fron wahrer Designationen gesetzt wird, den Eröffnungszug in einem Spiel unendlicher Möglichkeiten.

Das geht eben doch weit hinaus über Rousseaus (von Starobinski so großartig herausgearbeiteten) Eintritt in den »Pakt« von Ich und Sprache.[81] Mit der Einschreibung der biographischen Wahrheit in die Schriftakte selbst, so soll vorerst einmal der moderne Status des autobiographischen Textes festgehalten werden, ist die Allianz, die

die Authentizität der Mitteilungen garantierte, auseinandergerissen. Lassen wir die anonyme Stimme des modernen autobiographischen Textes einmal über sich selbst aussagen: ›Ich bin jener Sprechakt, und meine Geschichte ist die Ontogenese eines Sprechens, das mir vorausgeht; meine Bildungsgeschichte ist die Arbeit der Anerkennung, daß mich, den Sprechenden, eine absolute Spaltung durchläuft: Die wahre Rede, die mir immer abgefordert wird, in der Familie, in der Liebe, in der Schrift, ist das Nachplappern des verschleierten juristischen Codes unserer Gesellschaft. Nur ihn zu unterlaufen, eröffnet das Reich der Freiheit; es ist das Reich der sprachlichen Permutationen jener Zeichen, die die Erinnerung als das Vorspiel meiner Nachträglichkeit preisgibt.‹

Insofern tendiert der autobiographische Text des 20. Jahrhunderts dazu, selbst der heilige, der absolute Text zu werden, der ihn einst hervorgebracht hat, um von ihm wieder hervorgebracht zu werden. Doch das Äußerste vermochte auch der alte autobiographische Text nicht zu leisten: Er verschaffte dem Urtext keine Garantie. Er konnte lediglich die Anstrengung, das Opfer, die Folter, die Qual der Anstrengung als Beglaubigungszeichen für die Wahrheit des absoluten Textes hervorbringen. Die Heiligkeit des modernen Textes ist seine Bewegung ins Absolute: Die Selbstverzehrung Prousts im Dienste seines Werkes, Sartres Kult der Reinheit und Transparenz, die Suche nach den heiligen Räumen, die Leiris mit Bataille und Roger Caillois betrieben hat. Mit gutem Grund haben mehrere Autoren hervorgehoben, daß bereits Leiris' Aufsatz über das Heilige die Grundstruktur von *La règle du jeu* entwerfe.[82] Allein Benjamin hielt an der Möglichkeit einer absoluten Schrift jenseits aller empirischen Schriften fest.

Heilige Texte, heilige Räume sind unbewachte Räume, wilde, polizeilose Areale, die freilich nur symbolisch sind: Sie sind kultisch organisiert, d. h. sie stehen im erklärten Außerhalb der allesdurchdringenden Alltagskultur. Diese Räume, symbolische Räume der Erfahrung, produzieren alle jene modernen autobiographischen Texte, die sich nicht der Rekonstruktion einer mythischen Einheit, Leben, Bildung, Seele, Erkenntnis, verschreiben, oder einer Datei von Ereignissen, sondern der Produktion eines Textes, dessen einziger Referent die Autorschaft seines Autors ist. An dieser Stelle freilich präpariert unsere Lektüre das abstrakte Prinzip aller Schrift und Autorschaft. Es gibt kein Sprechen, es gibt keinen Text, der sich nicht auf einen anderen Text beruft, der sich nicht in einem größeren Text aufgehoben wissen will. Es gibt keinen Nullpunkt der Schrift, sondern nur die Unterscheidung, die Abzweigung, die Erneuerung. Die kalte moderne Schrift feiert nicht die Wiederkehr der biblischen Zeichen, sie beruft sich nicht mehr auf eine unerreichbare absolute Schrift. Die moderne Schrift vollzieht die Epiphanie der Textualität selbst.

Die polizeiliche Funktion der alten Autobiographien und Tagebücher lautete: Ein Subjekt macht sich im Milieu einer kulturellen Semiotik erkennbar und wiedererkennbar. Die Imperative solcher Kriminalistik und Psychologie lassen sich – in einem Spiel von Varianten – in der Weise definieren: ›Offenbare deine unveränderlichen Kennzeichen! Mach dich wiedererkennbar! Unterwirf dich dem absoluten Text! Bekenne die Wege und Abwege deines Begehrens! Sprich die Wahrheit! Öffne die Speicher deiner Erinnerung!‹

Der autobiographische Text des 20. Jahrhunderts, der die große prunkvolle Erscheinung der Schrift in ihrer Materialität und Uninterpretierbarkeit vollzieht, er schenkt dem Leser und dessen Polizeisinn keine Identitätszeichen mehr. Und ein Leser, der wie Canettis moderner Dichter ein Hund ist[83], wird an diesen Spuren dennoch den Autor erkennen. Doch eben nur den Autor, den Namen. Der moderne Autorname ist lediglich der Titel einer Anstrengung. Nicht der Anstrengung und Folterqual eines Delinquenten oder Sünders, seine »Identität« zu bekennen, sondern einer Anstrengung der Selbstauslöschung in der Schrift, in der Produktion eines unerkennbaren poetischen Doppels der eigenen Person. Was ist das für ein Doppel? Ein Wappen, ein symbolischer Körper poetischer Effekte.

Wohin geht diese Schrift einer Lektüre?

Die Überlegungen, die diese poetische und strategische Lektüre steuern, gehen aus von den Konstitutionskräften in den autobiographischen Texten von Marcel Proust, Walter Benjamin, Jean-Paul Sartre und Michel Leiris. Um wenigstens im größten Ungefähr diese Kräfte zu bestimmen, mußten die Voraussetzungen der autobiographischen Aktivität, wie sie im europäischen Abendland zu beobachten war, benannt werden. Dies ist geschehen, und das Skizzenhafte dieser Benennung beruht auf der Tatsache, daß die Polizei des Diskurses bislang anonym geblieben ist.[84] Die Zumutungen an den Leser dieser ersten Seiten sind insofern gering, als er nichts davon glauben muß, um die Plausibilität der nun folgenden Lektüren und Analysen zu beurteilen. Er hat nur die Möglichkeit, jene negativen Kräfte, die im modernen autobiographischen Text aktiv werden, vor dem Hintergrund der Positivitäten, die die traditionelle Bekenntnisaktivität beherrschen, zu beurteilen. Die vier Autoren, deren Texte hier zur Debatte stehen, schreiben sich ein in das alte System autobiographischer Regularitäten und verdrehen sie in ihr Gegenteil. Malraux' *Antimemoiren* vollziehen diese Bewegung programmatisch in ihrem Titel.

Weiterhin hatten diese einführenden Kapitel die Funktion, die Terminologie, die die Lektüre stützt, in ihrem historischen Sättigungswert zu begreifen. Es ging darum, die Anspannungen der traditionellen Lebensschriften zu erkennen, und die Imperative, die die Mythologie der Autorspontaneität verdeckt. Was ist damit gewonnen, daß Kräfte und Gegenkräfte bestimmt werden, Texte, deren Lektüre ein unzweifelhaftes Vergnügen bietet, mit einem System abstrakter Begriffe zu durchdringen? Eine Lektüre legt ihr Doppel nieder und will nicht mehr gewinnen als die Erkenntnis, daß die modernen autobiographischen Texte ein poetisches Testat für die Unerkennbarkeit des Autors darstellen? Nun bleibt das Werk, die Schrift, das Kunstwerk ein legitimiertes Doppel in unserer Kultur und verrichtet darin zahlreiche wichtige Funktionen. Das Kunstwerk ist eine anerkannte, gefeierte Form der Verweigerung. Und diesem Kult verschreibt sich auch unsere Lektüre, nicht explizit, aber faktisch. Welch andere Funktion sollte dieser hundertste oder tausendste Metatext über Proust und die anderen sonst beanspruchen? Aber er zielt doch auf die Erkenntnis, die über die Analysen und Lektüren von autobiographischen Texten weit hinausreicht, indem er die Möglichkeit von Erkenntnis begrenzt. Mit großem Nachdruck beharren diese Analysen auf der Voraussetzung, daß außerhalb von symbolischen Konfigurationen überhaupt keine Erkenntnisse über Menschendinge zu gewinnen sind. Zeichen und Texte bilden das Milieu, worin sich alle anthropologische und das heißt: kulturelle Realität konstituiert. Und doch gelingt es dieser universalen Textualität immer wieder, sich selbst als Doppel einer ursprünglichen naturalen Substanz zu legitimieren.

Im Gewitter der Imperative geben sich die Texte als sanfteste Emanationen von Ingenien, den Residenzen und Verdichtungen der Kulturwahrheiten. Aber jenseits der Texte gibt es nichts, und das Gegenteil immer noch zu behaupten, heißt: Polizeiprotokolle zu signieren, die den literarischen Betrug des 18. Jahrhunderts legitimieren.

Die exemplarischen Lektüren, die hier wiedergegeben sind, machen daher vor allem einer Leseweise den Garaus, die immer noch auf einen Modus ursprünglicher Erfahrung rekurriert. Alle Versuche, eine Theorie der Leseerfahrung zu formulieren, verfallen der Naivität jeder ästhetischen Theorie, die nicht zugeben will, daß die Elementarschulung der Sinne, das heißt immer noch: die Elementarschulung durch Lesen und Schreiben, die Bedingungen und Möglichkeiten der Erfahrung vorstrukturiert. Die unerkennbaren Autoren des 20. Jahrhunderts weiterhin erkennen, ihre persönliche Wahrheit weiterhin substantiieren, dieser Diskurs wird hier als jenes organische Delirium klassifiziert, das dem Phantomschmerz analog ist. Seine Zuschreibungen entspringen einer Phantomliebe, die exakt an jener Stelle entsteht, wo die Herzensschrift nie geschrieben stand: im Nirgendwo der Innerlichkeit.

II
Marcel Prousts
Suche nach der verlorenen Zeit –
Das Epos von der
Unerkennbarkeit der Person

Vorspiel

Prousts Roman ist voller Kriminalistik. Der Erzähler begibt sich, wie häufig bemerkt worden ist[1], mit detektivischer Leidenschaft auf die Lauer der Laster: Der junge Marcel beobachtet die Tochter des verstorbenen Komponisten Vinteuil bei einem erotischen Akt mit ihrer Freundin. Es gehört offenbar zu ihrem sapphischen Code, daß sie dabei das Photo des großen Musikers bespucken; diese Schändung des Bildes berührt den jungen Spion um so mehr, als Vinteuil ein überaus zärtlicher Vater gewesen ist. Zu Beginn von *Sodom und Gomorrha* verfolgt Marcel aus einem Versteck heraus, wie der Baron Charlus den Schneider Jupien in den Reigen einer homoerotischen Verführung zieht. Der gleiche Baron fällt dem Erzähler in den Blick, nachdem dieser in einer Episode der *Wiedergefundenen Zeit* ein Pariser Hotel betreten hat, in dem er Verbrecher und Spione vermutet. Tatsächlich spioniert er selbst Charlus aus, der sich dort in einem Zimmer einer masochistischen Tortur unterzieht. Diese strukturgleichen Szenen erwecken den Anschein, als richte die Kriminalistik des Erzählers ihren Blick allein auf die erotischen Perversionen. Doch dies geschieht nur vordergründig: Nicht zufällig erliegt gleich zweimal der vornehme Baron der kriminalistischen Neugierde des Erzählers, denn Charlus verkörpert selbst das Delirium der Kriminalistik. Bei seinen ersten Begegnungen mit Charlus sieht sich der Erzähler mit dem Träger eines durchdringenden Blicks konfrontiert, dessen Intensität er keiner einschlägigen Art der Fahndung zuordnen kann. Abwechselnd ist es der Blick eines Geisteskranken, eines Spions, eines Geheimpolizisten, eines Philologen.[2] Unerkannt hingegen nistet in diesen Augen das Begehren. Aber das gleiche gilt für den Spion: Er observiert als Begehrender seinen Spiegel-Blick, dem alle Formen einer Kontrolle des Begehrens innewohnen. Es ist gewissermaßen der absolute Wissenswunsch, den Charlus verkörpert, um später nacheinander die Sehkraft, die Sprache und die Vernunft einzubüßen, nachdem er sich selbst auf die Folter gelegt hat. An dem wahnsinnigen Baron, einer letzten Inkarnation der prometheischen Epoche, wird alles abgehandelt, was Prousts Roman selbst außer Kraft zu setzen bestrebt ist: die Anthropologie, die Psychologie, die Liebe. Insofern umschließt der Roman selbst als Chronik der prometheischen Vergeblichkeit das titanische Opfer der Schrift.

Doch soll hier eine andere kriminalistische Episode das Präludium bestreiten; sie gehört in den Band *Die Entflohene*: Ein Trio von hübschen jungen Mädchen erregt zweimal kurz hintereinander die Aufmerksamkeit des Erzählers. Nach der ersten Begegnung ist er ihnen vergeblich in einer Droschke gefolgt. Die zweite Gelegenheit ergibt sich, als die drei Mädchen, eine Blonde und zwei Brünette, zufällig aus dem Eingangstor des großen Hauses, in dessen Hof Marcel einst Charlus und Jupien beobachtet hatte, kommen. Ahnungslos treten sie in die optischen Raster von Marcels erotischer Spionageaktivität. Ein Doppelblick der Blonden, die offenbar seinen Blicken antwortet, weckt sogleich das Begehren, das gar nicht geschlummert hat. Gleich meldet sich der Detektiv in den Dienst der Lüste, und die Informationen, die er dann beim Hausmeister über die Mädchen einholt, schüren seine Glut aufs Äußerste. Der Hausmeister hat den Namen einer der Drei, die bei der Herzogin zu Besuch war, notiert; er scheint identisch mit dem Namen eines Mädchens aus bester Gesellschaft, mit dem Marcels Freund Saint-Loup einmal in einem Stundenhotel intimen Verkehr gehabt hat: Mlle d'Eporcheville. Schlagartig wird dem Erzähler die Bedeutung der beiden Blicke klar. Es war das stumme Versprechen eines Rendez-Vous von der gleichen Art, wie es der Freund genossen hatte. Um völlig sicher zu gehen, schickt der Erzähler aber noch ein Telegramm an den fern von Paris weilenden Freund, der als Lebemann eine Art Archiv der lasterhaften Frauen ist. Es geht darum, die Unbekannte zu identifizieren. Doch welche Daten hat der Erzähler in der Hand?

Hätte ich aus dem Gedächtnis ein Portrait von Mademoiselle d'Eporcheville entwerfen, eine Beschreibung ihrer Person, ihr Signalement geben sollen, so wäre es mir unmöglich gewesen, ja, ich hätte sie sogar auf der Straße nicht wiedererkannt. Ich hatte sie im Profil und in der Bewegung erblickt, sie war mir hübsch, einfach, hochgewachsen und blond erschienen, mehr hätte ich nicht zu sagen vermocht. Aber alle Reaktionen meines Verlangens (. . .) das alles stellte mit einem Bild, das ich im Grund gar nicht kannte und bei dem mir völlig zu wissen genügte, daß es angenehm war, bereits eine Liebe dar. Endlich, am folgenden Morgen, nach einer Nacht beseligter Schlaflosigkeit, erhielt ich Saint-Loups Telegramm: ›De l'Orgeville, (. . .) klein, brünett, rundlich, ist zur Zeit in der Schweiz.‹ Sie war es nicht. (6, 209 f. – III, 565 f.)

Die Geschichte ist lehrreich. Sie gehört gleich in drei Serien von Lehren, die die *Suche nach der verlorenen Zeit* als Selbstbegründung ihres reinen Spionage-Bezuges auf die spionierenden Blicke ausbreitet. Der Befund der *Reinheit* ermittelt sich aus dem weitgestreuten Zeremoniell vergeblicher Inspektionen: Es gibt keine Erkenntnis des anderen, weder seiner einzigartigen Kennzeichen, noch seiner inneren Antriebe. Alle tatsächlichen Identifizierungsakte erfolgen daher auf dem Wege der Befragung von Archiven – zumeist sind es Photos. Und so lassen sich die drei in Serien durch den Text gestreuten Lehren benennen: die Doktrin von der Unerkennbarkeit (das kriminalistische und psychologische Dementi); die Doktrin von der Selbst-Täuschung des Begehrens; die Doktrin von der Universalität des Medialen. Daß jemand die Frau, die er begehrt, nicht beschreiben kann, ist gewiß ungewöhnlich, aber da dieses Begehren in einer irritierenden Zirkulation von Blicken und Namen gesteuert ist, darf sich das Erstaunen beschränken. Im Innersten gibt es den latenten Wunsch des Erzählers, in die Position seines Freundes einzutreten, den er – durch das Medium von dessen Erzählung – bei dem Hotelabenteuer mit Mlle de l'Orgeville beobachtet hat. Blicke leiten das Spiel ein, und wie die Sprache haben Blicke keinen Ursprung und keine Bedeutung. Sie sind *Agenten der Situation*. Daher ist der Begehrende ein schlechter Interpret und Spion. Und es ist die täuschende Macht des Begehrens, die im Spiel der Zeichen die kleine phonologische Differenz p/l zwischen d'Eporche/de l'Orge getilgt hat. Von *dieser* Art sind die kleinen Unterschiede, deren erotische Lehren Prousts Roman ausbreitet. Einen gleichen Befund liefert der Akt der Identifizierung: Das Begehren in dieser Variante von Spionage begnügt sich mit wenigen Zeichen, denn es geht nicht um die Personen und ihre Besonderheiten, sondern um die Zeichen ihres Begehrens/Spionierens. Und die Medien: Wo immer solche Identifizierungen vorgenommen werden, da laufen sie über ein Medium, über Photos, Bilder, Freundesarchive.[3] Im Realen gibt es kein Erkennen, sondern immer nur den enttäuschenden Zusammenstoß eines Wünschens, einer imaginären Konzeption, und einer Tatsächlichkeit, die der schönen Phantasie Hohn spricht.

Die vielen Spionageszenen, in denen der Erzähler den Personen, die er liebt, oder den Formen der Liebe selbst nachstellt, bestimmen das kriminalistische Klima der Vergeblichkeit. Nichts wird erkannt, alles Erkennen bleibt auf eine merkwürdige Lektüre verwiesen, die schließlich den Gang der Niederschrift organisieren wird – sich selbst lesen, nicht als Person und Innerlichkeit, sondern als einen, der den vergeblichen Wissenswunsch aller Spionage von sich abgelöst hat: wissen zu wollen, was der andere begehrt.

Die *Suche nach der verlorenen Zeit* ein autobiographischer Text?

Es lohnt sich nicht, lange bei dieser Frage zu verweilen.[4] Dieser Roman, der sich lediglich als schemenhafte Werkordnung aus einem zum Teil verlorenen, zum Teil noch gar nicht endgültig gesichteten Meer von Schriften heraushebt, ist selbst das Dokument der Tilgung dieser Frage. Aber eben die Anstrengung, die große Qual der Schrift, den Imperativ, der sie antreibt, auszumerzen, rückt ihn an den Anfang einer Reihe von Texten, die diesen epochalen Wandel vollziehen: die Beendigung des Trugs der heißen Schrift.[5] Der unbestreitbare autobiographische Gestus der *Suche nach der verlorenen Zeit* trägt einen Romandiskurs, der nicht nur die Vergeblichkeit jeder Bemühung erweist, eine Wahrheit des Subjekts zu erfassen, sondern der sich selbst, seine Medialität, seine Schrift als die Urkunde dieser Unerkennbarkeit offeriert. Unerkennbarkeit heißt die Unzugänglichkeit, die die Beziehung eines erzählenden Bewußtseins zu sich selbst und zu den anderen, die es benennt, ausmacht. Unters Mikroskop des illusionslosen Blicks gebracht, zeigen sich Liebe und Freundschaft als Molekularbewegung täuschender Zeichen. Diese Erkenntnis verdankt sich einer unaufhörlichen Anstrengung, einer unvermeidlichen Folter, weil sie noch dem kulturellen Gesetz der sich schließenden Epoche gehorcht. Psychologie und Kriminalistik sind die – ins Literarische und Ästhetische gewendeten – Disziplinen, die eine Suche mit unaufhörlichen (und mit unaufhörlich außer Kraft gesetzten) Appellen antreiben.

Und wie sie ins Leere gehen! Als Beispiel soll die von Paul de Man so eindringlich analysierte Passage über das Küchenmädchen von Françoise im Hause von Tante Léonie in Combray dienen.[6] Es ist jenes bedauernswerte schwangere, von Françoise mit subtilem Sadismus traktierte Geschöpf, das nach Swanns ingeniöser ikonographischer Charakterisierungskunst der Allegorie der *Caritas* in den Giotto-Fresken der Arenakapelle in Padua ähnlich sein soll. Doch wird diese Gestalt wie folgt eingeführt:

Das Küchenmädchen war eine Person in abstracto, eine ständige Einrichtung, der einige unveränderliche Attribute eine gewisse Kontinuität und Identität gewährleisteten, durch eine Reihe aufeinanderfolgender vorübergehender Verkörperungen hindurch, unter denen sie erschien, denn wir hatten niemals zwei Jahre hintereinander das gleiche Wesen im Hause. (. . .) Das arme Mädchen selbst übrigens, verfettet durch ihren gesegneten Zustand bis zum Gesicht hinauf, bis in die gerade und eckig herabfallenden Wangen, glich tatsächlich jenen männlich wuchtigen Jungfrauen oder besser Matronen, die in der Arenakapelle die Tugenden personifizieren. Jetzt weiß ich, daß die Tugenden und Laster von Padua ihr auch noch auf andere Weise glichen. So wie das Bild dieses Mädchens noch durch das hinzugefügte Symbol, das sie vor sich hertrug, bereichert schien, ohne daß sie offenbar seinen Sinn begriff oder ihr Gesicht etwas von seiner Schönheit und geistigen Bedeutung ausdrückte, sondern nur einfach sein beschwerendes Lasten, ebenso scheint die derbe Wirtschafterin, die in der Arenakapelle unter dem Namen der ›Caritas‹ erscheint (. . .), diese Tugend zu verkörpern, ohne etwas davon zu ahnen und ohne daß sich ein Gedanke an Nächstenliebe jemals auf ihrem kraftvollen und vulgären Antlitz hätte spiegeln können. (1, 111 f. – I, 80)

Die Identität dieser »Person in abstracto« liegt vorab in einer Reihe von zeitlich limitierten Funktionen, die nichts mit ihrer besonderen Wesensart zu tun haben. Und die nähere Beschreibung – der geöffnete Fächer der Bildhaftigkeit, der dem Mädchen einige konkrete Züge ihrer Person nachzureichen scheint, der Vergleich mit der allegorischen Figur – läuft auf eine Testierung der Unerkennbarkeit hinaus. Zunächst ähnelt das Mädchen, dessen Identität in seiner Vielheit steckt, allen Matronen auf den Fresken. Die spezifische Ähnlichkeit mit der *Caritas* liegt darin, daß jene sich selbst nicht ähnlich ist: Ebensowenig wie die *Caritas* Giottos ihren allegorischen Namen physiognomisch zum Ausdruck bringt, verfügt auch das Küchenmädchen über keinerlei mimischen Code, um die *differentia specifica* ihrer Verkörperung, die Schwangerschaft, mitzuteilen. Der lange, oben abgekürzt zitierte Passus über dieses Mädchen entfaltet ein schwerfälliges Zeremoniell des Vergleichens, der Präzisierung, das exakt die Unerkennbarkeit, die Nicht-Übereinstimmung von seelischer Gegebenheit mit ihrer kulturell angestammten Semiotik beweist. Indem die Anstrengung, die allein die Bewegung der Differenzierung, die Simulation der Genauigkeit, vollzieht, ihre Vergeblichkeit auch noch durch eine Entleerung des kriminologischen Begriffs der »Identität« – bezeichnenderweise heißt es «une sorte d'identité» – krönt, sind die zwei Erkenntnissysteme Psychologie und Kriminalistik funktionslos geworden.

In vollem Gegensatz zu einem Wort von Ernst Robert Curtius darf daher festgehalten werden, daß die unaufhörliche Eröffnung von Vergleichsebenen im Erzählgang der *Suche nach der verlorenen Zeit* die Installation eines »Präzisionsinstrumentes der Unerkennbarkeit« darstellt.[7] Es gibt keinen Hinweis darauf, daß dies auf der Ebene der Selbstdarstellung des Erzähler-Ich anders angelegt wäre. Die Lebensgeschichte, die Imitation der Confession, schlägt vor den Augen der Leser weder die Grundbücher einer Existenz und ihrer biographischen Wahrheiten auf, noch – und dies ist gegen eine Hermeneutik gewendet, die blind in die Fallen der Selbstexplikation tappt[8] – entsteht irgendwo das Fresko eines »moi profond«, das etwas anderes wäre als die absolute Äußerlichkeit des Textes. Prousts Roman ist die unermüdliche Selbstexplikation der Unmöglichkeit, die Wahrheit über sich und andere zu sagen. – Die Fontäne des Ich-Diskurses zerlegt sich in die kleinsten Tröpfchen; aber die Genauigkeit, die Spektralanalyse der Unmöglichkeit, verschreibt sich vollständig der Aporie der Mitteilung, die eine Aporie des Medialen ist.

Die Unterscheidung von Wahrheit und Lüge, die trügerische Differenz, die mit Mörderhänden durch die Menschenbeziehungen läuft, ist als fiktive Unterscheidung, als Ununterscheidbarkeit nur in der Äußerlichkeit des Mediums, hier des Textes, darzustellen. Die Medien – künstlerische und technische – stehen in Prousts Roman wie Françoises Küchenmädchen im Betrieb von Phantomen. Sie dienen der medialen Produktion jener »sorte d'identité«, die der autobiographische Text des 20. Jahrhunderts sichert – nämlich keine. Vinteuil und seine Musik, Elstir und seine Bilder, Bergotte und seine Bücher, die vielen Photos – Photos von Personen und von Kunstwerken – sie stehen in ebenso trügerischer Relation wie der Autor und der Text der *Suche nach der verlorenen Zeit*. Sie werden geschrieben, komponiert, abgefaßt, produziert, um endlich den Produzenten in jenes Anonymat zu hüllen, das vor dem Lautwerden der neuzeitlichen Imperative, vor dem Einbruch der Autorschaften und Identitäten in die Kultur, ein wohltätiges Dunkel bildete.

Die unermüdliche Aktivität des Vergleichens, Präzisierens, mit der Prousts Roman seinen Reichtum und seine Fülle erzeugt, bezieht ihre Antriebskräfte aus der erklärten Absicht des Autors, ein Werk der Erinnerung abzufassen. Erinnerung eines Lebens – das ist aber eben das Unmögliche. Somit verläuft die Arbeit der Erinnerung in der Vergegenwärtigung der vielen Augenblicke, die diese Unmöglichkeit als unüberbrückbare Differenz von Zeichen und Ding (Referent) enthüllt. Ständige Reprisen einer Erfahrung, daß das Bild, die Erzählung, die die Imagination füttern, einen trügerischen Zusammenhang stiften. Doch zugleich bildet die Darstellung dieser Serien von Unmöglichkeiten den Horizont einer positiven Erfahrung, nämlich im Zeichen dieser Aporien überzutreten in das Medium des Textes. Solche prometheische Autorschaft begrüßt das Rasseln der Ketten und den Körperschmerz als truglose Zeichen. Ihre doppelte Buchführung von Verlust und Gewinn (Verlust der Illusionen des Lebens und Gewinn der unendlichen Spielräume der Schrift) erfaßt nicht nur die Erfahrungen, die in den Erzähldiskurs eingehen; sie verzeichnet jeden symbolischen Akt, der es unternimmt, ein Zeichen aus dem gelebten Diskurs in ein bildhaftes Double zu übertragen. Aber da die Wiederauferstehung des Autors im Text ebenso trügerisch ist wie die Wiederauferstehung der Dinge durch ihre Metaphorisierung, da jede Doublierung des Subjekts in der Liebe, in der Freundschaft, im Kunstwerk mißlingt, geht es diesem Erzähler nur noch um die *Permanenz* und um die *Intensität* der Bewegung, des Aktes, die zufälligen Zeichen der Vergangenheit in den Text zu übertragen. Diese Übertragungen stehen freilich im strahlenden Licht des Wissens, daß das andere Medium keine Erkenntnisse sichert, sondern lediglich ein Doppel, das die Unerkennbarkeit des Wirklichen – der Menschen und Dinge – besiegelt. Die Unerkennbarkeit der Personen freilich wird stets auch pragmatisch und empirisch begründet. Die Prüfmarken der Erkennbarkeit – die Embleme der »abstrakten Identität« – sind ausdrücklich ohne psychologische Tiefe. Solcher Mangel begründet ihre Reinheit. Dies sollte das Beispiel des armen Küchenmädchens lehren, das vermutlich nur darum Giottos *Caritas* ähnlich ist, weil es sadistisch behandelt wird (eine durch das antithetische Paradigma erzeugte Ähnlichkeit; hingegen ähneln Mlle d'Eporcheville und Mlle de l'Orgeville einander duch Assonanz). Aber auch umgekehrt ist die Relation oft gänzlich ungewiß: Die psychische Instabilität der Personen in der Zeit schlägt sich auch in wechselnden Zeichen der Identität nieder; dies lehrt das Beispiel des verliebten Swann:

(. . .) in der Tat war Swann nicht mehr der gleiche. Niemand bekam mehr einen Brief von ihm, in dem er um die Vermittlung der Bekanntschaft irgendeiner Frau bat. (. . .) In einem Restaurant oder auf dem Lande nahm er eine Haltung ein, die derjenigen, an der man ihn noch kurz zuvor erkannt und von der man geglaubt hatte, sie sei untrennbar von ihm, genau entgegengesetzt war. So sehr schafft eine neue Leidenschaft in uns etwas wie einen neuen und ganz anderen Charakter, der unseren sonstigen ersetzt und die bis dahin unveränderlichen Zeichen, an denen er kenntlich war, zerstört! (1, 312 – I, 235)

Das Entsprechende gilt für die unveränderlichen Kennzeichen, welche die Arbeit gemäß dem alten Imperativ »Erkenne dich selbst!« zutage fördert, die Charakterzeichen des Autors. Ein identischer Charakter erforderte die unendliche Wiederholung derselben Schrift – eine Art Möbiusbandtext. Die Erkenntnis, daß ein definitives symbolisches Präparat der Person im nächsten Augenblick wertlos ist, daß alles Wissen über Freundschaft, Liebe, Kunst eine Initiation in die Vergangenheit ist, die sich nicht fortschreibt, diese Erkenntnisse transformieren sich nicht in eine verbindliche Erkenntnis, sondern in die *Bewegung* der Erkenntnis, ohne Endpunkt. Die Bewegung ist der Schreibakt, der keine andere Funktion hat als das Leben und den Geist zu bezeugen. Prousts Roman bildet daher das riesenhafte Zeugnis für die Selbstreferenz, das Gegenständlichwerden des autobiographischen Schreibaktes. Allerdings gewinnt er seine Einsichten aus der Verdunkelung aller herkömmlichen Erfahrungsmodi. Die Unerkennbarkeit des anderen, der anderen bildet ein Reihenparadigma für die Unerkennbarkeit des Ich.

Das Ende der neuen Menschenwissenschaften: die alte und neue Lektüre

Die Gesellschaft, das Schattenreich des Personals in Prousts Roman, präsentiert der Erzählgang als Anhängsel hochdifferenzierter symbolischer Codes. Die Darstellung der diversen Salons, der Verdurins, der Mme de Villeparisis, der Herzogin und der Prinzessin von Guermantes, konzentriert sich jeweils auf die Etikette, das Ritual, die Konversation, die Kleidung, die Vermögensumstände, die Stellung innerhalb der sozialen Hierarchie, die ideologische Position innerhalb der Spaltung, die die Dreyfuß-Affaire bedeutete. Darüber hinaus gewinnen sie keine Plastizität, weder auf der Oberfläche noch in der sogenannten Tiefe (*profondeur* als die unzugängliche Dimension der Person ist lediglich eine Art transzendentaler Kategorie, ohne alle empirische Füllung).

Um es gleich zu erklären: Die Physiognomien der Personen sind in der Darstellung – jedenfalls bei einer flüchtigen oder bei einer ersten Begegnung – stets leere Flächen. Sie sind entweder unsichtbar oder in ein überschäumendes Licht getaucht, das eine Hypervisibilität erzeugt, die ebenfalls nichts erkennen läßt. Erst eine Prozedur, die diese Flächen als Oberfläche einer Schrift – also für den Spion lesbar – sichtbar macht, verändert die momentane Unsichtbarkeit. Wie geht das zu? Die vielen Mädchen, die wie flüchtige Fixpunkte die Reisewege des Erzählers säumen oder nur in die Kontrollfelder seiner vagierenden Augen geraten, die vielen kleinen Passantinnen seiner Spazierwege, seiner Eisenbahn- und Autofahrten, werden stets durch eine explizite Gegebenheit der Situation dem erkennenden Sinn entzogen. Diese Passantinnen sind überbelichtete Bewegungen eines weiblichen Blicks.[9] So das Mädchen auf dem kleinen Bahnhof, den Marcels Zugreise nach Balbec kurz berührt, wo es auf dem Bahnsteig Milchkaffee ausschenkt:

Ich gab ihr ein Zeichen, damit sie auch mir von ihrem Milchkaffee bringe. Ich verlangte danach, von ihr bemerkt zu werden. Sie sah mich nicht, ich rief. Über ihrer hochgewachsenen Gestalt war ihr Gesicht so rosig und golden bestrahlt, daß sie aussah, als betrachte man sie durch ein Buntglasfenster. Sie kam zurück, ich konnte die Blicke nicht von ihrem Antlitz wenden, das immer größer wurde wie eine Sonne, in die man hineinschauen könnte, die immer dichter heranrückte und sich aus der Nähe betrachten ließe mit all ihrem blendenden Gold und Rot. Sie heftete ihren durchdringenden Blick auf mich, doch die Schaffner schlugen die Türen zu, der Zug setzte sich in Bewegung (. . .). (2, 304 – I, 657)

Die Beschreibung erweckt den Anschein der Ausführlichkeit, und doch liefert sie nur einen Schemen, ein physiognomieloses Bild; immerhin verfügt das Mädchen über einen Blick, der sich als Einfallstor der begehrlichen Projektion öffnet. Es ist jene Art imaginärer Aktivität, deren Psychologie stets fehlt. Die Episode umschließt beinahe ein Modell. Diese geisterhaften Töchter des Lichts oder der Dunkelheit ziehen scharenweise durch die Projektionen der Erzählung: In Rivebelle sitzen die Teetrinkerinnen in einem Lokal, eingetaucht in ein so »unruhig flimmerndes Licht« (2, 509 – I, 813), daß man sie nicht unterscheiden kann. Den Zimmermädchen im Hotel paßt der Erzähler »ihrem für mich im Dunkel undeutlich gewordenen Gesicht die Maske meiner leidenschaftlichsten Träume auf«, liest aber in ihrem Blick nur das »Grauen des Nichts, das ich war« (2, 315 – I, 665). Als Marcel mit Albertine zu einer Autofahrt in den Bois de Boulogne aufbricht, da erblickt er junge Verkäuferinnen, deren Züge aber unerkennbar bleiben, da sie von einem »blonden Dunst« umwoben werden (5, 219 – III, 166f.). Und an anderer Stelle wieder »verschwimmen« die Mädchengesichter in einem »allesumwebenden Morgenrot« (2, 628 – I, 904).[10] Gewiß ist dieser Blick der Erkenntnishemmungen, der kriminalistische Datenverlust, ein treuer Diener des Begehrens, des Spionage-Begehrens, sowie der mit ihm alliierten Anstrengung, den Übergang von der lebendigen Materie zur toten symbolischen Fixierung zu finden. Nur die vollständige Entleerung des Phänomens, die Sklerotisierung zum Zeichen, die Übertragung der Fülle in die Obsession der Schrift eröffnet die Möglichkeit der Transitivität: So wie der Baron Charlus unter dem Spionage-Blick des Erzählers an den Felsen des Prometheus gekettet wurde, so kettet sich der Erzähler an den Fels des Buches.

Zunächst verwandelt Prousts literarische Ikonik die unerkennbaren Mädchen am Rande der Bewegung im Zug, im Auto, die Trägerinnen von Blicken, die der begehrende Spionage-Blick festzuhalten sucht, zu einem »(...) weiblichen Torso, verstümmelt wie ein antikes Marmorbild (...)« (2, 377 – I, 713). Doch nicht nur die Mädchen, die jungen schattenhaften Passantinnen, werden durch ein erzählerisches Beleuchtungsarrangement bei ihrem seraphischen Verglühen oder bei ihren Premieren-Auftritten (Beginn einer Serie) so plaziert, daß sie nicht zu identifizieren sind. Überfülle und Reduktion arrangieren auch die Auftritte der männlichen Protagonisten. Das Bild des späteren Freundes Saint-Loup verfließt bei dessen erstem Erscheinen gleich in zwei Hyperbeln physiognomischer Überfülle: Seine Haut ist so hell, seine Haare schimmern so golden, »(...) als hätten sie alle Strahlen der Sonne in sich aufgesogen«, und seine Augen »hatten die Farbe des Meeres« (2, 398 – I, 728f.). Wenig später mündet ein zweiter Versuch, Saint-Loups Züge zu identifizieren, in Erstarrung und marmorner Kälte:

(. . .) kein Muskel in seinem Antlitz bewegte sich; seine Augen, in denen sich auch nicht der leiseste Funke menschlichen Fühlens regte, zeigten in ihrer Ungerührtheit, in der vollkommenen Leere des Blicks eine Übersteigerung, ohne die sie sich in nichts von leblosen Spiegeln unterschieden hätten. (2, 402 – I, 731)

Diese Prozedur, die die Figuren in eine Hyperbel signifikanter Leere einspannt, sie fixiert und mortifiziert, nähert sie dem Nullstadium individueller Zeichengebung an. Die perfekten Steckbriefe sind blanko. Damit erwerben sie jenen medialen Status, der die spezifische Erkennbarkeit, wie sie Prousts Roman immer wieder präpariert, gewährleistet. Zuvor noch der Premieren-Bericht über das Erscheinen eines anderen männlichen Protagonisten: Der Baron de Charlus, dessen aristokratische Züge stets eine Art Maske bilden, verfügt wie sein Neffe Saint-Loup über zwei Embleme im Wappen seines Gesichts, die keiner bekannten physiognomischen Heraldik entnommen zu sein scheinen: seine beiden Augen. Bereits bei der ersten flüchtigen Begegnung in Tansonville waren Charlus beinahe die Augen aus dem Kopf getreten (1, 189 – I, 141). Ein in Froschaugen heimisch gewordener Spionageblick. Bei der zweiten Begegnung in Balbec musterte der Baron den Erzähler erneut mit einem derart durchdringenden Blick, daß dieser ihn für ein Mitglied der Geheimpolizei hielt:

Ohne diese Augen wäre das Gesicht von Monsieur de Charlus zweifellos dem vieler anderer schöner Männer durchaus ähnlich gewesen. (. . .) Doch dies Gesicht, dem eine leichte Puderschicht etwas Maskenhaftes gab, blieb nicht so hermetisch verschlossen, wie Monsieur de Charlus gern gewollt hätte, denn seine Augen waren wie eine Mauerspalte, eine Schießscharte, die er als einzige nicht hatte verstopfen können und aus denen man – je nach seinem Standort – jäh in das Strahlungsfeld irgendeines im Innern verborgenen Mechanismus geriet (. . .). (2, 441 – I, 761)

Wie sorgsam hier ein ästhetischer Sinn darauf achtet, daß trotz aller Metaphorisierungen die Physiognomie keine Marken, keine Charaktere erhält, läßt sich daraus ersehen, daß auf den Fahnen der Druckausgabe von *Im Schatten junger Mädchenblüte* eben an dieser Stelle eine ganze Reihe von physiognomischen Details gestrichen worden sind (I, 978).

Augenscheinlich arrangiert ein Regisseur der Unerkennbarkeiten die vielen Augenblicke erster Begegnungen mit den verschiedensten

Personen. Es ist nicht der Zufall, der die Beleuchtungen und Kostüme und Maskierungen vorschreibt. Alle Zentralfiguren der Erzählung werden im Zeichen der Unerkennbarkeit eingeführt. Die Prinzessin von Guermantes erblickt der Erzähler zum ersten Mal im Theater, aber eigentlich nimmt er nur eine Reihe von Accessoires wahr, Haarnetz und Feder, zarte, von der Logenbeleuchtung durchsichtig gemachte Konturen, die nach Ergänzung verlangen und unwillkürlich die Laterna Magica der Imaginationen in Bewegung setzen, »(...) mit denen das Auge jene erste Skizze unwillkürlich fortsetzte und aus dieser Frau das auf die Finsternis hinprojizierte Abbild einer Idealfigur macht« (3, 50 – II, 41). Die gleiche Prozedur: die Aufbauelemente einer Unsichtbarkeit schließen mit einer metaphorischen Substitution ab, in der die Gestalt, die Physiognomie ästhetisch verallgemeinert (»figure idéale«), versteinert oder zum Medium (»spectre«) gemacht wird. Ganz analog entwickkelt sich die Geschichte von der Begegnung mit der Herzogin von Guermantes am gleichen Ort; die elegante Dame und imaginäre Geliebte des jungen Marcel erscheint ein wenig verspätet im Theater. Eingehüllt in weißen Musselin, läßt sie lediglich die Charaktere eines Lächelns und einer gebogenen Nase sehen. Und dieses Lächeln geht sogar nach wenigen Augenblicken, in einer zweiten magischen Lichterscheinung, als ein »blitzender, himmlischer Funkenregen« auf den Erzähler nieder (3, 77 – II, 61). Doch obwohl der Erzähler seine Spionagetätigkeit, die Suche nach dem Blick der Herzogin, gleich aufgenommen hat und ihr täglich nachstellt, haben die »unveränderlichen Kennzeichen« der ersten Begegnung wenige Tage später ihre Kraft der Designation eingebüßt:

(...) durfte ich nicht mehr hoffen, auf der Straße wiederzufinden, was ich dort zu suchen gekommen war, weder die bei der Theateraufführung in einem Lächeln verheißene Zärtlichkeit, noch den Umriß der Gestalt und das lichte Haar, die nur von weitem so wirkten. Jetzt hätte ich nicht einmal mehr sagen können, wie Madame de Guermantes wirklich beschaffen war, woran ich sie erkannte, denn jeden Tag fand ich in der Gesamtheit ihrer Erscheinung das Gesicht sowohl wie Kleid und Hut verwandelt. (3, 76 f. – II, 61)

Wo die Hyperbeln des Lichts und des Dunkels ausbleiben, erscheinen die Mächte von Zeit und Raum, um die Wiedererkennbarkeit aller Gestalten auszulöschen. Dies ist kein Nachklang der Weltweisheit, daß Liebe blind macht, sondern das Obstinato der Doktrin von der unmöglichen psychologischen und kriminalistischen Erkenntnis. Die Energie, die einzieht in diese sprachlichen Anstrengungen, in die Bewegung der blendenden Illumination und in den Akt der Versteinerung, steuert auch eine andere Produktivität: die des Traums. Im Spiel der Variationen werden selbst geträumte Physiognomien ihrer Charaktere beraubt, zum Nullwert der Signifikation hin getrieben. Nach seiner Rückkehr aus Doncières träumt der Erzähler von den Freunden dort. Dabei will es die allgegenwärtige Hemmung:

ich konnte in der Dunkelheit die Gesichter meiner Freunde, die zugegen waren, nicht genau erkennen. (3, 190 – II, 146)

Die hierzu gehörige Theorie war bereits früher formuliert worden:

Als ich durch den Schmerz, welchen ich im Traume empfand, jäh erwachte und gleich darauf feststellen mußte, daß er nicht nachließ, versuchte ich mich zu erinnern und herauszufinden, wer der Freund wohl gewesen sei, den ich im Schlaf gesehen und dessen spanischer Name mir schon nicht mehr deutlich in Erinnerung war. Gleichzeitig Joseph und Pharao versuchte ich darauf, meinen Traum zu deuten. Ich wußte, daß man in vielen Fällen nichts auf das Aussehen der Personen geben darf, die sich verkleidet und ihre Gesichter vertauscht haben können, wie die verstümmelten Heiligen in den Kathedralen, die von unwissenden Restauratoren in der Weise wiederhergestellt worden sind, daß der Körper des einen den Kopf, die Attribute und den Namen des anderen erhalten hat. (2, 267 – 1, 629f.)

Die Löschung und Fluktuation der Signalements ist ein universales Prinzip, im Realen, Imaginären und Symbolischen gleichermaßen gültig: das autobiographische Gesetz in der Epoche der technischen Wiedererkennbarkeit. Auch die Signalements der eigenen Person, der Akt der Selbsterkenntnis wird in allen drei Dimensionen als Unmöglichkeit erzählt. Das Swann zugeschriebene Modell steht dafür ein. In einem Eifersuchtstraum erblickt Swann seine Geliebte mit verschiedenen Personen, unter anderem mit einem »jungen Mann im Fes, dessen Identität er nicht feststellen konnte« (1, 498 – I, 380). Nach dem Erwachen ist es klar: Der »junge Mann, den er zunächst nicht hatte identifizieren können, war niemand anders als er selbst«.

Diese Serien mißlingender Identifizierung lesen sich wie eine Absage an die zuvor behauptete Anstrengung des Textes: das Unerkennbare, die durch alle Codes der Charakterologie hindurchfließende Substanz der Individualitäten und Subjektivitäten dennoch in die Schrift zu transferieren. Dabei geschieht dies sogar auf zweierlei Weise: Einmal werden unablässig die Mächte und Dämonen der Veränderung beschworen, die Zeiten und Räume, die die Menschen ständig ihr Wesen und Aussehen verändern lassen. Doch diesen schweifenden Erkenntnissen und Beschwörungen, daß die Subjekte immer wieder zerrissen werden von den Mänaden der Zeit und von den Hausgöttern der Salons, von den Suggestionswirkungen des Diskurses (der Meinung) oder den Entstellungen der Lüge – diesem himmlischen und irdischen Ensemble der Veränderungsmächte, den Todesmächten, opponiert eine Gegenbewegung, in der Personen, Augenblicke arretiert werden: *Arrêt* in diesem Sinne erfaßt zunächst einmal auf der Ebene der Beschreibung die weitgestreute Metaphorik, die das Seelenleben einiger Figuren der *Suche nach der verlorenen Zeit* im Medium der Schrift/Textualität des Körpers aufsucht; diese Entzifferungen oder Umschriften von physiognomischen Zeichen schenken dem Akteur dieser Semiotik freilich nur das Doppel eines Wissens, das er bereits mitbringt. Der andere *Arrêt* sucht die Erkenntnisobjekte so weit zu neutralisieren, daß sie sich gegen die Projektionen der Erkenntnisse nicht mehr sträuben können. Darüber wird das nächste Kapitel Rechenschaft ablegen.

Die Schrift als Metapher und Medium dient dieser Tendenz zum *Arrêt*, und sie indiziert sehr oft die Prozedur der Charakterologie; dennoch wird diese physiognomische Schrift zumeist als Zeichensystem zitiert, das entweder schwer lesbar ist oder aber zahllose Fußangeln der Täuschung enthält. Die alte physiognomische Buchstabentheorie Lavaters, der das »Alphabet zur Entzifferung der unwillkürlichen Natursprache im Antlitze« [11] aneinanderzureihen bemüht gewesen war, sie wird in den physiognomischen Lektüren des Romans ein ums andere Mal außer Kraft gesetzt. Solche Widerlegung nimmt ihre eigene Mühe auf sich, um alle die Erkenntnisillusionen der Hermeneutik (Psychologie) auszulöschen: Was bereits gewußt wird, braucht eigentlich nicht mehr gelesen zu werden. So läuft die Lektüre der vertrauten Gesichter. In den Zügen von Françoise beispielsweise sind ihre Leiden »in Keilschrift (. . .) auf eine schwer zu entziffernde Art« (3, 17 – II, 17) eingetragen. Die Züge im Gesicht des Hoteldirektors in Balbec hingegen sind dem Erzähler nach kurzer Zeit »leicht entzifferbar (. . .) wie eine Schrift« (2,

491 – I, 799). Vorausgegangen war indessen eine Arbeit der Arretierung, ja der Mortifizierung, denn dieses Gesicht hatte Marcel erst
einmal wie ein naturhistorisches »Präparat« behandelt. Schließlich
unterwirft er die »bizarren unausstehlichen Charaktere« seines
Gesichts einer charakterkundlichen Lektüre. In offensichtlicher
Allianz arbeiten der Spionageblick und der erotische Blick des Er-
zählers an der gleichen Akte der Kontrolle. Doch diese Art der
Lektüre, die nur ein hermeneutisches Doppel signiert, verfällt leicht
der Täuschung, weil »solches rasche Entziffern eines menschlichen
Wesens uns den gleichen Irrtümern aussetzt wie eine zu schnelle
Lektüre« (2, 488 – I, 797). Die rascheste physiognomische »Lektüre« in der Epoche Prousts – das sei hier schon gesagt – ist die
Photographie. Sie benötigt nur einen Blick. Das Medium des
Drucks – synonym und homonym im Zeichen des *Charakters* [12] –
hat eine längst altertümlich gewordene Wissenschaft begründet: die
physiognomische Lektüre der Eigenart – die genau im gleichen Augenblick verabschiedet wird (wenigstens von dem Autor der *Suche
nach der verlorenen Zeit*), da ein neues Medium sein Existenzrecht
durchzusetzen beginnt. Die alten Schriften der Menschenseele und
ihre Elementarzeichen, das »göttliche Alphabet« Lavaters, werden
obsolet, da ein neues physiognomiebildendes Medium mit seinen
eigenen Menschenwissenschaften erscheint: die Photographie.

Die Macht der Täuschung, der falschen physiognomischen Lektüre, hat Prousts Roman in einer obsessionellen Lehre zur Arbitrarität des Zeichens *Lächeln* [13] ausgearbeitet. Das Lächeln ist – von
wenigen Ausnahmen abgesehen – das Zeichen der Irritation
schlechthin, und zugleich ist es der oberste Signifikant dieses neuen
Mediums: Konvention der Konvention und der Photographie in einem. Immer wieder verfängt sich der Erzähler in einer fehlgeleite-
ten Exegese lächelnder Masken. Albertine, das Modell aller erotischen und psychologischen Täuschungen, gibt dem Erzähler gleich
in den ersten Tagen ihrer Begegnung das Rätsel dieses unversteh-
baren Zeichens auf:

Endlich schüchterten mich gewisse Blicke, eine bestimmte Art ihres Lächelns ein. Sie konnten ein Ausfluß leichter Sitten oder auch nur der etwas
törichten Heiterkeit eines mutwilligen, doch im Grunde ehrenhaften jungen Mädchens sein. Der gleiche physiognomische Ausdruck ließ verschiedene Deutungen zu; ich zögerte wie ein Schüler bei einer Übersetzung aus
dem Griechischen. (2, 599 – I, 882)

Das Lächeln ist unübersetzbar, weil es nichts bedeutet: Es ist allenfalls der physiognomische Reflex des modernen Mediums Photographie, das den Überfluß und die Arbitrarität dieses Zeichens erzeugt hat.[14] Denn was *bedeutet* das Lächeln auf Photographien? Es ist lediglich Index der Passivität und des Blicks. Der photographische (der photographierte) Blick benötigt ebenso wie jeder Blick, der sich durch einen anderen Blick fixieren läßt (Situation der Spionage oder des Begehrens), einen Index, daß er sich diesen beiden Entzifferungen gegenüber verschließt. Solches Lächeln will sagen: ›Obwohl ich deinen Blick kreuze, überwache ich dich nicht und begehre ich dich nicht.‹ Die neue physiognomische Lektüre von Prousts Roman zieht daraus ihre Konsequenzen. Sie unterwirft sich nicht mehr der Arbitrarität der Bedeutungen (der Situation der Übersetzung), sondern sucht ihre physiognomischen Objekte außerhalb der Variablen von Zeit und Raum zu präparieren. Ihre Strategien heißen: Mortifizieren und mediales Fixieren der Gesichter und der Züge, die immer schon von den Effekten der Medien (Literatur/Photographie) geprägt sind.

Mortifizieren und Signieren: der Widerruf Pygmalions

Das Dogma der Unerkennbarkeit, die gegen die neuen wissenschaftlichen Menschenkunden, gegen Kriminalistik und Psychologie gewendete Doktrin, hat auf der Ebene der Erzählung zwei Verfahren seriell ausgebildet, die ihre Wahrheit garantieren: die empirischen Verdunkelungen oder Hypervisibilitäten und die Prozedur der Arretierung, die *Mortifikation* und *Signatur* heißen soll. Einzelne Beispiele dieser Serien wurden bereits zitiert. Das Erzählerauge nutzt die Macht der Metaphorik, um die Gestalten seines Begehrens zu Statuen erstarren zu lassen und zu signieren. So vollzieht sich der perfekte Widerruf des mythischen Pygmalionwunsches:

Ein junger Diener mit kühnem Blick und bezaubernden Zügen, die jedoch, um eine derartige Vollkommenheit zu bewahren, so scharf ausgemeißelt schienen, daß es aussah, als trügen die etwas gerötete Nase und die leicht entzündete Haut noch Spuren der erst kürzlich vollzogenen Bildhauerarbeit, trat ein (. . .). (3, 262 – II, 199 f.)

Die Metapher des Skulpturalen, der plastischen Fixierung, entwikkelt eine solche gebieterische Kraft, eine imaginäre Dominanz, daß sie die Bewegung der bildhaften Beschreibung bis ins Alogische entstellt. Drei Elemente der Wahrnehmung sollen in der aufgeführten Passage auf der Ebene der Metapher reproduziert und fixiert werden: die Erscheinung (kühner Blick, scharfgeschnittene Züge), ihr ästhetischer Wert (Bezauberung, Vollkommenheit) und kleine Makel (Röte der Nase, leichte Entzündungen). Daraus entsteht eine gegenläufige Vergleichsbewegung: schön wie eine Skulptur und verletzt, als sei der Meißel an die lebendige Haut gesetzt worden. Bisher hat das zweite Bild die Wahrheit des ersten signiert, noch nicht jedoch die Hand des Künstlers selbst.

Solche (implizite) Marmorisierung rückt einmal die Gestalten und Gesichter ins museale Ambiente edler Skulpturen; zum anderen werden sie an den Nullpunkt[15] individueller Zeichengebung gerückt. Solche Mortifikationsakte beschließen die von der Bewegung in Zeiten und Räumen aktivierte Zeichenproduktion und eröffnen die ästhetischen Räume einer Erkenntnis; Erkenntnis heißt die widerstandslose Infiltration des marmornen Bild-Körpers durch die Projektionen des Erzählers selbst. Diese zwei Phasen eines Pygmalionwiderrufes, die Präparation des lebendigen Leibes und die Induktion der Zeichen des Begehrens, vollziehen sich als Mortifikation und Signatur. Beide Operationen werden später aufgegeben zugunsten der medialen Erkenntnisformen, in den Photo-Metonymien des Lebendigen, deren Verwandlungsmacht bereits im allgegenwärtigen Zeichen des Lächelns ihre Spuren gesetzt hatte.

Prousts Roman kennt einen großen, feierlichen Augenblick, in dem sich Marcels spionierender und erotischer Blick das vollkommene Objekt präpariert hat. Es ist der Erfüllungsaugenblick der Liebe, zugleich ihre definitive Mumifizierung. Dieser Liebhaber ist ein Fetischist der imaginären Ewigkeiten. Albertines Gefangenschaft, das dramatische Frühstadium ihres Todes, ist die strategische und vergebliche Antwort auf ihr Chamäleonwesen; jedes Milieu, in das sie eindrang, assimilierte sie bis zu dem Grade, daß ihr Marcel mit seinen schwerfälligen Spionageagenturen der Identifizierung immer wieder hilflos nachhetzte. Die Gefangenschaft sollte Albertine aus fremden Milieus isolieren und sie im Raum-Zeit-Gefängnis von Marcels Wohnung fixieren. Aber die volle

Beruhigung des erotischen Kriminalisten Marcel tritt erst ein, als Albertine einmal schläft:

Sobald Albertine die Augen schloß und das Bewußtsein verlor, hatte sie nacheinander die verschiedenen menschlichen Charaktere abgelegt, die mich enttäuscht hatten (. . .). Sie war dann nur noch von dem unbewußten Leben der Pflanzenwelt, der Bäume beseelt, einem Leben, das von dem meinen verschiedener und ihm fremder war und mir doch mehr gehörte. Ihr Ich entschlüpfte mir nicht mehr unaufhörlich, wie bei jedem Geplauder mit ihr, durch die Ausgänge uneingestandener Gedanken oder ihres Blicks. Sie hatte dann alles, was von ihr draußen gewesen war, wieder in sich versammelt, sie hatte sich selbst in ihren Körper geflüchtet, sich darin eingeschlossen, sie ging ganz darin auf. Indem ich ihn unter meinem Blick, in meinen Händen hielt, erlebte ich jenes Gefühl, sie ganz und gar zu besitzen, das ich niemals hatte, wenn sie aufgewacht war. Ihr Leben war mir untertan, zu mir entsandte es seinen leichten Hauch.

(. . .)

Dann, wenn ich spürte, daß ihr Schlaf seinen Höhepunkt erreicht hatte, daß ich mich nicht mehr an Klippen des Bewußtseins stoßen würde, die jetzt von der hohen Flut des Tiefschlafes überdeckt waren, sprang ich entschlossen lautlos auf das Bett, ich streckte mich neben ihr aus, umfaßte sie mit meinen Armen, drückte die Lippen auf ihre Wangen und ihr Herz und legte dann auf alle Teile ihres Körpers meine freigebliebene Hand, die nun auch wie die Perlen vom Atem meiner Freundin leicht emporgehoben wurde; ja ich selbst wurde von ihrer rhythmischen Bewegung leise auf und nieder gewiegt: ich hatte mich auf dem Schlummer Albertines eingeschifft.

Manchmal kam ich durch ihn zu einem weniger reinen Vergnügen. Ich brauchte dazu keine Bewegung zu machen, ich ließ nur mein Bein an dem ihren entlanggleiten wie ein Ruder, das man schleppen läßt und dem man von Zeit zu Zeit eine leise Schwingung mitteilt, dem nur in Abständen wiederkehrenden Flügelschlag der Vögel gleich, die im Fliegen schlafen. Ich wählte, um sie anzuschauen, den Aspekt ihres Gesichts, den man sonst nie hatte, der aber besonders schön war. Man begreift allenfalls, daß die Briefe, die einem jemand schreibt, und die untereinander einigermaßen ähnlich sind, ein Bild entwerfen, das ganz verschieden von der Person ist, die man kennt, und dadurch eine zweite Persönlichkeit vor uns erstehen lassen. Wie seltsam aber ist es, wenn eine Frau, ähnlich den siamesischen Schwestern Rosita und Doodica, mit einer zweiten zusammengefügt ist, deren andersartige Schönheit einen anderen Charakter erschließt, und man die eine im Profil, die andere von vorn betrachten muß. Das stärker werdende Geräusch ihres Atems konnte die Illusion erzeugen, sie keuche vor Lust, doch als die meine auf dem Höhepunkt war, konnte ich sie umarmen, ohne ihren Schlaf unterbrochen zu haben. Mir schien in diesem

Augenblick, so – als ein unbewußtes und widerstandsloses Element der stummen Natur – hätte ich sie vollkommener besessen. Keine Unruhe bereiteten mir die Worte, die manchmal im Schlaf aus ihrem Munde kamen, ihre Bedeutung entging mir, und im übrigen, welche unbekannte Person sie auch bezeichnen mochten, auf meiner Hand, meiner Wange verkrampften sich ihre zuweilen von einem leisen Schauer durchzuckten Finger einen Augenblick lang. Ich genoß ihren Schlummer in selbstloser und beschwichtigender Liebe, so wie ich Stunden hindurch dem leisen Wellenschlag der Brandung lauschen konnte. (5, 89 ff. – III, 70 ff.)

Albertine im Schlaf erfüllt die Bedingung einer Mortifikation des lebendigen Körpers. Mit der Reduktion aller Lebenszeichen gegen Null eröffnet sich eine leere Fläche, auf der die Zeichen eines irritationslosen Begehrens niedergehen können. Diese Autorlust hat alle Gefährdungen getilgt, weil sie sich nicht mehr auf die Spionier-Mission hinter die abirrenden Blicke und nicht mehr auf die Detektiv-Hermeneutik unverständlicher Zeichen begeben muß. Für einen absonderlich scheinenden Glücksaugenblick schließen sich zwei Wunschströme zusammen, deren Unvereinbarkeit die Beweisabsicht des gesamten Romans genannt werden kann: Der eine heißt »terrible besoin d'un être« (II, 733), das quälende Bedürfnis nach einem lebendigen Korrelat des erotischen Begehrens; das andere Wünschen heißt »être un écrivain« (I, 172). Wie eng sind diese beiden Wünsche miteinander verflochten! Sie bilden das Erbteil der neuzeitlichen Literatur, die nie ein anderes Wünschen artikuliert hat, als Frauen buchstäblich zu hypnotisieren.[16]
    Die Hypnose durch die Druckschrift erfolgt – medientheoretisch bestimmt – als Induktion trennscharfer optischer Signale, deren suggestive Wirkung sich weiter verstärkt, wenn gleichzeitig alle anderen Kanäle, über die Informationen (Erregungen) den weiblichen Körper erreichen könnten, geschlossen werden. Auf solchen Effekten beruht alle Literaturpolitik: Autoren richten das heiße Medium Druckschrift auf den weiblichen Körper, und die Kulturinstitutionen isolieren die Schülerkörper und -sinne durch die gleiche technisch-literarische Vorrichtung. Diese Hypnose, der Schlaf der Sinne durch den Eingang der Druckschrift in die begehrten Frauenkörper, zählt Goethe zu ihren Miterfindern. Die V. der *Römischen Elegien* liest sich auch als ein Protokoll dieser Autor-Phantasie, wenn dort der Sprecher »mit leise fingernder Hand« die Signatur seines Dichtertums auf den Rücken der schlafenden

Geliebten niederlegt.[17] Die Episode, in der sich Marcel der schlummernden Albertine nähert, schenkt ihren Lesern und Leserinnen den Klartext eines solch poetisch verklärten Dichterwünschens. Die gesamte, über mehrere Seiten hinweg entfaltete Situation wird grundiert durch das eine Begehren und seine Aktivität: den schlafenden Körper zu signieren. Freilich vermag nur ein Körper, an dem die eigenen und fremden (Kultur-)Zeichen getilgt sind und der nur noch leise Spuren des Lebens zeigt, mit dem Zeichen der Autorschaft in Besitz genommen zu werden. Dann aber erfolgt in reinster Form jener Tausch, der die neuzeitliche Heiratspraxis bestimmt: ein männlicher Name wird gegen einen weiblichen Körper wechselseitig in Besitz gegeben. Die Notierungen der Helden und der Dichter konkurrieren daher an der Börse der erotischen Effekten. Und in Friedenszeiten, wenn die Helden schlafen, umgibt den Autornamen (gemäß den Dichterphantasien) die hellste Aureole des weiblichen Wünschens. Diese Wünsche gehen freilich ein in die psychologische Voraussetzung der hypnotischen Schriftwunder: Der durch die Kraft des Autornamens magisch gewordene Text unterwirft den weiblichen Körper seinem Gesetz und seinen Effekten. So beschreibt sich eine höchst wirksame Variante des kulturellen Heirats-Tausches, und die Episode Marcels mit seiner schlafenden Freundin liefert die äußerste Verdichtung eines solchen Traum-Szenarios im imaginären Vollzug. Marcels zwei scheinbar ganz unterschiedliche Wünsche aus der Epoche seiner träumerischen Streifzüge in der Gegend von Guermantes, der »terrible besoin« und das »être un écrivain«, fusionieren in dieser Konstellation. Der Akt des Signierens und der Augenblick des Orgasmus fallen zusammen. Insofern bildet diese Episode, deren Ruhe und poetische Kraft so viele Leser beeindruckt[18], auch eine Variante, eine homologe Variante jener anderen, ebenso berühmten Szene der Madeleine-Erinnerung, deren Geheimsinn Doubrovsky im Motto seines Buches über dieses Motiv ausgesprochen hat: »Tremper son biscuit: Accomplir l'acte charnel«.[19]

Dabei sollte jedoch nicht übersehen werden, daß die Signatur des Kusses, die der Autor in seiner Funktion vergibt, nicht eigentlich der lebendigen Albertine gilt, sondern ihrem *Double*. Dieses Double, der »siamesische Zwilling« des Zitats, ist das imaginäre, das künstliche Produkt jener unaufhörlichen Anstrengung, alles Lebendige zu mortifizieren und zu signieren. Dies gelingt, wie gesagt wird, nicht gegenüber einem »jemand«, der in seinen Briefen symbolische Doubles liefert, Doppelgänger einer autonomen Autorschaft. Wohl aber gelingt es gegenüber einem imaginären Doppel, das einen neuen Charakter, nämlich den der Zeichenlosigkeit (Charakterlosigkeit) erworben hat.

Es ist ein Phantasma des Erzählers, das der Leser von Prousts Roman allenthalben studieren kann: »(. . .) trouver un sujet où je puisse faire tenir une signification (. . .)« (I, 173), »einen Stoff zu finden, dem ich eine geistige Bedeutung zu geben vermöchte«. Aber im Doppelsinn dieser Formel nistet zugleich der Wunsch, »ein Wesen zu finden, worin ich meine symbolische Funktion niederlegen könnte«. – Der zweite Band der Suche nach Körpern, die sich für solche Zeichen der Autorschaft eigneten, der Band *Im Schatten junger Mädchenblüte*, erfüllt diesen Wunsch gleich mehrfach. Die Fischerin im Schatten der Kirche von Carqueville, ein Double jener Fischerin, die sich der Erzähler in der Gegend von Guermantes herbeihalluzinierte (1, 230 – I, 172), als lebendiges *sujet* seiner Signifikationswünsche, erhält genau in dieser Weise eine Signatur. Es ist noch nicht die Signatur der Autorschaft, aber doch das Zeichen eines herausgehobenen symbolischen Status', mit dem er die Anglerin zum Stoff (sujet) und zur Untertanin seiner Wünsche (sujet) macht. Wie beiläufig erteilt Marcel dem Mädchen einen Auftrag, durch den er sich mit dem Prestige eines Titels (Namensfunktion) auszeichnet: »(. . .) fragen Sie, ob es der Wagen der Marquise de Villeparisis ist. (. . .) es sind zwei Pferde davor« (2, 383 – I, 716). Und die imaginäre Funktion dieses Signierens wird sogleich unverhohlen ausgesprochen:

Ich wollte, daß sie das alles erführe, um von mir eine große Meinung zu bekommen. Aber als ich die Worte »Marquise« und »zwei Pferde« ausgesprochen hatte, kam bereits eine große Beruhigung über mich. Ich spürte, daß die Fischerin sich an mich erinnern würde, und mit der Angst, ich würde sie nicht wiederfinden können, schwand auch schon in mir der Wunsch, sie überhaupt später noch einmal zu sehen. Es war, als hätte ich sie mit unsichtbaren Lippen berührt (. . .). (2, 383 – I, 717)

Der Wunsch erlischt hier durch seine symbolische Realisierung. Die Psychologie der Autorfunktion und ihre Erotik sind schon ausgereift, bevor Marcel sich einen Namen erworben hat: Ein Symbol (einen Namen) unauslöschlich induzieren, ist ihm hier schon soviel wert wie der »physische Akt« selbst. Ohne dies ebenso deutlich zu

sagen, hatte der Erzähler einen solchen Akt bereits an der Maria-
skulptur in der Kirche in Balbec-Plage ausprobiert:

(. . .) der Tyrannei des Einmaligen war diese berühmte Jungfrau derart un-
terstellt, daß, wenn ich etwa meinen Namen hätte auf diesen Stein schreiben wollen, sie, (. . .) in ihrer Ohnmacht, sich davon zu befreien, die Spur
meines Kreidestücks und die Buchstaben meines Namens gezeigt hätte;
das unsterbliche Kunstwerk, nach dessen Anblick ich so lange gelechzt,
war so wie auch die ganze Kirche selbst zu einer kleinen steinernen Alten
geworden (. . .). (2, 308f. – I, 660)

Die Applikation der Signatur hat das Erlöschen des Prestiges zur
Folge, das die Kraft des Begehrens um die Objekte erzeugt. Bisweilen verzichtet der Erzähler bewußt auf diesen Akt, um die Virulenz
der Wünsche nicht zu brechen; aber zunächst melden sie sich mit
aller Gewalt:

Der Wagen der Marquise fuhr schnell. Ich hatte kaum Zeit, das Mädchen
zu sehen, das uns entgegenkam; und doch (. . .) sobald ihr individuelles
Sein, eine nur geahnte Seele, ein mir unbekannter Wille (. . .) auf dem
Grunde ihres zerstreuten Blicks erschien, fühlte ich in mir – eine geheimnisvolle Entsprechung des für den Blütenstempel bereits vorgerichteten
Pollens – in embryohafter, ebenso winziger Form den Wunsch entstehen,
dies Mädchen nicht vorübergehen zu lassen, ohne daß ihr Bewußtsein
meine Person in sich aufnähme, ohne daß ich ihre Wünsche hinderte, einem andern zuzustreben, oder mich in ihren Träumen eingenistet und an
ihr Herz gerührt hätte. (2, 376f. – I, 712)

Spionage des Blicks, Fixierung ihrer Wünsche, Signieren ihrer
Träume, Geschlechtsakt – alle Elemente sind in diesem Phantasma
zusammengefügt. Ihre Kombination entspringt dem Wunsch, den
Namen einzutragen; sein Zwilling, der Wunsch der Mortifikation,
hat sich bereits die Lust einer Metapher verschafft, denn es heißt,
daß das Tempo des vorüberfahrenden Wagens die weiblichen Gestalten am Rande des Weges bereits zu *Torsi* (2, 377) erstarren läßt.
Der Akt des Signierens führt indessen ein Risiko mit sich: Er
könnte die unerkennbare Schrift der Mädchencharaktere mit einem
Schlage lesbar machen:

Hätte ich aussteigen und mit dem Mädchen sprechen können, das unsern
Weg kreuzte, so hätte mir vielleicht eine kleine Unschönheit ihrer Haut,
die ich vom Wagen aus nicht hatte sehen können, alle Illusionen geraubt.
(. . .) Vielleicht hätten mir ein einziges Wort, das die Jugendliche gesprochen, ein Lächeln von ihr das Kennwort, den Schlüssel zur Entzifferung

des Ausdrucks in ihrem Gesicht oder ihrer Bewegung gegeben (. . .). (2, 378 – I, 713)

Der Genuß des Signierens ist das volle Gegenteil der physiognomischen Lektüre. Die Signatur erzeugt eine persönliche Bedeutung, die eine lebendige, zugleich aber amorphe Substanz voraussetzt. Die Signatur Albertines ging auf einen Körper, der zeichenlos an der Übergangsstelle zur amorphen Natur situiert wurde: Der Rhythmus ihres Atems evozierte den Wellenschlag des Meeres. Diese Metaphorik organisiert sich in zweifachem Zusammenhang: Zum einen gehört das (Meeres-)Rauschen in das Repertoire der Null-Zeichen; zum anderen findet sich die Kombination Frau/Wasser eingetragen in eine durchgehende Reihe, in die Serie des Zusammenhangs von »trouver un sujet« und des Fischfangs. Von den zeichenlosen Mädchen geht eine analoge Beunruhigung aus wie von den Fischen im Wasser: ein Begehren, das vom *toten Fisch* (Mortifikation) gestillt wird:

Wären (. . .) diese jungen Geschöpfe (. . .) herausgenommen aus ihrem Element, das ihnen solch schillernden Farbenreichtum und so unbestimmte Umrisse gab, hätten sie mich weit minder entzückt. (. . .) Zwischen uns und dem Fisch, der, sähen wir ihn erstmals, wenn er auf dem Tisch aufgetragen wird, nicht die tausend Listen und Schliche zu lohnen schiene, die zu seinem Fang erforderlich sind, muß an den Nachmittagen, da wir angeln, das leichte Wellenspiel liegen, dessen bewegter Spiegel, ohne daß wir noch wissen, was wir damit anfangen wollen, von dem schimmernden Leib, der halbverborgenen Form des Tiers, der verfließenden, zitternden Durchsichtigkeit eines Sommerhimmels hier und da plötzlich aufgeregt wird. (2, 487 – I, 796)

Die Wünsche des kleinen Marcel, des Anglers, trugen bereits die Objekte der zwei unterschiedlichen Ordnungen (die Schrift und die Fische) in den gleichen symbolischen Text ein. Auf den Spaziergängen schenkten ihm kleine, unscheinbare Impressionen, Düfte, Konturen, Lichteffekte, immer wieder ein »fragloses Vergnügen, eine Illusion der Fruchtbarkeit«, doch ohne daß er hinter die Bedeutung dieser Zeichen gelangte, ohne daß er das Unbekannte, das sich hinter ihrer Hülle zu verbergen schien, zu erfassen vermochte:

Ich beschäftigte mich dann also nicht mehr mit jenem Unbekannten, das sich in einer Form oder einem Duft verbarg, trug es aber unter der Hülle von Bildern mit mir fort, unter denen ich es lebendig vorfinden würde wie die Fische, die ich (...) in meinem Korbe unter einer Schicht von Kräutern kühl und frisch mit nach Hause brachte. (1, 238 – I, 179)

Die Elemente, die hier ihr Geheimnis noch nicht preiszugeben scheinen, sind bereits durch die Phantasie der Schrift, in die sie später eintreten werden (als Zeichen, die kopiert werden), mortifiziert. Was sie auszeichnet und für die Skandierungen des Lebenstextes verwertbar macht, ist die vorausliegende Präparierung, der sich die Fische wie die Mädchen unterworfen sahen: Objekte eines Wünschens gewesen und durch die Verdoppelung von Signatur und Mortifikation eine Schrift geworden zu sein.

Zum ersten Mal treten die jungen Mädchen von Balbec in den Blick des Erzählers vor der Mole ein – in dieser Perspektive scheinen sie dem Meer entstiegen. Aber der Blick des Begehrens (der Spionage/des Fischens) hat diese Meeresgestalten auch gleich in ein Bild gebannt, in eine wiederkehrende Metapher der Mortifikation: Die Mädchen bilden ein »Fries« oder ein »Fresko«, als seien sie Koren oder von Giotto gemalt (2, 480, 486, 501, 686 – I, 790, 795, 807, 949). Senkt sich dann aber ganz im Sinne des Signierwunsches der eigene Name in den glitzernden Meeresleib der Mädchen, so erhält die begehrte »verschwommene« (vague) Materie gleich eine Art skulpturaler Form. Als Marcel einem der Mädchen aus dem »zappelnden, glitzernden Schwarm« (2, 523 – I, 823) – es ist Albertine – vorgestellt wird, gehen ihm die folgenden Gedanken durch den Kopf:

In dem Augenblick, da unser Name aus dem Munde des Vorstellenden hervorgeht, (...) diesem weihevollen Augenblick, (...) entschwindet uns diejenige, der wir uns nähern wollten; wie sollte sie auch sie selbst bleiben, da – kraft der Aufmerksamkeit, die die Unbekannte auf unseren Namen und unsere Person verwenden muß – in ihren noch gestern ins Unendliche gerichteten Augen (...) der bewußte Blick (...) doch ganz einfach durch unser eigenes Bild ersetzt worden ist (...). Aber ebenso geschickt wie die Schnellbildhauer, die uns aus einem knetbaren Stoff in fünf Minuten vor unsern Augen eine Büste entstehen lassen, werden die paar Worte, die die Unbekannte uns sagt, diese Gestalt genauer umreißen und zu etwas Endgültigem machen, das alle Hypothesen ausschließt, deren Spielball unser Verlangen und unsere Einbildungskraft noch am Vortage waren. (2, 586 – I, 872f.)

Die Mortifikation, die wiederkehrende Prozedur des Präparierens, zielt freilich nur auf eine einzige Erkenntnis ab, die ebenso allgemein wie wahr ist: Die innerste Substanz des einzelnen, jener Punkt, den der tiefdringende Röntgenblick erreicht, ist nur eine Metonymie des Todes. Die mortifizierte, stillgelegte Materie des Lebens, die unter der Macht des Künstlernamens präparierten Fischleiber, erwerben diesen Tod im Licht der Ewigkeit, die die Kunst zu gewähren verspricht:

Einer Sphäre entspringend, die jenseits des Verstandesmäßigen liegt, schießt der Schwung unserer Neugier auf die Frau, die wir lieben, über den Charakter dieser Frau hinaus, und selbst wenn wir bei ihm stehenbleiben könnten, wollten wir es wahrscheinlich nicht. Der Gegenstand unseres ruhelosen Forschens ist wesentlicher, als die Besonderheiten dieses Charakters es sind, die nur den kleinen rautenförmigen Teilen der Epidermis gleichen, deren verschiedenartige Kombinationen das Einmalige des blühenden Fleisches bilden. Unsere intuitive Strahlung geht durch die Besonderheiten hindurch, und die Bilder, die sie uns zurückbringt, sind nicht die eines bestimmten Gesichts, sondern zeigen die düster-schmerzliche Allgemeingültigkeit eines Skeletts. (2, 615 f. – I, 895)

Die Bedingung der Schrift:
Schlaf und Tod

Die unendliche Schrift, das kühle Bekenntnis zur Unerkennbarkeit der Oberfläche (der individuellen Struktur der Haut), der Tiefe (der Unauffindbarkeit der Seele), der Charaktere (der Lettern der Person), speichert keine Wahrheit und gehorcht keiner Wahrheitsfunktion. Die erkalteten Lettern dieser Konfession legen allein Zeugnis ab von den Bedingungen ihres Entstehens. Die grenzenlose Metonymik der Literatur findet sich gebunden an das absolute Gesetz der Selbstreferenz: Ich schreibe, daß ich schreibe. Diese Regel ist nicht banal, sondern das Axiom der poetischen Funktion. Prousts Lebensschrift versichert sich unaufhörlich ihrer Gegebenheiten. Der Tod und seine Schule, der Schlaf, bilden den Rand und die Markierung dieser testamentarischen Selbstbezeugung. Sie testiert ihr Geschriebensein und die kleine Philosophie, daß dem Leben einzig die Erkenntnis gegeben ist, daß es sich nicht begreifen kann. An die Stelle der halluzinierten Philosophien, Psychologien, Kriminologien tritt die Anstrengung, den Verzicht auf sie dem Bewußtsein plausibel zu machen, dem literarisierten Bewußtsein

seine symbolische Genealogie als Vorschule des Todes zu offenbaren. Dies wird herausgesponnen aus einem Modell und einer
langen Variantenreihe. Bereits die Eröffnungspassage des Romans
organisiert sich unter den Kontrastzeichen, in der Differenzen-
reihe, die als Aufbauelemente die vollständige Schrift tragen:

Lange Zeit bin ich früh schlafen gegangen. Manchmal fielen mir die Augen, wenn kaum die Kerze ausgelöscht war, so schnell zu, daß ich keine Zeit
mehr hatte zu denken: ›Jetzt schlafe ich ein.‹ Und eine halbe Stunde später
wachte ich über dem Gedanken auf, daß es nun Zeit sei, den Schlaf zu suchen; ich wollte das Buch fortlegen, das ich noch in den Händen zu haben
glaubte, und mein Licht ausblasen; im Schlafe hatte ich unaufhörlich über
das Gelesene weiter nachgedacht, aber meine Überlegungen waren seltsame Wege gegangen; es kam mir so vor, als sei ich selbst, wovon das Buch
handelte: eine Kirche, ein Quartett, die Rivalität zwischen Franz dem Ersten und Karl dem Fünften. (. . .) gleichzeitig kehrte mein Sehvermögen
zurück, und ich war erstaunt, rings um mich her eine Finsternis wahrzu-
nehmen, die für meine Augen sanft und ausruhend war, mehr aber vielleicht sogar noch für meinen Geist, dem sie grundlos, unbegreiflich, wahrhaft ›dunkel‹ erschien. Ich fragte mich, wie spät es wohl sei; ich hörte das
Pfeifen der Eisenbahnzüge, das – mehr oder weniger weit fort wie ein
Vogellied im Wald – die Entfernungen markierte und mich die Weite der
öden Landschaft erraten ließ, durch die sich der Reisende zur nächsten
Station begibt (. . .). (1, 9 – I, 3)

Die Aufbauelemente heißen Schlaf/Tod – Buch/Schrift – Reise/Ar-
rêt – Raum/Zeit – hell/dunkel. Aus diesen einfachen Elementen
und Gegensätzen wird bereits auf der ersten Seite des Romans das
vollständige Geheimnis ausgebreitet, das sich in die Unendlichkeit
der Erzählung hüllt: die Schriftwerdung des Wunsches, die Räume
und Zeiten eines Lebens in ein Buch zu fassen. Die Suche nach der
verlorenen Zeit ist die Suche nach einem *sujet* (Subjekt/Stoff), die
sich selbst protokolliert als Vergeblichkeit. Völlig analog aufgebaut
ist die Situation einer ersten Textproduktion des Erzählers auf dem
Wagen des Doktor Percepied; die perspektivische Veränderung
dreier Kirchtürme und der Einbruch der Nacht bilden den Rahmen
einer Erzählung, in der eben dies festgehalten wird; in diesem Augenblick der »Trunkenheit« sind freilich die Gespenster von Schlaf/
Tod verscheucht (1, 240 ff. – I, 181 ff.). Sie erscheinen aber in einer
nur leicht variierten Reprise dieser Szene wieder, die zum Band *Im
Schatten junger Mädchenblüte* gehört. Diesmal ist es der Wagen

von Mme de Villeparisis, auf dem die Verschaltung von Bewegung und Stillstand, Schlafen und Tod, Leben und Text, Vergangenheit und Gegenwart erfolgt:

Etwas abseits von der über einen Hügel führenden Landstraße, der wir folgten, hatte ich eben drei Bäume erblickt, die offenbar den Eingang einer geschlossenen Allee und einer Gruppe bildeten, die ich nicht zum erstenmal sah; es gelang mir nicht zu erkennen, von welchem Ort sie sich losgelöst haben mochten; aber ich hatte das Gefühl, er sei mir von früher her vertraut; nachdem mein Geist in dieser Weise einen Augenblick lang zwischen irgendeinem entlegenen Jahr und dem gegenwärtigen Augenblick hin und her gestrauchelt war, geriet die Umgebung von Balbec rings um mich her ins Schwanken, und ich fragte mich, ob diese Spazierfahrt nicht Einbildung von mir sei, dies Balbec ein Ort, den ich niemals anders denn in der Phantasie aufgesucht, Madame de Villeparisis eine Gestalt aus einem Roman, die drei Bäume aber die Wirklichkeit, in die man zurückkehrt, wenn man die Augen von dem Buche hebt, in dem man gelesen hat und in dem eine Gegend beschrieben wird, in der man am Ende tatsächlich schon sich aufzuhalten meinte.
Ich schaute die drei Bäume an (. . .) Wo hatte ich sie schon so erblickt? Um Combray herum gab es keinen Ort, wo sich eine Allee in dieser Weise auftat. (. . .) Mußte ich vielleicht glauben, sie kämen aus so fernen Jahren meines Lebens herauf, daß die sie umgebende Landschaft in meiner Erinnerung schon völlig ausgelöscht war und daß, wie jene Seiten, die man mit tiefer Bewegung in einem Werke wiederfindet, von dem man meint, man habe es nie gelesen, sie allein noch von allen Dingen aus dem vergessenen Buch meiner Kindheit nicht untergegangen waren? (. . .)
Ich sah die Bäume entschwinden (. . .) Und als ich nach der Wendung des Wagens ihnen den Rücken kehrte und sie nicht mehr sah, war ich (. . .) von Trauer erfüllt wie nach dem Verlust eines Freundes, als sei ich mir selber gestorben (. . .). (2, 383 ff. – I, 717 ff.)

Die Vertauschung von Vergangenheit und Gegenwart, Imagination und Wahrnehmung, Leben und Tod, Innen und Außen sind Effekte von Lektüre. *Lesen* heißt der Zustand der Durchlässigkeit und Passivität gegenüber der Hypnagogie des schwarzweißen Mediums, wodurch die konventionellen Grenzmarkierungen verschwinden. Daß die Reise, der Schlaf, die Liebe – allesamt Umwälzungen der Charakterschrift des Subjekts – stets zusammengehören, ist eine Evidenz der gesamten Romankonzeption. Mit der Kohärenz des Subjekts verflüchtigt sich auch die Idee einer Authentizität[20] der Erfahrung. Die transzendentale Organisation, die Bedingung der

Möglichkeit jeder Erfahrung bei Proust heißt *Lektüre*.[21] Und aus dieser Erkenntnis ergibt sich für den Autor die Notwendigkeit, den immerwährenden Trug einer primären Erfahrung schließlich der eigenen Schrift anzuvertrauen, die sich als unendliches Doppel eines Geschriebenseins abwickelt. Doppel – das heißt auch zweifache Formation der Erzählung, insofern darin diese Erkenntnis zugleich Thema und Struktur umfaßt: Alle Erfahrung ist Doppel eines Textes, der ihr vorausliegt. Diese zweidimensionale Durchdringung ist von der Art, daß die Erzählung ihre Thematik entfalten kann, insofern sie von der Struktur erzeugt wird. Der Text, der die Konstitution seiner Erkenntnis erzählt, ist selbst eine absolute Zweitschrift. Diese Bedingung der Schrift, diese Struktur – das allein ist die *biographische Wahrheit*, da deren Faktizität und Effektivität die Biographie erzeugt. Und so finden sie sich bereits im *Contre Sainte-Beuve*, dem ersten Exerzierfeld der Leitthematik des endgültigen Romans. Dort werden jene Festaugenblicke der *Wiedergefundenen Zeit*, die Auferstehungen der Erinnerungen, zur Generalprobe gerufen:

Ich erinnere mich, wie ich einst auf einer Eisenbahnreise alle Kraft daran setzte, durch das Wagenfenster hindurch aus der Landschaft, die an mir vorüberging, Impressionen herauszuziehen. Ich schrieb, während ich den kleinen Landfriedhof vorbeiziehen sah, ich notierte die Lichtstreifen der Sonne auf den Bäumen, die Blumen am Weg ganz wie jene in der *Lilie im Tal*. Seitdem habe ich häufig versucht, durch Rückerinnerung an die lichtgestreiften Bäume, an diesen Dorffriedhof diesen Tag wieder zu beschwören; und zwar meine ich diesen Tag *selbst* und nicht sein kaltes Gespenst. Nie gelang es mir, und ich ließ alle Hoffnung fahren, daß es einmal glücken könnte, bis ich kürzlich, beim Frühstück meinen Löffel auf meinen Teller fallen ließ. Und dabei entstand genau der selbe Klang wie der, den an jenem Tage ein Hammer der Weichensteller beim Schlag auf die Zugräder verursacht hatte. In der gleichen Minute erwachte in mir jene heiße und blinde Stunde, wo das Geräusch erklungen war, und mit ihr dieser ganze Tag in seiner Poesie, und es fehlte nur der Dorffriedhof, die Lichtstreifen auf den Bäumen und die Balzacschen Blumen am Wegesrand, die ja alle nur der willkürlichen Beobachtung zugehörten und damit für die poetische Wiederauferstehung verloren waren. (CSB 213)

Es wird gleich ausgesprochen: Die Schrift der Wahrnehmung, die Notation der Eindrücke erfaßt die Wirklichkeit nach dem Modell einer anderen Schrift (Balzacs *Lilie im Tal*). Weiterhin erfolgt dieses Schreiben unter den Bedingungen des Schreibens schlechthin: Vergangenheit/Gegenwart – Reise/Stillstand – Tod (Friedhof)/Leben – hell/dunkel liefern die bekannten Aufbauelemente dieser Situation. Die Auferstehung der wahren Erinnerung opponiert indessen gegen die Elemente der willkürlichen Erinnerung, aber sie selbst kann sich auch nur als Doppel eines Zeichens der Vergangenheit, eines inhaltlosen Zeichens (akustisches Signal) konstituieren. Was das bedeutungslose Zeichen hingegen gewährt, das ist die Wiederauferstehung der reinen Poesie des gelebten Augenblicks, der gleichfalls inhaltsleer ist: die »heiße und blinde Stunde«. Rein ist dieser Augenblick, weil die Elemente der Erinnerung – Tod, Schrift, schwarz/weiß – aus ihm getilgt sind. Doch sind weder reine Zeichen noch reine Augenblicke irgendetwas Faßliches – sie sind daher auch keine isolierten poetischen Augenblicke, sondern Augenblicke des Kontrasts: durch ihre Zeichenlosigkeit gereinigte Augenblicke, reine Präsenz der zwei Zeiten, die in die Poesie der Schrift Eingang finden können.

Die Fassung dieser Passage aus dem *Contre Sainte-Beuve* wird in der entsprechenden Erzählung der *Wiedergefundenen Zeit* um eine Reihe bemerkenswerter Details gekürzt und erzählerisch verändert. Die Episode wird selbst zum Dokument des Erzählgangs, der Arrêtierung erhoben. Aus der Motivkombination Zug/Schrift/drei sonnenbeschienene Bäume wird das Element der Schrift (des Schreibens) getilgt. An ihrer Stelle erscheint die immerwährende Trauer über die Unfähigkeit und Unlust zum Schreiben. Aber die Episode findet in einem veränderten Rahmen, sozusagen auf dem Theater der Schrift statt: die Impression der halb von der Sonne bestrahlten Bäume wird während eines Bahnhof-Aufenthaltes aufgenommen. Sie ist in der Situation selbst fixiert, ins Stadium der Erkenntnis/des Arrêt gefaßt (7, 240f. – III, 855). Die von der *Abend*sonne beschienenen Bäume lassen – wie der Erzähler später bemerkt – keine Lust in ihm aufkommen, sie zu beschreiben. Die Motive Schlaf und Tod sind in dieser Fassung ebenso wie Balzacs Roman verschwunden, auch der Friedhof fehlt. Aber hier treten der Tod und der Friedhof als Konstitutionskräfte der Erzählung selbst auf, indirekt, wie sich zeigen läßt: Einmal nennt Proust den großen Roman selbst einen Friedhof (7, 308 – III, 903), und zum anderen führt die Reise den kranken Erzähler aus dem Sanatorium, wo er keine Heilung fand, nach Paris, wo er dem Tod in Gestalt der zahllosen gealterten Götter des Guermantes-Salons begegnet. Nun ist die Situation der Schrift, die am Rande der Nacht, des Schlafes, des Todes die Zeiten und Räume, das Gedächtnis und zuletzt das Leben selbst arretiert, nicht nur thematisch (in den Serien und Variationen) und strukturell (der Roman als Doppel einer vorgängigen Schrift) gegeben, sondern in einer weiteren Verdoppelung auch noch einmal isoliert und vergegenständlicht. Diese Funktion hat der *Figaro*-Artikel, der ebenfalls bereits im *Contre Sainte-Beuve* als ein vom Autor verfaßter und veröffentlichter Text Thema einer Episode ist; er wird im endgültigen Roman mehrfach erwähnt und zitiert und bildet einen Kristallisationspunkt der *Suche nach der verlorenen Zeit*, ein Generalzeichen. Seiner Thematik nach gehört dieser Artikel selbst in die Reihe der Texte, die im Zusammenspiel der Motive *Fahrt, hell/dunkel, Lesen* eine Bewegung zu fixieren suchen. Er hat zudem biographisch den Kontakt zum Tod auf besondere Weise hergestellt, insofern er von Prousts Freund, Chauffeur und Privatsekretär Agostinelli spricht; Agostinelli, der später das Manuskript von *In Swanns Welt* abtippen sollte, ist als »Marcel Swann« in eine Flugschule eingetreten und unter diesem Namen im Mai 1914 abgestürzt. In der Komposition von *In Swanns Welt* gehört der Artikel (Marcels Beschreibung der drei Türme vom Wagen des Docteur Percepied aus) an den Rand der Schlafängste – leicht erkennbar als allabendliches Präludium des Todes –, die nur der mütterliche Trost oder aber das mütterliche Vorlesen zu dämpfen vermag. Im Zusammenhang des Bandes *Die Entflohene* tritt dieser Artikel über in eine andere Funktion. Morgens bringt die Mutter das Exemplar des *Figaro*, worin jener Artikel abgedruckt ist, dem Sohn ans Bett, nachdem dieser eben erwacht ist:

Ich stellte fest, daß sie die Post ganz dicht neben mich gelegt hatte, damit sie mir nicht entginge, merkte aber, daß sie nur aus Zeitungen bestand. (. . .) Ich ging zum Fenster und zog die großen Vorhänge auf. Über dem bleichen, dunstigen Tageslicht war der Himmel rosig, wie es zu dieser Stunde die eben entzündeten Küchenherde sind, und erfüllte mich mit dem Verlangen, nachdem die Nacht vergangen war, an der kleinen Bergstation aufzuwachen, an der ich dem Milchmädchen mit den rosigen Wangen begegnet war. (6, 211 – III, 567)

Wie selbstverständlich sind hier die vertrauten Elemente auf engem Raum zusammengetreten: Tag/Nacht, Reise und Arrêt auf dem Bahnhof im Kontext der Schrift. Der in diesem Augenblick noch nicht entdeckte eigene Artikel im von der Mutter gebrachten *Figaro* ist, gemäß einer Fußnote zu dem Abdruck in *Pastiches et Mélanges*[22], eben jener Text aus *In Swanns Welt*, der die perspektivische Bewegung der drei Kirchtürme zum Gegenstand hatte. Nun folgt aber die merkwürdige Schilderung, daß der Autor seinen eigenen Artikel nicht erkennt, ja sogar wütend ein Plagiat vermutet, bis er am Ende des Textes auf seine eigene Signatur stößt:

Ich schlug den ›Figaro‹ auf. Wie ärgerlich! Gleich der erste Artikel hatte den gleichen Titel, wie der, den ich selbst eingesandt hatte und der noch nicht erschienen war. Aber nicht nur der Titel, sondern auch die ersten Worte waren absolut die gleichen. (. . .) Aber nicht nur einige Worte, alles war ebenso, und da war ja auch meine Unterschrift . . . Es war mein Artikel, der endlich erschienen war! (6, 211 f. – III, 567 f.)

Und dieser Artikel, wie er tatsächlich im *Figaro* vom 19. 11. 1907 unter dem Titel *Impressions de route en automobile* erschienen war, enthält nicht nur eine Variante der perspektivischen Sistierung von Raum und Zeit, sondern spricht selbst von der Signatur eines symbolisch gewordenen Realen. Der Erzähler faßt sich selbst ins Auge, verwandelt sich zwei Mal, bis er als ein Bildmotiv den erzählten Vorgang arretiert und signiert. Drei Phasen des Fremdwerdens. Der Erzähler erscheint als Reisender in einem Dorf, um nach dem Weg zu fragen, wie auf den Landschaftsbildern von Cuyp. Diesen Typ des »voyageur« hatten die Eisenbahnen verschwinden lassen, ehe ihn die Automobile wiederauferstehen ließen. Und als wiederauferstandenen Reisenden aus ferner Vergangenheit sieht sich der Erzähler selbst. Er vergleicht seine unzeitgemäße Erscheinung mit dem Auftritt eines Ritters . . .

(. . .), den es in Wirklichkeit heute keineswegs mehr gibt, den wir dennoch bisweilen noch bei Sonnenuntergang über den von der Ebbe freigelegten Meeresstrand galoppieren sehen (aus der Vergangenheit aufgetaucht, um die abendlichen Schatten zu begrüßen). So macht er aus der Meereslandschaft, die sich vor unseren Augen ausbreitet, ein »Meeresgemälde«, das er datiert und signiert, eine kleine Figur, die wie von Lingelbach, Wouvermans oder Adrien van de Velde hinzugefügt scheint (. . .). (CSB 67 f.)

So schreibt sich das Modell des autobiographischen Textes, das später von Walter Benjamin in einem Prosa-Stück der *Berliner Kindheit um Neunzehnhundert*, in den *Mummerehlen*, wiederaufgenommen wird: Es ist die chinesische Erzählung von dem Maler, der in sein eigenes Bild eintritt.[23]

Prousts Texte, die als direktes oder indirektes Zitat in die *Suche nach der verlorenen Zeit* einzogen sind, bilden eigens ausgemeißelte Reliefs der Situation der Schrift sowie ihrer erläuterten Funktion: zu fixieren und zu signieren. Die Motivelemente, die diese Zitate selbst noch einmal thematisch machen, bilden einen variablen Kernbestand, der sich selbst inventarisiert. Alle Schrift, so teilt diese mit, signiert die Schrift, die ihr vorausgeht und die Illusion der Identität organisiert. Sie enthüllt ihre Funktion in den Situationen, wo sich im Übergang zum Schlaf/Tod die empirischen Differenzen auflösen. Diese Situationen am Rande des Raum/Zeit-Bewußtseins, an der Grenze zum Tode inszenieren ihre Unterschiedenheit zum Tode als eine Variante der absoluten Unterschiedenheit der Schrift zum Leben, dieser flüchtigsten Substanz. Aber diese Unterscheidung, die sich wiederholt in den Kontrasten von Tag/Nacht und Bewegung/Stillstand, Vergangenheit/Gegenwart, ist Aufbauelement einer *kompakten*[24] Schrift, nämlich eines Textes ohne irgendein Außen: Der Gegensatz von Bewegung und Arrêt konstituiert ja ebenso das Schreiben, die Schrift, wie die Lektüre. Aber die tote Schrift beherbergt auch eine Kraft: Sie vermag alle diese Gegensätze gegen die Logik der Erfahrung und Unauflösbarkeit der Struktur durch gedankliche Konstruktionen des Übergangs aufzulösen. Das ist der feierliche Prozeß: Sie erzeugt Übergänge zwischen Tag/Nacht, zwischen Leben/Tod, zwischen Körper/Schrift. Es sind Vermittlungen, die durch eine Bewegung des Denkens, das seine eigene Ordnung aufzulösen beginnt, möglich gemacht werden. So ist die einfache Wahrheit der Schrift, daß sie einen Arrêt des Lebens vollzieht: Festschreiben des gelebten Moments, in dem dieser als symbolisches Epiphänomen, als Duplikat erkennbar wird. Aber diese Schrift ist nicht wahr; nicht weil ihr kein Inhalt gegeben ist, sondern weil sie lediglich signiert ist. *Signieren* darf ein Synonym des Stils genannt werden. Darin allein findet die Unterschiedenheit des Autors einen Grund. Und um nichts anderes geht es in diesem Buch der Suche: Fahndung, Spionage nach Zeichen, die sich signieren lassen. Diese Zeichnung enthüllt sich als die letzte Verflüchtigung einer Wahrheit, die einst in Gottes Herzensschrift residierte, in der Beichte, der Konfession, dem Zeugnis, für das sich ein Autor verbürgte. Heute bürgen für Wahrheiten nur noch die Institutionen, die Informationen verwalten, ohne daß es überhaupt der Signatur bedarf. Was der Autor Proust signiert, sind kleine Zeugnisse – Zeichen, daß er Zeuge von Augenblicken gewesen ist, in denen sich seine Lebenszeit von einem poetischen Symbol signieren ließ.

Zeichen, Spur, Medium der Zeugenschrift des eigenen Lebens – diesen Status seines Werkes hat Proust selbst in einem Brief aus seinen letzten Lebenswochen ins hellste Licht gehoben. An Gaston Gallimard schrieb er:

Im Gegensatz zu mir verfügen andere, und ich schätze sie dafür glücklich, über den Genuß der ganzen Welt. Mir ist alles genommen: die Bewegung, das Sprechen, das Denken, selbst das einfache Wohlsein, nicht zu leiden. Indem ich auf diese Weise sozusagen aus mir selbst vertrieben bin, flüchte ich mich in die Bände, die ich betaste, weil ich sie nicht mehr lesen kann; und ich lasse ihnen jene Vorsorge zuteil werden wie die Schlupfwespe, über die Fabre die bewundernswerten, von Metchnikoff zitierten Zeilen geschrieben hat, die Sie gewiß kennen. Eingeschrumpft wie sie und ohne alles, befasse ich mich allein nur noch damit, ihnen im Raume der Welt des Geistes jene Entfaltungsmöglichkeit zu sichern, die mir genommen ist.[25]

Die Bedingung der Schrift, ihr Geschriebensein, ist hier die Beschwörung und Tilgung der alten Differenzen Bewegung/Stillstand – Raum/Zeit – Leben/Tod – Form/Inhalt – Sprechen/Denken. Und um dies zu sagen, beruft sich der, der von der Auflösung dieser Unterschiede gezeichnet ist, auf einen anderen Text, bewegt er sich durch das Zitat und die Metapher: Rekurs auf das Immer-Schon-Geschrieben-Sein jeder Situation. Und eine allerletzte Funktion nennt er: das Fortleben der eigenen Bücher zu sichern, und das heißt, die Wiederauferstehung des aus dem eigenen Leib vertriebenen Geistes garantieren. Fortbestehen in jenem einfachen Sinne, mit dem sich auch die Schlupfwespe begnügt, von der Proust so gerne sprach (1, 166; 3, 475 – I, 123; II, 359).

Die testamentarische Schrift bildet demnach definitiv jenes *sujet*, nach dem der kleine Marcel bereits so sehnsuchtsvoll gefahndet hatte, als Spion der Mädchen, der Blumen, der Fische. Die Bände seines Werks, die er – definitive Akte des Lebendigen und des Autors – berührt und segnet, sie legen Zeugnis ab von jener letzten Differenz, vor deren Unübersteigbarkeit, Unauslöschlichkeit im Realen dieses Werk allein spricht. Das scheinbar unterschiedliche Begehren – »besoin d'un être« und »être un écrivain« – erscheint hier noch einmal in seiner Einheit und Gespaltenheit. Es ist der Appell jenes Triebs, der vom späten Freud als Kraft der lebendigen Substanz erkannt wurde, in der sich Lebens- und Todestrieb ununterscheidbar vermischen. Das Ich, Träger dieses Triebes, das sich durch ein Liebesobjekt faszinieren läßt, unterliegt dem Gesetz, daß es sich, wie Freud sagte, nur als »kurzlebiges Anhängsel an ein mit virtueller Unsterblichkeit begabtes Keimplasma« auf den Tod zubewegt.[26] Das andere *sujet* konstituiert das schreibende Ich in gewissem Sinne analog als ein um seine virtuelle Unsterblichkeit kämpfendes »Anhängsel der kulturellen Schriftlichkeit«. Das Begehren der anderen, das Begehren nach der Schrift stehen in der Analogie, daß sie sich verausgaben, um der »ewigen« Wahrheit des Lebens/ der Schrift zur Geltung zu verhelfen.

Der alte autobiographische Nexus von Leben und Tod, von Wahrheit und Schrift, den die literarische und kulturelle Polizei der Aufrichtigkeit konstituiert und gesichert hatte, ist zerrissen. Das Zeugnis des Lebens steht nicht in einem Verhältnis der Repräsentation zu seinem Verfasser, zu dessen intimen Wahrheiten, sondern in einem Verhältnis der mörderischen Produktion. Mörderisch ist – wie gezeigt wurde – bereits das Gesetz der Mortifikation zugunsten des Arrêts der Schrift. Denn vom ersten erzählten Augenblick an galt es, die Bewegung und das Bewegte (Körper und Zeit) zu fixieren. Und erfaßt von diesem Medusenblick, von dieser Inversion der Pygmalionwünsche, haben auch die Kirchtürme und Baumreihen, die Blumen und Mädchen, die in den Spionage-Blick des Promenierenden gerieten, ihre perspektivische Bewegtheit und kreatürliche Lebendigkeit, ihre schwarzweißen Lineamente und ihre sonnenhaften Blicke der Fixierung durch die Schrift opfern müssen – mortifiziertes Leben, arretierte Bewegung. Dies entspricht genau der Vorsorge-Politik der Schlupfwespe, auf die Proust in jenen letzten Zeilen anspielte: Angeblich lähmt sie gefangene Insekten mit einem Stich ins Nervenzentrum, so daß diese bewegungsunfähig fortleben, um den später ausschlüpfenden Larven eine wehrlose Beute zu liefern; dieses Modell des mörderischen Arrêts der Figuren in seinen Büchern wendet Proust in den angeführten Zeilen auf sich selbst an. Insofern muß die Bestimmung von Gilles Deleuze über die Spinne Proust, der im Medium seines Netzes jede winzigste Bewegung registriert[27], um das Element der Schlupfwespe ergänzt werden: Arrêt der Phänomene zugunsten des ewigen symbolischen Protoplasmas.

Die Schrift und die Lektüre der Schrift

Die *Suche nach der verlorenen Zeit* ist das Protokoll einer Lektüre der »unbekannten Zeichen eines inneren Buches«, das der Erzähler in sich trägt (7, 274 f. – III, 879). Diese vielzitierte Formulierung aus der *Wiedergefundenen Zeit* bietet nicht nur eine Gratifikation für Interpreten, sondern enthält zugleich die Theoretisierung weitgestreuter Impressionen und Reflexionen. Das »innere Buch der unbekannten Zeichen« bildet die Notation von symbolischen Kristallisationen gelebter Augenblicke, Register unzähliger Momente, da sich die Zeit in eine »nature morte« (Stilleben) eingetragen hat. Was aber ist diese Zeit? Sie ist festgehaltenes, kontextuelles Detail gelebter Augenblicke, das durch Isolierung, Fixierung sogleich als Zeichen erkennbar/lesbar wurde. Einen angemessenen Begriff hierfür hat Proust selbst gegeben, indem er das, was *mouvement* oder *moment* heißen könnte, in die Metapher faßte: »gouttes de lumière cimentées/ciselées«[28] – zementierte oder ziselierte Lichttropfen. Solche »Lichttropfen« kommen bereits als isolierte Elemente aus den Dimensionen von Zeit und Raum; als kometenhafte Signifikanten sedimentieren sie sich, zur Erzeugung seiner Geschichte, im Subjekt. Lange Zeit, man mag sagen: über Tausende von Seiten hinweg, müht sich der Erzähler, diesen Zeichen und Chiffren seiner Erfahrungskontexte eine geheime Bedeutung abzulauschen (»en degager un peu de vérité«), bis er erkennt, daß sie keine Bedeutung enthalten, sondern darauf verweisen, wie das subjektive Bewußtsein durch das Vergessen seiner Nachträglichkeit sich selbst und seine trügerische Natur verkennt. Die Theorie dieser Zeichen, der zur Signifikanz erstarrten Lichttropfen, hat der Erzähler daher nicht gleich in restlose Klarheit gefaßt; sie bleibt lange Zeit in ein Ungefähr der Tiefe, in ein Dunkel unzugänglicher Wahrheit gehüllt, bis sie sich zuletzt seiner eigenen geduldigen Lektüre gegenüber aufhellte. Die epochale antipsychologische Erkenntnis, die der Erzähler am Ende seines Romans enthüllt, bildet die Einsicht in die konstitutive Macht einer anderen Zeit, der Zeitlosigkeit der inneren Wahrnehmung, die sich durch Identitäten organischer Reize als absolute Zeit, jenseits des bewußten Subjekts, organisiert. Diese Dimension einer inneren temporären Schrift ist dem Subjekt selbst nicht zugänglich, denn sie antwortet allein dem Zufall – dem Ruf der Madeleines, dem Appell eines musikalischen Motivs, dem

Flüstern eines Geruchs. Ihre Impulse sind die Embleme einer Unzugänglichkeit, und ihre glückliche Heraldik ist die Poesie.

Solche Außen-Reize werden durch Dopplung, durch Identifizierbarkeit, zu inneren Signalen; Signale, die sich über lange Zeiträume hinweg gegenseitig identifizieren, feiert die Poesie des Romans als Indikatoren einer zweiten Schrift: der Schrift der eigenen Vergessenheit, die die innere Ordnung der Zeitlosigkeit verschließt. Als Zeuge seines Lebens sieht der Erzähler zu, wie diese Zeichen, diese Indizien der eigenen Unzugänglichkeit ihren vorerst unlesbaren Text herstellen, den er nach seiner Entzifferung zu Papier bringen wird. Diese tief vergrabenen Zeichen, Spuren, Male sind freilich kein authentischer Text des Subjekts, sondern allein die Indikatoren der Unzugänglichkeit dieses »inneren Textes«. Sein Status ist der eines anthropologischen Alibis: Mit ihm lassen sich alle geläufigen Psychologien, Introspektionen, Menschenkunden für unzulänglich erklären. Dies geschieht auch allenthalben. Während wir von jedem anderen Menschen meist nur ein Doppel, ein im Imaginären aufbewahrtes »Double« besitzen (5, 336 – III, 252), pflegen wir von uns selbst ganze Serien solcher Doubletten: Zeichen gewordene Indizien der Täuschung und der Unerkennbarkeit; der Autor erläutert es am Beispiel von Photographien:

(. . .) der seltsame Abzug also, der uns so wenig getroffen scheint, kann zuweilen die (. . .) Ähnlichkeit mit uns besitzen wie eine Röntgenaufnahme. (. . .) Wer die Gewohnheit hat, im Spiegel seinem hübschen Gesicht und schönen Oberkörper zuzulächeln, dann aber plötzlich sein Röntgenbild vor sich sieht, wird angesichts des Knochengerüsts, das man ihm als ein Bild seiner selbst vor Augen führt, (. . .) an einen Irrtum glauben (. . .). Später sollte ich diesen Abstand zwischen unserem Bilde, wie wir selbst es uns malen und wie ein Mitmensch es sieht, bei anderen feststellen, die ahnungslos glücklich mit einer Sammlung von Photographien leben, welche sie sämtlich selbst von sich hergestellt haben, während ringsumher gräßliche Fratzen grinsen, die ihnen gewöhnlich unsichtbar bleiben, bei deren Anblick sie aber in tiefes Staunen versinken würden, wenn ein Zufall sie ihnen mit dem Bemerken vor Augen hielte: ›Das bist du‹. (3, 360 – II, 272 f.)

In der Tiefe der Seele und in der Tiefe des Körpers ruhen keine Wahrheiten, sondern die untrüglichen Markierungen für die Undurchdringlichkeit des Trugs. Hier läßt sich die strategische Bewegung des Textes, der Proustischen Literaturpolitik, nicht übersehen: Es geht um eine Reserve. Die zahllosen Verwerfungen der

Menschenwissenschaften, der authentischen Wahrnehmung, die Eingrenzung der Erkenntnisse, die der einzelne gewinnen kann, die die Techniken gewinnen können, laufen auf die Reserve der Literatur hinaus. Sie ist kein Wissen,· sondern künstlerisches Reservat, wo sich das Nichtwissen das Fest der Poesie verschreibt. Keine bessere Politik des Trugs, sondern Diplomatie des Reservats: Das Zeugnis der Lektüre, das die *Suche nach der verlorenen Zeit* protokolliert, sammelt daher die zufälligen Zeichen, durch die sich die Lebenszeit als unbekannter Text in das Subjekt einträgt:

Um welche vom Leben in uns zurückgelassene Idee es sich auch handelt, ihre materielle Gestalt, die Spur des ›Ein-drucks‹, den sie in uns hinterlassen hat, ist noch immer das Unterpfand ihrer notwendigen Wahrheit. Die vom reinen Verstand gelieferten Ideen bergen nur eine logische Wahrheit in sich, eine mögliche Wahrheit, ihre Wahl steht noch in unserem Belieben. Das Buch mit den in uns eingegrabenen, nicht von uns selbst eingezeichneten Charakteren ist unser einziges Buch. (7, 275 – III, 880)

So liest sich die Erneuerung und Verwandlung der alten *absoluten Schrift* im 20. Jahrhundert. Diese geschriebene/ungeschriebene Textur ist keine Herzensschrift mehr, kein Engramm der Natur, keine Graphie des Geistes, sondern Spur einer Schrift der Dinge: Die Kühle dieser Schrift beruht auf ihrer Analogie zur photographischen Impression. Das ist bereits technisch gedacht: Die dem Subjekt entzogene Imprägnierung durch Außenreize ermöglicht den Glauben an ihre Wahrheit. Die kühle, unzusammenhängende und eigentlich unbekannte Schrift ist von signifikant gewordenen Zufällen des Außen verfaßt. Der *Charakter* – alte täuschende Einheit der Züge eines Individuums – wird von den Charakteren (Buchstaben/Zeichen) empirischer Begebenheiten, Lichttropfen, entworfen. Somit bezeugen die unlesbaren Zeichen, das Ensemble der ziselierten Lichttropfen, durch ihre Äußerlichkeit auch ihre Authentizität. In empirischer Unzugänglichkeit vollzieht sich eine wahre biographische Semiose. So *wahr* wie der Fall des Steins, so zufällig wie die Leuchtspur des Meteoriten. Für den Einschlag der zu Zeichen gewordenen Objekte, der aus ihrem Kontext isolierten Objekte, stellen der Körper und die Seele lediglich den Schauplatz und das materielle Substrat: äußere, äußerste Signaturen. Marcel konstatiert diesen Vorgang kurz nach der Wiederauferstehung seiner Großmutter während des zweiten Balbec-Aufenthaltes:

Niemals mehr aber würde ich jenes Zucken in ihrem Gesicht auslöschen können (. . .). Ich wußte freilich nicht, ob ich aus diesem so schmerzlichen und im Augenblick unbegreiflichen Eindruck vielleicht eines Tages ein wenig Wahrheit ziehen könnte, wohl aber daß, wenn es mir jemals gelingen würde, dies Körnchen Wahrheit dennoch zu gewinnen, es jedenfalls nur aus ihm sein könne, der so eigenartig war, spontan in mir entstanden, den nicht mein Verstand in mich eingezeichnet und mein Kleinmut abgeschwächt hatte, sondern den der Tod selbst, die jähe Offenbarung des Todes wie ein Blitzstrahl in übernatürlicher, übermenschlicher Graphik in mich eingegraben hatte als eine geheimnisvolle Doppelspur. (4, 222 f. – II, 759)

Spur des Todes, Graphie des Schicksals – Marcel wird nie eine andere Wahrheit aus diesem Ereignis ziehen können, so daß in den Lichttropfen jenes Körnchen Wahrheit haust, materiell gewordene Augenblicke, die von der Aktivität des Bewußtseins gelöscht werden, das nur den großen, anonymen, überindividuellen Text der Kultur und der Subjektwahrheit gelten läßt. Im gleichen Zug der Opposition gegen diesen Generaltext schließt der Roman die alten anthropologischen Glaubenssätze, den Katechismus der Humanität. Gegen die Konzeption der Spontaneität und der Entelechie eines Subjekts errichtet der Roman seine Wahrheit: die Serie der Zufälle, die merkwürdige Chemie von Zeichen und Gedächtnis. Die Ideen des repräsentierbaren Subjekts, die Idee der Kopierbarkeit der Zeichen des Charakters, weichen einer Konzeption, einem Prozeß der Re-Repräsentation von zufälligen Spuren: aus dem Kontext der Erfahrung in die Materie des Subjekts eingetragene Chiffren.

Zufällig präpariert das Schicksal kleine semiotische Einheiten, Lichttropfen, die der Protokollant ihrer intermittierenden Aktualität als Double der Undarstellbarkeit und Unerkennbarkeit einer inneren Substanz festhält. Beispielsweise liest er die Episodenreihe zum Motiv der *petite phrase* aus der Sonate bzw. dem Septett Vinteuils als Dubletten, Wiederholungen einer Entzifferung, die immer wieder bereits stattgefunden hat. Es sind Feste, Glücksaugenblicke eines Wiedererkennens, einer Selbstbegegnung der Subjekte. Das altehrwürdige *gnothi seauton*, der aus Delphi herüberklingende Polizeiimperativ des Abendlandes, stößt in diesen Momenten auf eine parodistische Resonanz. Nicht: ich erkenne mich; sondern: ich erkenne mich wieder als *Hörenden*. Die *petite phrase*, musikalischer Revenant von schönster Spiritualität, modelliert ja ganze Sequenzen von Wiedererkennungen, in denen sich stets ein Rezeptor doubliert. Der Sehende, der Hörende, der Riechende, der Fühlende – sie sind wiederkehrende Schattenbilder der gleichen sensorischen Aktivität, die ihr Datum lediglich durch Isolation, durch Präparation, durch einen unsichtbaren Techniker des Medialen zugespielt bekommt. Die kleine *phrase* ist eine durch Zufall isolierte Botschaft, ein *Satz*, der doch aus einer Reihe von »unentzifferbaren Aufzeichnungen« (5, 348 – III, 361) in Vinteuils Nachlaß herausgelesen wurde. Im Hinblick auf den Komponisten dient die Phrase zur Codierung der in der gesamten Romankonzeption immer wieder betonten absoluten Differenz von Mensch und Werk, worin sich aber gerade das Zeichen der Individualität vergraben hat:

Der Eindruck jedenfalls, den die Themen Vinteuils auf den Hörer machten, war verschieden von jedem anderen, ganz als ob ungeachtet aller noch so zwingenden Schlußfolgerungen der Naturwissenschaft das Individuelle gleichwohl existierte. (5, 341 – III, 256)

Daß es beim Vernehmen (Entziffern) dieser Musik zugleich um das eigene Anderssein, um Testamente dieses Andersseins in der Kunst geht[29], das hat der Hörer Vinteuils an früherer Stelle deutlich ausgesprochen:

Sehr verschieden darin von der Gesellschaft Albertines, half mir die Musik, in mich selbst hinabzusteigen, dort Neues zu entdecken: das Anderssein nämlich, das ich im Leben, auf Reisen, vergebens gesucht, nach dem ich aber eine Sehnsucht trug, die diese Klangflut mir schenkte, wenn sie neben mir ihre besonnten Wellen anbranden und vergehen ließ. Um ein zweifaches Anderssein handelt es sich dabei. Wie das Spektrum uns die Zusammensetzung des Lichts objektiv sichtbar macht, so gestatten uns die Harmonien eines Wagner, die Farben eines Elstir, die Essenz und die Beschaffenheit der Empfindungen eines andern kennenzulernen, in welche die Liebe zu einem Wesen uns nicht einzudringen erlaubt. (5, 209 – III, 159)

Wie vollzieht sich dieses *Kennenlernen* der Beschaffenheit des Andersseins? Die positive Markierung des Fremden, die der Erzähler wenige Zeilen später nachträgt, heißt *Fülle*. Diese Fülle ist aber keine Fülle der Innerlichkeit, sondern eine reiche erfüllte Schrift der von außen eingedrungenen Markierungen. Die *Fülle* befreit das Proustsche Dogma der Unerkennbarkeit aus dem Zwielicht des

Mangels und läßt es einziehen in die strahlende Plutokratie der Künste. Es ist eine Umkehrung, die sich metaphorisch variiert in der Brechung des Lichts. Wie will das Spektrum erkannt werden? Es ist vollständiger Inhalt, Fülle des Andersseins gegenüber der Zeichenhaftigkeit des Lichttropfens. Doch nicht die Überfülltheiten, sondern die Einzelereignisse geben ihre Kraft an die poetischen Protokolle ab. Indem ein solches Element eintritt in den Leib des Hörers und dort organisch zu existieren beginnt wie das »Einsetzen einer Neuralgie« (5, 209), empfängt dieser auch nur eine physische Marke, öffnet er sich lediglich zum Schauplatz der Erkenntnis, daß die Zeichen sich inokulieren und daß das Selbstbewußtsein allenfalls den semiotischen Niederschlag ratifiziert.

Das »Spektrum« liefert die Metapher der Fülle, den Inbegriff dessen, was sich im »zementierten Lichttropfen« fragmentiert zum Signal des Außen. Und der Romandiskurs, der diese Signale einspannt in die Poesie von Zeiten und Räumen, kommentiert sie zugleich als Modernes Testament der Unerkennbarkeit und der Zufälle. Die Aporie ist der Mangel, aus dem der Überfluß der Kunst und ihre privilegierte Erkenntnis hervorgehen. Die Unmöglichkeit ist die Charta dieser Kunst, die Unerkennbarkeit das profane Geheimnis ihres Zaubers. Die von Proust beschworene Epiphanie der Zeichenmacht neutralisiert die trügerischen Ablenkungskräfte, die die Gespenster realer Dinge und Personen entwickeln. Die neue Macht verschlingt grausam und unerbittlich auch gleich die Mythen der Liebe, der Freundschaft, des Selbstseins zugunsten ihrer apostolischen Verlautbarung, daß sich eine testierbare Subjektwahrheit nur aus dem Reigen der Zufälle, aus dem Niederschlag der Augenblicksmarken präparieren läßt. Doch hier legt sich der Schatten einer ganz neuen Komplikation auf die gute Absicht: Denn die Reihe dieser Kometen-Zeichen aus dem Nichts der Zeiten und Räume ergibt noch längst keine kohärente Spur der gelebten Augenblicke, sondern eine »unentzifferbare Schrift«, die dennoch gelesen werden muß, um überhaupt Schrift zu werden. Es sind »unbekannte« Zeichen, die implantiert wurden, signifikante Charaktere, kleinste Einheiten, die sich immer nur nachträglich aus dem Kontext der Erfahrung isolieren. Die kurze Phrase aus Vinteuils Notenschrift wurde für Swann zum Doppel seiner unmöglichen Liebe zu Odette. Der Erzähler, der in diesem musikalischen Motiv aus dem biographischen Text Swanns ein bekanntes Zeichen wiedererkennt, trägt es nunmehr ein in den Roman seiner Liebe zu Albertine; dort löst er es aber wieder heraus, um es in die Reihe der rätselhaften Signifikanten Madeleine, Kirchtürme, Baumreihe, Lichtreflexe etc. einzufügen, die dann nicht nur als Hieroglyphen seines Lebens, sondern auch als Zeichen des »biographischen« Lesens und Schreibens, als Symbole der ewigen Sekundarität aller Subjekt-Schriften lexikalisiert werden. Ebenso hatte Bergotte, der Schriftsteller, der Hauptdarsteller des Schreibens im Roman, ein Bild Vermeers zum Zeichen der Unzulänglichkeit des eigenen Werks (und Lebens) gemacht; doch nicht eigentlich das gesamte Bild, sondern auf der *Ansicht von Delft* lediglich ein Detail, eine kleine gelbe Mauerecke; sterbend inspizierte Bergotte dieses fragmentierte Zeichen seines eben vergehenden Daseins:

Das Schwindelgefühl nahm zu; er heftete seine Blicke – wie ein Kind auf einen gelben Schmetterling, den es gern festhalten möchte – auf die kostbare kleine Mauerecke. ›So hätte ich schreiben sollen, sagte er sich. Meine letzten Bücher sind zu trocken, ich hätte mehr Farbe daran wenden, meine Sprache in sich selbst so kostbar machen sollen, wie diese kleine gelbe Mauerecke es ist.‹ Indessen entging ihm die Schwere seiner Benommenheit nicht. In einer himmlischen Waage sah er auf der einen Seite sein eigenes Leben, während die andere Schale die kleine so trefflich gemalte Mauerecke enthielt. Er spürte, daß er unvorsichtigerweise das erste für die zweite hingegeben hatte. ›Ich möchte dabei doch nicht, sagte er sich, für die Abendzeitungen die Sensation dieser Ausstellung sein.‹ (5, 246 f. – III, 187)

Letzter und äußerster Tausch – die allerletzten Worte Bergottes lauten »Kleine gelbe Mauerecke«; in ihnen hat er sein Leben dahingegeben, nicht gegen eine feierliche Form der Repräsentation, sondern als Anerkennung des Niederschlags eines einzigartigen Zeichens der Fülle, das sich aus seinem Kontext isoliert hat. Niederschlag des Zeichens, Tod. So bleibt die kleine Mauerecke ein unbegreifliches und unmotiviertes Double eines Lebensaugenblickes, eines freilich ungeschriebenen Lebens.

Die (autobiographische) Schrift heißt: die Zeichen, die sich ins Bewußtsein, in den Körper eingetragen haben, entziffern als Vorgeschichte dieser Schrift, die sich doch immer zu entziehen schien als unerreichbares *sujet*; in dieses eigentlich amorphe Material trägt sich die Signatur der Autorschaft ein. Und so kann diese Schrift auch bereits ihre eigene Lektüre vorwegnehmen:

Wieviel mehr erschien es mir jetzt so, da ich meinte, daß dieses Leben, das man im Dunkel lebt, aufgehellt und zur Wahrheit dessen, was es war, zurückgeführt, daß dieses Leben, das man unaufhörlich fälscht, in einem Buch verwirklicht werden könnte! (...) Man nährt ein solches Werk, man verstärkt seine schwachen Teile, man sucht es zu erhalten, dann aber ist es dieses Werk, das wächst, unser Grab bezeichnet, es vor Gerüchten und eine Zeitlang sogar vor dem Vergessen bewahrt. Um aber auf mich selbst zurückzukommen, so dachte ich bescheidener an mein Buch, und es wäre sogar ungenau zu sagen, daß ich dabei an die, die es lesen würden, an meine Leser dachte. Denn sie würden meiner Meinung nach nicht meine Leser sein, sondern die Leser ihrer selbst, da mein Buch nur etwas wie ein Vergrößerungsglas sein würde, (...) durch das ich ihnen ermöglichen würde, in sich selbst zu lesen. (7, 486f. – III, 1033)

Diese Bestimmung des eigenen Buches kann nur noch die Kraft der petitio principii als hermeneutischen Appell, als Ruf zur Selbsterkenntnis auffassen.[30] Die angeführten Zeilen signieren unrevidierbar die testamentarische Verzichtserklärung auf die Erkennbarkeit des Autors. Und weiter hinterlassen sie dem Leser einen Begriff der Lektüre, der sich folgerichtig aus der Logik der eigenen Schrift, aus ihrer Situierung in der absoluten Nachträglichkeit ergibt. Die Fusion des Zeichens (Romans) mit dem Leser, die hypnotische Induktion des Signifikanten, durch die der Leser signiert wird, ist nur eine Variante der Nachträglichkeit, von der Marcel allenthalben spricht, und die am Beispiel der *petite phrase* rekonstruiert wurde. Der Klartext dieser Hinterlassenschaft lautet dann: »Wenn Du dieses Buch liest, betreibst Du die Lektüre einer Lektüre, und Dein Lesen wird das unzerstörbare Doppel der Zeit sein, da Du gelesen hast. Der Roman, der Eingang seiner Zeichen, wird als Symbol für die Zeit stehen, da Du ihn gelesen hast. Er ist eine Art von Photographie – so muß die merkwürdige Metapher der ›gouttes de lumière cimentées/ciselées‹ gelesen werden – eine gehärtete, fixierte Lichtspur, eine Spanne Lebens, das sich auf den Tod präparierte.« Genau in dieser Weise hat der Erzähler seine eigene Wiederbegegnung mit George Sands *François le Champi* im Lichte der *Wiedergefundenen Zeit* beschrieben:

(...) ein Buch, das wir lesen, bleibt für immer nicht nur mit dem verknüpft, was um uns her vorhanden war, sondern ebenso treu bleibt es verbunden mit dem, was wir damals waren. Es kann nur wieder von neuem erlebt werden durch die Sensibilität, die Person, die wir damals waren;

wenn ich selbst nur in Gedanken ›François le Champi‹ aus dem Bücherschrank nehme, so ersteht auf der Stelle in mir ein Kind, das meinen Platz einnimmt (. . .). Die Art, wie ein Buch sich aufschlagen läßt, die Maserung des Papiers, alles das kann in sich eine ebenso lebhafte Erinnerung daran aufbewahrt haben, in welcher Weise ich mir damals Venedig vorstellte, oder von meinem Verlangen, dorthin zu gehen, wie die Sätze des Buches selbst. Eine lebhaftere Erinnerung sogar, denn die Sätze hemmen einen zuweilen, so wie man manchmal durch den Anblick der Photographie einer Person an diese sich weniger erinnert fühlt, als wenn man nur an sie denkt. (7, 283 f. – III, 885 f.)

Die *Suche nach der verlorenen Zeit* ist also zugleich eine Lektüre der Romane von George Sand und eine Lektüre aller Lektüren des Autors Proust, die wieder Lektüren von Lektüren sind – Fortsetzung einer unendlichen Semiose, in der sich Zeichen immer wieder in Körpern einnisten, um dort ihren Ursprung vergessen zu machen: Garantie ihrer unendlichen Effekte.

Die Universalität des Medialen

So enthalten die »gouttes de lumière cimentées/ciselées« doch noch mehr als nur Fragmente der unfaßbaren Zeit und Beweise für die Unerzählbarkeit von Lebensgeschichten; ihre metaphorische Natur geht nicht restlos auf im rhetorischen Bedarf der Verlautbarung, daß keine Erkenntnis des Menschen möglich ist; sondern in ihnen kristallisieren sich auch Sachverhalte, wie etwa die epochale Tatsache, daß die Schrift als privilegiertes kulturelles Gedächtnis seit Mitte des 19. Jahrhunderts mit anderen Speichern konkurriert, deren Technizität – wie gezeigt wurde – die alte heiße Wahrheit der Literatur abkühlte: Lichttropfen sind auch die kleinen körnigen Spuren in der Bromsilberschicht der Photographie. Prousts Roman hat die Umwälzungen, die die technischen Medien historisch vollzogen haben, zur Radikalisierung seiner psychologischen, kriminologischen und ästhetischen Lehren genutzt: Zunächst lehrt die Serie der Medienepisoden im Roman, daß die Unerkennbarkeit des Menschen im *Realen* durch technische Medien (Photographie, Grammophonie, Telephonie) besiegelt und beendet ist; allerdings eröffnet sich mit der Technik der Identifizierung kein Reich individueller Substanzen, sondern ein neues Imperium von Unterscheidungen.

In der Theorie der Erfahrung und Wahrnehmung, die Proust entwickelt, hat vor allem das Medium Photographie viele schöne, alte
Gewißheiten verwüstet.[31] Photos von Personen bilden das wichtigste Korrelat jener Unerkennbarkeit, die als absolute Differenz
des Subjekts gegenüber den Erkenntnismodi der Kriminologie und
Psychologie allenthalben statuiert wird. Genauer liefern Photos die
Beweismittel für die Unfähigkeit der Wahrnehmung von Ähnlichkeit und Differenz in den Dimensionen von Zeit und Raum:
Swanns Leidenschaft für Odette ist eine beständige Liebe zu einer
sich mehrfach verändernden Differenz. Er liebt die unaufhörliche
Abweichung ihres Bildes von dem, was er eigentlich zu lieben
glaubt. Zunächst verfällt Swann der Diskrepanz, die Odette als Typus
gegenüber seinem gewohnten »Genre« von Frauen eröffnet; dann
fesseln ihn die Differenz und Ähnlichkeit, die Odette mit Botti-
cellis Darstellung der Sephora verbindet. Und schließlich nährt sich
seine Liebe zu dieser Frau von einer dritten Sonderung, als er sieht,
wie sehr sich die reale Odette gegenüber den Photographien aus
der Frühzeit ihrer gemeinsamen Leidenschaften verändert hat:

In körperlicher Hinsicht machte sie eine schlechte Phase durch: sie wurde
dicker, und der schmerzvolle Gesichtsausdruck, die staunenden, träumerischen Blicke, die früher ihren Reiz ausgemacht hatten, schwanden mit ihrer ersten Jugend dahin. Auf diese Weise wurde sie Swann gerade in dem
Zeitpunkt so besonders teuer, als er sie sozusagen weniger anziehend fand.
Er schaute sie lange an, um den Zauber wiederzufinden, den sie früher für
ihn hatte, aber er entdeckte ihn nicht. Es genügte ihm aber zu wissen, daß
in dieser neuen Verkleidung wie in einer Schmetterlingspuppe doch immer
die gleiche Odette lebte, der gleiche stets sich entziehende, ungreifbare,
verstockte Wille, um mit der gleichen Leidenschaft sie irgendwie fassen zu
wollen. Dann betrachtete er Photographien, die vor zwei Jahren aufgenommen waren, und erinnerte sich, wie zauberhaft sie gewesen war. (1,
385 f. – I, 291 f.)

Die Photographien, die technisch vollendeten analogen Schriften
vergangener Zustände und Gegebenheiten, sind kompakte Apparate, Medien des Wiedererkennens wie auch Garanten, Zertifikate
der Unerkennbarkeit im Realen. Denn dem Erzähler geht es mit
Odette nicht anders als Swann: Diese Frau, der er einmal bei seinem Onkel Adolphe als »Dame in Rosa« begegnet war (1, 104 ff. –
I, 76 ff.), vermochte er nicht mit Madame Swann zu *identifizieren*,
bis ihm Photos aus dem Nachlaß dieses Onkels in die Hände fielen,

die die ehemalige Miss Sacripant darstellten (3, 352 – II, 266). Schon zuvor hatte er den Maler Elstir um eine Photographie von dessen lange Zeit zuvor gemaltem Portrait dieser ehemaligen Lebedame gebeten (2, 571 – I, 848). Und die gleiche Erfahrung macht Marcel mit den jungen Mädchen in Balbec, die er nicht auseinanderhalten kann/will, bis ihm ein Photo der Mädchenschar deutlich macht, warum dies unmöglich ist:

Wie jene niedersten Lebewesen, bei denen das Individuum kaum für sich selbst besteht und weniger durch die einzelnen Polypen als durch ihre Zusammenschlüsse repräsentiert wird, aus denen jenes sich aufbaut, hingen sie noch fest miteinander zusammen. Manchmal stieß die eine ihre Nachbarin an, und dann lief eine nicht zu bändigende Heiterkeit, die scheinbar einzige Bekundung persönlichen Lebens, durch alle gleichzeitig hindurch und verdunkelte und vermischte die unklaren Züge der vor Lachen verzerrten Gesichter im Flimmern des gesamten zappelnden, glitzernden Schwarms. Auf einer alten Photographie, die sie mir später eines Tages zum Geschenk machten und die ich aufbewahrt habe, weist ihre Schar schon als Kinder die gleiche Zahl von Figurantinnen auf wie später der Zug junger Frauen; (...) man konnte sie im einzelnen darin nur durch eine verstandesmäßige Rekonstruktion erkennen, indem man nämlich allen möglicherweise in der Jugend eingetretenen Veränderungen weitgehend Rechnung trug: Verwandlungen, die während der Jugend bis zu dem Augenblick eintreten, in dem diese neu geschaffenen Formen Besitz von einer anderen Individualität ergreifen, die auch wieder zu identifizieren war, und bei der das schöne Antlitz wegen des gleichzeitigen Vorhandenseins einer großen Gestalt und gelockter Haare dann in unseren Augen einige Chancen hat, früher einmal das künstliche, zusammengeschrumpfte Gesicht aus dem Photographiealbum gewesen zu sein (...). (2, 522f. – I, 823f.)

Auch hier fungiert das Photo als Medium der Erkenntnis, um dennoch die Tatsache der Unerkennbarkeit gewissermaßen in der zweiten Potenz zu besiegeln. Es ist die reflektierte Unmöglichkeit. Die Photographie rückt auf die institutionelle Ebene der kriminologischen und psychologischen Erkennbarkeiten; sie hilft, Ähnlichkeiten zu erkennen und Identitäten zu errichten. So nimmt auch die alte Photographie den Weg in das Familien- und Polizei-Archiv der Ähnlichkeit: ins Photoalbum. Selbstverständlich kann der Arrêt der Bewegung, den das Photo vollzieht, eine Gestalt der intellektuellen Meditation fertig präpariert anbieten. Es wird nach den bereits gewonnenen Erkenntnissen über jenes Begehren, das sich an der nahezu mortifizierten Gestalt der Frau seine Erfüllung sucht, auch nicht verwundern, wenn eine Photo-Meditation und physiognomische Lektüre Marcels eine erotische Wendung nimmt. Im Zimmer seines Freundes Saint-Loup in Doncières stößt der Erzähler auf ein Photo der Herzogin von Guermantes, Roberts Tante, die er seit seiner Kindheit zu lieben glaubt:

Ich betrachtete die Photographie seiner Tante (...) diese Photographie war wie eine weitere Begegnung, die noch zu jenen hinzutrat, die ich mit Madame de Guermantes vordem bereits gehabt; ja mehr noch, sie stellte eine sehr ausgedehnte Begegnung dar, als wäre die Dargestellte durch einen jähen Fortschritt in unserer Annäherung im Gartenhut bei mir stehengeblieben und habe mir zum ersten Male Zeit gelassen, hier die Rundung der Wange, dort die Nackenlinie oder den Ansatz der Braue (alles Dinge, die mir bislang beim raschen Vorübergehen, im Überwältigtsein durch den momentanen Eindruck und durch die Lückenhaftigkeit der Erinnerung verborgen geblieben waren) in Ruhe anzuschauen; ihr Anblick aber sowie der von Brust und Armen einer Frau, die ich sonst immer nur im hochgeschlossenen Kleid gesehen hatte, kam für mich einer berauschenden Entdeckung, ja einer Gunstbezeigung von ihrer Seite gleich. Diese Linien, deren Betrachtung mir beinahe unerlaubt erschien, durfte ich nun studieren als eine Abhandlung über die einzige Geometrie, die für mich Wert haben konnte. Als ich später Robert wieder anschaute, bemerkte ich, daß auch er fast so etwas wie eine Photographie seiner Tante war (...). (3, 100f. – II, 79f.)

Die Photographie tritt in Prousts Ästhetik als Medium und als Inbegriff der Ähnlichkeit ein. *Ähnlichkeit* heißt jene empirische Region, wo die Differenz ihren letzten Posten eingerichtet hat.[32] Photos beherrschen so unbestritten die Semiotik der Ähnlichkeit und der Differenz, daß gar lebendige Figuren im Zeichen der Ähnlichkeit zu Photographien werden können. Prousts Ikonographie arbeitet mit Motivationen durch Ähnlichkeit nur ganz selten. Einen solchen Fall konnte man am Beispiel des armen Küchenmädchens, das angeblich Giottos Allegorie der Caritas so ähnlich sah, studieren: Prousts literarische Technik der Vergleiche und Metaphern, seine Präzisierungen der Unerkennbarkeit, vertrauen keinen Similaritäten, sondern allenfalls dem Trug der Similarität. Trügerisch sind insbesondere die bekannten kontextuellen Ähnlichkeiten. Eine Frau und ein Mädchen neben ihr sehen sich ähnlich, wenn jemand sagt, sie seien Mutter und Tochter – auch wenn diese Voraussetzung nicht zutrifft. Diesem wahren Trug kontextueller Ähnlichkeiten huldigt Proust in seiner exzessiven Metonymik.[33] Daher kann er in Ruhe das Reich der Ähnlichkeit der Photographie, Phonographie und der Kinematographie überlassen. Seine Schrift hat die Domäne der Repräsentation freigegeben zugunsten der Umschrift des Unentzifferbaren.

Was Robert Saint-Loup durch das Photo seiner Tante widerfährt, daß ihn das Gesetz der verwandtschaftlichen Ähnlichkeit zum Photo entstellt, zum Bild, das nur diese Erkenntnis der Ähnlichkeit propagiert, das wiederholt sich wenig später mit der Großmutter des Erzählers. Von Doncières zurückkehrend, erblickt er die vom Tode gezeichnete alte Frau, wie sie eben liest. Zunächst nimmt er eine andere Person wahr, »eine alte, von der Last der Jahre gebeugte Frau, die ich gar nicht kannte« (3, 183 – II, 141).

Was auf ganz mechanische Weise in diesem Moment in meinen Augen zustande kam, als ich meine Großmutter bemerkte, war wirklich eine Photographie. (3, 182 – II, 140)

Die Photographie ist die kontextlose Wahrnehmung par excellence. Das ist ihr Vorteil gegenüber der subjektiven Wahrnehmung, die sich bekanntlich immer täuscht. Wenn sie aber eine untrügliche Erkenntnis gewinnt, dann bemächtigt sich herrschsüchtig das technische Medium dieser Wahrheit. Die schlagartige Erkenntnis, daß die Großmutter dem Tode verfallen ist, schreibt sich der Diskontinuität der Beziehung zu. Sie kommt zustande,

(...) wenn eine grausame List des Zufalls unsere einsichtsvolle und pietätvolle Liebe hindert, rechtzeitig zur Stelle zu sein, um unsern Blicken zu verbergen, was sie nie schauen sollten, sondern diese ihr zuvorkommen, sich selbst überlassen mechanisch reagieren wie ein Film und uns an Stelle des geliebten Wesens, das seit langem nicht mehr existiert, dessen Untergang jedoch eben jene Liebe uns immer vorenthalten wollte, ein neues anderes zeigt, das sie hundertmal am Tag mit einer teuren aber trügerischen Ähnlichkeit umkleidete. (3, 182f. – II, 141)

Die Proustsche Ästhetik affirmiert die Macht und Universalität der technischen Medien, um an ihrer äußersten Grenze der Literatur einen souveränen, einzigartigen Platz einzuräumen. Dort erhebt sie sich in künstlerischer Unvergleichbarkeit, wacht mit zerberushafter Schärfe über ihr Totenreich, aber stellt sich ohne Einspruch in den Geltungsraum seiner Scholastik des Medialen: Die Macht beansprucht auch der Hausgott der Unterwelt. Der Tod der Großmutter, seine Vorgeschichte und dramatische Nachgeschichte, erteilen dem Erzähler die Lektion der unbekannten medialen Mächte. Denn dieser Tod erregt im Realen, man muß sagen: in der Dimension der Synchronie, nicht im entferntesten jene Trauer, die den Erzähler übermannt, als ihm bei seinem zweiten Aufenthalt in Balbec lauter Zeichen und Medien ihrer verlorenen Präsenz bestürmen. Wieder ist es ein Photo, eine Aufnahme in deren Vorgeschichte auch noch die Grausamkeit des Erzählers gegenüber der Großmutter, die ihren Tod nahen fühlte und sich für den Enkel portraitieren ließ, eingetragen ist. Die Erinnerung an ihren schmerzlichen Gesichtsausdruck, ihre Reaktion auf einige verständnislose und ungeduldige Bemerkungen Marcels, gräbt sich nachträglich als »Doppelspur« (4, 223 – II, 759) in ihn ein. In einer an anderer Stelle überlieferten, handschriftlich gefaßten Meditation über dieses Photo, dem er vergeblich weitere Auskünfte zu entreißen versucht, liest der Erzähler doch nichts anderes als die Lehre der Abwesenheit und des unwiderruflichen Todes. Das Photo der Verstorbenen erzeugt nicht die Illusion der Nähe, sondern besiegelt das Ereignis des Todes. Das Ereignis ist liiert mit der medialen Botschaft, daß die vielen Schriften und Zeichen, welche die Liebe und Vertrautheit auf die Züge der Lebendigen geschrieben hat, auf dem Photo verschwunden sind wie eine Schrift im Schnee (III, 1109f.).

Die Lehre der Abwesenheit, wie sie der Erzähler auch im Telephongespräch mit der Großmutter empfängt, ist die Instruktion der modernen technischen Medien überhaupt: Unmittelbarkeit ohne Präsenz und insofern die »Vorwegnahme auch einer ewigen Trennung« (3, 173 – II, 134). Im Telephonmedium wird die Stimme selbst gegenständlich, und das heißt: sie wird selbst Information. Sofern nicht die Liebe im Spiel ist, die sich an diesem Medium entzündet, hat die Information den Wert einer gegenständlich gewordenen Differenz. Differenz der Person, Differenz des Lebens zum Tod. Wie geht es dem Erzähler, als er mit Andrée, Albertines Freundin, telephoniert?

(. . .) ich hatte angefangen, außerordentlich empfänglich für ihre Stimme zu werden, nachdem ich vorher nie bemerkt hatte, daß sie so verschieden von allen anderen war. Dann rief ich mir weitere Stimmen in Erinnerung, Frauenstimmen vor allem (. . .); ich dachte nacheinander an die Stimmen aller der jungen Mädchen zurück, deren Bekanntschaft ich in Balbec gemacht hatte, dann an die Gilbertes, die meiner Großmutter, die von Madame de Guermantes; ich fand sie alle völlig verschieden untereinander, modelliert nach der besonderen Sprechweise, die eine jede zu spielen wußte als ihr Sonderinstrument, und stellte mir vor, welch dürftiges Konzert im Paradies die drei oder vier musizierenden Engel, wie die alten Meister sie abgebildet haben, zustande bringen müßten, wenn ich mir daneben, zehnfach, zwanzigfach, hundertfach, tausendfach zu Gottes Thron aufsteigend die harmoniedurchströmte, vieltönige Huldigung aller Stimmen in ihrer Gesamtheit vorstellte. (5, 132 – III, 101 f.)

Das Telephonmedium ist kühl (medientheoretisch gesprochen), seine Informationen sind insbesondere unter schlechten technischen Bedingungen bisweilen amorph und verlangen vom Hörer eine ganz besondere Aufmerksamkeit und Beteiligung. Damit hat sich auch eine epochale Wende in der Liebe selbst vollzogen. Die technischen Medien der Frühzeit sind Verstärker des Begehrens, da sie, anders als die heiße Druck-Schrift, verstümmelte Informationen induzieren, die im Decoder eine Aktivität der Ergänzung anfordern, die stärker noch das Verlangen der Präsenz, der Gegenwart stimulieren. Und die so begehrte Gegenwart forciert nur die Enttäuschung. Denn das Medium enthält allein die Wahrheit der Differenz: Der Abwesende, der spricht, ist nicht da. Und wenn er da ist, verschwindet die Kraft des Mediums, das den Wunsch nach ihm erzeugt und enthalten hat. Freilich, und darin eröffnet sich das Dilemma der erotischen Verhöre: die anwesende Geliebte, ihr Körper, ihre Gesichtszüge sind trügerische Medien wie ihre Worte; die Wahrheit ihrer Liebe, die absolute Reinheit ihres Begehrens erfahren wir niemals.

Albertine ist geflohen, und Marcel hat den Spezialisten für Frauen-Identifizierungen, Saint-Loup, mit einer Photographie ausgerüstet und auf die Spuren der Verschwundenen geschickt. Da erreicht ihn ein Telegramm Albertines, worin sie ihm mitteilt, daß er sich doch selbst an sie wenden sollte, wenn er Verlangen nach ihr trüge. Die Lektüre dieses Telegramms kommentiert der Erzähler als Medientheoretiker und Semiotiker erotischer Zeichen:

Indessen las ich noch einmal ihre Zeilen und war trotz allem enttäuscht darüber, wie wenig von einer Person in einem Brief enthalten ist. Zweifellos drücken die Schriftzüge mit ihren Linien unser Denken aus, so wie es auch unsere Gesichtszüge tun; in Gegenwart solchen Denkens befinden wir uns stets. Aber gleichwohl wird uns dies Denken in einer Person erst deutlich, nachdem es bereits durch das seerosengleich entfaltete Blütenblatt ihres Gesichts hindurchgeströmt ist. Dadurch wird vieles anders.

Eine der Ursachen aber für die unaufhörlichen Enttäuschungen in der Liebe liegt vielleicht in diesen ständigen Abweichungen, die bewirken, daß, während wir auf das ideale Wesen warten, das wir lieben, jede Begegnung uns eine Person aus Fleisch und Blut entgegenführt (. . .). (6, 54 – III, 453)

Diese Erfahrung der Medien, ihre illusionäre Macht einerseits und ihr technisches Vermögen, die Unterschiedenheiten und Identitäten festzuhalten, andererseits, wirken zurück auf die Literatur, das Medium der Unähnlichkeit und unabschließbaren Metonymik. Aber wessen Metonymie? Welcher ist ihr eigentlicher Name?

Zunächst noch einmal ein Blick zurück: Die Beispiele für die Lehren der Medien (Photographie, Telephon) haben einmal die Thematik der Ähnlichkeit/Differenz verarbeitet und zugleich die Erkenntnis des Todes (sofern nicht das Begehren oder die Kriminologie/Spionage im Spiele war). Die Photographie der Großmutter, das Telephongespräch mit der Großmutter waren Verarbeitungsformen der Erkenntnis des Todes (seine Vorwegnahme). Die Reihe der Beispiele läßt sich durch andere Medien hindurch fortführen: Die Röntgenphotographie macht die Menschen dem Tode gleich, indem sie das Skelett auf die Platte bannt (2, 615f. – I, 895). Die alten Männer, die der Erzähler in der *Wiedergefundenen Zeit* auf einer Matinée bei der ehemaligen Mme Verdurin, die inzwischen zur Prinzessin von Guermantes aufgestiegen ist, beobachtet, scheinen alle mit der Sisyphosarbeit beschäftigt, den Tod wenigstens physiognomisch zu bekämpfen; gerade sie erscheinen als »zu endgültiger Unbeweglichkeit erstarrte Momentaufnahmen ihrer selbst« (7, 358 – III, 940f.). Und einen Augenblick später begegnet der Erzähler einem alten Freund, den er lange nicht gesehen hat; er hört seine Stimme, die ihm wie »durch einen perfekten Phonographen wiedergegeben zu werden« schien, aber eigentlich, so suggeriert die folgende Passage, ist er einem völlig anderen, der Präfiguration des Geistes eines Toten begegnet:

(. . .) ich hätte gern meinen Freund wiedererkannt, aber wie in der Odyssee der sich auf seine verstorbene Mutter stürzende Odysseus, wie ein Spiritist, der vergebens versucht, von einer Erscheinung eine Antwort zu erlangen, durch die er sie identifizieren würde, wie der Besucher einer Elektrizitätsausstellung, der nicht glauben kann, daß der Phonograph sogar die unmittelbar aufgenommene Stimme einer Person unverändert wiedergibt, erkannte ich meinen Freund nicht mehr. (7, 360f. – III, 942)

Allenthalben, so darf diese kurze Anthologie beschlossen werden, erscheint die Macht des Todes mit den Medien Telephon, Photographie, Phonographie, weil sie die Spaltung von Präsenz und Stimme/Bild erzeugt haben. Die kriminalistischen und erotischen Identifizierungen, die diese Medien erlauben, sind ein Totenkult zu Lebzeiten. Proust überläßt ihnen, wie bereits gesagt wurde, das Reich der Ähnlichkeiten und die Politik des Erkennens. Und er überläßt der Photographie sogar die Wahrheit der Erinnerung. Photosammlungen, Photoarchive sind moderne Gedächtnisse und haben alle Kultur des Eingedenkens, alle Poesie der Erinnerung verwandelt. Marcel huldigte selbst den Bildern Verstorbener, und er zeigte sich tief erschüttert, ja entsetzt über die Profanation des Vaterphotos, die Mademoiselle Vinteuil und deren Freundin betrieben; Swann hat dem Jugendlichen häufig Reproduktionen von bedeutenden Kunstwerken mitgebracht; die Großmutter schenkte ihm in ihrer altmodischen Anhänglichkeit an die Kunstaura lediglich Photos von Gemälden oder Stichen, die bedeutende Bauwerke oder Naturschönheiten darstellen (1, 28, 57f. – I, 18, 40). Und wenn der Erzähler dann an Venedig denkt, bemüht er sich, aus seinem Gedächtnis »Augenblicksphotographien« (7, 252 – III, 865) herauszuholen: Die Erinnerung ist eine Schaltung, ihre Theorie und Metaphorik von den *Techniken* des Gedächtnisses beherrscht.

Wenn die Universalität des Medialen so weit reicht und selbst jene *Erinnerung* okkupiert hat, die doch den eigentlichen Inhalt der *Suche nach der verlorenen Zeit* bildet – welches ist dann das Reservat der Literatur? Selbst die Semiotik der Liebe, der Freundlichkeit ist, wie sich zeigen ließ, durch die Präsenz des Mediums organisiert: Das ubiquitäre Lächeln ist von dem Medium und seiner Repräsentationsmacht, von den Gesellschaftsphotos der Oberklasse, auf die Gesichter zurückgesprungen. Auf Gemälde-Portraits gibt es kein Lächeln, weil dieses Index des Augenblicks ist; das Portrait indessen erzeugt die Dauer. Die Literatur, sofern sie Sinn und Wahrheit induzierte, zeitenthobene Moralitäten, wurde tatsächlich verdrängt durch die Medien des Momentanen, die die neue Moral des wechselnden Habitus' verwalten. Aber wohin ist sie verschoben worden? Welche Funktion kann die Literatur noch für sich reservieren? Und da die Literatur keine analoge Repräsentation von Außenwelten, keine Mimesis eines Subjektbewußtseins mehr vornimmt, wie Proust mit leidenschaftlicher Polemik gegen eine filmische Literatur behauptet (7, 288 – III, 889), zu welcher Region der Welt oder des Geistes sucht sie ihren Zutritt? Welches Privileg bleibt ihrer so hervorgehobenen Medialität überhaupt?

Das große Privileg der Literatur liegt – so verkündet Proust – in ihrem Monopol der Differenz, der Verschiedenheit, ihrer reinen Verschiedenheit, die die Welt organisiert, die aber nur als zum Zeichen gewordene, multidimensionale Unterscheidung einen Genuß verspricht. Proust nennt die Tätigkeit des Künstlers: ». . . unter der Materie, unter der Erfahrung, unter den Worten etwas noch wieder davon Verschiedenes zu suchen« (7, 298 – III, 896). Es ist eine Verschiedenheit ohne Ähnlichkeit, die Passion für eine völlige Offenheit der Dimension der Bedeutungen, für eine unendliche Unbestimmtheit. Nicht zufällig erscheint das archäologische Paradigma an dieser Stelle, wo sich das literarische Privileg in ein Bild flüchtet; es wird immer wiederkehren, als hieße die Muse der modernen Literatur Schliemann. Doch die Tiefen sind keine des Sinns oder der Wahrheit, sondern der Unsichtbarkeit, der Reinheit.

Daher auch Prousts wiederkehrender poetischer Traum von einer Generierbarkeit der reinen Zeichen aus der Tiefe. Zeichen, die den Menschenwissenschaften, den Kriminaltechnologien, den Ähnlichkeitsmächten der Medien fremd bleiben: kühle Zeichen, die aus dem rauschenden Kanal mit dem Informationswert Null emporsteigen und nur die Poesie des Augenblicks bezeichnen und verklären. Aus dem schlafenden Körper Albertines, dessen sanften Bewegungen der Erzähler wie dem Meeresrauschen lauscht, aus dem bewegten Körper gehen die Zeichen des Lebens hervor wie der Mond aus dem Meer (wo er bekanntlich nicht herkommt). Oder die Telephonstimme der Großmutter, die auf dem Boden der Stille emporwächst, aus dem Rauschen des Telephons, um nur im kühlen Medium die verschwiegene Botschaft von Alter und Tod zu offenbaren. Erkenntnisaugenblicke, die der amorphen Materie abgewonnen werden, in der kein Mensch zuhause ist. Reine Schriften, die aus Gräbern auferstehen, ohne Gesicht und Wahrheit.

Und doch sucht sich die Proustsche Lehre von der unendlichen Unbestimmtheit der Schrift eine moderne Allegorie ihres Andersseins; ihren Kredit holt sie sich zuletzt doch wieder beim metaphorischen Fundus der technischen Medien, insbesondere der Photographie; in der *Wiedergefundenen Zeit* heißt es:

Das wahre Leben, das endlich entdeckte und aufgehellte, das einzige infolgedessen von uns wahrhaft gelebte Leben, ist die Literatur: jenes Leben, das in gewissem Sinne bei allen Menschen so gut wie bei dem Künstler in jedem Augenblick wohnt. Sie sehen es nicht, weil sie es nicht dem Licht auszusetzen versuchen, infolgedessen aber ist ihre Vergangenheit von unzähligen Photonegativen angefüllt, die ganz ungenutzt bleiben, da ihr Verstand sie nicht ›entwickelt‹ hat. Das bezieht sich auf unser eigenes Leben sowohl wie auf das der anderen (. . .). (7, 297 – III, 895)

Die Literatur, das Leben ruht in den Menschen wie Photonegative, und deren Entwicklung, »Aufhellung«, offenbart die Tatsache der literarischen Existenz, der Nachträglichkeit des einzelnen. Die alte absolute Schrift, die geschriebene und ungeschriebene, der Ausweis der individuellen Natur, verwandelt sich bei Proust in die kalte Schrift einer technischen Speicherung: Herzensphotos statt Herzensschrift.

III
Walter Benjamins
Berliner Kindheit um Neunzehnhundert:
Das autobiographische Inkognito

Vorspiel am Telephon

Die Galerie autobiographischer Bilder und Torsi sowie das phono-
graphische Museum der erinnerten Geräusche, die das »zerbro-
chene Buch« *Berliner Kindheit um Neunzehnhundert* eröffnet, enthalten ein Prosastück mit dem Titel »Das Telefon«. Es beginnt wie
folgt:

Es mag am Bau der Apparate oder der Erinnerung liegen – gewiß ist, daß
im Nachhall die Geräusche der ersten Telefongespräche mir anders in den
Ohren liegen als die heutigen. Es waren Nachtgeräusche. Keine Muse ver-
meldet sie. Die Nacht, aus der sie kamen, war die gleiche, die jeder wahren
Geburt vorhergeht. Und eine neugeborne war die Stimme, die in den Ap-
paraten schlummerte. Auf Tag und Stunde war das Telefon mein Zwillingsbruder. (PMs – IV 1, 242)[1]

Der kurze Passus gibt in schönster Deutlichkeit den Blick auf den
Schaltplan des Apparats frei, der den Nachhall der Vergangenheit
in die Erinnungsprosa *Berliner Kindheit um Neunzehnhundert* verwandelt. Das Zeugma des Einleitungssatzes (»Bau der Apparate
oder der Erinnerung«) bekennt sich in einer entschiedenen rhetorischen Konjunktion zur Notwendigkeit, die überlieferten Topoi der
autobiographischen Schrift explizit der Technizität ihrer modernen
Beschaffenheit anzuvertrauen. Denn daß die Erinnerung eine
Schaltung ist, das hat Proust aller Poesie des Eingedenkens im
neuen Jahrhundert implizit und verbindlich vorgeschrieben. Vorschrift einer technischen Gegebenheit statt der Poetik des Rück-
blicks oder der Beichte der Wahrheit. Gemäß den alten Mythologien des Gedächtnisses stand die oberste aller Musen, Mnemosyne,
nicht nur den guten Geistern der schönen Künste vor, sondern sie
sicherte sich als Macht der Erinnerung selbst die stille Archivalik
aller Kultur. Die technischen Speicher haben ihr Kultbild aus den
Proömien der Erinnerungsepen verdrängt. Die Armee der Schaltungen ersetzt seit Erfindung der Erinnerungs-Apparate die Funktion des autobiographischen Wahrsagers selbst: Die Formen ana-
loger Repräsentation (Erzählung, Beschreibung) wurden durch
Photographie, Phonographie, Kinematographie der Erzählung
entrissen. Daher eröffnet die technische Muse *Telephon* ein Feld
und eine Logik der Relationen, die es erlauben, gegen die überlieferten Regeln der Kombination und Rhetorik *allegorische* [2] Verbindungen und *symbolische* Schaltungen vorzunehmen.

Die Zentralmetapher, mit der sich der Autor selbst in Kontakt zu einer vergangenen Dingwelt setzt, die alle kleinen Kapitel seiner Kindheit beschwören, der »Zwillingsbruder des Telefons«, begründet eine vierfache Relation zwischen den beiden »Neugebornen«, dem Ding und dem Sprecher: Vorderhand ist es die Beziehung zum historischen Augenblick, die Kontemporaneität, denn Zwillinge tragen das gleiche Geburtsdatum in ihrem Paß. Zweitens verbindet Zwillinge auch die Relation der Similarität – eine optisch privilegierte Form der Verwandtschaft und eine beschränkte Form des Andersseins: Der »Zwilling« ist ein Geschöpf, das seine Visa und Berechtigungen aus Benjamins Theorie von der »unsinnlichen Ähnlichkeit«, deren »Kanon (. . .) die Sprache« ist (II, 1, 211), bezieht. So verzeichnet diese Apparatur der Erinnerung logisch ein ähnliches Anderssein, eine gebrochene Identitätsmarke. Drittens verweist das Telephon auf Techniken und Kanäle der akustischen Information, auf eine verstärkte Stimme. Und viertens endlich heißt eine Schaltung der Schaltung, wie sie dieser Passus vollzieht, die zeugmatische Koppelung von Erinnerung, sprechendem Subjekt und Telephon, »Reflexionsmedium«[3]; die Metapher des »Zwillingsbruders« eröffnet zugleich das *Problem* der Bezeichnung, Doublierung, Semiotisierung des Ich, indem dieses sich selbst als Medium thematisiert.

Im Zeichen der Telephonerinnerungen steht die gesamte *Berliner Kindheit.* Sie ist durchzogen von *Nachtgeräuschen,* für die tatsächlich keine Muse mehr allegorische Hilfsdienste leisten könnte. Anders als in dem Gedicht C. F. Meyers, auf die das Wort anspielt, geht nicht der »Geisterlaut der ungebrochnen Stille« durch die Lyrik dieser Beschwörungen; vielmehr ist es der Frequenzgang eines akustischen Mediums, das ebensosehr diffuses Rauschen wie poetisches Zeichen einer Vergangenheit zu sein scheint. Poesie im Zeichen der apparativen Musenschaft, Erinnerung, die die Proustsche *mémoire involontaire* aus der Metaphorik der Schaltung in eine *Schrift* der Kopplungen übertragen hat. Tatsächlich bildet die ungeheure Litanei der Verweigerungen, die die *Suche nach der verlorenen Zeit* vorbringt, eine stets vernehmbare Stimme in den akustischen Halluzinationen der *Berliner Kindheit.*[4] Denn auch sie ist eine Schrift in Bewegung, die immer wieder von Kräften der Transformation erfaßt wird. Seit den Anfängen der *Berliner Chronik,* die auf das Jahr 1932 zu datieren sind, hat Benjamin das Projekt des

»zerschlagenen Buches« (Br II, 695) mehrfach wieder hervorgeholt und es ergänzt und verändert; »zerschlagen« war ihm das Projekt, nachdem die Veröffentlichung in Deutschland und Österreich gescheitert war. Ohne große Mühe läßt sich dieser Text – seiner Struktur und seinen impliziten Theorien nach – im Zusammenhang mit Benjamins großen Projekten der dreißiger Jahre sehen: mit dem *Kunstwerk*-Aufsatz, mit den Theorien zur *Übersetzung* und zum *mimetischen Vermögen*, mit der *Baudelaire*-Arbeit und mit dem sogenannten *Passagen-Werk*.

Kaum ein autobiographischer Text im 20. Jahrhundert verarbeitet so souverän und kühl die von den Mächten der Technik, der Bürokratie (Kriminologie) und Politik zum Verschwinden gebrachte anthropologische Illusion. Aber auch kaum ein anderer Text kämpft mit vergleichbarem Aufwand an poetischer Kraft um die Begründung und Sicherung eines Codes, der die persönliche Geschichte der Kulturisation einzufassen vermöchte. Ein Blick in die *Passagen*-Arbeit macht deutlich, daß Benjamin das Lexikon, das Inventar der Zeichen, die eine esoterische Archivierung des Nachhalls seiner Kindheit ermöglichen könnten, aus den Signaturen, Emblemen, Allegorien des Pariser 19. Jahrhunderts zu lösen suchte. Die Sprachtheorien, die Semiotiken der Unähnlichkeit, die diese ebenso skeptische wie verzweifelte Multimedia-Schaltung steuern könnten, hat Benjamin gleichzeitig in verschiedenen Essays niedergelegt. Dazu gehören die Meditationen über das *Mimetische Vermögen*, der Essay über das *Kunstwerk im Zeitalter seiner technischen Reproduzierbarkeit* und – früher bereits – die beiden Texte über Photographie.[5] Die Darstellungsprobleme der autobiographischen Schrift generierten mit einer Notwendigkeit, die die Reflexion dann zu fassen suchte, eine Medientheorie, eine Theorie zur Effektivität kultureller Semiotiken und eine Theorie kriminalistischer Identifizierungen. In gewisser Weise bilden die einzelnen Abschnitte der *Berliner Kindheit um Neunzehnhundert* autobiographische Vorläufer des Versuchs, die epochale Schrift zur *Hauptstadt des 19. Jahrhunderts* als jene Emblematik zu entziffern, die Baudelaire in seinen Texten aufgenommen und verwandelt hat. Aber entscheidend für die neue Situation im 20. Jahrhundert wurde die Ablösung der optischen Zeichen durch akustische Informationen. Das Telephon steht als Medium und als Emblem für die säkulare Transformation und für die Dominanz der neuen technischen

Medien. Mit einem Schlage entstand eine neue Macht der Information, die durch ihren Eintritt in den bürgerlichen Alltag selbst jener Entstellung unterworfen wurde, die das Bild des einzelnen längst betroffen hatte.

Rückstände des Verschwundenseins:
Aura und Spur

Die modernen Menschenwissenschaften, denen über Jahrhunderte hinweg die Autobiographen zuarbeiteten, Psychologie und Kriminalistik, haben keinen Anteil und verbuchen keinen Gewinn an den autobiographischen Datenerhebungen der *Berliner Kindheit*. Das anthropologische Dispositiv ist von Benjamin in seinen strategischen Maskierungen erkannt und wird auf eine esoterische Semiotik des Individuellen verwiesen, die sich keinem Register erschließt. Das Lexikon dieser unähnlichen autobiographischen Zeichen nutzt Benjamin bei der *Baudelaire*-Arbeit ebenso wie den riesigen Zettelkasten der *Passagen*-Konvolute. Die Wechselbeziehungen sind völlig durchdacht: In den Grimassen der Pariser Avantgarde beleuchtet Benjamin die Alltagsgesichter des folgenden Jahrhunderts. Freilich: Alle Dinge haben Gesichter, und ihre technisch und bürokratisch gesteigerte Visibilität ist das Vorspiel, das wahre Präludium der Esoterik. Mehr als alle sozialen Kräfte hat die Polizei in der Ästhetik ihre Vorposten: Für den Physiognomiker der *Hauptstadt des 19. Jahrhunderts* ist die Erfindung der Kriminalistik eine strategische Notwendigkeit der Verwaltungspraxis: *Identitäten* heißen auch ihm die synthetischen Dateien der Polizei, in denen sich Photos, Körpermaße und später Fingerabdrücke zum neuen anthropologischen Code verbrüdern. Benjamins Esoterik wächst aus dem Boden der illusionslos analysierten historischen Positivitäten; im »Flaneur«-Kapitel von *Das Paris des Second Empire bei Baudelaire* findet sich dieser Sachverhalt lapidar benannt:

Technische Maßnahmen mußten dem administrativen Kontrollprozeß zu Hilfe kommen. Am Anfang des Identifikationsverfahrens, dessen derzeitiger Standard durch die Bertillonsche Methode gegeben ist, steht die Personalbestimmung durch Unterschrift. In der Geschichte dieses Verfahrens stellt die Erfindung der Photographie einen Einschnitt dar. Sie bedeutet für die Kriminalistik nicht weniger als die des Buchdrucks für das Schrifttum bedeutet hat. Die Photographie ermöglicht zum ersten Mal, für die Dauer und eindeutig Spuren von einem Menschen festzuhalten. Die Detektivgeschichte entsteht in dem Augenblick, da diese einschneidendste aller Eroberungen über das Inkognito des Menschen gesichert war. Seither ist kein Ende der Bemühungen abzusehen, ihn dingfest im Reden und Tun zu machen. (I 2, 550)

Die strategische Lage wurde durch den epochalen Einschnitt der neuen Möglichkeiten technischer Information und Speicherung bestimmt: So liest sich ein Benjamin für Fortgeschrittene. Daher wird die politische Bedeutung des Essays über die technische Reproduzierbarkeit der Kunst und der Bildnisse vollständig verfehlt, wenn die – implizit ausgesprochene – kriminalistische und bürokratische Machtwirkung der Photographie und Phonographie nicht mitgedacht wird. Staat und Administration vernichten jenes *Inkognito,* das in der adäquaten Lesart, nämlich als staatliches Unwissen über den einzelnen, mehr zur Entschlüsselung des esoterischen Aura-Begriffs beizutragen vermag als schönste hermeneutische Seiltänze.[6] Nur von der Ferne indessen hat sich Benjamin der Erkenntnis genähert, daß die Erfindung des Drucks auch bereits eine Technik begründete, die es erlaubte, *Spuren von Innerlichkeiten* auf ewig aufzubewahren. Doch ein bezeichnendes Zeugnis für seine Annäherungen an diese Einsicht bildet Benjamins Ankündigung, Rousseaus *Confessions* und André Gides *Journal* miteinander vergleichen zu wollen, und zwar unter dem Aspekt, daß jener einen Sozialcharakter entworfen habe, der bei diesem in Verfall geraten sei. Deshalb wollte Benjamin mit seiner angekündigten Abhandlung eine Art historischer Kritik der »Aufrichtigkeit« liefern (Br II, 835).

Dafür sind die Erkenntnisse der modernen Gegebenheiten um so genauer. Der *Kunstwerk*-Aufsatz hat die Erweckung der Kriminalistik durch die Photographie nur angedeutet; im Kontext von Lesefrüchten, die der *Baudelaire*-Essay im Kapitel über den »Flaneur« gesammelt hat und die in den *Passagen*-Kollektaneen zu »Intérieur und Spur« zu finden sind, tritt dieser Zusammenhang überdeutlich hervor. Ein Passus, der in beiden Texten firmiert, lautet so:

Es hat nichts Befremdendes, daß die Abwehr der Kontrolle, wie sie den Asozialen zur zweiten Natur wird, im besitzenden Bürgertum wiederkehrt. – Man kann in diesen Gepflogenheiten die dialektische Illustration eines Textes erblicken, der im »Journal officiel« in vielen Fortsetzungen erschienen ist. Bereits 1836 hatte Balzac in der »Modeste Mignon« geschrieben: »Arme Frauen Frankreichs! ihr möchtet wohl gerne unbekannt bleiben, um euren kleinen Liebesroman zu spinnen. Aber wie soll euch das in einer Zivilisation glücken, die auf den öffentlichen Plätzen Abgang und Ankunft der Kutschen verzeichnen läßt, die die Briefe zählt und sie bei der Aufgabe einmal und bei der Auslieferung nochmals abstempelt, die die Häuser mit Nummern versieht und bald das ganze Land bis auf die kleinste Parzelle . . . in ihren Katastern wird stehen haben.« Ein ausgedehntes Kontrollnetz hatte seit der französichen Revolution das bürgerliche Leben immer fester in seine Maschen eingeschnürt. (I 2, 549; V 1, 297)

Im genannten Kapitel der *Passagen* wird dieses Balzac-Zitat als Lesefrucht aus dem Buch über den *Detektivroman* von Régis Messac ausgewiesen. Die Abwehr der Kontrolle erscheint in der Kulturpraxis Autobiographie des 20. Jahrhunderts in gewisser Hinsicht als »erste Natur« der Spurenproduktion. Die Inflation des Bildes, die die Technik der Photographie gebracht hat, und seine Okkupation durch die Bürokratien stehen als historische Sachverhalte hinter dem berühmten Passus des Abschnitts VI im *Kunstwerk*-Aufsatz:

Keineswegs zufällig steht das Portrait im Mittelpunkt der frühen Photographie. Im Kult der Erinnerung an die fernen oder die abgestorbenen Lieben hat der Kultwert des Bildes die letzte Zuflucht. Im flüchtigen Ausdruck eines Menschengesichts winkt aus den frühen Photographien die Aura zum letzten Mal. Das ist es, was deren schwermutvolle und mit nichts zu vergleichende Schönheit ausmacht. Wo aber der Mensch aus der Photographie sich zurückzieht, da tritt erstmals der Ausstellungswert dem Kultwert überlegen entgegen. Diesem Vorgang seine Stätte gegeben zu haben, ist die unvergleichliche Bedeutung von Atget, der die Pariser Straßen um neunzehnhundert in menschenleeren Aspekten festhielt. Sehr mit Recht hat man von ihm gesagt, daß er sie aufnahm wie einen Tatort. Auch der Tatort ist menschenleer. Seine Aufnahme erfolgt der Indizien wegen. Die photographischen Aufnahmen beginnen bei Atget, Beweisstücke im historischen Prozeß zu werden. (I 2, 485).

In der Benjaminschen Philosophie der Aura geht es um den Tatbestand eines Verschwindens. Aura ist der Name dieses Verschwundenseins: Vernichtung durch Inflation. Es ist indessen nicht die Photographie schlechthin, die dieses Verschwinden inauguriert hat, sondern jene Instrumentalisierung des Mediums, die die *mediale* Qualität des Einmaligen zerstört hat. Es ist eine der wenig beachteten Grundthesen der *Kunstwerk*-Theorie, daß durch die technische Reproduktion überhaupt erst eine Geschichte der medialen Repräsentation, der medialen Doublierung sichtbar geworden ist. Benjamins Aufmerksamkeit für die Doublierung und ihren kultischen Schutz reicht von den freien Überlegungen zur Namensprache bis hin zur Medientheorie der dreißiger Jahre. Alle Dopplung des Einmaligen (Namen und Bilder) hat einst unter den Prärogativen der Pietät, unter der Tabuisierung des Bildnisses einen Schutz genossen, der zerstört ist durch die technische Doublierung und ihre bürokratische Nutzung. Alle Heiligkeiten waren kulturelle Schutzpraktiken, die in der Moderne bürokratischen Strategien der Staatsmacht gewichen sind. Die Aura des Einmaligen ist für Benjamins Blick der Technik der Identifizierungen gewichen. (Die Psychologie und Soziologie der Identität bilden daher hoffnungslose Versuche, den alten kultischen Schutzraum des *Namens* empirisch zu restituieren.) Atget, so erklärt Benjamins melancholischer Text, hat die soziale Realität als menschenleeren Schauplatz der kriminalistischen Rasterung der Wirklichkeit sichtbar werden lassen. Die bürokratische Rasterung war bereits im Nachsatz zu dem Balzac-Zitat als historischer Sachverhalt erkannt worden; der tatsächliche kriminalistische Stand der Dinge ist im Zeichen Atgets evident geworden.

Infiltration des individuellen Mediums, Auslöschung des privaten Kultwertes des Bildnisses durch die Hypervisibilität des Subjekts. Was aber – diese Schülerfrage wurde im Kult der Benjaminhermeneutik nicht gelöst – ist diese Aura? Aura ist offenbar der Name eines namenlosen Verlusts. Doch welchen Verlusts? Denn der Begriff, in Benjamins Prägung, gehört der Moderne zu, und seine Karriere verdankt er der Tatsache, daß er den ehedem namenlosen Raum, den eine technische Errungenschaft okkupiert hat, zu benennen sucht. Aber hat es das Namenlose je gegeben? Im Kontext von Benjamins Überlegungen ist freilich die Aura immer noch da.[7] Ihr Name ist jedoch stets der einer Gefährdung, eines Verlusts. Als begriffliches Substrat der Aura läßt sich ein Gefühl der Trauer, ein stilisierter Affekt charakterisieren, dessen Affinität zur Todestrauer offensichtlich ist. Das »vergessene Menschliche« vermischt sich mit der Trauer des gestorbenen Menschlichen und schließlich mit einem Bedauern über den Effekt, daß die Multiplizierung des Bildes die Trauer verzehrt. Als sei mit der Einmaligkeit des Mediums des Eingedenkens (dem Bildnis aus der technischen Frühe) die Kultur des Eingedenkens verschwunden. So wie sich vor Atgets verlassenen Straßen, so wie sich angesichts aller unbelebten Orte (mit Ausnahme heiliger Stätten) das Gefühl des Grauens einstellt (das nichts anderes ist als Halluzination von Belebtheiten), so gehört zur Verlassenheit des Kultbildes die Friedhofstrauer. Aber von welcher geschichtlichen Empirie zehrt dieses Gefühl? Man wird sagen dürfen: von keiner. Dafür gibt es Indizien: Denn mit großem Nachdruck hat Benjamin den Begriff der *Aura* in »philosophische Opposition« zum Begriff der *Spur* plaziert. Aura heißt die verschwundene Einzelheit, Gegenstand einer kultischen Ehrfurcht, gegenüber einem Überfluß, einer Masse, die der Rationalität und der Strategie einer bestimmten Form der Macht zugehört. Doch die Masse der Spuren hat nur einen logischen Gegensatz, keinen empirischen. Seltenheit läßt sich nicht als Kategorie denken oder substantiieren. Was stand und leuchtete an der Stelle, wo die Steckbriefbilder erscheinen? Welche Region des Wertes und der Auszeichnung fand sich, ehe die Masse der Illustriertenphotos ihre Schließung herbeiführten? Vor den Möglichkeiten einer technischen Positivität steht immer die Undenkbarkeit ihrer Effekte; sie ist nur die nachträglich erscheinende Differenz zu dieser Positivität, nicht aber ein in anderer Form gesättigter Zustand. Die Aura ist der leere Begriff eines Verlustes. Ihn sucht Trauer über die Unheiligkeit einer Errungenschaft zu konstituieren, indem sie eine verlorene Heiligkeit setzt.

In welcher Region des Ungedachten er sich mit seinem neuen kriminalistischen Paradigma bewegte, das konnte Benjamin der Reaktion Theodor W. Adornos auf seinen *Baudelaire*-Essay und die darin formulierte *Theorie der Spur* entnehmen. Mit dem Verlust der Aura indizierte Benjamin zögernd und halbbewußt den Verlust der philosophischen Zuständigkeit für die Wahrheit; er begnügte sich nicht damit, die Technik und Kriminalwissenschaft anzuklagen, sondern er setzte an, ihnen auch eine ungeheuerliche philosophische Implikation zuzuschreiben. Die Phantasmagorien der idealistischen und materialistischen Geistphilosophien verabschiedete er trauervoll, um schaudernd und realistisch jene Pragmatik ins Auge zu fassen: daß in der Moderne soziale und kulturelle Prozesse durch Techniken und bürokratische Macht-Strategien direkt gesteuert werden. Auf diesem Wege wollte Adorno nicht folgen. Im

Baudelaire ging Benjamin den Schritt voran, die Positivitäten, die er aus den Überlieferungen des 19. Jahrhunderts isolierte, als *Schrift der Geschichte* selbst zu lesen. Die kleinen diskreten Einheiten dieser historischen Schrift nannte er nicht mehr Allegorien, sondern *Spuren*. Spuren sind analoge Zeichen eines Absenten; aber sie bedürfen weder einer Lexik noch einer Grammatik, sie unterliegen keinem Code und keiner Konvention. Adorno, der die *Theorie* der Spur, der Panoramen, der Flaneure und Passagen einklagte (Br. II, 782 ff.), forderte damit, daß die Philosophie die Schlüssel der Codes, die sie erzeugt, allein beherrschen müsse. Wer, wie Benjamin es tat, Positivitäten den Rang der historischen Schrift selbst zuerkennt, der schickt den Philosophen in die Lehre einer symbolischen Macht der Zeichen und Dinge. In seiner Antwort widersprach Benjamin in konzilianter, aber bestimmter Form. Entschieden nannte er sein Verfahren »Philologie«. Freilich haust der Logos dieser Philo*logie* in Zeichen der Überlieferung, in den Abdrücken der Empirie, wie etwa in der Daktyloskopie, den Karteien der Bürokratie. Benjamins Absage an die Adornosche Philosophie, die ihr Recht gerade in dem energischen Widerstand gegen jedweden Positivismus sichern zu müssen glaubte, ist bereits in Grundzügen die Konzeption eines aufgeklärten, freilich melancholischen Positivismus, die strategische Antwort auf die staatliche Nutzbarmachung des philosophischen Diskurses; er erklärt:

In meinem Begleitbrief habe ich geschrieben, daß die philosophischen Grundlagen des Buches vom zweiten Teil aus nicht überschaubar sind. Sollte ein Begriff wie die Spur eine schlagende Deutung erfahren, so mußte er mit aller Unbefangenheit in der empirischen Ebene eingeführt werden. Das konnte noch überzeugender geschehen. In der Tat war mein erstes nach meiner Rückkunft, eine wichtigste Poestelle zu meiner Konstruktion der Detektivgeschichte aus der Verwischung beziehungsweise Fixierung der Spuren des Einzelnen in der Großstadtmenge ausfindig zu machen. In dieser Schicht aber hat die Abhandlung der Spur im zweiten Teil gerade dann zu verbleiben, wenn sie später in den entscheidenden Zusammenhängen ihre blitzartige Erhellung erfahren soll. Diese Erhellung ist vorgesehen. Der Begriff der Spur findet seine philosophische Determination in Opposition zum Begriff der Aura. (Br. II, 791 f.)

Der theoretische Hintergrund, die philosophische Abdikation, die den oppositionellen Begriffen »Aura« und »Spur« ihre Beweglichkeit gewährleisten, ist die Erkenntnis, daß die Kriminalistik die Anthropologie obsolet gemacht hat und daß die neuen Staatsmächte der Reflexion einen würdigeren Gegenstand darbieten, als die dialektische Philosophie bis dato zu erkennen vermochte.

Eine Semiotisierung der Dinge und der Empirien, die Proust unter dem Gesetz der Universalität der Zeichen, ihrer unüberschreitbaren Vorgängigkeit, vollzogen hat, wird von Benjamin – ergänzt um die epochale Erkenntnis der durchschlagenden Veränderungen, die die modernen Kommunikationstechniken bewirken – ebenfalls betrieben: Es geht ihm im Verfahren der *Berliner Kindheit* genauer um den Versuch einer Schrift im Jenseits der universellen Identifizierungen der Subjekte, die die Staatsmächte betreiben. Gegen den vermeintlichen Verlust der Aura durch die Massenproduktion der Medien des einzelnen steht eine Aktivität der Testierung des Inkognito, die Dinge und Zeichen als nachträglich erkannte unsinnliche Ähnlichkeiten einer esoterischen Schrift dienstbar macht: poetische Opposition gegen die bürokratische Entwendung der Doubles und Medien der Individuen. Daß die Zwecke der Administration die anthropologischen Semiotiken und Wissensformen ihrer Epoche produzieren und transformieren, davon zeugen die Eintragungen zur *Theorie der Spur* in den *Passagen*-Exzerpten:

Zur Theorie der Spur. Die Übung wird durch die Maschinerie aus dem Produktionsprozeß verdrängt. Im Prozeß der Verwaltung bewirkt die gesteigerte Organisation etwas Analoges. Menschenkenntnis wie der erfahrene Beamte sie wohl durch Übung gewinnen konnte, ist nicht länger etwas Entscheidendes. Man erkennt das, wenn man die Ausführungen, die Conrad in der »Schattenlinie« macht, mit einer Stelle der »Confessions« vergleicht. (V 1, 299 f.)

Benjamin zitiert gleich im Anschluß hieran eine Episode aus dem Buch VII der *Confessions,* in der Rousseau von seiner Amtstätigkeit als Legationssekretär in Venedig erzählt. Aus Billigkeitsgründen verzichtete Rousseau damals gegenüber seinen Landsleuten auf die Gebühren, die er als Paßbeamter einstreichen konnte, wenn er ein Dokument ausstellte. Dies schaffte Gelegenheit zum Betrug: Italiener, die nun behaupteten, Franzosen zu sein, um in den Genuß der Gebührenfreiheit zu gelangen, scheiterten, wie der Erzähler betonte, an seinem feinen Gehör für sprachliche, dialektische Differenzen. Rousseaus linguistische Menschenkenntnis diente, so wollte Benjamin den Beleg zum Sprechen bringen, der Gerechtigkeit und Ökonomie der Verwaltung. Es ist kein Zufall, daß er ein Beispiel aus den *Confessions* wählte, weil sich diese Autobiographie eben einer Charta des Fortschritts unterstellte, nach der die Menschenwissenschaft vor allem die Wahrheiten der Beichten in sich auftürmen muß, um eine adäquate Herrschaft zu ermöglichen. Damit wird auch im Blickfeld Benjamins erkennbar, daß die Menschenwissenschaft mit den modernen Technologien endet: Die Maschine verdrängt nicht die Übung, sondern die *Notwendigkeit* der Übung. Und zählt man mit Kant die anthropologische Frage zu den vornehmen Aufgaben der Philosophie, so haben die gleichen Kräfte zwar nicht die Philosophie, wohl aber die *Notwendigkeit der Philosophie* zum Verschwinden gebracht. Adorno, der sie einklagt, tut es nur noch mit dem abstrakten Recht der Philosophie.[8] Er beschuldigt Benjamin, mit dem *Baudelaire* einem »anthropologischen Materialismus« (Br. II, 786) zu huldigen; doch was dem Philosophen als Mischung von »Magie und Positivismus« (ibid) erscheint, ist die Rücksicht darauf, daß die symbolischen und technischen Steuerungen längst ohne den Geist funktionieren. Da Machthaber und Polizeipräsidenten die klügsten Philosophen sein müssen, läßt sich für das 19. Jahrhundert mit Benjamin erkennen, daß »Wahrheit« von Staats wegen lautlos in Institutionen der Verwaltung übergewechselt ist.

Der autobiographische Text *Berliner Kindheit um Neunzehnhundert* verdankt seine literarische Gestalt, seine Form des Eingedenkens und das vollendete Inkognito seines Autors/Sprechers dem Verzicht auf jene Menschenkenntnis, die Dateien von analogen Spuren anzuhäufen suchte. Das Niveau der Erkenntnis, das diesen Text auszeichnet, die Helligkeit der Einsicht, die die Dunkelheit dieser Prosa und ihre besondere mediale Beschaffenheit charakterisieren, sind in der Literatur des 20. Jahrhunderts ohne Beispiel. Das Anonymat des Verfassers, seine soziale und individuelle Unerkennbarkeit, gehören freilich auch zu seinem persönlichen Schicksal. Wer verfaßt schon seinen eigenen Steckbrief? In einem Brief an Gretel Adorno hat Benjamin darüber gesprochen. Kaum ein halbes Jahr nach Hitlers Machtergreifung erklärte er:

Die Ähnlichkeit, welche Du zwischen den »Loggien« und dem »Fieber« bemerkt hast, besteht natürlich. Mir selber aber stehen die beiden Stücke sehr unterschiedlich nah; weit näher als das frühere das erstgenannte, in dem ich eine Art von Selbstporträt erblicke. Wahrscheinlich werde ich es anstelle jenes photographischen, das in den »Mummerehlen« enthalten ist, an die erste Stelle des Buches setzen. (...)

Wüßte ich nicht je länger je genauer, welche Verborgenheit gerade jetzt Versuchen wie denen der »Berliner Kindheit« zukommt, so würde mich das publizistische Geschick der Folge bisweilen zur Verzweiflung bringen. Nun aber ist es an dem, daß dies Geschick mich lediglich in meiner Überzeugung von der notwendigen Verhüllung, in der allein Derartiges entwickelt werden kann, bestärkt (...). (Br. II, 591 f.)

Die Verborgenheit, von der Benjamin hier spricht, ist die publizistische Seite der »Verhüllung«; sie unterstreicht das Strategische und Semiotische seines autobiographischen Verfahrens. Seine Überzeugung, daß sich ein »Selbstporträt« des Mittels der Verhüllung bedienen müßte, hatte der Autor längst an seinem historischen Material erhärtet, als sie im Faschismus zu einer existenziellen Notwendigkeit wurde: Die Unerkennbarkeit des Autors war durch die diversen Pseudonyme nicht hinreichend gesichert, unter denen die einzelnen Stücke in verschiedenen Zeitungen erschienen; das ästhetische Erfordernis der Unerkennbarkeit kehrte im politischen Schattenreich des Faschismus als publizistische Notwendigkeit wieder. Doch welchen Gesetzen hat ein unerkennbares Portrait sich zu unterwerfen? Ein Beispiel aus den »Loggien«, die Benjamin in dieser Weise als »Porträt« signiert hatte, und die in der Pariser Fassung tatsächlich an den Beginn des gesamten Zyklus gerückt sind.

Wie eine Mutter, die das Neugeborenes (!) an ihre Brust legt ohne es zu wekken, verfährt das Leben lange Zeit mit der noch zarten Erinnerung an die Kindheit. Nichts kräftigte die meine inniger als der Blick in Höfe, von deren dunklen Loggien eine, die im Sommer von Markisen beschattet wurde, für mich die Wiege war, in die die Stadt den neuen Bürger legte. Die Kariatyden (!), die die Loggia des nächsten Stockwerks trugen, mochten ihren Platz für einen Augenblick verlassen haben, um an dieser Wiege ein Lied zu singen, das wenig von dem enthielt, was mich für später erwartete, dafür jedoch den Spruch, durch den die Luft der Höfe mir auf immer berauschend blieb. Ich glaube, daß ein Beisatz dieser Luft noch um die Weinberge von Capri war, in denen ich die Geliebte umschlungen hielt; und es ist eben diese Luft, in der die Bilder und Allegorien stehen, die über meinem Denken herrschen wie die Kariatyden auf der Loggienhöhe über die Höfe des Berliner Westens. (PMs – IV 1, 294)

Im Dunkel der Loggia, im Schatten der Markise, im Hofe eines offenbar klassizistischen Bürgerhauses standen die Bilder, die ein Gestus heraldischer Portraitkunst zu Allegorien eines Denkens erhebt, das sich in so vielfältiger Weise selbst der Erforschung und Deutung allegorischer Zeichengebungen verschrieben hat. Kleine Embleme einer intellektuellen Physiognomie; doch der »magische Positivismus« des Verfassers macht diese steinernen Feen zu Ursprüngen eines »Spruchs« in der Luft, und diese weise Mitteilung entfaltet die Kraft des Berauschenden. So lautete in einem ersten Anlauf die Regel des unerkennbaren Portraits: die visuellen Embleme des Denkens in akustische Zeichen des endgültig Verlorenen zu transformieren. Die Lektüre des Zitats läßt keinen Zweifel: Die Strenge einer ins Persönliche übertragenen architektonischen Emblematik und das Diffuse einer akustischen Halluzination stehen in notwendiger Unanschaulichkeit nebeneinander.

Spuren einer Vergangenheit, die erst die gekräftigte Erinnerung in den esoterischen Steckbrief des Selbstportraits einzutragen vermag. Indizien, die sich nicht der Einmaligkeit des Urhebers versichern, sondern in ihrer Dunkelheit und Allgemeinheit eben die in die Vergangenheit geschriebenen Spuren einer abgestorbenen Zivilisation notieren: Sehen und Hören dieser Spuren, der Blick in die Höfe und das Vernehmen des Spruchs in der Luft, optische und akustische Erinnerung bilden in der Poetik der *Berliner Kindheit* die Gegensätze von Positivitäten und Magie, von Schrift und Macht, von Erinnerung und Beschwörung, von Charakter und Schicksal.

Der mediale Wechsel ins akustische Inkognito: Nachhall statt Bilder

In den *Materialien zu einem Selbstportrait* gibt Benjamin eine »Auflösung des Rätsels, warum ich niemanden erkenne«. Die Lösung lautet: »Weil ich nicht erkannt sein will« (VI, 532). Der Wunsch des Inkognitos hat verschiedene Stadien und Strategien durchlaufen. Eine allgemeine Veränderung läßt sich markieren: Die Taktiken der optischen Unerkennbarkeit, die von den technischen/bürokratischen Erkennungsdiensten provozierte Verhüllung, verwandelt sich in zwei Phasen, vor und in der *Berliner Kindheit*, in das Anonymat des Akustischen. Darin – dies legte die »Telefon«-Passage nahe – hat der »Zwillingsbruder« seine Assimilationskräfte entfaltet und im autobiographischen Text die Macht seiner verstärkten Stimme zur Geltung gebracht. Indessen ist diese Veränderung zugleich Ausdruck der durchgreifenden Reorganisation, der Benjamin seine persönliche Emblematik unterworfen hat. Die Bilder und Allegorien, die nach der Formulierung in den »Loggien« über »seinem Denken herrschen«, epigonale Auswüchse einer großbürgerlichen Lebens-Architektur, spenden eine Art magischer akustischer Substanz: das berauschende Geräusch der Luft.

Noch erscheint die Funktion der Karyatiden gespalten (Reflex ihrer funktionell/ästhetischen Spaltung): Einmal sind sie weiblich-steinerne Funktionäre, die allegorisch auf die visiblen Allegorien verweisen; zum anderen sind sie animistisch beseelte, von einer infantilen Mythologie berufene Ursprünge eines diffusen ästhetischen Frequenzgangs der Luft. Und nun zeichnet sich eine ganz analoge Spaltung innerhalb des gesamten autobiographischen Verfahrens ab. »Verfahren« soll hier ebenso die Technik der Erinnerung wie die Prozedur des Inkognito heißen. Diese Spaltung des Verfahrens trennt die *Berliner Kindheit* von ihren Vorstufen; aber sie durchläuft ebenso die endgültigen Texte wie die Variantenreihe der verschiedenen Fassungen. Die ersten, oft noch bekenntnishaften Texte in der *Berliner Chronik* stecken voller Allegorien und Emblematiken *optischer* Medialität; in ihnen sucht der Text sowohl die Fülle der bildhaften Erinnerung zu organisieren als auch die eigene Abkunft von diesen visuellen Codes einzugestehen. Ein Beispiel aus der Erinnerung an die Schule:

Unzweifelhaft eignen sich diese Räume zu traumhafter Vergegenwärtigung, etwas von ihr hat selbst die nüchterne Erinnerung, in der mir die Steinstufen, die ich täglich fünfmal oder öfter noch hinaufhasten mußte, einen feuchten Schweißgeruch absondern. Die Schule, die äußerlich gut instand war, gehörte durch Architektur und Lage zu den trostlosesten. Sie entsprach ihrem Wahrzeichen, einem Gipsstandbild Kaiser Friedrichs, das in einer abgelegnen, von den kriegsspielenden Horden freilich bevorzugten Ecke des Hofes klein und kümmerlich vor einer Brandmauer abgestellt war. (...) Dieses Denkmal wurde, zum Unterschied zu den Klassenzimmern nie gewaschen und eine ansehnliche Schicht von Schmutz und von Ruß hat sich im Laufe der Jahre darübergelegt. (VI, 473)

Zeichenwerdung, Emblematisierung in zweifacher Gestalt: Dem Datenreservoir der gelebten Vergangenheit werden solche Sinnbilder, Wahrzeichen, Symbole abgewonnen, Kondensate einer symbolisch bestimmten subjektiven Beschaffenheit; und damit werden sie verfügbar für die Emblematik der persönlichen Geschichte, der biographischen Miniaturen. Solche Embleme beherrschen die Formgebung der einzelnen Passagen, sie sind ebenso Statthalter des Denkens wie Statthalter der Dinge, die sich dem Denken als Sinnbilder anempfehlen. Die Archäologie der Erinnerung, so heißt es in einer methodischen Reflexion auf die Bewegung der autobiographischen Suche, durchwühlt die Sachverhalte:

Denn Sachverhalte sind nur Lagerungen, Schichten, die erst der sorgsamsten Durchforschung das ausliefern, was die wahren Werte, die im Erdinnern stecken, ausmacht: die Bilder, die aus allen früheren Zusammenhängen losgebrochen als Kostbarkeiten in den nüchternen Gemächern unserer späten Einsicht – wie Trümmer oder Torsi in der Galerie des Sammlers – stehen. (VI, 486)

Das archäologische Paradigma des modernen autobiographischen Textes steht ein für die Bewegung der Schrift in eine Tiefe und in eine Dimension von Wirkungen, die anderen Medien verschlossen bleiben. Zunächst geht es in der Arbeit der Suche noch um Bilder, und, medial gesehen, verfügen diese Bilder bereits über hinreichende Affinität zur Schrift: Das Emblem bewegt sich genau auf der Linie des Übergangs. So erscheint in dem entsprechenden Passus der *Berliner Chronik* auch noch das Telephon allein im Museum der väterlichen Machtembleme (VI, 498), ehe es wenig später, in der *Berliner Kindheit,* einzieht in die Ordnung der Similarität und der akustischen Erinnerungen, die auf dem Grunde seines Rauschens vernehmbar werden. Eine gänzlich analoge Verwandlung erfaßt jenen Winkel des Zoologischen Gartens, der in der Formulierung der *Berliner Chronik* ein »Bild des Bevorstehenden« war (VI, 484). In der Fassung der *Berliner Kindheit* verliert dieser Winkel seine prophetische Eigenständigkeit (nach mehreren Verschiebungen) an eine emblematische Erscheinung, die freilich wie das Telephon nur für das diffuse Rauschen von Vergangenheit und Zukunft sorgt. Es ist der Fischotter. Dieses Tier, das in einer unbewohnten Grotte *hauste,* durchläuft eben durch sein ständiges Verschwundensein die Karriere zum Sinnbild einer Zukunft, die – aus der Sicht des Exils – die düstere Bestimmung seines kindlichen Bewunderers sein sollte. »Endlos wartend« stand das Kind vor der Tiefe des ovalen Beckens, nur um den Augenblick zu erleben, da

der Otter erscheint, um gleich wieder in der »nassen Nacht« zu verschwinden. Dieses Verschwundensein also befähigt das Tier, zum
»heiligen Tier des Regenwassers« emporzusteigen. Warum?

(...) ich hätte liebe, lange Tage die Stirne an sein Gatter legen können,
ohne mich an ihm sattzusehen. Und auch darin bewies es seine heimliche
Verwandtschaft mit dem Regen. Denn niemals war der liebe, lange Tag mir
lieber, niemals länger, als wenn Regen mit seinen feinen oder groben Zäh-
nen ihm langsam Stunden und Minuten strähnte. So folgsam wie ein kleines Mädchen beugte er den Scheitel unter diesen grauen Kamm. Und unersättlich sah ich ihm dann zu. Ich wartete. Nicht bis es nachließ. Sondern
daß es mehr und immer üppiger herunterrausche. Ich hörte es an die Schei-
ben trommeln, aus den Traufen strömen und gurgelnd in die Abflußrohre
niederrauschen. In guten Tagen war ich ganz geborgen. Und meine Zukunft rauschte es mir zu, wie man ein Schlaflied an der Wiege singt. (PMs
– IV 1, 257)

Der Installation des Otters als Emblem der Unsichtbarkeit und als
heiliges Tier des Regenwassers ging eine ganze Reihe von Verweisungen voraus: Der Winkel des Zoologischen Gartens erhielt zunächst den Status einer prophetischen Lokalität. Aber eigentlich
war der zukunftsträchtige Ort nicht der Winkel, sondern der Zwinger des Otters, der unbewohnt ist, und daher ein Tempel seiner
Heiligkeit genannt werden kann. Denn selten wohnen die Götter
leiblich in ihren heiligen Behausungen. Nicht der Winkel, nicht der
Zwinger, nicht der Tempel, nicht der Otter, nicht der Regen, sondern das Rauschen des Regens gilt am Ende dieser Zeichenlehre einer Zukunft als Medium. Das Spiel der Verweisung, die Linie der
Substitutionen läßt sich lesen als semiotische Bewegung des Inkognitos, das sich zuletzt dem Medium einer anderen Unwissen-
heit anvertraut: dem rauschenden Inkognito der Zukunft, dessen
Auspizien immer nur eine nachträgliche »magische« Lektüre entziffert.

Es sind Substitutionen, die eine Strategie des geschriebenen Inkognitos initiieren – dies ließ sich bereits an einer allerersten Substitution ablesen: Als Eingangstext der gesamten *Berliner Kindheit*
wurden die »Mummerehlen« durch die »Loggien« ersetzt. –
Nannte doch Benjamin in dem angeführten Schreiben an Gretel
Adorno die »Mummerehlen« ein photographisches Selbstportrait.
Dieses photographische Element, die Anekdote des Photogra-
phiertwerdens, ist aus der Pariser Fassung getilgt – zusätzliche

Streichung der Erinnerung an eine optische Organisation des Lebens und an die kulturelle Politik der Erkennbarkeit. Die »Loggien« – dieser Befund darf als gesicherte Erkenntnis betrachtet werden – geben Raum für ein akustisches Selbstportrait, um nicht zu sagen: für die akustische Erprobung eines (für den Leser) unhörbaren Nachhalls. So lautet die explizite akustische Lehre dieses Textes:

Der Takt der Stadtbahn und des Teppichklopfens wiegte mich in Schlaf. Er war die Mulde, in der sich meine Träume bildeten. Zuerst die ungestalten, die vielleicht vom Schwall des Wassers oder dem Geruch der Milch durchzogen waren, dann die langgesponnenen: Reise- und Regenträume. Der Frühling hißte hier die ersten Triebe vor einer grauen Rückfront; und wenn später im Jahr ein staubiges Laubdach tausendmal am Tag die Hauswand streifte, nahm das Schlürfen der Zweige mich in eine Lehre, der ich noch nicht gewachsen war. Denn alles wurde mir im Hof zum Wink. Wieviele Botschaften saßen nicht im Geplänkel grüner Rouleaux, die hochgezogen wurden, und wieviele Hiobsposten ließ ich klug im Poltern der Rolläden uneröffnet, die in der Dämmerung niederdonnerten. (PMs – IV 1, 294)

Dieser Passus imitiert nicht nur die akustische Struktur der infantilen Wahrnehmung, sondern er bildet selbst in der Reihung der träumerischen und halbbewußten Gehörswahrnehmungen die Arbeitsweise eines Generators nach; die differenten, trennscharfen Signale gehen aus der träumerischen Halluzination des Rauschens hervor: Vom »Schwall« zum Regenrauschen und dann wieder zum »Schlürfen« der Zweige. Es sind diffuse, wäßrige Geräusche aus dem lyrischen Fundus jenes Elements, das den Otter als seinen Heiligen feiert. Diese Loggia ist die Sende- und Empfangsstation der akustischen Emanationen eines kindlichen Träumens. Aus ihnen entfaltet sich dann die große Differentialität des kulturellen Hörens. Und die Entfaltung geht hin bis zu jenem Beispiel poetischer Verfeinerung, zum Paradebeispiel eines Geräuschs der Weltliteratur, von der die Schluß-Abschnitte der »Loggien« berichten: »Romeos letzter Seufzer strich durch unsern Hof auf seiner Suche nach dem Echo, das ihm die Gruft der Julia in Bereitschaft hielt.«

Somit zeichnet sich präziser die zweifache Bedingtheit jenes Prozesses, des »Verfahrens« ab, in dem sich die Visualität der Emblematik in die Akustik der Nachtgeräusche verwandelt: Einmal entfaltet die »Apparatur«, die technische Formation und Schaltung der Erinnerung, mehr als nur ein metaphorisches Ambiente, indem die Erzählung immer wieder das Rauschen ihrer leeren Frequenz und die Macht der vergangenen Geräusche und Stimmen vernehmbar macht. Und zum anderen tauchen die gelöschten oder genauer: die reduzierten Visualitäten, die eingesammelten Statuen, Embleme und Bilder, das Inkognito des Sprechers in jene tiefe Dunkelheit, aus der kein identifizierbares Bild, keine individuelle Datei zu gewinnen ist. In weiterer Annäherung noch wird der Text zum *Medium* des Individuellen, insofern er das Medium des Schicksals vernehmbar macht, das – immer wieder unvorhersehbar aus dem breiten Rauschspektrum der Informationsmedien hervorgehend – das Subjekt erfaßt. Insofern enthält das akustische Rauschen weniger die Wahrheit der Vergangenheit, sondern die retrospektive, retroauditive Geräuschhalluzination von akustischen Spuren, eine Phonographie schicksalhaften Nachhalls. In seiner Abhandlung über *Schicksal und Charakter* hat Benjamin diese beiden Begriffe absolut zu bestimmen gesucht. Wenn er dort noch den *Charakter* als »Sonne des Individuums« bezeichnet, als »Glanz seines einzigen Zuges, der keinen andern in seiner Nähe sichtbar bleiben läßt« (II 1, 178), so ist die »Charakterologie« der *Berliner Kindheit* das *Dunkel* eines einzigen Zuges, der alle Schriften der Erkennbarkeit unsichtbar bleiben läßt. Wie die Physiognomien in Prousts Erzählung wird hier der psychologisch beschriftete Charakter in ein hypervisuelles Licht getaucht. Und die differentielle Schrift des *Schicksals,* wie der erwähnte Text sie zu fassen sucht, richtet sich auf das »bloße Leben« am Menschen, gegen das sich der heldenhafte Charakter spielend durchsetzt. Das Rauschen in der *Berliner Kindheit,* die absolute Information des Schicksals, erfaßt und durchdringt – nach jener keineswegs philosophischen, sondern antikriminalistischen und antipsychologischen Unterscheidung des Essays *Schicksal und Charakter* – das *Leben,* keineswegs aber die Person. Diese »Auskünfte« des Schicksals sind wie das Seufzen Romeos am Ende der »Loggien«, ein Laut und vergebliche Suche nach einem Echo, das ihm eine Sprache schenkt, also sprachlose Ereignisse im akustischen Raum.

Akustische Räume eröffnet die *Berliner Kindheit* in ganzen Serien; davon wird noch zu sprechen sein; aber wie sie entstehen und funktionieren, davon soll hier eine Anschauung und ein Begriff gegeben werden. Es wurde schon angedeutet, daß sich die akustischen Halluzinationen im Zuge der Verdunklung oder der Verschiebung, der auditiven Neufassung von visuellen Emblematiken, von optischen Organisationszeichen, eröffnen. Das Beispiel aus den »Mummerehlen«, das nun folgen soll, ist insofern besonders aussagekräftig, als es auf eine photographische Portraitepisode zurückgreift, die der akustischen Umgestaltung unterworfen wird. Die Photoepisode (das »Photoportrait«) ist in der Pariser Fassung verschwunden; sie kennzeichnet damit gleich in zweifacher Gestalt die beiden Transformationskräfte zur Erzeugung des akustischen Inkognitos: Löschung des Bildes und Effekte des Telephons. Das Photo, das in der früheren Fassung auf der Ebene der Narration akustisch gelöscht wird, ist in der späteren Fassung textuell ausgestrichen. Die Schilderung der quälenden Prozedur im Atelier des Photographen mündet in eine Aufzählung der Requisiten, die das Kind umgeben, um es in ein reproduzierbares Ambiente einzufügen. Völlige Entstellung ist die Wirkung des Arrangements. Und der Text fährt fort:

Ich hauste wie ein Weichtier in der Muschel im neunzehnten Jahrhundert, das nun hohl wie eine leere Muschel vor mir liegt. Ich halte sie ans Ohr. Was höre ich? Ich höre nicht den Lärm von Feldgeschützen oder von Offenbachscher Ballmusik, nicht einmal Pferdetrappeln auf dem Pflaster oder die Fanfaren der Wachtparade. Nein, was ich höre ist das kurze Rasseln des Anthrazits, das aus dem Blechbehälter in einen Eisenofen fällt, es ist der dumpfe Knall, mit dem die Flammen des Gasstrumpfs sich entzündet, und das Klirren der Lampenglocke auf dem Messingreifen, wenn auf der Straße ein Gefährt vorbeikommt. Noch andere Geräusche, wie das Scheppern des Schlüsselkorbs, die beiden Klingeln an der Vorder- und Hintertreppe; endlich ist auch ein kleiner Kindervers dabei: »Ich will dir was erzählen von der Mummerehlen.« (PMs – IV 1, 261 f.)

So erscheint auf dem Niveau der autobiographischen Schrift der Effekt des Telephons: Halluzination eines säkularen Nachhalls, der auf der Basis des Muschelrauschens aufsteigt. Doch welcher Art sind diese nachklingenden Reminiszenzen? Es sind erneut diffuse Geräusche, die als ausdrücklich unterschiedene Nachklänge keine Signifikanz haben für die Geschichte und Kultur des vergangenen Jahrhunderts: Rasseln, Knall, Klirren, Scheppern, Klingeln – ein Inventar amorpher Geräusche, die zum Wohnen, zum »Hausen« gehören. Und an diese Reihe akustischer Verweisungen auf Lebensgeräusche der Intérieurs schließt ein kleiner signifikanter Zweizeiler an, dessen phonologische Entstellung (Mummerehlen statt Muhme Rehlen) wiederum die optischen Entstellungen des Erzählers und seiner Gestalt aufnimmt und verwandelt. Die Entstellung der Gestalt auf der Photographie – dieses Element ist in der Pariser Fassung getilgt. Die Kürzungen der späteren Version vollziehen drei Reduktionen: Tilgung des Steckbriefes, Tilgung der Spur, und zuletzt Tilgung der Tilgung, denn die »Mummerehlen« wurden in ihrer ursprünglichen Fassung durch eine Anekdote über das Verschwinden beschlossen: Die Geschichte von dem chinesischen Maler, der in sein eigenes Bild eintritt, lächelnd von der Leinwand grüßt und in einem kleinen Haus verschwindet, diente der Erzählung als Lehrstück für die Entstellungen des Bildes. Die Geschichte gehörte lediglich in die Reihe der Exempel, die die Dimensionen der optischen Medien erschließen, ohne weitergehende Bedeutung, ohne größere Kraft des Portraits.

Die visuellen Entleerungen, die Entstellungsbeispiele der reinen optischen Signifikanz sind in der Pariser Fassung weitgehend gestrichen. Das akustische Medium zeigt eine ganz analoge Reduktion durch amorphe oder bedeutungslose »Informationen«. Schließlich wird sogar ein wahrhaftes Steuerzeichen für die Ordnung des Visuellen von der Gewalt der Transformationen erfaßt. Dieses Zeichen ist die in der *Berliner Kindheit* allenthalben erwähnte, präsente, leuchtende Gaslampe, deren Knall in dem oben zitierten Abschnitt eines der diffusen Jahrhundertgeräusche beisteuert. Doch mit dem Licht der Gaslampe durchzieht, durchtönt diese Texte ihr »Geräusch«. Es ist ein authentisches »Nachtgeräusch«, ein Summen, aus dessen Entzündungsknall nicht nur die Verse der »Mummerehlen« aufsteigen – Kinderstimme aus dem Nichts des Mediums –, sondern aus dem an anderer Stelle auch das Versehen vom bucklichten Männlein hervortönt. Auch der letzte Abschnitt der *Berliner Kindheit*, »Das bucklichte Männlein«, beschwört eine akustische Halluzination.[9] Die letzten Worte lauten:

(. . .) seine Stimme, die wie das Summen des Gasstrumpfs ist, wispert mir über die Jahrhundertschwelle die Worte nach: »Liebes Kindlein, ach, ich bitt,/Bet fürs bucklicht Männlein mit.« (PMs – IV 1, 304)

Bedarf es weiterer Evidenzen, Belege für die Bewegung der Verwandlung, für die Verdunklung des Inkognito? Es läßt sich diese Transformation als Archäologie zweiten Grades erkennen. Auf der ersten Stufe der Entstellung erscheinen in der visuellen Ordnung die esoterischen Bilder und die unähnlichen Photographien, die Emblematiken des privatesten Codes; auf der zweiten Stufe umfangen den Leser die Dunkelheiten der Nachtgeräusche, die amorphen akustischen Telephonerinnerungen. Doch eine andere Frage stellt sich hier ein. Welche Form, welche faßbare Gestalt hat hier noch die autobiographische Schrift im Hinblick auf irgendeine Seite ihres schreibenden Referenten? Im Kontext des kurzen Essays über *Schicksal und Charakter* konnte eine theoretische Gewähr dafür gegeben werden, daß die beiden traditionellen Parameter der Autobiographie – Schrift der Seele und des Lebens – gemäß Benjamins Auffassung jenen Bereich, der gemeinhin als Sphäre des Subjekts verstanden wird, nicht erfassen. Die »Sonne des Individuums«, die Hypervisibilität eines Zuges gehört ebenso wenig dazu wie das Leben, dem nichts Subjektives anhaftet. In welcher Weise läßt sich überhaupt dieser Diskurs, der autobiographische Zyklus der *Berliner Kindheit* zur Person ihres Verfassers in Beziehung bringen? Gibt die Theorie der »unsinnlichen Ähnlichkeit« außer einem theoretischen Testat einen Schlüssel an die Hand, wie die autobiographische Textur über die Bewegung der Verdunklung hinaus zu lesen sei?

Die unsinnlichen/unsinnigen Ähnlichkeiten

Das Eingangszitat dieses Kapitels über die *Berliner Kindheit* hat das Problem gestellt: Wie kann jemand einem Telephon ähnlich sein? Der Verweis auf Benjamins verschiedene Überlegungen zur Ähnlichkeit, zum »mimetischen Vermögen« soll nun genauer in Betracht gezogen werden. Es ist bekannt, daß Benjamin seine beiden Theorien zur Ähnlichkeit, die *Lehre vom Ähnlichen* und *Über das mimetische Vermögen,* in engem Zusammenhang mit den ersten Texten der *Berliner Kindheit* verfaßt hat: den »Mummerehlen«. Beide kleinen Meditationen fußen auf einer Theorie der Lektüre, einer profanen und einer magischen Lektüre:

So ist der Sinnzusammenhang, der in den Lauten des Satzes steckt, der Fundus, aus dem erst blitzartig Ähnliches mit einem Nu aus einem Klang zum Vorschein kommen kann. Da aber diese unsinnliche Ähnlichkeit in alles Lesen hineinwirkt, so eröffnet sich in dieser tiefen Schicht der Zugang zu dem merkwürdigen Doppelsinn des Wortes Lesen als seiner profanen und auch magischen Bedeutung. Der Schüler liest das Abcbuch und der

Astrolog die Zukunft in den Sternen. Im ersten Satze tritt das Lesen nicht in seine beiden Komponenten auseinander. Dagegen wohl im zweiten, der den Vorgang nach seinen beiden Schichten deutlich macht: der Astrolog liest den Gestirnstand von den Sternen am Himmel ab; er liest zugleich aus ihm die Zukunft oder das Geschick heraus. (II 1, 209)

Es geht nicht darum, die Plausibilität des hier Entwickelten zu prüfen, es gilt lediglich in dieser Theorie der zwei Schriften/Lektüren die beiden Elemente wiederzuentdecken, die in der Unterscheidung der emblematischen und medialen Lektüre (bei Adorno hieß es die »positivistische« und »magische« Kreuzung) ein wichtiges Motiv des Benjaminschen Diskurses variieren, ein Motiv, das seine eigenen Versuche der Verdunklung direkt angeht. Daß also die Schrift/Sprache als Medium der Ähnlichkeit gedacht werden kann, das wird in der Fortsetzung zum zitierten Absatz ausgesprochen:

Wenn nun dieses Herauslesen aus Sternen, Eingeweiden, Zufällen in der Urzeit der Menschheit das Lesen schlechthin war, wenn es weiterhin Vermittlungsglieder zu einem neuen Lesen, wie die Runen es gewesen sind, gegeben hat, so liegt die Annahme sehr nahe, jene mimetische Begabung, welche früher das Fundament der Hellsicht gewesen ist, sei in jahrtausendlangem Gange der Entwicklung ganz allmählich in Sprache und Schrift hineingewandert und habe sich in ihnen das vollkommenste Archiv unsinnlicher Ähnlichkeit geschaffen. Dergestalt wäre die Sprache die höchste Verwendung des mimetischen Vermögens: ein Medium, in das ohne Rest die frühern Merkfähigkeiten für das Ähnliche so eingegangen seien, daß nun sie das Medium darstellt, in dem sich die Dinge nicht mehr direkt wie früher in dem Geist des Sehers oder Priesters sondern in ihren Essenzen, flüchtigsten und feinsten Substanzen, ja Aromen begegnen und zu einander in Beziehung treten. Mit andern Worten: Schrift und Sprache sind es, an die die Hellsicht ihre alten Kräfte im Laufe der Geschichte abgetreten hat. (II 1, 209)

Wollte man zu einem Paradox Zuflucht nehmen, so inauguriert Benjamin in diesen Abschnitten eine Astrologie der Tiefe: Kreuzung von Haruspiciana und Archäologie. Es ist eigentlich ein romantisches Motiv, das sich hier einstellt. Doch die nur halbbewußten, impliziten Erkenntnisse dieser Meditationen sind die folgenden: In der langen Traditionsreihe der Medien und Institutionen, denen die abendländischen Subjekte ihre Schicksalswahrheit anvertraut sahen, bildete die antike (gewiß auch die archaische) Mantik einen Anfang. Den institutionellen Nachfolger im christlichen Fortgang, die neue Verwaltung des individuellen Fatums erkennt man in der Beichte, einer Kopplung von Konfession und Kirche. Die protestantische Konfession, übergetreten ins Medium des Drucks, unterstand der Herzenspolizei der Autobiographie.[10] Beichte und Autobiographie – dies ist die von den technischen Medien erzwungene moderne Erkenntnis – waren großartige Selbsttäuschungen, institutionell eingeforderte Unterwerfungen unter die Suggestion, daß die Subjekte Herren oder gar Autoren ihres Schicksals wären. Der Autobiograph Benjamin wendet sich gegen diese Illusion nicht nur in der Strategie seiner Texte, im Verfahren des progressiven Inkognitos, sondern auch auf der Höhe der semiotischen und medientheoretischen Reflexion: Keiner ist Herr seiner Schicksalszeichen, sondern diese Zeichen steigen aus der imperativen Schrift der Kultur selbst hervor. Diese Position und Erkenntnis bezeugt die erwähnte Methodik des *Baudelaire* und der *Passagen:* Adornos Verdikt des »magischen Positivismus« kennzeichnet naiv die ungeheure Erkenntnis von der Macht des Symbolischen. Die Zeichen des eigenen Schicksals zu lesen – die *magische Lektüre* Benjamins – das heißt »methodisch« eine Rückkehr des autobiographischen Textes zu seinem Anfang, zur Mantik und zu den Haruspiciana, zur anonymen Schrift/Nichtschrift der *absoluten Texte.* Die harte Äußerlichkeit der Schicksalsschriften gilt nun aber weiterhin auch für jene Schrift, deren unsinnliche Ähnlichkeit Benjamin für die Möglichkeit einer esoterischen Bewahrung des Individuellen in Anspruch zu nehmen sucht; dies verfolgt er in einem Abschnitt des Artikels *Über das mimetische Vermögen:*

Die Graphologie hat gelehrt, in den Handschriften Bilder zu erkennen, die das Unbewußte des Schreibers darinnen versteckt. Es ist anzunehmen, daß der mimetische Vorgang, welcher dergestalt in der Aktivität des Schreibenden zum Ausdruck kommt, in sehr entrückten Zeiten als die Schrift entstand, von größter Bedeutung für das Schreiben gewesen ist. Die Schrift ist so, neben der Sprache, ein Archiv unsinnlicher Ähnlichkeiten, unsinnlicher Korrespondenzen geworden. (II 1, 212 f.)

Benjamin hat bekanntlich die graphologische Theorie von Anja und Georg Mendelssohn in deren Buch *Der Mensch in der Handschrift* mit großem Enthusiasmus besprochen (III, 135 ff.), und der erste Satz des angeführten Passus' beruft sich implizit auf dieses Werk. Benjamins Zustimmung gilt vor allem der Absicht der Verfasser, die Handschrift nicht charakterologisch (d. h. in der Konsequenz: kriminalistisch), sondern ikonisch, als analoges Medium eines Bildes zu lesen, dessen Aufschlüsse freilich nicht in die bekannten moralischen oder psychologischen Codes übertragen werden können. Diese Bilderschrift erscheint in Benjamins Rezension wie auch in seiner *Lehre vom Ähnlichen* als eine ursprüngliche Produktion des Subjekts, als eine magische Korrespondenz zu den Schriften des Schicksals, die dann auch eine analoge magische Lektüre entziffert.

Die Handschrift oder die Druckschrift, die *Medien* des Schreibers/Autors, in die korrespondierende Bilder seines Selbst eingelagert sind, durchdringt andererseits wiederum nur eine adäquate archäologische Lektüre, die der Erscheinungsweise der »unsinnlichen Ähnlichkeit« Rechnung trägt. Das »blitzhafte Auftauchen« dieser Bilder ist offenbar ganz der Art des Auftretens des Fischotters analog. Hier die Anweisung in der *Lehre vom Ähnlichen:*

Das Tempo aber, jene Schnelligkeit im Lesen oder Schreiben, welche von diesem Vorgang sich kaum trennen läßt, wäre dann gleichsam das Bemühen, die Gabe, den Geist an jenem Zeitmaß teilnehmen zu lassen, in welchem Ähnlichkeiten, flüchtig und um sogleich wieder zu versinken, aus dem Fluß der Dinge hervorblitzen. So teilt noch das profane Lesen – will es nicht schlechterdings um das Verstehen kommen – mit jedem magischen dies: daß es einem notwendigen Tempo oder vielmehr einem kritischen Augenblicke untersteht, welchen der Lesende um keinen Preis vergessen darf, will er nicht leer ausgehen. (II 1, 209 f.)

Die Anweisung, die hier ergeht, ist eine Geschwindigkeitsregel: sie ist keineswegs neu. Erinnert sei an die goethesche somnambule Schrift, die im ersten Kapitel analysiert wurde. Sie konnte als Vorform jener automatischen Schrift angesehen werden, der der Surrealismus die letzten, unerreichbaren Geheimnisse der subjektiven Produktivität anvertraut sah. Das Tempo verfolgt eine Elimination des Sinns, und seine paradigmatische Erscheinung verdankt es ohne Zweifel dem Kino. Es wird noch zu erkennen sein, an welcher Stelle sich diese Verbindung herstellt.

Die *Berliner Kindheit* steckt voller Episoden, die das Ähnlichsein und das Ähnlichwerden des Kindes thematisieren. Dies sind Schicksalsaugenblicke. Einen solchen Augenblick hält jenes Prosastück fest, das Benjamin ursprünglich an den Anfang der *Berliner Kindheit* setzen wollte, und dessen Abfassung die Meditationen zum verlorenen mimetischen Vermögen und zu seinem Verschwinden in Sprache und Schrift ausgelöst haben soll, *Die Mummerehlen*. Zur Illustration ist es weiterhin geeignet, weil es ein visuelles Ähnlichwerden thematisiert, das der Autor als *Entstellung* entziffert. Und so darf erneut nicht der Hinweis fehlen, daß die Pariser Fassung eben diese Passage ausgeschieden hat:

Beizeiten lernte ich es, in die Worte, die eigentlich Wolken waren, mich zu mummen. Die Gabe, Ähnlichkeiten zu erkennen, ist ja nichts als ein schwaches Überbleibsel des alten Zwangs, ähnlich zu werden und sich zu verhalten. Den aber übten Worte auf mich aus. Nicht solche, die mich Mustern der Gesittung, sondern Wohnungen, Möbeln, Kleidern ähnlich machten.

Nur meinem eigenen Bilde nie. Und darum wurde ich so ratlos, wenn man Ähnlichkeit mit mir selbst von mir verlangte. Das war beim Photographen. Wohin ich blickte, sah ich mich umstellt von Leinwandschirmen, Polstern, Sockeln, die nach meinem Bilde gierten wie die Schatten des Hades nach dem Blut des Opfertieres. Am Ende brachte man mich einem roh gepinselten Prospekt der Alpen dar, und meine Rechte, die ein Gemsbarthütlein erheben mußte, legte auf die Wolken und Firnen der Bespannung ihren Schatten. Doch das gequälte Lächeln um den Mund des kleinen Älplers ist nicht so betrübend wie der Blick, der aus dem Kinderantlitz, das im Schatten der Zimmerpalme liegt, sich in mich senkt (. . .) Ich aber bin entstellt vor Ähnlichkeit mit allem, was hier um mich ist. (IV 1, 261)

Es ist ein ebenso schöner wie paradoxer Text, nach dessen Zeugnis eine Art von rascher magischer Lektüre möglich ist, die dem Betrachter des eigenen Bildnisses ein anders Bild beschert. Die blitzhafte Erkenntnis tritt ihm aus dem eigenen Blick entgegen, in dessen Trauer jene allgemeine Trauer gelegt ist, die Benjamin sonst gerne dem Verschwinden der Aura widmet. Die Verweigerung, die er aus dem Bilde/Blicke liest, gilt einer Mimesis, die in der Tat der photographische Augenblick einfordert. Es ist von großer Komik, daß Werner Fuld in seiner kleinen Benjamin-Biographie ausgerechnet ein solches Photo, das Walter Benjamin mit seinem Bruder vor einer alpinen Staffage in grotesker Positur zeigt, mit der Legende versieht: »Walter Benjamin und sein Bruder Georg in der Sommerfrische.«[11]

Die Trauer über die Entstellung in der fixierten Ähnlichkeit des Photos steht im Kontrast zur Erkenntnis, welche Kraft die Kulturisation durch die Sprache einleitet: Es ist der Zwang zum Mummen in Wörtern und in kulturellen Zeichen. Die Erzählung von diesem Ähnlichwerden hatte alle Konnotationen von Behaglichkeit. Mit dabei ist der Triumph über die Unerkennbarkeit, die Nicht-Identifizierbarkeit eines Individuellen, dessen Anthropologie Benjamin anderswo ins Rätsel setzt, in der »Läuterung« durch das Rätsel (III, 136). In solchen magischen Korrespondenzen, in der Mimikry des Kindes und in der magischen Anziehungskraft der Positivitäten artikuliert sich mehr als das Pathos des Rätsels und der Verhüllung. In ihr steckt auch eine ins Aphoristische gefaßte Kulturtheorie. Denn so bekannt und anerkannt die homogenisierende Macht der Kulturen ist, über den realen, positiven Prozeß, durch den sich Zeichen und Regeln eintragen in das große Repertoire kulturkonformer pseudoindividueller Verhaltensweisen, geben nur wenige Theorien auch tatsächlich Aufschluß. Benjamins autobiographische Episoden zum infantilen Ähnlichwerden, zur Mimikry an die Sprache, an die Kleider, an die Schmetterlinge, an die Räume eröffnen hierzu einen vollen empirischen Raum. Kein Zweifel, daß die beiden Meditationen über die Ähnlichkeiten hinter die Schärfe dieser Erkenntnis zurückfallen. Sie sind – sieht man von dem Hinweis auf die archaische Fähigkeit zur Mimikry, auf die Kräfte des Transitivismus ab – keine adäquate Theorie. Dafür enthalten die verschiedenen Episoden der *Berliner Kindheit* ganze Serien von Einsichten in die Magie der Kulturisation, die sich auf der Ebene der Subjektkonstitution als unendliche Mimesis an die symbolische Umwelt abspielt. Der Hinweis, daß das Kind sich nicht »Mustern der Gesittung« anverwandelte, sondern den banalen, aber das Reale organisierenden Kulturzeichen, liest sich einerseits als Wiederholung, unendliche Reprise einer Grenzziehung gegenüber der Psychologie, die ihre Objekte identifizierbar macht. Gibt es eine schönere Poesie als den zwangsneurotischen Reflex, aller Charakterologie seine Feindschaft zu erklären? Doch zugleich insistiert die Episode des Vermummens darauf, daß sich die Person durch Wirkungen, Induktionen, Assimilationen von sprachlichen und kulturellen Symbolen konstituiert. Eingehüllt in die Anekdotik kindlicher Mimikry erfolgt in der *Berliner Kindheit* die theoretische Revision einer Sprechpraxis, der die Autobiographie im 20. Jahrhundert sonst eher intuitiv die Gefolgschaft aufkündigt: dem Bekenntnis der Innerlichkeit. Benjamins Geschichten vom Ähnlichwerden lassen sich somit als autobiographisch gefaßte Theorie des kulturellen Symbolerwerbs begreifen, als Metatheorie zur Emblematik, zum emblematischen Verfahren der *Berliner Kindheit*. Implizit erklärt die Autorstimme: ›Die dominanten Zeichen, die Embleme meines kulturellen Ursprungsmilieus – das ist mein Schicksal. Indem ich sie entziffere, indem ich mich der magischen Lektüre dieses Milieu-Textes verschreibe, lese ich meine Wahrheit.‹ Auch hier kristallisiert sich aus der autobiographischen Metatheorie wie bei Proust eine Konzeption der autobiographischen Schrift heraus, die eine Notation von Lektüren ist. Nicht allein der Lektüren von Texten und Textzeichen, sondern der Lektüre einer schon immer symbolischen Realität und Geschichte, einer ubiquitären Emblematik. Das Reale ist nicht zugänglich, das Reale ist das Gelesensein.

Dieses Lesen, darauf ist jetzt zurückzukommen, ist keine »profane« Lektüre, sondern eine »magische«. Wie geht das vonstatten, außer durch beschleunigtes Tempo? Die Antwort gibt erneut der letzte Text der *Berliner Kindheit* »Das bucklichte Männlein«. Das Zitat berücksichtigt dabei einen Passus, den die Pariser Fassung eliminiert hat. Es wird leicht deutlich werden, welcher Teil davon gestrichen wurde:

Ich denke mir, daß jenes »ganze Leben«, von dem man sich erzählt, daß es vorm Blick der Sterbenden vorbeizieht, aus solchen Bildern sich zusammensetzt, wie sie das Männlein von uns allen hat. Sie flitzen rasch vorbei wie jene Blätter der straff gebundenen Büchlein, die einmal Vorläufer unserer Kinematographen waren. Mit leisem Druck bewegte sich der Daumen an ihrer Schnittfläche entlang; dann wurden sekundenweise Bilder sichtbar, die sich voneinander fast nicht unterschieden. In ihrem flüchtigen Ablauf ließen sie den Boxer bei der Arbeit und den Schwimmer, wie er mit seinen Wellen kämpft, erkennen. Das Männlein hat die Bilder auch von mir. Es sah mich im Versteck und vor dem Zwinger des Fischotters, am Wintermorgen und vor dem Telephon im Hinterflur, am Brauhausberge mit den Faltern und auf meiner Eisbahn bei der Blechmusik, vorm Nähkasten und über meinem Schubfach, im Blumeshof und wenn ich krank zu Bett lag, in Glienicke und auf der Bahnstation. Jetzt hat es seine Arbeit hinter sich. Doch seine Stimme, welche an das Summen des Gasstrumpfs anklingt (...).
(IV 1, 304)[12]

Das temporeiche Lesen, das aus dem Medium des Textes ein Bild gewinnt, erfolgt explizit nach dem Modell des Kinematographen. Die Trägheit des Blicks, die Magie der esoterischen Lektüre, erzeugt durch Verwischung von Unterschieden ein Bild, das wahrer ist als die ganze Summe der Einzelinformationen. Doch anders, als es die *Lehre vom Ähnlichen* entwirft, läßt im »Bucklichten Männlein« der rasende Bilderreigen keine definitive Autobiographie (filmisches Stenogramm) entstehen, vielmehr geht er über in jenes Summen, das amorphe Geräusch, aus dessen Tiefe die magischen Sprüche der Luft und des Lebens aufsteigen.

Die Lehre und ihre Umsetzung in diesem Text geben somit einen letzten Aufschluß über jene Dimension der Ähnlichkeit, die der autobiographische Text, die antikriminologische und antipsychologische Rede des Autors über sich selbst, konstituiert: Spurensammlung seines Gewordenseins. Es sind Prozesse eines Ähnlichwerdens, Akte der Mimikry, magische Verschmelzungen, die dem epochalen Imperativ der Erkennbarkeit entgegenwirken und den Sprecher in die absolute Dunkelheit seiner kulturellen Wahrheit hüllen: Auferstehen und wieder Versinken im ewigen Geräusch der Welt; allein das Werden und Vergehen der insignifikanten Geräusche, der unsinnigen Zeichen wollen die Spuren der Diskurse, die ebenfalls auferstehen und versinken, festhalten.

Die Poetik der Räume

Der »Nachhall der Erinnerung«, die distinkten und amorphen Geräusche, die über die Telephonschaltung der Vergangenheit, aus dem Rauschen einer halluzinatorischen Erinnerung wiederkehren, sie konstituieren sich in *Räumen.* Wenn sich die Proustsche Erkenntnis, die Konstitution seines sprechenden Ich, in der Vorgängigkeit der Zeichen, d. h. in der unerreichbaren Dimension der Zeit, eine Gestalt verleiht, so arbeitet die Erinnerung und Erkenntnis Benjamins in den Dimensionen der Räume. Parallele und Gegensatz lassen sich noch schärfer fassen: Wenn die Proustschen Signifikanten der Zeit auf ihren Aussagewert hin untersucht werden, so enthalten sie nichts als die schicksalhafte Zeitlichkeit: den Tod. Benjamins Räume, die Organisationseinheiten seiner Erinnerung, enthalten nichts als die Memoiren der Räume, die Signifikanz der Räume. Diesen Zusammenhang hat Benjamin selbst in einer kleinen Erzählung entfaltet, die sich sowohl im *Proust*-Essay als auch in der *Berliner Kindheit* findet. Die frühere Fassung gehört in den

Abschnitt »Schränke«, die spätere des Pariser Manuskripts erscheint unter dem Titel »Der Strumpf«; die Pariser Version soll hier vollständig zitiert werden:

Der erste Schrank, der aufging, wann ich wollte, war die Kommode. Ich hatte nur am Knopf zu ziehen, so schnappte die Tür aus ihrem Schlosse mir entgegen. Unter den Hemden, Schürzen, Leibchen, die dahinter verwahrt gelegen haben, fand sich das, was mir ein Abenteuer aus der Kommode machte. Ich mußte mir Bahn bis in ihren hintersten Winkel schaffen; dann stieß ich auf meine Strümpfe, die da gehäuft und in althergebrachter Art gerollt und eingeschlagen ruhten. Jedes Paar hatte das Aussehen einer kleinen Tasche. Nichts ging mir über das Vergnügen, die Hand so tief wie möglich in ihr Inneres zu versenken. Ich tat das nicht um ihrer Wärme willen. Es war »Das Mitgebrachte«, das ich immer im eingerollten Innern in der Hand hielt, was mich in ihre Tiefe zog. Wenn ich es mit der Faust umspannt und mich nach Kräften in dem Besitz der weichen, wollenen Masse bestätigt hatte, begann der zweite Teil des Spieles, der die Enthüllung brachte. Denn nun machte ich mich daran »Das Mitgebrachte« aus seiner wollenen Tasche auszuwickeln. Ich zog es immer näher an mich heran, bis das Bestürzende sich ereignete: ich hatte »Das Mitgebrachte« herausgeholt, aber »Die Tasche«, in der es gelegen hatte, war nicht mehr da. Nicht oft genug konnte ich die Probe auf diesen Vorgang machen. Er lehrte mich, daß Form und Inhalt, Hülle und Verhülltes dasselbe sind. Er leitete mich an, die Wahrheit so behutsam aus der Dichtung hervorzuziehen wie die Kinderhand den Strumpf aus »Der Tasche« holte. (PMs – IV 1, 283 f.)

Die Umarbeitung erst hat das Modell des Strumpfes zum poetologischen Lehrbeispiel erhoben. Die frühere Fassung und ähnlich der Essay *Zum Bilde Prousts* verzeichnen diese Lehre, die der Autor sich selbst im letzten Satz vorhält, nicht. Während im früheren Artikel »Schränke« die Lehre der Strümpfe an die Märchen gemahnt, die das Kind in eine Zauberwelt einladen, um es dann doch wieder in die Wirklichkeit zurückzuschicken, eine Lehre also der Magie der Geistererzählungen, wird im *Proust* die kindliche Strumpf-Geschichte anders gewendet:

Und wie sie selbst sich nicht ersättigen können, dies beides: Tasche und was drin liegt, mit *einem* Griff in etwas Drittes zu verwandeln: in den Strumpf, so war Proust unersättlich, die Attrappe, das Ich, mit einem Griffe zu entleeren, um immer wieder jenes Dritte: das Bild, das seine Neugier, nein, sein Heimweh stillte, einzubringen. Zerfetzt von Heimweh lag er auf dem Bett, Heimweh nach der im Stand der Ähnlichkeit entstellten Welt (. . .). (II 1, 314)

Das Exempel ist so vielseitig verwendbar, weil der eingerollte Strumpf ein Modell des Medialen ist und seine Wahrheit so gemeinverständlich erzählt: Das Medium, der kleine Raum, enthält nichts als sich selbst. Und die poetologische Erkenntnis schließt sich daran leicht an: Die Form des Kunstwerks, seine sprachliche, künstlerische, mediale Gestalt, ist sein Inhalt und seine Wahrheit. Es bedarf schon großartiger Kunststücke, nach dieser Lehre den Benjaminschen Texten noch die unsterbliche Liebe der Hermeneutik zuzuwenden. Dennoch enthält das Strumpf-Modell ein Element, das damit nicht vergessen sein soll: die Bewegung der *Verwandlung* von Form in Inhalt. Doch dazu weiter unten.

Die Poesie der Räume, die die *Berliner Kindheit* entfaltet, ist von ganz außergewöhnlichem Reichtum an Türen, Schränken, Kästen, die geöffnet werden. Die große Trennungslinie, die durch den Text geht und ihn ganz generell strukturiert, teilt den biographischen Raum in das Außen und Innen, in die Sphäre der allgemeinen kulturellen Emblematik und in die Sphäre der häuslichen Intimität. Die Differenz von Außen und Innen wiederholt sich indessen allenthalben, denn mit einer beinahe rhythmischen Insistenz werden auf jeder zweiten Seite große und kleine verschlossene Räume betreten, geöffnet oder wenigstens in sie hineingespäht oder getastet. Es gibt weder ein definitives Innen noch ein absolutes Außen, sondern nur die permanente Implosion einer spatialen Reihe. Der magische Ort der *Berliner Kindheit* ist daher die Schwelle.

Unter den Karyatiden und Atlanten, den Putten und Pomonen, die mich damals angesehen hatten, standen mir nun am nächsten jene angestaubten aus dem Geschlecht der Schwellenkundigen, die den Schritt ins Dasein oder in ein Haus behüten. Denn sie verstehen sich aufs Warten. (PMs –IV 1, 238)

Zahlloser noch als diese Schwellen sind die Räume, die selbst Schwellen sind: Winkel, Kassetten, Aquarien, Verstecke, Höhlen, Bauer, Erker, Pavillons, Schränke, Kommoden, Pulte, Loggien. Es sind Schwellen der ungreifbaren Erinnerung selbst. Poetischer Augenblick des Wartens auf den Blitz. Denn wie von einem Gesetz poetischer Implosion beherrscht, erscheinen solche Räume auch als Metaphern, indem ein Wintertag zur »Zelle« wird, Geschichten zu »Geisterschlössern«, Bahnhöfe zu »Mutterhöhlen«, Plätze zu »Grotten«, ein Nachmittag zur »Nische«, Gedichte zu »Kasematten«. Das Betreten ist nicht nur der expliziten Erfahrung des Textes nach eine Art der Verwandlung, wie das »Mummen« in den Wörtern, sondern auch das magische Verfahren, das der Text mit sich selbst durchführt. Denn was findet das Kind im Strumpf, den es auswickelt? Den Strumpf sowie die Lehre, daß Form und Inhalt dasselbe sind. Und diese Lehre wendet der Erwachsene auf die Dichtung an, deren Wahrheit »behutsam« hervorgezogen werden soll. Es ist eine autoreferentielle Anweisung: ›Lies das Öffnen und Schließen der Schränke, Pulte, Taschen, Zimmer als die Wahrheit des Textes!‹ Der Inhalt aber ist auch die Wahrheit des Subjektes, denn die Identität von *Hülle* und *Verhülltem*, die die Lehre des Strumpfes als Variante anbietet, verweist so deutlich auf die Dunkelheit, in der sich unerkennbar, als Bewohner und Gemummter der Räume, der Autor selbst aufhält.

Doch geschieht das Öffnen nicht einfach, sondern es ist der Zugang zu einer Schwellenserie, gemäß dem Prinzip der Verschachtelung: Der Schrank war der Behälter des Winkels, der Winkel war der Behälter der Strümpfe, diese sind die Behälter eines Inneren, das Innere ist der Behälter des Strumpfes, der aufgewickelte Strumpf ist der Behälter der Lehre. Nicht anders ist es mit dem Bücherschrank, dessen Inneres in dem Abschnitt »Schränke« eröffnet wird. Dieser Passus wurde in die vorliegende Pariser Fassung nicht aufgenommen; doch findet sich auf der Liste der noch umzuarbeitenden Texte im Pariser Manuskript der Vermerk »Schränke II, III, IV«. Die frühere Fassung des Abschnitts »Schränke« erzählt von dem Bücherschrank, den der Junge in Augenblicken der elterlichen Abwesenheit öffnete:

Ich riß die Flügel auf, ertastete den Band, den ich nicht in der Reihe, sondern im Dunkeln hinter ihr zu suchen hatte, erblätterte mir fieberhaft die Seite, auf der ich stehengeblieben war, und ohne mich vom Fleck zu rühren, fing ich an, die Blätter vor der offenen Schranktür überfliegend, die Zeit, bis meine Eltern kamen, auszunutzen. Von dem, was ich las, verstand ich nichts. Jedoch die Schrecken jeder Geisterstimme und jeder Mitternacht und jedes Fluchs steigerten und vollendeten sich durch die Ängste des Ohrs, das jeden Augenblick den Laut des Wohnungsschlüssels und den dumpfen Stoß erwartete, mit welchem der Spazierstock des Vaters draußen in den Ständer fiel. (IV 1, 285)

Der Bücherschrank enthält das Dunkel hinter der Reihe, das Dunkel enthält das Buch, das Buch enthält nichts, da das Kind nichts versteht, oder doch: es enthält das Geräusch des Schlüssels und des väterlichen Spazierstocks. Die Märchenbücher sind ebenfalls Geräuschkonserven, sie enthalten Geräusche des Immergleichen wie die Speisekammer oder der mütterliche Wäscheschrank.

Schränke sind Schreine einer bestimmten Intensität von Frömmigkeit, in welcher sich jene Form der Selbstbezüglichkeit verdichtet, die man vielleicht mit Recht als »bürgerlich« bezeichnet: Dies ist die *Intimität*. Etymologisch gesehen ist die Intimität die ins äußerste gesteigerte Form des Innen. Stärker noch als die Innigkeit ist das *Intime* das absolute Innen. Dieses absolute Innen zu erzeugen, ist die Bewegung des Textes. Die implosiven Verweisungen innerhalb des Innerhalb entsprechen jenem Schachtelspiel, das man Kindern schenkt oder das sich Liebende schenken, als spielerisch modellierte Nachahmung des äußersten Innen. So liest sich die intime Verweisung in der *Berliner Kindheit* im Bezug zur unaufhörlich evozierten Topologie des Bürgerlebens: Die Stadt, das Haus, die Wohnung, das Zimmer, das Bett, die Betthöhle. Die Verschachtelung, die alle Räume zum Innen eines Außen und zum Außen eines Innen macht, evoziert das Intime als die Intensivierung eines Innen. Dieses Innen ist das Heilige. Das Verschachteltste ist das Heilige, ganz wie die Kirche den Altar umfaßt, der Altar enthält den Schrein, und der Schrein beherbergt das Allerheiligste. Freilich ist das Allerheiligste nie das Allerheiligste, sondern lediglich Anfang einer metonymischen Verweisung: Denn der Inhalt des Schreins ist vielleicht nur ein Kleiderzipfel; der verweist auf die Heilige Katharina, Katharina ist die Verkörperung des gebannten Gelüsts; dies verweist auf die Sünde, die Sünde auf die Erlösung, die Erlösung auf Jesus, Jesus auf Gott. Dort wäre die Reihe zu Ende, wenn nicht Gott eben der Anfang wäre, und alles kann wieder beginnen. Wie aber geht das Kapitel »Schränke« weiter?

Es war ein Zeichen der Sonderstellung, die die geistigen Güter im Haus behaupteten, daß dieser Schrank als einziger unter allen offenblieb. Denn zu den anderen gab es keinen Zugang als durch den Schlüsselkorb, der jede Hausfrau in jenen Jahren überall im Haus begleitete, um doch auf Schritt und Tritt von ihr vermißt zu werden. Das Scheppern des Schlüsselhaufens, welchen sie durchwühlte, ging jedem Hausgeschäft voraus; es war das Chaos, das darin aufbegehrte, ehe das Bild der heiligen Ordnung hinter den weitoffenen Schranktüren wie im Grund des Altarschreins zu uns hinübergrüßte. Auch von mir verlangte es Verehrung und selbst Opfer. Nach jedem Weihnachts- und Geburtstagsfest war zu entscheiden, welches der Geschenke dem »neuen Schrank« zu stiften sei, zu dem die Mutter mir den Schlüssel aufbewahrte. Alles Verschlossene blieb länger neu. Doch nicht das Neue zu halten, sondern das Alte zu erneuern lag in meinem Sinn. Das Alte zu erneuern dadurch, daß ich selbst, der Neuling, mir's zum Meinen machte, war das Werk der Sammlung, die sich mir im Schubfach häufte. Jeder Stein, den ich fand, jede gepflückte Blume und jeder gefangene Schmetterling war mir schon Anfang einer Sammlung, und alles, was ich überhaupt besaß, machte mir eine einzige Sammlung aus. (IV 1, 285f.)

Das Innerste, so wurde gezeigt, ist das Heilige dank der Steigerung und Intensivierung. Und das Heilige? Das Heilige ist ein rituell organisierter Raum, der nichts enthält als das Heilige, das sich wiederum nur enthalten und steigern läßt durch Metonymik, durch eine unendliche Reihung, und die unendlichste Reihung ist die Sammlung: Bücher, Münzen, Bilder. Sammeln heißt daher das Ritual der intimen Feierlichkeit, und Sich-Sammeln verlangt auf der Ebene der psychischen Organisation: seine Gedanken auf einen heiligen Punkt vereinigen. Benjamin war ein Sammler sein Leben lang, er hat Kinderbücher gesammelt; aber von wieviel Sammelobjekten erfährt der Leser der *Berliner Kindheit*, von Schmetterlingen, Briefmarken, Postkarten, Blumen, Kastanien und natürlich von einer Sammlung von Zigarrenkästen. In solchen Kästen wird das Heilige, das das Innerste ist, noch einmal zu kleinen Behältern, die auf ihre Weise die Unendlichkeit des Spiels in Bewegung halten.

Gaston Bachelard hat in seiner *Poétique de l'espace* ganz entsprechende Motive aus der modernen Literatur zusammengetragen und an ihnen eine Phänomenologie der Intimität entwickelt.[13] Mit vollem Recht hat er darauf verwiesen, daß sich Räume – jenseits aller Institutionen – *lesen* lassen. Die *neuzeitliche* Literatur und die ihr zugehörige intime Lektüreform (im Gegensatz zur kollektiven Leseweise, die bis ins Spätmittelalter reicht) haben sowohl die kleinen Räume wie die zu ihnen gehörigen Texte produziert. Die *moderne* Literatur, die diese Räume, wie Bachelard zeigt, unaufhörlich evoziert, koppelt in durchsichtiger Autoreferenz das Lesen an die Bedingung des Lesens. Freilich erfolgt das Lesen der Räume in der *Berliner Kindheit* nicht gemäß einer Logik der Reihe oder Serie, sondern in unaufhörlicher Verdichtung: Implosion des Zeichens, des Sinns und des autobiographischen Referenten. Denn das Intime hat niemals irgendeine Bedeutung, keinen Sinn, wenn man davon absieht, daß Benjamin aus der Perspektive des Exils ein Bild davon zu geben wünschte, wie geborgen seine Kindheit gewesen ist.[14] Allerdings hat er die Geborgenheit und den Gegensatz zur Geborgenheit als Motiv in der *Berliner Kindheit* doch in eine höhere Signifikanz gehoben: Der Gegensatz ist das Labyrinth. Während die Schachtelung der Räume in der Intimität (Geborgenheit) eine Serie des Öffnens und Schließens ist, die problemlos in beide Richtungen durchlaufen werden kann, bildet das Labyrinth eine rätselvolle Kombinatorik von Räumen, die lediglich ein Plan, ein Helfer, ein Kundiger in der Ordnung von Öffnen und Schließen zu beherrschen vermag: Labyrinthisch sind die Stadt und das Begehren, und sie treten über in die Schachtelung des Intimen, wenn die Wohnung betreten wird.

Betreten, Übergang, Innehalten auf der Schwelle, Öffnen heißen die feierlichen rituellen Tätigkeiten, deren Magie ein leicht erkennbares Analogon zur Technizität der Schaltung darstellt. Öffnen, Betreten, Einkehren heißt die Bewegung der Erinnerung, den Akt des Eingedenkens als Beginn der Sammlung vollziehen: Es ist ein Horchen auf sich selbst, das diese Schaltung beginnen läßt. Die Bilder und Geräusche, die angeschaltet werden, enthalten nichts als die Erinnerung, die sich, als intimste Intimität, in einer Reihe von Schachtelungen oder einer Serie der Verweisungen selbst regeneriert. Ein weiteres Beispiel aus dem Abschnitt »Winterabend«:

Manchmal nahm mich an Winterabenden meine Mutter zum Kaufmann mit. Es war ein dunkles, unbekanntes Berlin, das sich im Gaslicht vor mir ausbreitete. Wir blieben im alten Westen, dessen Straßenzüge einträchtiger und anspruchsloser waren als die später bevorzugten. Die Erker und Säulen gewahrte man nicht mehr deutlich, und in die Fassaden war Licht getreten. Lag es an den Mullgardinen, den Stores oder dem Gasstrumpf unter der Hängelampe – dies Licht verriet von den erleuchteten Zimmern wenig. Es hatte es nur mit sich selbst zu tun. Es zog mich an und machte mich nachdenklich. Das tut es in der Erinnerung heute noch. Dabei geleitet es mich am liebsten zu einer von meinen Ansichtskarten. Sie stellte einen berliner Platz dar. Die Häuser, die ihn umgaben, waren von zartem Blau, der nächtliche Himmel, an dem der Mond stand, von dunklerem. Der Mond und die sämtlichen Fenster waren in der blauen Kartenschicht ausgespart. Sie wollten gegen die Lampen gehalten werden, dann brach ein gelber Schein aus den Wolken und Fensterreihen. Ich kannte die abgebildete Gegend nicht. »Hallesches Tor« stand darunter. Tor und Halle traten in ihr zusammen und bildeten die erhellte Grotte, in welcher ich die Erinnerung an das winterliche Berlin vorfinde. (PMs – IV 1, 288 f.)

Es ist eine Reihe von Schaltungen, die hier vorgenommen wird: Winterabend, Dunkel, Licht, Nachdenklichkeit, Ansichtskarte, Licht, Hallesches Tor, Grotte, Erinnerung. In einem Satz: Die Erinnerung erinnert sich an die Erinnerung. Selbstreferenz, die durch eine Reihe gleitet, die über einen Umweg zu sich zurück- kehrt und in einer Art von Intimitätsmuschel stecken bleibt, die wie die Telephonmuschel nur ein diffuses Medium der Erinnerung in sich trägt. Die Serie liefert zugleich eine schöne Anschauung von der Funktion und vom Trost der Sammlung. Die Anhäufung und Reihung, gesteuert vom Wunsch der Vollständigkeit, erfolgt im Kampf gegen jene Leere, von der die Räume trotz ihrer rasch erfol- genden Implosionen heimlich sprechen. Das Sammeln ist eine in die Objekte gebannte Unaufhörlichkeit: Archiv der Lebenstätig- keit.

Der tiefste Selbstbezug erfolgt in der tiefsten Höhlung der Inti- mität; so wird es im Abschnitt »Fieber« erzählt:

Gemessen werden strengte an. Danach blieb ich am liebsten ganz allein, um mich mit meinen Kissen abzugeben. (. . .) So richtete ich's manchmal ein, daß sich in diesem Bergwall eine Höhle auftat. Ich kroch hinein; ich zog die Decke über den Kopf und hielt mein Ohr dem dunklen Schlunde hin, die Stille ab und zu mit Worten speisend, die als Geschichten aus ihr wie- derkehrten. (PMs – IV 1, 271)

Diese Texte geben durch den immer wieder erzeugten magischen Bezug zwischen der psychischen Aktivität der Erinnerung und den Räumen, die die Erinnerung eröffnet, einen Begriff von jener astro- logischen Archäologie, die die paradoxe Aufgabe der Lektüre dar- stellt. [15] Indem sie Dunkelheiten, Räume und Tiefen, das Magische und Effektive von Innigkeiten und Intimitäten bei der Konstitution des Erzählers gegenwärtig werden läßt, werden mediale Mächte, die nicht Schrift und nicht Bild sind, an den Rand der Schrift selbst geholt. Zunächst die evozierte Medialität: Das Eintauchen in die poetischen Räume und das Wiedereintauchen in den nächsten Raum entspricht dem Aufstehen und Vergehen der amorphen Ge- räusche, die aus dem Rauschen dieser Räume vernehmbar werden. Und die Macht? Wo liegt sie? Vergegenwärtigt man sich noch ein- mal den erzählerischen Gehalt aus der Serie der Geschichten, in denen ein Kind von der implosiven Dynamik in den kleinen Räumen der Geborgenheit angezogen wird, so läßt sich diese Kindheit auch als Vorgeschichte, als Vorschule eines Verfallenseins an die *Versprechungen* (und nicht die Bedeutung) der Zeichen lesen. Wie geht es dem Kinde, wenn die Mutter bei gesellschaftlichen Anlässen ihren Schmuck anlegte? Das folgende Zitat stammt aus dem Abschnitt »Gesellschaft«; er ist in der Pariser Fassung nur unter der Rubrik der umzuarbeitenden Texte [16] aufgeführt:

Dies Schmuckstück war, so oft ich es erblickte, mein Entzücken. Denn in den tausend kleinen Feuern, die aus seinen Rändern schossen, saß, vernehmlich, eine Tanzmusik. Die wichtige Minute, da die Mutter es der Schatulle, wo es lag, entnahm, ließ seine Doppelmacht zum Vorschein kommen. Es war mir die Gesellschaft, deren Sitz in Wahrheit auf der Schärpe meiner Mutter war; es war mir aber auch der Talisman, der sie vor allem schützte, was von draußen bedrohlich für sie werden konnte. In seinem Schutze war auch ich geborgen. (IV 1, 264)

Auch das mütterliche Schmuckstück ist ein Emblem der Schwelle, Herkunft aus der Dunkelheit, in die es zurückkehrt, um am Körper für den Übergang des Festtages selbst zu firmieren. Die »Minute«, das »Entnehmen«, die »Doppelmacht« lassen sich als Synonyme der autobiographischen Schrift erfassen, die auch nur bis zu jenem Rand führt, an dem die Erinnerung als aktueller Vollzug, der nur dem Autor gehört, einsetzt. Aber die Schwelle ist auch der einzige Augenblick des Glücks: Er selbst kann nicht erlebt und genossen werden: die Erinnerung ist ein blasses Doppel der Schwellenfreude.

Das autobiographische Medium

Welche Bestimmungen lassen sich am Ende für einen autobiographischen Diskurs geben, der nach seiner entschiedenen Absicht keine Erzählung sein will, der kein Portrait, keine Charakteristik liefert, der keine Lebenszusammenhänge zu fassen sucht, sondern sich metaphorisch und faktisch den technischen Medien anverwandelt, ohne freilich auch deren spezifische analoge Informationsverarbeitung zu imitieren? Unter welchen Gesichtspunkten und im Zeichen welcher Affinitäten läßt sich die autobiographische (Druck-)Schrift auf der gleichen Ebene mit den beiden anderen Medien, die in der *Berliner Kindheit* das Autorleben und den Autortext durchdringen, situieren und begreifen? Hat diese Insistenz, mit der Benjamin die Episodik seiner Kindheit technisch-medial zu wenden sucht, schließlich überhaupt noch einen autobiographischen Aussagewert?

Ehe diese Fragen in die letzte Frage dieses Kapitels einmünden, sind noch einmal einige Fäden wiederaufzunehmen, die an anderer Stelle liegengeblieben sind: Zunächst muß der Zusammenhang der drei Medien Sprache, Photographie, Telephon, wie er sich in Benjamins Theoretisierungen herstellt, analysiert werden. Damit verknüpft sich die Doppelfrage nach der Macht der Medien und nach der Besonderheit jener magischen Lektüre, die in den Spekulationen zur *Lehre vom Ähnlichen* konzipiert wurde.

Benjamin hat seine Erwägungen zum Medium Photographie in dem Essay *Kleine Geschichte der Photographie* niedergelegt. Gemäß der Titelankündigung wird dieses Medium nicht einfach als eine technische Positivität analysiert, sondern erscheint in einer historischen und historisch-technischen Perspektive, die seinen Aufstieg und Verfall zusammenfaßt. Eine Frühzeit des Mediums, in der die photographischen Bildnisse eine besondere Kraft der Authentizität entfalteten, wird aus der Epoche des definitiven Verfalls beschworen. – Ein ganz analog operierender Blick erfaßt auch das Telephon, das in einem Abschnitt der *Berliner Kindheit* als »Zwillingsbruder« des autobiographischen Sprechers selbst eine biographische Bedeutung erhält. Dabei vollzieht Benjamins Topik des großbürgerlichen Ambiente, welches in beiden Texten das Dekor bildet, eine halbsurrealistische schicksalhafte Begegnung dieser zwei Medien: An gleicher Stelle, dort wo die Photographie in gewisser Weise den Geist aufgibt, dort setzt das Telefon zu seinem triumphalen Aufstieg an. In der *Photographiegeschichte* heißt es:

Schließlich aber drangen von überallher Geschäftsleute in den Stand der Berufsphotographen ein, und als dann späterhin die Negativretusche, mit welcher der schlechte Maler sich an der Photographie rächte, allgemein üblich wurde, setzte ein jäher Verfall des Geschmacks ein. Das war die Zeit, da die Photographiealben sich zu füllen begannen. An den frostigsten Stellen der Wohnung, auf Konsolen oder Gueridons im Besuchszimmer, fanden sie sich am liebsten: Lederschwarten mit abstoßenden Metallbeschlägen und den fingerdicken goldumrandeten Blättern (...). (II 1, 374 f.)

Der schmähliche Niedergang der Photographie in den Familienarchiven der Nebenzimmer fällt in das gleiche Dunkel, in die gleiche

Epoche, die mit dem Aufstieg des neuen Mediums sich schließt. Der Passus »Das Telefon« erzählt davon:

Ich durfte erleben, wie es die Erniedrigungen seiner Erstlingsjahre im Rükken ließ. Denn als Lüster, Ofenschirm und Zimmerpalme, Konsole, Gueridon und Erkerbrüstung, die damals in den Vorderzimmern prangten, schon längst verdorben und gestorben waren, hielt, einem sagenhaften Helden gleich, der in der Bergschlacht (!) ausgesetzt gewesen, den dunklen Korridor im Rücken lassend, der Apparat den königlichen Einzug (...).
(PMs – IV 1, 242)

Benjamins archäologische Astrologie arrangiert die Konstellation: Ausgerechnet ein dunkler Winkel der großbürgerlichen Wohnungen sieht sich zum schicksalhaften Ort des Endes und des Anfangs erwählt. Im Dunkel Versinken und aus dem Dunkel Emporsteigen – diese zwei Bewegungen gehören zur historischen wie strukturellen Bestimmung aller drei Medien in Benjamins Spekulation. Denn die Geschichte, das Geschick, das er dem Medium Photographie nachsagt, stellt dieses zwar vorderhand in Spannung und Konkurrenz zur Kunst des Portraits, wie es Malerei und Miniatur pflegten. Doch es geht ihm darum, das medial Spezifische und das geschichtlich (technisch) Verlorene zu definieren. Und zur Sicherung dieser Bestimmung, zur Definition einer Qualität des Anfangs und der Frühe spricht Benjamin von den »Inkunabeln der Photographie«; das sind Photoportraits aus dem 19. Jahrhundert, auf denen die Aura der Einmaligkeit und des Blicks noch gegenwärtig geblieben sind. Doch eigentlich ist es etwas anderes, was die mediale Qualität der photographischen *Inkunabeln,* der alten Bildnisse ausmacht: die völlige Gegenwart eines schwarz-weißen Lichtspektrums, das ihm als Garant und Doppelung der Vollständigkeit (Authentizität) gilt:

Es war eine Aura um sie, ein Medium, das ihrem Blick, indem er es durchdringt, die Fülle und die Sicherheit gibt. Und wieder liegt das technische Äquivalent davon auf der Hand; es besteht in dem absoluten Kontinuum von hellstem Licht zu dunkelstem Schatten. (II 1, 376)

Und nun ergibt eine Relektüre der ersten Zeilen aus dem »Telefon«-Abschnitt der *Berliner Kindheit,* daß dort der »Zwillingsbruder« auch eine »Inkunabel« des Telephons ist; die Vorstufe der Reife, die technische Frühe qualifizieren dieses erste Telephon als Gegenstand und Medium der Erinnerung. Die »Gewißheit« umfaßt den »Nachhall«, dessen Anderssein in der Ununterscheidbarkeit von technischem und erinnerndem Apparat liegt. Worin nun liegt die Analogie dieser beiden Inkunabeln einer technischen Frühzeit? Und wo findet sich die nähere Affinität zum Medium Sprache/Schrift? Es sind eigentlich zwei komplexe Zuschreibungen, mit denen Benjamin die besondere gemeinsame Qualität dieser drei Medien Photo, Telephon, Schrift beurkundet: Es ist die unüberschreitbare Differenz, die technisch garantierte, die historisch gegebene Differenz der definitiv verlorenen *Qualität einer Vorzeit.* Daß es auch verlorene Qualitäten der Sprache/Schrift gibt, das hat Benjamin in seinen erwähnten Meditationen zur »Ähnlichkeit« und zum »mimetischen Vermögen« dargelegt. Der zweite Komplex liegt in den Zuschreibungen der Magie und Macht, die den drei Medien eigen sein sollen. Diese Macht/Magie entfaltet ihre geheimnisvolle Wirkung aus dem Zusammenspiel von vier Elementen: Implosion des Raumes, momentane Auflösung der Zeitordnung, Vorbeigleiten des Sinns, Aufsteigen und Versinken des Mediums im Dunkel. Zunächst zur Macht der alten Photoinkunabeln; sie beschwört Benjamin in der *Kleinen Geschichte*:

Hat man sich lange genug in so ein Bild vertieft, erkennt man, wie sehr auch hier die Gegensätze sich berühren: die exakteste Technik kann ihren Hervorbringungen einen magischen Wert geben, wie für uns ihn ein gemaltes Bild nie mehr besitzen kann. Aller Kunstfertigkeit des Photographen und aller Planmäßigkeit in der Haltung seines Modells zum Trotz fühlt der Beschauer unwiderstehlich den Zwang, in solchem Bild das winzige Fünkchen Zufall, Hier und Jetzt, zu suchen, mit dem die Wirklichkeit den Bildcharakter gleichsam durchgesengt hat, die unscheinbare Stelle zu finden, in welcher, im Sosein jener längstvergangenen Minute das Künftige noch heut und so beredt nistet (. . .). (II 1, 371)

Die Magie, der Zwang, den ein Photo jener Epoche auszuüben vermag, geht aus ungeplanten, der Absicht entzogenen Elementen hervor: der Implosionskraft des medialen Ausdrucks, der eine Tiefe eröffnet, ein Nest der Zeit. Von dort lösen Stimmen der Vergangenheit und Präfigurationen der Zukunft die Zeitkoordinaten auf. Und der Schlußsatz des Essays hält die vierte Bestimmung des alten Mediums fest: Es herrscht eine »funkenschlagende Spannung« [17] in dem »Dunkel der Großvätertage«, aus dem die »ersten Photographien so schön und unnahbar« heraustreten (II 1, 385). – Wie steht es mit diesen vier Bestimmungen bei einer anderen »Inkunabel« eines technischen Mediums? Sie erscheinen dort, wo der Autobiograph die Macht der Telephonstimme sucht, die Stimme im Medium der Frühe; der Abschnitt »Telefon« gibt das Protokoll der Anstrengung:

In diesen Zeiten hing das Telefon entstellt und ausgestoßen zwischen der Truhe für die schmutzige Wäsche und dem Gasometer in einem Winkel des Hinterkorridors, von wo sein Läuten die Schrecken der berliner Wohnung vervielfachte. Wenn ich dann meiner Sinne mit Mühe mächtig, nach langem Tasten durch den finstern Schlauch, anlangte, um den Aufruhr abzustellen, die beiden Hörer, welche das Gewicht von Hanteln hatten, abriß, und den Kopf dazwischen preßte, war ich gnadenlos der Stimme ausgeliefert, die da sprach. Nichts war, was die Gewalt, mit der sie auf mich eindrang milderte. Ohnmächtig litt ich, daß sie mir die Besinnung auf meine Zeit, meinen Vorsatz und meine Pflicht zu nichte machte; und wie das Medium der Stimme, die von drüben seiner sich bemächtigt, folgt, ergab ich mich dem ersten besten Vorschlag, der durch das Telefon an mich erging. (PMs – IV 1, 243)

Vier Bestimmungen, vier Parameter sichern die Erkennbarkeit der magischen Wirkung: vorab ist es die Dunkelheit; weiterhin kehrt der von allen Intentionen und von allem Sinn unerreichbare rein mediale Charakter wieder; hinzu gesellt sich beim Telephon die doppelte Implosion des Raumes: Es hängt im »Winkel im Korridor« und die Stimme »von drüben« versetzt den Hörenden in einen anderen Raum; und schließlich wird die Ordnung der Zeit (hier auch die moralische Ordnung) aufgelöst. Zum-Medium-Werden heißt eine Form des magischen Gehorsams gegenüber einer nichtsignifikanten Macht. Sie wird dem Telephon, der Photographie ebenso zugeschrieben wie der Sprache und Schrift: Die Magien der Frühe überkreuzen metaphorisch die Medien. Nicht nur die »Inkunabeln« spenden solche vormodernen, verlorenen Technizitäten. Eine archaische Zeichengebungskraft spricht der Photographie-Historiker auch dem Photographen zu. Er sei »Nachfahr der Augurn und der Haruspexe« (II 1, 385), indem er die Welt, die Wirklichkeit mit der Kraft der photographischen Blicke durchdringe. In der *Lehre vom Ähnlichen* wurde eine *magische* Lektüre, die sich nicht dem Sinn und der Bedeutung, sondern dem blitzhaften Hervortreten von Ähnlichkeiten verschreibt, dem Lesen aus Sternen und Eingeweiden gleichgestellt. Eine solche archaische Lektüre – die »astrologische Archäologie« – suchte in der *Tiefe* weder einen expliziten noch einen impliziten Sinn; die magische Lektüre wartete auf eine Implosion der Schrift. Sie verfiel damit zugleich jener anderen Zeitordnung, nach der in einem jahrtausendlangen Prozeß die Sprache und Schrift zum »vollkommensten Archiv unsinniger Ähnlichkeiten« (II 1, 209/213) geworden sind. Den Vorgang einer solchen Implosion des sprachlichen Mediums hat Benjamin in einem anderen Abschnitt der *Berliner Kindheit*, in »Eine Todesnachricht«, präzisiert. Zitiert wird hier die frühe Fassung, die mit einer Reflexion über das *déjà vu* einsetzt. Diese Form der Erinnerung wird gemäß der Grundbegegnung des gesamten Textes ins Akustische übertragen:

Man hat das déjà vu oft beschrieben. Ist die Bezeichnung eigentlich glücklich? Sollte man nicht von Begebenheiten reden, welche uns betreffen wie ein Echo, von dem der Hall, der es erweckte, irgendwann im Dunkel des verflossenen Lebens ergangen scheint. Im übrigen entspricht dem, daß der Chock, mit dem ein Augenblick als schon gelebt uns ins Bewußtsein tritt, meist in Gestalt von einem Laut uns zustößt. Es ist ein Wort, ein Rauschen oder Pochen, dem die Gewalt verliehen ist, unvorbereitet uns in die kühle Gruft des Einst zu rufen (. . .). (IV 1, 251 f.)

Auch hier die vierfache Bestimmung der magischen Kraft: nichtsignifikantes Signal, Dunkel, plötzliches Zeitkontinuum, Implosion des Raumes. Zugleich ist hier jener amorphe, diffuse Charakter des Mediums angesprochen, dessen Qualitäten wiederum – medial gesehen – mit den spezifischen Bedingungen der »Inkunabeln« zusammenlaufen: Die frühe Photographie, das jugendliche Telephon, die Handschrift, die Inkunabel sind allesamt kühle Medien, deren Informationswert, für sich gesehen, gering ist und durch die Beteiligung des jeweiligen Decoders angereichert werden muß.[18] Diese Kühle, die geringe Trennschärfe der Informationen innerhalb dieser Medien eröffnen der Meditation jenen Spielraum, von dem die magische Lektüre, das magische Vernehmen stets spricht. Es sind ohne Zweifel meditative Zuschreibungen, die sich jedoch keineswegs auf einen Sinn, auf eine beabsichtigte Bedeutung, sondern auf die Intensität der reflektierten medialen Wirkung beziehen. Dies ist auch der ins Auge gefaßte Status des kühlen autobiographischen Textes *Berliner Kindheit um Neunzehnhundert*.

Doch noch etwas ist entscheidend: Benjamins Medienphilosophie, deren Modernität in ihrer Emphase der *Intensitäten* liegt, der magischen Qualität, sind freilich Verschaltungen der Schrift selbst.

Verschaltung mit den anderen technischen Medien, um an deren Macht zu partizipieren. Sie werden augenscheinlich an den halluzinatorischen Kopplungen, welche in Photographien »Inkunabeln« erkennen, Erinnerungszeichen aus Telephonrauschen isolieren, Bilder zu Kinobewegungen beschleunigen und wieder im Rauschen (Summen) versinken lassen (IV 1, 301). Solche Kopplungen, metaphorische Schaltungen, beruhen – das soll noch einmal betont werden – auf Zuschreibung, wenn auch die Vergleichsebene durch eine realistische Bestimmung des Medialen gesichert ist: den technisch erreichten Effektivierungen. Die Bezüge der autobiographischen kühlen Schrift zu den anderen kühlen Medien, Photographie und Kino der Frühzeit, Telephon der Frühzeit, ergänzen sich noch durch eine fünfte Gemeinsamkeit, von der aus die Konzeption der *Berliner Kindheit* ein letztes Licht bezieht. Wenn Benjamin bei den frühen Photographien das vollständige Schwarz-Weiß-Kontinuum hervorhebt, gewissermaßen das gesamte Rauschspektrum des weißen Lichts, und wenn er die amorphen Geräusche der *Berliner Kindheit* aus dem reinen akustischen Rauschen hervorgehen läßt, dann sind dies beide Male rhetorische Einschließungen der gesamten physikalischen Gegebenheit des optischen oder akustischen Kanals. Diese Vollständigkeit und Fülle, die Idee eines absoluten Kontinuums der Möglichkeiten der Information, sie steht in offensichtlicher Analogie zu jenem Begriff der Sprache, die eine sehr überlegte Formel als »vollkommenstes Archiv unsinnlicher Ähnlichkeiten« definiert. Das Archiv der Ähnlichkeit, implodierende Tiefe einer magischen Lektüre, ist die Bestimmung der Sprache als *Medium,* freilich als Medium referenzloser Zeichen. Das autobiographische Selbstportrait, das auf dem Grund dieses vielfach erwähnten Rauschen entsteht, läßt das Subjekt nicht in der identifikatorischen Symbolik der familialen, kulturellen, historischen Milieus aufgehen, sondern sieht/hört das Kind aus der Tiefe des (sprachlichen) Mediums selbst emporsteigen. Die Kindheit rückt als absolute Verlorenheit und absolute Unwiederbringlichkeit in Analogie zu den Inkunabeln der anderen Medien: im Medium der Sprache selbst sind es die (freilich nur theoretisch hypostasierten) »Inkunabeln« der Ähnlichkeit, der verlorenen unsinnlichen Ähnlichkeiten, denen der Autor sein vergangenes Sein anvertraut.

Das mediale Modell dieser Telephonerinnerung läßt das eigene kindliche Sein in der Tiefe des Rauschens der Vergangenheit aufgehen und versinken. Beschworen wird es als das Rauschen des sprachlichen Mediums schlechthin, das Medium der unsinnlichen Ähnlichkeiten. Aus solcher Dunkelheit, aus solcher Schwärze, die absolute Fülle ist, aus der vollständigen Vereinigung aller Designationsmöglichkeiten tritt leuchtend das Ideal des akustischen Inkognitos hervor. Eine Modellvariante dieses Portraits, eine optische Variante, erscheint im Schlußsatz der *Kleinen Geschichte der Photographie*; der Satz gilt gleichermaßen für das Medium wie für seine zuvor beschworenen Antlitze:

Im Scheine dieser Funken ist es, daß die ersten Photographien so schön und unnahbar aus dem Dunkel der Großvätertage heraustreten. (II 1, 385)

IV
Jean-Paul Sartre:
Inquisition der *Wörter*

Gehorsam ohne Über-Ich

Dies ist ein paradoxer Sprechakt: Jemand *bekennt*, daß er kein Über-Ich hat. Sartre legt dieses Geständnis in jener Unschuld ab, die er nie besessen haben will (W 16 – M 17). Keine Befehle, keine Verbote haben die Initialen zu seiner Charakterschrift geliefert, sondern ein komödiantisches Ähnlich-Werden gegenüber den positiven Qualifizierungen, die das Kind einhüllten. Dieses Milieu der Unschuld erzeugt den Betrüger, den Märtyrer, den Dichter/Schriftsteller – ein Triumvirat aus einer Person, die sich später daran machte, in unendlicher Arbeit sich selbst und ihren Spiegelbildern die gemeinsame verfehlte Wahrheit zu entreißen: Baudelaire, Genet, Flaubert. Diese drei formieren ein zweites Triumvirat aus Doppelgängern, die sich unter dem Autor-Namen Sartres als Angestellte seiner Philosophie einstellen. Während der Philosoph jedes Schriftzeichen, jeden Satz dieser drei Phantome seiner Über-Ich-Losigkeit einer akribischen Lektüre unterzieht, an ihnen die detektivische, die theologische, die psychologische Mikroskopie anwendet, ist die Aufmerksamkeit gegenüber der eigenen Person lakonisch, kurzgefaßt, von kühler Härte. Vor den Blicken der Leser entsteht ein häßliches, schielendes, verhätscheltes Kind, das sich unter den aufmunternden Zurufen seiner Familie in das verwandelt, was der Autor später sein will. Doch während den anderen Dichtern, Betrügern, Märtyrern eine Gebrochenheit, Tiefe und Ambivalenz zugesprochen wird, und ein Charakter, der, vom Schicksal gezeichnet, pervers, neurotisch, seine komplexe Wahrheit zu sagen bestrebt ist, liest sich die Skizze des Kindes Jean-Paul Sartre wie eine Expertise von juristischer Präzision und von aphoristischer Geschlossenheit. Und der Grund für dieses knapp gehaltene Protokoll des Selbstverhörs: Da das Objekt des autobiographischen Diskurses keine Seele hat (W 51 – M 71) – allenfalls das Seelenleben eines Schwindlers, eines Gauklers, Betrügers –, kann es auch in ungeheurer Transparenz erscheinen: Jene Durchsichtigkeit, aus der Rousseau sein eigenes Inneres hervorgehen lassen wollte[1], Sartre hat sie nicht nur behauptet (»Ich war *nichts*: eine unaustilgbare Transparenz« W 52 – M 73), sondern mit vollendeter Leichtigkeit hergestellt: Die theatralischen Finessen dieses kleinen Betrügers und Clowns stehen im hellsten Licht; Poulous Betrug ist zugleich eine vollendet gelebte und simulierte Unschuld, weil dieses Gauklerwesen von der Ununterscheidbarkeit des Betrugs profitiert:

> In meiner hübschen Glaskugel, meiner Seele, zogen meine Gedanken höchst übersichtlich ihre Bahn: da gab es kein schattiges Eckchen. Jedoch: ohne daß ein Wort gesprochen wurde, formlos und undicht, verborgen hinter jener unschuldigen Transparenz, machte eine transparente Gewißheit alles zunichte: ich war ein Schwindler. Wie soll man Theater spielen, wenn man nicht weiß, daß man Theater spielt? (W 48 – M 66 f.)

Das Theater kann nicht an sich unterschieden werden, sondern nur – wie sich noch zeigen wird – durch eine Theorie des Zeichens. Was aber erzeugt die Gestalt eines solchen Betrügers? Der freiwillige Eintritt in die Photo-Theatralik des Großvaters:

> Wenn wir ihn abends auf der Straße erwarten mußten, erkannten wir ihn bald zwischen den vielen Reisenden, die der Bergbahn entstiegen, an seinem hohen Wuchs und seinem Tanzmeisterschritt. Sobald er uns gesehen hatte, setzte er sich in Positur, gleichsam den Anweisungen eines unsichtbaren Photographen nachgebend: Bart im Wind, Körper straff aufgerichtet, Füße im rechten Winkel, Brust heraus, Arme weit geöffnet. Auf dieses Zeichen hin blieb ich unbeweglich stehen, beugte mich vor, ich war der Läufer vor dem Start, das Vögelchen, das gleich aus dem Käfig fliegen soll; einige Augenblicke blieben wir so unbeweglich voreinander stehen, eine hübsche Gruppe aus Meißner Porzellan. Dann stürzte ich los, beladen mit Blumen und Früchten, mit dem Glück meines Großvaters; ich spielte Atemlosigkeit und prallte gegen sein Knie, er hob mich vom Boden auf, ganz hoch, drückte mich an sein Herz und murmelte: »Mein Schätzchen!« Das war das zweite Bild, die Passanten pflegten es sehr zu beachten. (W 16 – M 16 f.)

Der große Effekt des Beifalls macht den Betrüger und den Schauspieler identisch mit dem Bild, das das Kind von den anderen erheischt. Seine Kulturisation erfolgt leicht und gleitend: Eine Molluske der Tugend versinkt lautlos in der Muschel der Wohlanständigkeit. Das Kind ist ein völlig durchsichtiges Weichtier (W 63 – M 89, 110), in ihm lebt kein Körnchen eines augenscheinlich Bösen, alles Licht prüfender Blicke geht widerstandslos durch die pure Formbarkeit dieser Mimikry ans Rechte.

Aber ist es wirklich so? Es gibt einen kleinen Haken, an dem sich der Verdacht einhängt. Ohne diese beiden Voraussetzungen – die Durchsichtigkeit der Seele und die Durchsichtigkeit des Diskurses

– funktionierte das ganze Spiel der Triumvirate nicht. Insbesondere nicht das zweite. Denn in den großen, immer umfangreicher werdenden Essays über Baudelaire, Genet, Flaubert ist die stets ausdrücklich formulierte Prämisse die *Aufrichtigkeit*. Die Diskurse dieser drei Doppelgänger des Autor-Betrügers sind zwar poetisch, unmoralisch, neurotisch; doch in den philosophischen Lösungen der Sartreschen Analyse können sich schließlich auch die trübsten Zeichen in reine Kristalle verwandeln (»Ich habe eben eine chemische Analyse dieser gespaltenen Seele vorgenommen ...« – SG 392). Dies geht freilich nur unter dem Vorzeichen einer herstellbaren Transparenz ihrer Texte. Wer aber ist der Garant dafür?

Sartres *Wörter* stellen die äußerste Grenze jenes Diskurstyps dar, den Rousseau inauguriert hat: die absolute Transparenz unter dem harten Imperativ der Aufrichtigkeit:

Mein Delirium war offensichtlich erarbeitet. In meinen Augen wäre hier die Hauptfrage: die Frage nach der Aufrichtigkeit. Mit neun Jahren blieb ich diesseits der Aufrichtigkeit; in der Folge ging ich weit über sie hinaus. (W 117 – M 172)

Indem dieser kulturell etablierte Imperativ (im Zuge der Über-Ich-Leugnung) nicht zur Kenntnis genommen wird und der bekennende Diskurs die Form einer kühlen Expertise annimmt, ist die Aufrichtigkeit zur äußersten philosophischen Bedingung geworden. Ein Autor macht sein Herz durchsichtig, doch was dort schlummert, ist der Wunsch zu schreiben. Und die Genealogie dieses Wunsches ist die Geschichte des Betrügers ohne Moral und ohne Psychologie. Denn nicht anders läßt sich die strategische Konzeption des Triumvirats, der völlig durchsichtigen Trilogie der Seelenlosigkeit, lesen: Sie macht den Autor unerkennbar. Sie reinigt ihn bis zu dem Grade seiner restlosen Assimilation an die Spezies. Die Transparenz wird bis zur Hypervisibilität der Unsichtbarkeit getrieben. Sartre erwähnt zwar die bekannten Erkennungszeichen seines Körpers, sein Schielen und seinen geringen Wuchs, aber er zählt sie mit einer Freimütigkeit auf, die sie zu gleichsam schreienden Indizes ihrer psychologischen Wirkungslosigkeit verwandelt. Markierungen ohne Tiefe, denn diese Tiefe liegt offen.

Sartres Autobiographie ist nicht nur die Extremform von Rousseaus *Confessions*, sondern mehr noch: der calvinistischen Erweckungsbekenntnisse. Die Geständnisse des Philosophen bezeugen zwar säkularisierte *Wiedergeburten,* aber selbst wenn nur der Ursprung des eigenen Diskurses, seine Genealogie aus einem falschen Sein rekonstruiert wird, so unterwerfen sie sich (naiv) der Wahrheitsbedingung. *Die Wörter* geben ein äußerstes Zeugnis von der Macht diskursiver Imperative, kultureller Regularitäten, die die bekannten Beispiele protestantischer Wahrheitsbesessenheit noch übertreffen. Das ist ihre Bewegung und Intensität. Von dieser calvinistischen Rigorosität geht auch jene kalte Empörung aus, die dem Kind seine infantilen Clownereien vorhält. Und das von Calvin/ Rousseau miterrichtete anthropologische Wissensdispositiv findet seine neuzeitlichen Filialen in den hartnäckigen Akten der Befragung, der Spionage des Verhörs, mit denen Sartre die Existenzen Baudelaires, Genets, Flauberts sondiert. Sie lassen sich mühelos als Doppelgänger der Sartreschen Falschheiten erkennen, denn ihnen wird die gleiche Wahrheit entlockt. Freilich dienen diese Wahrheiten der Stärkung und Validierung jener anderen protestantischen Wahrheit, des philosophischen Diskurses *Das Sein und das Nichts*; dieses Sein ist nur dann zugänglich, wenn die Personen durchlässig, durchsichtig sind, wenn die Seelen der anderen, hell und kristallklar wie Glaskugeln, den Blick auf ihre Existenz nicht hemmen. Über-Ich und das Unbewußte, die Kräfte der Entstellung und des Trugs, lassen die Befindlichkeiten nicht rein und intelligibel, sondern gebrochen und illusionär ans Licht gelangen. Deshalb muß der Autor selbst als reine oder gereinigte Funktion des Wunsches zu schreiben, sich der Wahrheit zu verschreiben, erscheinen: »unaustilgbare Transparenz« (W 52 – M 73) im Dienste einer antipsychologischen, antikriminalistischen Philosophie des Seins.

Die beiden Triumvirate

Die Wörter sind das Protokoll einer Überführung, einer Überführung im doppelten Sinne: Ein Autor-Richter überführt ein Kind des Betruges, eines Betruges, den es freilich selbst nicht verantworten kann. Der Richter ist das erwachsene Kind, und sein Richterspruch, seine Denunziation ist Teil und Element der zweiten Überführung: In diesem Prozeß verwandelt sich der schicksalhafte Betrug in einen aktiven, gewollten Betrug, der sich in der Literatur selbst durchsichtig macht und damit aufhebt/sühnt. Autor und

Text sind Medium dieser doppelten Überführung. Am Autor erscheint die einfache und fatale Wahrheit der menschlichen Existenz; und der Text umschließt als Medium jene Wahrheit im Stande der Reflektiertheit, der Elaboration des Modells. Dieses Modell ist nun die Residenz der beiden Triumvirate: Schauspieler, Märtyrer, Dichter. So heißen die Stationen, die das Kind durchläuft, ehe es sich zum Repräsentanten seiner Wahrheit erhebt. Es wird die Wahrheit aller Menschen sein. Und das andere Triumvirat: Baudelaire, Genet, Flaubert bewohnen das gleiche Modell. Sie reichen widerstandslos ihre Existenzialien an den Herrn und Richter weiter, der als Philosoph auch nur einen Dienst verrichtet: Er nennt das Modell einen *Spiegel* (SG 929, W 144 – M 211) und fordert die Leser auf, darin ihre Wahrheit zu erkennen.

Nimmt man diese Wahrheit in der einfachen, strukturalen Form, in der sie sich lesen läßt, so bleibt sie doch im Hinblick auf den Diskurs Sartres zunächst rätselhaft. Die Ausgangslage ist schlüssig: Sartre erkennt als irreduzible Bedingung des Subjekts dessen absolute Exzentrizität. Doch diese Gegebenheit des Selbst, das ein entfremdetes, dem eigenen Besitz entwendetes Produkt der anderen ist, analysiert Sartre zugleich als Bedingung und Appell zur Verantwortung und Freiheit. Gerade die radikale Bestimmung des Subjekts durch die Sätze, Blicke, Zeremonielle der anderen eröffnet im Raum der Transzendenz die *Möglichkeit* der Freiheit. Es ist die Freiheit der *Entscheidung,* diese absolute Fremdheit als Schicksal zu akzeptieren und zu transzendieren. Auf solche Weise spalten sich im Blick Sartres die Existenzen aller drei im Triumvirat versammelten Komödianten und Dichter. Diese Struktur kehrt in ihren Biographien jeweils wieder; sie enthüllt sich einer zeremoniellen Lektüre ihrer Selbstzeugnisse. Das Rätselhafte liegt darin, daß diese Lektüre mit einem ungeheuren Aufwand betrieben wird. Solcher Aufwand bemißt sich nicht allein an dem zunehmenden Umfang der einzelnen Studien; vielmehr ist es die Intensität, mit der die Texte und Spuren untersucht und einer Katharsis unterworfen werden. So distanziert und ironisch der Clown Poulou geschildert wird, unübersehbar ist die inquisitorische Unerbittlichkeit, die dem Kind den Prozeß macht. Ein richterlicher Gestus trägt auch den *Baudelaire*-Essay aus dem Jahre 1944, der die Thesen von der Geworfenheit und Freiheit des Menschen aus *Das Sein und das Nichts* auf den exzentrischen Lyriker anwendet; Sartre zeigt darin eine unverhohlene Neigung, die Selbststilisierungen des Dichters der *Fleurs du Mal* als eines Sünders und diabolischen Amoralisten wie biographischen Klartext zu lesen und die poetische Selbstjustiz Baudelaires gegenzuzeichnen. Und das Vorwort zu den gesammelten Werken von Jean Genet, der gewaltige Essay *Saint Genet, Komödiant und Märtyrer,* nimmt sich innerhalb dieses Gesamtwerkes wie ein parasitärer Fremdkörper aus; indessen finden sich Anhaltspunkte dafür, daß Sartres philosophischer und kriminalistischer Einsatz darauf abzielt, das dichterische Werk Genets definitiv abzuschließen. Zuletzt eröffnet der Richter seine Untersuchungen zum *Idioten der Familie* wie einen Schauprozeß. Es wurde gleichfalls eine Überführung, in der nicht nur das widersprüchliche, uneinheitliche, heterogene Werk eines anderen der theoretischen Totalisierung unterlag (IF 1, 7 – I, 7), sondern die es Sartre auch ermöglichte, mit Flaubert »eine Rechnung zu begleichen« (IF 1, 7 – I, 7).

Die drei Essays, die das Triumvirat rekrutierten, stehen offensichtlich unter einem gemeinsamen Wissenswunsch, der sie zugleich mit den *Wörtern* verbindet; Sartre hat ihn in einem Interview ausgesprochen:

Ich habe *Die Wörter* geschrieben aus dem gleichen Grunde, aus dem ich über Genet und Flaubert geschrieben habe: Wie wird ein Mensch zu einem Schriftsteller, zu einem, der von Imaginärem sprechen will? (SüS 166)

Zwar wendet der Wissenswunsch den Blick ein wenig weg von der Frage nach der *Struktur der Entscheidung* in ihrem Leben, aber sie rückt die drei Texte (den *Baudelaire* hat Sartre später als unzureichend angesehen) ausdrücklich in eine paradigmatische Reihe. Im gleichen Interview hat Sartre auch sein methodisches, philosophisches Interesse an dem Fall Flaubert bekundet. Dieser Gesichtspunkt darf hier vernachlässigt werden, um die Wissensformel aus dem Vorwort zum *Idiot der Familie* zu zitieren; sie lautet: »Was kann man heute von einem Menschen wissen?« (IF 1, 7 – I, 7). Die komplexe und differenzierte Methodik, die sich dieser Frage und der Person Flauberts annimmt, muß freilich eine ganz unscheinbare, aber doch elementare Voraussetzung unerörtert lassen: die Frage nach der literarischen Gegebenheit des Wissens. Denn gleich ob Baudelaire, Genet oder Flaubert – es gilt, Texte zu befragen, zu durchdringen, für wahr zu nehmen. Zugleich bildet das Ergebnis

dieser Sondierungen, wie man weiß, einerseits ein großes, umfang-
reiches Werk für sich, das dieses Wissen ist – die Antwort, das
Kondensat der unerbittlichen Befragung. Die Frage nach der Existenz der Texte wird verschoben, gespalten: Sie wird zunächst *vor*
die zu analysierende Person gerückt; dies ist der Status des Textes
als Medium, das sich der Frage nach dem Menschen öffnet; und sie
wird *hinter* die gleiche Person gestellt, insofern sich die Frage auf
die lebensgeschichtliche Genese des Schreibens beschränkt. Das
Untersuchungsobjekt ist durch seine Texte eingeklammert, aber diese Klammerung bleibt außerhalb des Kalküls. So gilt für Flaubert die
Rechnung: Einer, der, nach dem alten abendländischen Modell, »in
den Herzen der Menschen zu lesen« verstand (IF 1, 17 – I, 18), muß
sich doch seinerseits einer solchen Lektüre erschließen, indem
seine Briefe zu »am leichtesten zu dechiffrierenden Geständnissen«
(IF 1, 8 – I, 8) erklärt werden. Aber wenn schon die schwierige Voraussetzung gemacht werden muß, daß Sartre und sein Triumvirat
sich in schönster *Transparenz* offenbaren, daß also ihren Schriften
die *Absicht* innewohnt, sich zu offenbaren, so räumt die andere
Frage nicht so leicht das Feld. Das Problem der Zugänglichkeit der
wahren Bedeutung in den Zeichen und Texten läßt sich von keiner
Prämisse einfach schlucken. Insbesondere die Texte Baudelaires
oder Genets verschließen sich den demütigen Offenbarungen.
Selbst wenn sie wahr und heiß zu sein begehren, sind sie keineswegs transparent. Nun zeigt sich aber, daß im Kern die Überführung der Autoren, die juristische Expertise der Transparenz, am
Status der Zeichen, am Gebrauch der Wörter erfolgt. Dies geschieht freilich nicht offen und direkt. Die Problematik wird in allen vier Texten, die Sartre selbst und das Triumvirat betreffen, thematisiert; indessen wird sie nicht methodisch verarbeitet, sondern
allegorisch.[2]
   Die Allegorien sind die Paradegestalten von Sartres Kasuistik:
Sie ist das Triumvirat des Komödianten, des Märtyrers und des
Dichters. Sie geben ihren Namen für die Durchgangsstationen des
Prozesses, den die Teilhaber des anderen Triumvirats durchlaufen
müssen. Ist es ein Zufall, daß Baudelaire, Flaubert und Genet in
Pornographie-Prozesse verwickelt waren? Diese Prozesse eröffnen
in Sartres Augen lediglich Ausbildungsstätten für das leichte Martyrium. Es waren Kollisionen mit dem Gesetz, das sie jeweils konstituiert hatte. Eine Weihe von Authentizität erwarben diese kleinen

Märtyrer lediglich dann, wenn sie die Politik ihrer Schriften wandelten: Wieder treten die Wörter und Zeichen hierzu in den Zeugenstand. Denn jene Literaturprozesse waren lediglich Doubletten des anderen Prozesses der Analyse und Durchdringung, den der Philosoph anstrengt. Freilich haben beide Prozesse – formal gesehen – das gleiche Ziel: Die richterliche Sanktion zielt auf die Vernichtung, auf die Annihilation der Bücher und Schriften. Wie geht das zu?

Es gibt nach Sartre die zwei Falschheiten, die zwei Martyrien, die zwei Erlösungen, die zwei Wahrheiten. Diese Dopplung – es wurde bereits angedeutet – läßt sich als Säkularisierung, beinahe sogar als Kontrafaktur der pietistischen oder calvinistischen Erlösung erkennen. Die gemeinsame calvinistische/Sartresche Karriere der Auserwählten ließe sich so formalisieren: Der Mensch lebt im Unwahren, er erhebt sich gegen die Unwahrheit der Welt, erleidet das Martyrium, ringt sich aber zur Wahrheit durch und legt davon Zeugnis ab. Die in den *Wörtern* so häufig erwähnte *Wiedergeburt* ist eines von mehreren Zeichen dieser Kontrafaktur; es lassen sich weitere aufzählen: die Mission, die Aufrichtigkeit, der Prozeß im Sinne einer Notwendigkeit der Rechtfertigung. Die Wucht der calvinistischen Strukturierung reicht in größere Tiefen, als Sartre selbst ahnte. Sie bestimmt die Struktur der Freiheit, die er selbst zu entdecken glaubt:

Man wird es nicht für möglich halten, aber meine Aufrichtigkeit, mein großzügiges Bekenntnis regen den Ankläger nur noch mehr auf. Er hat mich ertappt, er weiß, daß ich mich seiner bediene: er hat einen Groll gegen mich, gegen mein lebendiges Ich, das gegenwärtige, das vergangene, *dasselbe Ich*, das er von jeher kannte, und nun überlasse ich ihm eine leblose Hülle, bloß um der Freude willen, mich als ein *neugeborenes Kind* fühlen zu können. (W 136 – M 200)

Die Situation gegenüber der religiösen Wiedergeburt hat sich insofern verändert, als Kläger und Angeklagter, Gott und sein Geschöpf in einer Person verschmolzen sind. Aber damit diese Synthese hält, muß immer wieder prozessiert werden, immer wieder auch die Verschmelzung der Falschheiten und ihrer Überwindung gesichert sein. In diesem Prozeß, der durch die drei Instanzen Komödiant, Märtyrer, Dichter geführt wird, ist vor allem der Diskurs im Spiel, das Produkt des Autors, seine temporäre Wahrheit. Diese Texte bilden Dokumentations- und Beweismaterial für die Durchgangsstadien der Existenz, die sich reinigt von ihrem ursprünglichen Betrug. Hier aber läßt sich bereits in Umrissen die Zielvorstellung erkennen, welche äußerste Katharsis der Richter in den Blick faßt: die Reinigung von den Wörtern selbst, die Elimination des Poetischen.

Zunächst sind die Anklagen, die von außen kommen, die Familien- und Gerichts-Prozesse, denen alle unterworfen wurden – Baudelaire, Flaubert, Genet, Sartre – nur Indizes des Sachverhalts, daß die Existenz/Schriften unter einem Gesetz stehen. Sartre arbeitet bei Baudelaire, bei Genet, bei Flaubert heraus, daß sie die Anklagen akzeptierten, als Wahrheiten der Sache. Zu Baudelaire wird festgehalten:

Er ließ sich verurteilen; er erkannte seine Richter an (. . .). (B 34)
(. . .) für ihn, den Liebhaber der Peitsche und der Richter, war dieses Tribunal unentbehrlich. Er hatte ein Bedürfnis danach. (B 44)

Und zu Genet heißt es, indem die Dimension der Heiligkeit eröffnet wird:

Die kanonisierte Heilige, der Sünder und der teuflische Heilige verlangen alle drei, wegen Taten angeklagt und beschuldigt zu werden, die sie gar nicht begangen haben. Und alle drei erklären sofort, daß das innerste Wesen ihrer Herzen diese Anklagen und Beschuldigungen völlig rechtfertigt. Es scheint also, als hätten wir es in allen drei Fällen mit der bewußten Praxis der Demut zu tun. Dem ist nicht so: das ganze Risiko liegt bei den Sündern; die Komödie bei der Heiligen. Und von den dreien riskiert Genet am meisten. (SG 343)

Der Idiot der Familie steckt ebenso voller philosophischer und calvinistischer Rechtspolitik. Im Anschluß an die entscheidende Verwandlung, die der Sturz im Januar auf der Rückfahrt von Deauville bewirkte, dem »Damaskus-Erlebnis« (IF 1, 583 – I, 576), der »Bekehrung« (4, 121 – II, 1880), wird der Stand des Prozesses wie folgt protokolliert:

Die erste Krise hat nicht stattgefunden, bevor in Gustave eine passive Zustimmung zum Schlimmsten entstanden war: es genügt nicht, sich das Herz zu zerquälen; er wird die Rache so weit treiben, daß er sich zur Abscheulichkeit verurteilt. (IF 4, 160 – II, 1918)[3]

So lassen sich die doppelten Falschheiten, die im Prozeß, den die Mitglieder des Triumvirats gegen sich selbst anstrengen, durchlaufen und denunziert werden, das doppelte Triumvirat des Betruges, festhalten. Der Mensch, der im Unwahren lebt, erscheint auf der Ebene der Sartreschen Strukturierung als Komödiant. Der Komödiant agiert angepaßt und affirmativ innerhalb der sozialen und familialen Zeremonielle, als passiver Rollenträger des falschen Spiels. In dem Augenblick, da er aber dieses Schicksal ergreift, da er die Rolle aktiv zu füllen beginnt, da er ein bewußtes Opfer zu sein begehrt, verwandelt er sich in den Märtyrer: dies ist die Eröffnung des Prozesses. Der Prozeß wiederum hat in Sartres Fallbeispielen, in Sartres Kasuistik vor allem die Dichtung, die Schrift im Verhör, worin sich das Martyrium selbst protokolliert und affirmiert. Zumeist bildet die Phase der Aktivität, der dichterischen/schriftstellerischen Arbeit den Abschluß der Zeugenvernehmung. Dieser letzte Betrug markiert die Wende zur Wahrheit. Die Sartresche Fassung der Bekehrung heißt – Engagement. Literarisch heißt Engagement, daß der Autor seine Zeichen mit den Essenzen des Seins durchtränkt.

In seiner *vollen* Bedeutung genommen, ist dieses Engagement nicht nur der Austritt aus dem Triumvirat, sondern auch die Katharsis von der Magie der Wörter. Denn erst der engagierte Schriftsteller ist im Auge Sartres weitgehend entsühnt. Es bedarf vielleicht noch des Hinweises auf die christlichen Präfigurationen dieser letzten Wiedergeburt des Autors. Der religiöse Archetyp, der Apostel, der in Damaskus seine Wende, seine Wiedergeburt erlebte, Vorbild unzähliger religiöser, autobiographisch dokumentierter Bekehrungen, ist Märtyrer und Autor, Zeuge der eigenen Wandlung. Ein Märtyrer ist nichts anderes als ein Zeuge, ein leiblicher Zeuge für die Wahrheit einer Schrift. Gibt es aber eine Wahrheit der *Schrift*, für die Sartres Mitglieder des Triumvirats ihre Blutzeugenschaft erleiden?

Das Thema der Autobiographie gleitet bei dieser Frage keineswegs aus dem Blick: Sartres Rekrutierung der drei Märtyrer, des martyrologischen Triumvirates, erfolgt faktisch durch eine Lektüre ihrer Selbstzeugnisse, dessen, was französisch *écrits intimes* heißt. Der Essay *Baudelaire* wurde einer Ausgabe von dessen Tagebüchern vorangestellt; *Saint-Genet* fußt auf einer Lektüre der Genetschen Schriften, die diese als Selbstbekenntnisse nimmt; und schließlich stützen sich die exzessiven *Flaubert*-Analysen vor allem auf die riesige Korrespondenz des Dichters. Selbstzeugnisse, Bekenntnisse, autobiographische Schriften werden daraufhin untersucht, wie sie das Ereignis der Wiedergeburt, die Spaltung der Existenz, jene elementare Grundstruktur, die menschlich ist, sichtbar machen.

So finden sich in allen drei Dichter-Studien (in den *Wörtern* selbstverständlich auch) sorgfältige Präparationen dieses Ereignisses. In der Analyse werden diese Bekehrungen deutlich in ein Vorher und Nachher unterteilt, mit einer scharfen Zeichnung der Ränder. Eine solche Schematisierung der Lebensläufe, in der die Biographie in einem einzigen Ereignis zentriert wird, entspricht ganz der Struktur der religiösen Autobiographie (der Autobiographie überhaupt, so darf man sagen): Dies gilt für die *Confessions* des Augustinus, und dies gilt für die zahllosen protestantischen Nachfolger, die calvinistischen Zeugen.[4] Die autobiographische Thematik, die autobiographische Struktur ist also doppelt gegeben: Zunächst durch die von Sartre herbeigeführte terminologische Assimilation seiner Quellen an die autobiographische Tradition, die sich im wahrsten Sinne des Wortes von Augustinus herschreibt. Dort ging es stets um *Bekehrung,* um eine symbolische Wende, um den Schlag des absoluten, des heiligen Textes. Diese Vorgänger entschieden sich überdies für eine völlig neue mediale Konzeption der Wahrheit: Augustinus und nach ihm eine ganze Reihe von Kirchenvätern wandelten sich von Schülern oder Lehrern der Rhetorik in leibliche Repräsentanten der Schrift. Und dieses autobiographische Schema wiederholt sich in der Struktur, die Sartre als biographische, als existenzielle Wandlung seiner »Heiligen« ausmacht; es ist die Situation einer Entscheidung: Verwandlung der schicksalhaften Passivität und Fremdheit im Akt der Selbstbegründung. Freiheit heißt die Entscheidung für die apriorische Gegebenheit des existenziellen Dilemmas; der bewußte Akt resultiert, wie alle drei Beispiele des Triumvirates enthüllen, aus Veränderungen, Krisen der familialen Konstellation. Zu Baudelaire schreibt Sartre:

Hier begegnen wir der «choix original», der Urwahl seiner selbst, die Baudelaire getroffen hat, jenem absoluten Engagement, durch das ein jeder von uns in einer bestimmten Situation darüber entscheidet, was er sein wird und was er ist (...). Infolge der jähen Enthüllung seiner individuellen Existenz hat er *empfunden,* daß er ein *Anderer* war, aber zu gleicher Zeit hat er in Demütigung, Groll und Stolz diese Alterität auf sich genommen und bejaht. Von nun an hat er sich mit trotziger, verzweifelter Aufwallung zu einem Anderen *gemacht*: anders als seine Mutter, mit der er eins war und die ihn zurückgestoßen hat (. . .). (B 16f.)

Und zum künftigen Märtyrer Genet heißt es:

Genet ist ein Kind, das man davon überzeugt hat, im Tiefsten seiner selbst *ein Anderer als es selbst* zu sein. Von nun an wird sein Leben nur die Geschichte seiner Versuche sein, diesen Anderen in sich selbst zu erfassen und ihm ins Gesicht zu sehen (. . .). (SG 62)

Und schließlich die entsprechende Form in Flauberts Existenz:

Gustave ist der Verpflichtung unterworfen, die Minderwertigkeit, mit der Achille-Cléophas ihn absichtlich geschlagen hat, durch einen ganz und gar erwarteten Sündenfall in Freiheit zu verwirklichen. (IF 1, 394 – I, 390)

Das Anders-Sein ist die Erkenntnis eines Schocks, den die schlagartig veränderte Position innerhalb der Familie hervorruft: Baudelaires Mutter heiratet zum zweitenmal; der kleine Genet wird aus der Pflegefamilie entfernt, das Kind Gustave Flaubert erkennt plötzlich, daß es durch die Schwester um die mütterliche Aufmerksamkeit und durch den älteren Bruder um die väterliche Anerkennung gebracht wird, Urszene von Flauberts Anderssein, wodurch sich sein Bewußtsein der generellen Alterität kristallisiert. Die Neurose, die Kränkung, das unglückliche Schicksal, so lehrt die Kasuistik des Triumvirats, kann die Bedingung der erworbenen Freiheit sein, die Bedingung einer Karriere, welche die drei Stadien Komödiant, Märtyrer, Dichter umfaßt. Man weiß, daß auch die pietistische und calvinistische Erweckung einen Durchlauf mehrerer Stadien voraussetzte.

Die Bekehrung, die Wiedergeburt[5], die den Prozeß der Selbstjudikation einleitet, eröffnet also die Möglichkeit, mit der absoluten Gegebenheit des Menschseins, mit dem Betrug durch die Alterität abzurechnen. Diese Alterität, das Fremdsein, lastet wie die Ursünde auf dem Sein eines jeden. Daher spricht der Autor des »Romans« über Flaubert auch von der Verwirklichung der Minderwertigkeit in einem »Sündenfall«. Es ist allerdings der zweite Sündenfall. Für was aber steht der erste, »ursprüngliche«? Worin genau liegt das Allgemeine dieser Alterität und Fremdheit, das allgemeine Vergehen, das im Prozeß aufgerollt wird? Gibt es einen weniger religiösen und allegorischen Namen für die »Hölle« der Anderen, von denen in *Bei geschlossenen Türen* die Rede ist?[6]

Damit erlauben wir uns zum ersten Mal, Sartre zu übersetzen: Der ursprüngliche »Sündenfall«, die »Hölle«, das sind religiöse Namen für die Tatsache der Ursprungslosigkeit. Und was an anderer Stelle als die existenzielle Unreduzierbarkeit der Alterität gefaßt wird, ist ein philosophisches Pseudonym der Kultur. Ein böser Blick erfaßt so die symbolischen Codes, die mit den sozialen, familialen Varianten in jeden Zögling eingetragen und an ihm befestigt werden. Sie erzeugen die absolute Heterogenität (Unreinheit) eines jeden Subjekts. In seinem ungeheuren Verlangen nach Reinheit, nach der Reinheit der Kategorien und der Reinheit der Transzendentalität, in seiner calvinistischen Befangenheit gegenüber dem Gegebenen eines historischen Status der Gesellschaft und Kultur hat Sartre die Menschen als Appendizes der sozialen Zeremonielle denunziert. Im Umriß dieser Position läßt sich auch schärfer sehen, warum in der dritten Figur des Betruges, dem Dichter, in dem Produzenten von symbolischen Codes ohne Bezug zur Wahrheit, zur absoluten Wahrheit, ein dämonischer Typus demaskiert wird. Dichter sind Zeremonienmeister des Bösen, denen nur eine kraftvolle Dämonologie antworten sollte. Daher auch Sartres unverhohlener Exorzismus in seinem *Baudelaire*-Essay. Daher auch im *Saint-Genet* das Thema einer dritten Metamorphose, in der sich Genet vom Dichter zum Schriftsteller wandeln soll:

Er hat *sein Gesamtwerk* veröffentlicht, es ist abgeschlossen, es sinkt in die Vergangenheit. Aus seiner gegenwärtigen Unschlüssigkeit kann alles hervorgehen: ein Trappist oder ein gänzlich neuer Schriftsteller.
Das Gesicht dieses Schriftstellers beginnt er, glaube ich, zu erraten. (SG 892)

Und wie ist diese Metamorphose zu verstehen?

Aber während der *Dichter* sich mit dieser reinen Sprachsymphonie trägt, die das Äquivalent des Schweigens abgeben soll und in der die einzige Zeitlichkeit die des »vibrierenden Verschwindens« des Universums sein wird, sobald er für die Totalität des Seins diese adstringente Bewegung zu realisieren sucht, die wir ihn in jedem seiner Bilder umreißen sahen, erhebt sich der *Mensch* (...). (SG 895)

Dies wäre das Stadium der vollkommenen Sühne, der endgültigen Reinigung vom Betrug, das Ende des Prozesses, der als Bekenntnis oder Beichte schließt. Der Schriftsteller schreibt, um seine Freiheit zu »säubern«, heißt es in *Was ist Literatur?* (WiL 56). In anderer Hinsicht, im Hinblick auf die Systematisierung und auf die Nomenklatur dieses Kapitels, heißt dies auch: das Versinken, die Entlassung des zweifachen Triumvirates. Die Karriere hat durch die drei Stadien geführt, durch das falsche Komödiantentum, durch die Märtyrerphase, durch die Dichterphase, damit er schließlich in die Reihe der Menschen eintreten kann: Was dies besagen soll, ist nicht mehr das Thema dieser Überlegungen. Doch was der eigentliche Inhalt der Falschheit und Sünde ist, das wird der Autobiograph Sartre im Durchgang durch diese Phasen offenbaren.

Die Spaltung von Lesen und Schreiben: Vom Komödianten zum Märtyrer

Die Wörter sind der Titel von Sartres autobiographischem Text, und sie geben den Index für die Spaltung, die der Autor in seine eigene Existenz eingelassen hat. Es ist die Spaltung, der absolute Gegensatz zwischen Passivität, der Formierung durch die Kultur, und Aktivität, der Transformierung der Kultur. Passiv: das Lesen der Wörter, die Nahrung für die kindliche Theatralik; und aktiv: die Wiedergeburt als Schreibender. So treten die Wörter über einen Abgrund hinweg aus dem Verzehr in die Produktion. Wie aber werden sie induziert?

Man zeigt mir ein junges Riesenweib und sagt, es sei meine Mutter. (. . .) Glaubt man etwa, ich müsse ihr gehorchen? Ich bin so gütig, ihren Bitten nachzugeben. Übrigens erteilt sie mir keine Befehle: sie entwirft in leichten Worten eine Zukunft, die zu verwirklichen für mich lobenswert sei: »Mein kleiner Liebling wird sehr vernünftig sein und sehr reizend, wenn er sich ruhig die Nasentropfen geben läßt.« Ich gehe diesen sanften Prophezeiungen in die Falle. (W 14 – M 14)

Es gibt also keinen Befehl, der die sprachliche Organisation übernimmt, sondern die Kulturisation erfolgt als sanftes Aufgehen in einem symbolischen Fluidum von Liebe und Wohlwollen:

Ich gestatte freundlicherweise, daß man mir meine Schuhe anzieht, die Nasentropfen einträufelt, daß man mich kämmt und wäscht, anzieht und auszieht, hätschelt und vollstopft; ich kenne nichts Lustigeres als die Rolle eines artigen Kindes. Ich weine niemals, ich lache fast gar nicht, ich mache keinen Lärm. (W 17 – M 17 f.)

Gegen die elementaren Gesten der Kultur erhebt das Kind keinen Einwand, keinen Protest, mit leichter und sanfter Selbstverständlichkeit geht die symbolische Strukturierung in die ungeformte infantile Natur ein. Wo sich sonst die lauten Revolten der Kinderstube ereignen, herrscht tiefer Friede. Diesen Prozeß der Prägung, die widerstandslose Ausstattung mit der Symbolik, faßt Sartre in eine Rechnung, die einerseits ein Manko statuiert: ›Ich war ein passives Kind‹. Auf der anderen Seite der Bilanz steht ein Betrag des Überschusses: Indem das Kind zu plappern begann, produzierte es weit über den Bedarf hinaus:

Ich also bin ein Zukunftsköter: ich prophezeie. Ich spreche Kindermund, man merkt sich die Aussprüche, man wiederholt sie vor mir: ich lerne, neue zu produzieren. Ich produziere auch Erwachsenenwörter: ich bin in der Lage, ohne große Mühe etwas zu sagen, was »weit über mein Alter hinausreicht«. Diese Aussprüche sind Gedichte; das Rezept ist einfach: man muß sich auf den Teufel verlassen, auf den Zufall, auf das Vakuum, ganze Sätze der Erwachsenen nehmen, aneinanderreihen, wiederholen, ohne sie zu verstehen. Kurzum, ich gebe Orakelsprüche von mir, und jeder deutet sie, wie er will. Das Gute entsteht aus der Tiefe meines Herzens, das Wahre aus den jungen Nebeln meines Bewußtseins. Ich bewundere mich getrost: es ist offenbar, daß meine Gesten und Worte eine Eigenschaft besitzen, die mir entgeht, den Erwachsenen aber auffällt. Daran soll es nicht fehlen! (W 19 – M 21)

Der kleine Poulou erprobt die Produktionsregel der Poesie; sie ist identisch mit dem Gesetz der Sprache. Hat man dem Diskurs der anderen die Regeln abgelauscht, dann generiert ein reines Vergnügen die kindliche Lyrik. Doch die mächtige Hand des Richters zeigt an, welches Verhängnis sich anbahnt: Es geht die Saat des Teufels auf. Die ersten, keineswegs unscheinbaren Spuren jenes Bösen (an das Sartre immer geglaubt hat), vermischen sich mit den zarten frischen Abdrücken, die das Kind in seiner eigenen Geschichte hinterläßt. Das Vakuum, dessen Leere und gefährliche Saugkraft ins Bild gebracht werden, verweist bald auf jenen existenziellen Mangel, den der Überfluß erzeugt. Zunächst ist es der Mangel der Zeichen, dann der Mangel an Sein: Reden ohne Wahrheit, Sätze ohne Referenz – das ist die Bewegung des Vorhangs, der die Welt verschließt und das *Theater* eröffnet. So erfolgt die erste Berührung mit den Büchern in reiner Imitation:

> Ich konnte noch nicht lesen, aber ich verehrte sie bereits, diese aufgerichteten Steine (...). Ich berührte sie heimlich, um meine Hände durch ihren Staub zu ehren, wußte aber nicht recht, was ich mit ihnen anfangen sollte, und erlebte jeden Tag einige Zeremonien, deren Sinn mir nicht aufging. (W 24f. – M 29f.)

Die Absenz des Sinns im Sprechen, im Zeremoniell begünstigt die Wirkung einer Magie, auf die nicht nur das Sartresche Anathema niedergeht. Auf ihr lastet bereits die pädagogische Zensur der aufklärerischen Erziehung: Rousseau füttert seinen Zögling Emile ausschließlich mit Wörtern, die sich an ein Ding, an einen Gegenstand heften ließen.[7] Sartre ist auch darin sein Nachfolger: Objekte und Zeichen, die aus ihren Zusammenhängen gelöst sind, die nicht von der klaren und reinen Kontingenz einer Prosa der Welt umfangen werden, reißen jene Löcher ins Sein, durch die sich die Abgründe der Hölle auftun:

> Ich konnte noch nicht lesen, aber ich war so sehr Snob, daß ich verlangte, *meine* Bücher zu erhalten. Mein Großvater ging zu seinem Gauner von Verleger und ließ sich die ›Märchen‹ des Dichters Maurice Bouchor geben, Erzählungen nach Volksmotiven, dem Kindergeschmack angepaßt durch einen Mann, der sich, wie mein Großvater sagte, den kindlichen Blick bewahrt hatte. Ich wollte unverzüglich mit den Einweihungszeremonien beginnen. Ich nahm die beiden kleinen Bände, roch daran, betastete sie, öffnete sie nachlässig »auf der richtigen Seite« und ließ sie krachen. (W 27 – M 33)

Es sind dem Großvater abgelauschte Gesten, mit denen der Kleine seine ersten Bücher begrüßt. Statt mit ursprünglichem Enthusiasmus die Ausstattung einer kindlichen Welt zu umarmen, statt primärer Lieben zu Puppen, Schaukelpferden, Bleisoldaten, heftet sich eine imitatorische Lust an die Behälter der Gifte, die schleichend den »natürlichen« Bezug des Kindes zu Menschen und Dingen zerstören. Mit dem Fatalismus des Experten verfolgt der Autobiograph, wie seine infantile Begierde einst eben den Phantomen verfiel, die alle Literatur bevölkern. So wurde er durch die Wörter vergiftet:

> (...) auf der anderen Seite erriet ich, daß diese Satzparaden den erwachsenen Lesern gewisse Bedeutungen vorbehielten, die sich mir entzogen. Auf

dem Wege über die Augen führte ich vergiftete Wörter in meinen Kopf ein, unendlich reichere, als ich vorher wußte; eine seltsame Kraft baute in mir – mit Hilfe der Rede – Geschichten wutentbrannter Menschen auf, die mich nichts angingen, einen schrecklichen Kummer, den Zerfall eines Lebens: drohte mir dabei keine Ansteckungsgefahr, würde ich nicht an Gift sterben müssen? Indem ich das Wort verschlang, indem das Bild mich verschlang, rettete ich mich eigentlich nur durch die Unvereinbarkeit dieser beiden gleichzeitigen Gefahren. In der Abenddämmerung, verirrt in einem Dschungel von Worten, bebend beim leisesten Geräusch, das Krachen des Parketts für Zwischenrufe nehmend, glaubte ich, die Sprache ohne die Menschen, im Naturzustand zu entdecken. Mit welcher feigen Erleichterung, welcher Enttäuschung, fand ich mich zurück in die Familienbanalität, wenn meine Mutter eintrat (. . .). (W 33 f. – M 43 f.)

Die beiden Formen des Verschlingens (absorbant/absorbé) kontaktieren das Kind mit dem gleichen höllischen Reich der Gefahr: Zeichen, die nicht realen Menschenbeziehungen entspringen, treiben den jungen Leser in die Zentrifuge des Imaginären; und Zeichen, die ohne Relation zu den Dingen vagieren, rauben den Menschen die Seele. Diesen Diebstahl hat Sartre deutlich bei Genet angeprangert:

Genet widersetzt sich jedem Realismus und jedem Naturalismus: die poetische Sprache ist ein Einbruchdiebstahl; er entwendet die Wörter und macht sie lasterhaften Zwecken dienstbar: künstlich und falsch, hat sie keine reale Basis. Die Poesie bedient sich der Vokabeln, um eine Scheinwelt zu errichten, statt sie zur Bezeichnung realer Gegenstände zu verwenden. Deshalb situiert sich Genet in der Nachkommenschaft von Baudelaire und Mallarmé (. . .). (SG 795 f.)

Die gleiche Sünde, das gleiche Verbrechen: Der sinnlose, der referenzlose Gebrauch der Wörter läßt die höllischen Mächte des Nichts virulent werden. Denn der Leser wird zugleich zum Komplizen: »Genet lesen ist poetischer Schönheit Prosa zur Nahrung geben. Und es ist auch für den Leser eine neue Art, kriminell zu sein« (SG 803). Zeichenlogisch bewegt sich Genets/Poulous lasterhafte Form des lesenden/schreibenden Wortgebrauchs auf der gleichen Ebene, nein: auf der gleichen abschüssigen Bahn wie die Zeremonielle, die Gesten und Riten des Alltags, die in der unbedachten Wiederholung ihren Bestand finden. Und so bedurfte es nur eines Wortes aus dem Mund des Großvaters, um jene »Brandmarkung« anzubringen, die den Übergang des poetischen Clownkindes in die

Rolle des schauspielernden Märtyrers einleitete. Zwei Bemerkungen besorgten die Initiation. Die eine kam leicht, in aller Naivität daher und besagte: »Alle Kinder sind inspiriert, sie stehen den Dichtern nicht nach« (W 40 – M 53); das andere Wort hingegen war priesterlich und schwer:

Jedenfalls, so flüsterte mir der Priester dieses Kultes zu, sei das Genie nur eine geliehene Gabe: man müsse es sich durch große Leiden und durch Prüfungen, die man bescheiden, aber fest durchsteht, verdienen; dann hört man schließlich Stimmen und schreibt unter Diktat. Zwischen der ersten Russischen Revolution und dem Ersten Weltkrieg, fünfzehn Jahre nach Mallarmés Tod (. . .) brachte ein Mann des neunzehnten Jahrhunderts seinem Enkel jene Gedanken bei, die unter Louis-Philippe Geltung gehabt hatten. (W 37 – M 49)

So öffnete und weitete sich jenes Vakuum, das Sartre als »Substanzlosigkeit«, als »Fehler im Sein« analysiert: Ein unschuldiges Menschenwesen hat sich durch Imitation, durch Schwindelei, durch Lüge an die Welt der Erwachsenen gekettet und kommt von ihr nicht mehr frei. Zu früh ist es durch die Ursünde der Gesellschaft verunreinigt worden: Eine ungeheure Vorzeitigkeit hat das Kind aus der Naturwelt der Unschuld gerissen und so tief mit den Essenzen durchtränkt, daß es die Mimikry immer weiter treiben muß. Und was die Entfremdung noch verschärft: Die Imprägnierungen stammen aus dem neunzehnten Jahrhundert. So reproduziert die familiäre Kultur der Lektüre, der Bücher und Autoren ein längst entkräftetes Sakrales, das das Kind in eine falsche Theatralik von Schriftgläubigkeit einschließt. Als restlos *imaginiertes* Kind, das allein unter den steuernden Blicken der Erwachsenen sein und leben kann, suchte es die Befreiung aus der passiven Position, indem es in der Imagination Betätigungsfelder für seine Aktivität erschließt. In der Vorstellung, so erzählt der Biograph dieses Kindes, betritt es die Wirklichkeit; es leitet eine »Wiedergeburt« ein:

Aus Überdruß an Gesten, Gebärden und Attitüden vollbrachte ich im Traum wirkliche Taten. (W 66 – M 93)

Hier setzt Sartre an, seine Opposition aus vitalen Reflexen zu entwerfen, als versuchte das Kind, sich aus eigener Kraft aus der Verfallenheit an die Ursünde zu befreien. Oder ist es eine Gnade? Die Masse der funktionslosen Zeichen verwandelt sich in den Phantasmen des Kindes in eine Armierung, die auf die höllischen Feinde, die diesen Zeichen so ähnlich sind, losgehen: Spontane Katharsis einer von Signifikanten geschwärzten Seele; dabei bemerkt Sartre wenige Zeilen später, daß der kleine Poulou in jenen Augenblicken, da er in seiner Phantasie Helden- und Erlösertaten zu vollführen begann, bereits seinen *Namen* zum Tönen bringen wollte. Es ist eine hübsche Schilderung, die sich jedoch nicht im Spott erschöpft:

Wenn die Janitscharen ihre krummen Säbel schwenkten, durchlief ein Stöhnen die Wüste, und die Felsen sagten zum Wüstensand: »Einer fehlt hier, nämlich Sartre.« In diesem Augenblick trat ich hinter meiner spanischen Wand hervor, die Köpfe flogen unter meinen Säbelhieben, in einem Strom von Blut wurde ich geboren. (W 66 – M 93)

Kokett erklärt der Autor wenige Abschnitte weiter, daß man sich über solche Phantasien bei einem Bengel wundern müsse, der zum Intellektuellen bestimmt war (W 67 – M 95). Doch solche Verwunderung überfiele nur einen naiven Leser. Denn hier bewerkstelligt ein Kind die Geburt seines Namens. Seine Exerzitien sind phantastische Vorübungen zu einer Mäeutik der Autorschaft. Mit dem Erscheinen des Namens tritt ja das ganze Geheimnis ans Licht: Namen steuern gesammelte Größenphantasien ebenso sicher wie gesammelte Werke. Der Name ist das Loch, aus dem plötzlich die Literatur aufsteigt. Keineswegs entspricht sie einem Seinsverhalten, das referenzlose Signifikanten, überschüssige, erfahrungsleere Vokabularien zu verantworten hätten. Durch Lesen wird niemand ein Held, durch Passivität erwirbt man keinen Namen.

Der Übergang vom Lesen zum Schreiben ist also die eigentliche *Überführung* in den *Wörtern*. Die genaue Analyse dieser Kino-Katharsis, die zur Schrift überleitet, erfolgt später. Die Episode legt deutlich Zeugnis ab von der existenziell gewendeten Wirkungsmacht des calvinistischen Schemas. Doch die Sartresche Zusammenfassung läßt sich hier vorwegnehmen. Der Kleine begann zu schreiben, und der Triumph für den erwachsenen Kommentator liegt darin, daß sich sein schreibendes Ich aus der homogenen Dichte der familiären Zeichen herausarbeitet: Im Reich der Autorschaft erfolgte die zweite Wiedergeburt:

Ich begann mich zu entdecken. Ich war beinahe nichts, bestenfalls eine Tätigkeit ohne Inhalt, aber mehr brauchte ich nicht. Ich entrann dem Theaterspielen: Ich arbeitete noch nicht, allein ich spielte nicht mehr. Der Lügner fand seine Wahrheit im Erarbeiten seiner Lügen. Durch Schreiben wurde ich geboren. Vorher gab es nur ein Spiel der Spiegelungen; seit ich meinen ersten Roman verfaßt hatte, wußte ich, daß sich ein Kind ins Spiegelkabinett eingeschlichen hatte. Indem ich schrieb, existierte ich und entschlüpfte den Erwachsenen, aber ich existierte bloß, um zu schreiben, und wenn ich das Wort Ich aussprach, so hieß das: Ich, der Schreibende. Immerhin, ich lernte die Freude kennen. Das öffentlich lebende Kind traf mit sich private Verabredungen. (W 87 – M 127)

Es war die entscheidende, aber längst noch nicht die letzte Wiedergeburt. Mit ihr setzte die eigenständige Reproduktion des Vokabulars und die Reinigung der in zahllosen Phantasmen gestählten Imagination ein. Die Schrift als Doppel des Autors ersetzt die ursprüngliche Dopplung von familiärem Code und infantiler Leere. Aber war erst damit die Befreiung von den Blicken der Erwachsenen eingeleitet? Nimmt man die Phantasien um den Namen »Sartre« als authentisch an, so wäre damit nicht nur die eigene genealogische Position markiert, sondern im Namenssymbol die Form des Selbstbewußtseins gewonnen worden. Auch wenn der Autor das Phantasma des Helden-Namens als retrospektive Satire [8] auf die Genealogie seines Ruhms nur erfunden hätte, so wäre dennoch die Perspektive der Erzählung bestimmt: Es geht um die gerichtliche Prüfung zur Genealogie der Autorschaft. Und der Zeuge gesteht, daß ihr Beginn im Zeichen der infantilen Verkehrtheiten gestanden hat:

Kaum hatte ich mit dem Schreiben angefangen, so legte ich die Feder aus der Hand, um zu jubilieren. Es war der gleiche Schwindel, aber ich habe bereits gesagt, daß ich die Wörter für die Quintessenz der Dinge hielt. Nichts verwirrte mich stärker, als wenn ich sah, wie meine Krähenfüße nach und nach ihren Irrlichtcharakter verloren, um sich in die trübe Dichtigkeit einer Materie zu verwandeln. Es war die Verwirklichung des Eingebildeten. Weil sie in die Falle der Benennung gegangen waren, traten nun ein Löwe, ein Hauptmann des Zweiten Kaiserreichs, ein Beduine im Eßzimmer auf; sie waren dort für immer gefangen, weil sie mit Hilfe von Zeichen zu Körpern geworden waren; ich glaubte, meine Träume in der Welt dadurch verankert zu haben, daß ich mit einer Stahlfeder herumkratzte. (W 80 – M 117)

Welch lange und harte Pädagogik steht dem kleinen Poulou noch bevor, ehe er diese Magie aus seinem Kopf verbannt haben wird. Erst muß in ihm jener calvinistische Geist zur Macht gelangen, der bislang allein die Stimme des Großvaters als seine Residenz be-

wohnt hatte. Dieses Organ des Großvaters, seine verhaßte, un-
löschbare »Schallplattenstimme« (W 93 f. – M 137), die mit der
Stimme des Autors unisono geht, durchlief erst noch zahllose Ver-
stärkungen des Schicksals, ehe sie das kindliche Signifikantenspiel
zunichte machen konnte. Die infantilen Zeichen auf dem Papier
trugen noch alle Züge einer animistischen Magie.[9] Ihre tintenhafte
Schwärze sollte sich durch die Serien der Lehren und Wiedergeburten, die den Autor in seinem Sein heimisch machten, in wunderbare Transparenz auflösen: Wörter als Fenster zur Wirklichkeit. Zu
den Produzenten der Lehren und Wiedergeburten, zu den Verstär-
kern der Großvaterstimme zählt allerdings auch jener *drôle de
guerre,* der die Franzosen nur für eine kurze inaktive Zeit zu Soldaten machte. Dieser Krieg trug in Sartres Biographie eine zweite
Spaltung ein, die sich mit der ersten, die das Kino zwischen Lesen
und Schreiben provoziert hatte, verbinden sollte. Dieser Krieg verursachte auch eine Wiedergeburt, wenn man den Autor beim Wort
nimmt, eine Wiedergeburt aber nicht durch das Reale, sondern
durch das ganz Andere der menschlichen Beziehungen, der direkten Berührung.[10] Doch sind menschliche Beziehungen etwas, was
im Realen spielt?

Die erste Reinigung:
Vom Märtyrer zum Dichter

Die Wörter sind das Subjekt der Autobiographie. Aus dem Fundus
der Anderen (woher auch sonst) hervorwimmelnd, bevölkern sie
ein Kind, dessen unerreichbare Eigenheit von dieser Masse verzehrt wird. Die Magie der Wörter erzeugt nicht nur das kulturi-
sierte Kind, sondern auch den kulturproduzierenden Autor: Dies
ist – gemäß Sartres philosophischer Mythologie – der festliche Augenblick, da das Kind sich zum Herrn seines Schicksals macht. Da
es nun einmal unwiderstehlich von den sinnlosen Zeichen heimge-
sucht worden ist, wird es, um nicht im Vakuum der fehlenden Relationen zu versinken, zum Autor. Insofern erblüht auf dem Theater-
boden der universellen Falschheiten eine elementare und wahre
Reaktionsform. So gefährlich und trügerisch die aktive Expansion
der Zeichen durch die Hand des schreibenden Kindes auch sein
mag, aus dem Reflex spinnt es einen rettenden Verbindungsfaden
zum Sein und zu den darin ruhenden Wahrheiten.

Der Schreibakt hat freilich nur eine formale und keine substantielle Wahrheit. Gibt es diese noch, kann sie gerettet werden oder ist sie endgültig verloren in der Theatralik und Schwindelei? Man wird sehen. Auf dem biographischen Weg zum Dichtertum wandelt sich die Struktur: Das von der fremden Sprache imprägnierte Kind nutzt diese nicht mehr äffisch zur Imitation, sondern schmiedet sich daraus ein Instrument. In den Positionen von Zeichen, Kind und Anderem findet ein Wechsel statt. Nicht mehr ist es das Andere, das Absolute, das das Kind durch Imitation zu sein begehrt, sondern es ist die bekannte oder auch anonyme Macht, die den imaginären Abenteuern und Ambitionen des kleinen Autors eine Richtung gibt. Von dort kommen nicht mehr leere Zeichen, sondern ein Sinn; schon in den präliterarischen Phantasien hatte die Verbindung von Abenteuer und Martyrologie die Szenarios beherrscht. Das Kind brachte sein Blut und sein Leben als Opfer dar: Verausgabung des Leibes gegen die Überfülle und strömende Macht der Zeichen. Als Schriftsteller gewann es indessen kleine Freiräume und Variationsmöglichkeiten:

Jetzt, da ich zum Autor geworden war, blieb ich zwar gleichfalls selbst der Held, auf den ich meine epischen Träume projizierte, und dennoch waren wir nunmehr zwei: er trug nicht meinen Namen, und ich sprach von ihm nur in der dritten Person. Statt ihm meine Bewegungen zu leihen, schneiderte ich ihm mit Hilfe der Wörter einen Leib zurecht, so wie ich ihn zu sehen begehrte. Diese plötzliche »Verfremdung« hätte mich erschrecken können. Sie verzauberte mich. Ich gefiel mir darin, *er* zu sein, ohne daß er ganz und gar ich gewesen wäre. Er war meine Puppe (...).

(...) derselbe schwerverwundete Forscher entwich aus der Ranch, die von den Apachen belagert wurde, durchquerte die Wüste, hielt seine Eingeweide in den Händen, weigerte sich aber, genäht zu werden, bevor er mit dem General gesprochen hatte. Etwas später schlug derselbe Mann unter dem Namen Götz von Berlichingen ein ganzes Heer in die Flucht. Einer gegen alle. Das war meine Regel. (W 83 f. – M 121 f.)

Sartre kommentiert: Diese Regel sei aus dem *bürgerlichen* und *puritanischen* Individualismus seiner Umwelt extrahiert; dabei entgeht ihm, daß das Kind die Regel des Heldenmythos übernimmt und variiert. Der Mythos erfaßt exklusiv den Einzelnen, welcher kulturellen Epoche er auch seinen Leib und seine Kräfte leiht. Der Mythos ist einfach das Kondensat der kulturellen Zeichen, und er weist dem Einzelnen seine Position zu. Der von Sartre ins Spiel gebrachte Puritanismus sucht den Mythos zu löschen, und zwar durch die Erfindung, daß der Leib außer Fleisch und Seele auch noch eine Wahrheit sei. Und nun vernehme man die großväterliche Stimme, die sich im Chor der Tragödie anonym gemacht hat: Die Tragödie des Kindes, die Sartres Chor der *Wörter* beklagt, heißt ausgerechnet, daß dieses schreibende Autor-Kind ohne solche Wahrheit sei. Dieses Mitleid des Chors ist die Kehrseite der Verachtung. Die volle satirische Ladung des autobiographischen Richter-Chors geht nieder auf die infantile Lust an den Zeichen und an der Macht, die sie gewähren. Die Mißbilligung trifft den instinktiven Sinn für das tatsächliche Spiel der Kräfteverhältnisse. Ein Puritanismus haust keineswegs in jenen Phantasmen des kindlichen Autors, sondern der Puritanismus des erwachsenen Autors löscht die kindlichen Exzesse im Machtspiel der Symbole:

> »Daisy bedeckte ihre Augen mit der Hand, sie war blind geworden«, und ergriffen saß ich da mit erhobener Schreibfeder. Ich hatte im Absoluten ein kleines Ereignis produziert, das mich entzückend kompromittierte. Ich war kein richtiger Sadist. Meine perverse Freude verwandelte sich plötzlich in Panik, ich machte meine sämtlichen Dekrete rückgängig, strich sie doppelt und dreifach durch, damit nichts mehr entziffert werden konnte. Das junge Mädchen konnte plötzlich wieder sehen, oder vielmehr: sie hatte niemals das Augenlicht verloren. Aber die Erinnerung an meine Launen bedrückte mich eine ganze Weile (. . .). (W 84 – M 122 f.)

Ist der Sadismus ein Effekt der Literatur? Stammt die Lust an der Macht aus den Zeichen? Die Entscheidung Sartres, der Tenor seiner richterlichen Urteile klingt darin völlig sicher. Doch unter der Hand entgleiten die Sachverhalte der autobiographischen Selbstjustiz. Man liest in den Protokollen der kindlichen Phantasien, wie sich alle Aufmerksamkeit auf die Tatsache und Zerstörbarkeit des Leibes konzentriert: Er ist der Ort, an dem die Macht ihre Male hinterläßt. Und die Tätigkeit der Helden mobilisiert alle Unermüdlichkeit, um diese Male im Namen der guten Mächte zu tilgen. Tilgen sie aber damit die Tatsache und Gegebenheit der Male, der Markierungen, der Tätowierungen? Keineswegs. Denn in den karnevalesken Reigen der Selbsttravestie mischt sich unerkannt die Diskurspolizei und sichert die Wirkung ihrer Gesetze. Auf diese Weise artikuliert sich in den ironischen Rekonstruktionen der Kindheit, in der Prähistorie der Autorschaft das unerbittliche Gesetz des Diskurses: ein namenloses Müssen:

Ich bin ein Schriftsteller der Fleißübungen, meine Bücher riechen nach Schweiß und Mühe, ich gebe zu, daß unsere Aristokraten sie übelriechend finden müssen; ich habe sie oft gegen mich geschrieben, was heißen will: gegen jedermann (. . .). Man hat mir meine Gebote unter die Haut genäht. Wenn ich einen Tag nicht schreibe, brennt die Narbe; wenn ich zu leicht schreibe, brennt sie auch. Diese kärgliche Forderung überrascht mich heute durch ihre Starrheit und Unerbittlichkeit. (W 93 – M 136)

So wurden die *Wörter* zwar gegen das Kind geschrieben, das sich ihrer bemächtigte, weil es dunkel ahnte, daß in ihnen alle Macht begraben ist; doch das alte Kind, das das instinktive Wissen seines biographischen Vorläufers gelöscht hat, muß sich immer wieder darüber wundern, daß die Imperative der Kultur so fest unter seiner Haut sitzen und ihre Wirkung tun.

Die kindliche Welt, die Sartre rekonstruiert, ist nach einem strikten Schema des Tausches geschaffen. Der kleine Poulou, der immer wieder hören muß, daß er ein »Geschenk des Himmels« sei (W 64, 89, 98 – M 91, 130, 143), bringt sich in Permanenz selbst zum Opfer. Solche imaginäre Selbstdarbringung ist ebenso wahr und ebenso symbolisch wie der Satz, der sein Schicksal initiiert. Das ist das Geheimnis der ewigen Martyrologie: Selbst Gebender zu werden, Spender des geschenkten Leibes, Missionar des eigenen Fleisches. Das Schreiben-Müssen hält diese Struktur des Tausches fest. Nur die Form der Gabe hat sich verändert: Aus dem rein imaginären Szenario, aus dem Phantasma der ersten Aktivität entweicht der Autor, indem er fremde Missionare an die Stelle des eigenen Leibes rückt. Die eigene Mission ist in das Leiden der Schrift übergetreten. Die Wendung, in der das Kind seine Autorschaft und das Heldentum in einer Disjunktion auseinanderhält, ist die Vorstufe der wahrhaft reinen Erkenntnis, daß die Macht selbst die Helden führt, indem sie diese erzeugt. Andere können ebenso gut die Spende des Leibes vollbringen, sie ist selbst Effekt der Macht desjenigen, der die Dekrete signiert. Was aber bringt das »Geschenk des Himmels« als seine Gabe dar? Es opfert für Augenblicke seinen Namen. Bereits die Phantasiespiele im Vorstadium der schreibenden Autorschaft, die Delirien einer historischen Namhaftigkeit kannten die Variante, daß der Held sich in ein fremdes Inkognito hüllte (W 72, 77 – M 103, 109). Der Schreibende offeriert sein Inkognito als Gegengabe zur Prophezeiung und zur Mission, daß er ein Schriftsteller werden würde: »Ich übertrug auf den Schriftsteller die geheiligten Kräfte des Helden« (W 95 – M 139). Und indem sich durch den Satz des Großvaters und der Familie, daß er einst ein berühmter Autor sein werde, die Dimension der Zukunft eröffnet, beginnt eine neue Epoche im Leben des Kindes.

Poulou, der kleine Vorgänger des großen Sartre, ist ein restlos überlastetes Kind, denn kaum läßt sich die Zahl seiner Missionen präzise angeben. Neben der höllischen Aufgabe, die ihm die Kultur auferlegt: ein Teilnehmer dieses Systems zu werden, hat er sich selbst dazu verdammt, die Wünsche der Familie und sogar die eigenen und vor allem die Missionen der Literatur zu erfüllen. Und schließlich trägt er auch noch schwer an der Forderung, die Philosophie seines berühmt gewordenen *alter ego* wahr werden zu lassen:

Nun aber hatte man mich sondiert, und die Sonde war auf Felsgestein gestoßen. Ich war ein Schriftsteller, so wie Charles Schweitzer ein Großvater war: von Geburt an und für immerdar. Es kam allerdings vor, daß sich unter dem Enthusiasmus eine Unruhe bemerkbar machte. In meinem durch Karl offenbar kautionierten Talent wollte ich nicht nur einen Zufall erblicken und hatte mich darauf eingerichtet, darin einen Auftrag zu sehen. Da man mich aber nicht ermutigte und keine wirkliche Anforderung vorlag, gelang es mir nicht, zu vergessen, daß ich mir den Auftrag selbst erteilt hatte. Im Augenblick, da ich der Natur entrann, um nunmehr Ich zu werden, also jener andere, der zu sein in den Augen der anderen ich behauptete, sah ich plötzlich, aufgetaucht aus einer Vorwelt, meinem Geschick in die Augen, und ich erkannte mein Geschick: es war nur meine Freiheit, die sich vor mir – dank meinen Bemühungen – wie eine fremde Gewalt aufgerichtet hatte. (W 97 f. – M 142)

Warum nennt diese Existenzphilosophie die handlichste Gestalt des Wünschens eine Freiheit? Es gibt kein anderes Motiv als das alte stoische oder das moderne puritanische: Die Unreinheit des Wünschens muß sich in die Reinheit eines Sollens verwandeln. Hier scheint nichts Geringeres sein Haupt zu erheben als das Unmögliche einer transzendentalen Form der Autorschaft. Es wurde schon angezeigt, in welchen Feldern die Reinheit ihre prinzipielle Macht organisiert: Die Zeichen, die Kategorien, das Subjekt, der Autor – sie alle treten in die Parade einer Katharsis, die die ganze Welt in einen Kristallpalast transparenter Kategorien verwandeln soll.

Blicken wir zurück auf die autobiographischen Vorformen dieser Reinheit: Bereits der kleine Phantast Jean-Paul, der sich selbst vom

Überfluß der Signifikanten zu reinigen suchte, tat dies, indem er die imaginäre Welt von den Ausgeburten eben dieser Signifikanten befreite: Ungeheuern, Drachen, Teufeln, Bösewichtern machte er den Garaus. Bei diesen Feldzügen, auf denen das Kind die Sprache von den Halluzinationen, die aus dem Vakuum des Sinnlosen, des Bedeutungslosen aufstiegen (aus jenen Räumen, die bei Benjamin rauschten), reinigte, stieß es auf das Reich der Bedeutungen, das in Wahrheit ein Reich der Beziehungen ist. Nicht mehr ließ es sich einfach von den Signifikanten heimsuchen, sondern antwortete auf der Ebene der Bedeutung auf den Satz, der sein Sein begründete: »Du bist ein Geschenk des Himmels«. So wie Genet, gemäß Sartres Lesart, durch den Satz »Du bist ein Dieb« zum Dieb wurde, verwandelte sich der kleine Jean-Paul durch den Satz in ein Geschenk, das auf der symbolischen Ebene ständig sich selbst als Gegengabe zu opfern hatte. Auf der Ebene der Interpretation hieß jener Satz etwas anderes: Du mußt dich von einer Schuld reinigen, von der Schuld, die du bist, und von der Schuld, die du trägst.

Kein Zweifel: Auch der Schriftsteller ist einer, der Schuld trägt, denn er verlängert das unreine Geräusch der Literatur ins Unaufhörliche. Er täuscht, indem er »das Schweigen des Seins durch ein lästiges Geräusch von Wörtern zu enthüllen« sucht (W 143 – M 209). Und das Publikum ist dieser Täuschung verfallen. Hilfesuchend blickt die Menschheit, der das Visum, das symbolische Double fehlt, den Werken der Künstler entgegen (W 103 – M 150). Sie ist ihrerseits, wie Sartre erklärt, ein Double des Kindes, das sich von seiner Umwelt jenes Visum aushändigen läßt und es verschlingt. Aber es gibt doch eine Möglichkeit der Sühne für den Schriftsteller: den Tod. Er tauscht seine Unreinheit, seine Schuld, seinen Betrug:

Ich entdeckte, daß sich der Geber im Bereich der Belletristik in seine eigene Gabe zu verwandeln vermag, nämlich in einen reinen Gegenstand. (W 110 – M 160)

Reinheit heißt der Wunsch und der höchste Imperativ, das Gesetz, nach dem der Richter der *Wörter* sein Urteil spricht. Vom Augenblick an, da das Kind die ersten Worte stammelt, bringt es der Erwachsene in die Verlegenheit, sich zu reinigen. Und wenn es nur noch den Ausweg des Todes gibt, dann hypostasiert sich das Wunder der Reinheit durch die Wiedergeburt.

Die drei Entwürfe:
Fatalität, Antipsychologie, Antikriminalistik

Wer die Familie zu leugnen sucht, der bejaht sie unbewußt um so
entschiedener: Angefüllt und durchdrungen von der altmodischen
bourgeoisen Kultur des neunzehnten Jahrhunderts, die der Großvater repräsentiert, vermag das Kind nur unter den größten Anstrengungen die Höhe der Zeitgenossenschaft zu erklimmen. Diese
Anstrengung klingt in den grotesken Rekapitulationen der Mär-
tyrerschaften, die sich der kleine Poulou aufzuerlegen suchte, sati-
risch nach:

(. . .) sei das Genie nur eine geliehene Gabe: man müsse es sich durch
große Leiden und durch Prüfungen, die man bescheiden, aber fest durchsteht, verdienen; dann hört man schließlich Stimmen und schreibt unter
Diktat. (W 37 – M 49)

Das süße Gift der *l'art-pour-l'art*-Autorschaften hat ihm der Großvater eingeflößt, und es dauerte das ganze Leben, bis sich Sartre davon gereinigt hatte. Wahrhaftig hatte ihn erst der Tod davon erlöst.

Die Philosophie der Reinheit, der phänomenologisch gewendete
puritanische Diskurs, der ungeheure Wille zur Selbstreinigung verlangen aber, daß von dieser Familie, der Ursprungsstätte der Theatralik und des unreinen Zeremoniells, Abschied genommen wird.
Wie will man sich von der Familie, der symbolischen Institution
lösen? Indem man erneut die Welt betritt. Aber geht das tatsächlich?

Die Entwürfe, unter denen Sartre sein Auftauchen aus den falschen Wörtern und seinen Eintritt in die gereinigten Zeichen der
Wirklichkeit (es werden die transzendentalen Kategorien sein) inszeniert, sehen im Prinzip drei Seinsweisen vor. Der erste Entwurf
ist symbolisch und fatal: Er schließt das Subjekt unwiderruflich in
das Familiensystem ein. Der zweite ist mythisch und antipsycholo-
gisch, indem er im seriellen Phantasma der Wiedergeburt die Möglichkeit völliger Unbestimmtheit konzipiert. Der dritte Entwurf ist
antikriminalistisch: Darin verweigern das Kind/der Autor ihre
symbolische Legitimation.

Der erste Entwurf entspringt einer düsteren Ahnung. In einem
Anflug von Klarsicht formuliert Sartre die Möglichkeit einer ret-
tungslosen, weil unbewußten Bindung an die Mandate des Großvaters:

Es geht so weit, daß ich mich heute noch in Augenblicken schlechter Laune frage, ob ich nicht zahllose Tage und zahllose Nächte verlebt, zahllose Blätter mit meiner Tinte bedeckt, zahllose Bücher, die niemand begehrte, auf den Büchermarkt geworfen habe, in der einzigen und wahnsinnigen Hoffnung, meinem Großvater damit zu gefallen. Das wäre wirklich ein Witz: im Alter von mehr als fünfzig Jahren unterwegs zu sein, um den Willen eines Mannes zu erfüllen, der lange tot ist (. . .). (W 92f. – M 135)

Hier tritt die Macht des *Fatums*, das nichts anderes als ein Gesprochensein ist, ein großväterliches, fatales Diktat, dem Autor ins Bewußtsein. Und woher? Es scheint, als ob diese Ahnung von jenem Ort ihren Ausgang nähme, den Sartre in seinem lebenslangen Kampf um die Reinheit und Transparenz des Subjekts nicht anerkennen wollte: vom Unbewußten. Unsere Analyse bestärkt diese Möglichkeit insofern, als der Großvater auch der Souffleur der calvinistischen Imperative gewesen sein muß. Und noch etwas spricht für diesen fatalen Entwurf. Sartre widmet ihm Projekte einer Fortsetzung, Szenarios einer Familienserie, die dem tragischen Lebensdrama die – spiegelsymmetrisch konzipierten – Satyrspiele folgen lassen. Auf seine spätere Erblindung vorausweisend, rekapituliert der Autor der *Wörter* ein kindliches Phantasma: Damals stellte er sich vor, in völliger Dunkelheit ein Buch geschrieben zu haben, das sich – unlesbar – in seinem Nachlaß finden würde:

Und dann würden eines Tages junge Gelehrte kommen und aus Liebe zu mir das Manuskript zu entziffern suchen. Sie würden ihr ganzes Leben damit zubringen, ein Buch wiederherzustellen, das – natürlich – mein Meisterwerk war. Meine Mutter war aus dem Zimmer gegangen, ich war allein und wiederholte für mich langsam, ohne daran zu denken, vor allem: »In völliger Dunkelheit!« Es gab einen kurzen Knall: mein Urgroßneffe dort oben hatte sein Buch zugemacht; er träumte von der Kindheit seines Urgroßonkels, und Tränen rollten ihm über die Backen. (W 117 – M 171)

Wenige Seiten später jedoch stammt dieser nachfolgende Leser aus einer Generation davor:

ein Großneffe beugt seinen blonden Schopf über meine Lebensgeschichte, mit Tränen in den Augen, die Zukunft bricht an, mich umgibt eine unendliche Liebe (. . .). (W 141 – M 207)

Ein Autor, der sich selbst in Bücher transformiert (um sich dann doch nicht zu entsühnen), hat keine Kinder: Großneffen und Urgroßneffen werden seine Leser sein. So bleibt das Familiensystem geschlossen. Vom großväterlichen Imperativ bis zu den Rührungen der sechsten und siebten Generation umschlingt alle ein unzerreißbares symbolisches Band. Aber nicht genug damit: Die Literatur bildet überhaupt eine Familie:

Auch heute noch leide ich an derselben Unsitte, an der Vertraulichkeit (familiarité). Ich mache mit den erlauchten Toten wenig Umstände; über Baudelaire und Flaubert äußere ich mich ohne Umschweife (...). (W 40 – M 54)

Sartres Familie der Literatur ist das symbolische Doppel aller Familien, denn sie haben die gleiche Funktion: ihren Zöglingen/Lesern einen Charakter zu geben, einen Namen, eine Wahrheit (W 48 – M 66). Dieser Entwurf ist ein rein heuristisches Konzept, das der Autor mit allen Zeichen des Entsetzens und voller Spott zitiert. Durch die Textur des Hasses zucken die Blitze der Erleuchtung.

Gegen die Bindungsmacht dieser undurchdringlichen Familiarität, der Alterität und der widerstandslos induzierten Theatralik empört sich eine hilflose, aber hartnäckige imaginäre Opposition. Freilich ist auch ihr Konzept tief durchsetzt mit calvinistischer Frömmigkeit. Sie setzt auf die Chance von Geburt und Wiedergeburt. Kein Motiv taucht häufiger auf in den *Wörtern* als dieses. Man könnte die Serien des Sterbens und der Wiederkehr als die kontrapunktische Bewegung gegenüber der räuberischen Gewalt der Sätze und Wörter lesen. Geburt und Tod sind die reinen Existenzialien. Sie gehören jedem Subjekt allein – im Gegensatz zu den Wörtern, die auch ihren Autoren nie gehören. (Selbst wenn ihnen das Urheberrecht dergleichen zubilligt.) In der Motivserie materialisiert sich das Phantasma der permanenten Erneuerung, der Zeichenlosigkeit. Mythos der Reinheit, Imperativ der Transparenzen. Es wurde bereits der Passus zitiert, wo Sartre einräumt, daß er bereitwillig Fehler der Vergangenheit eingesteht («généreuse confession»), »bloß um der Freude willen, mich als ein *neugeborenes* Kind fühlen zu können« (W 136 – M 200). Dies ist das Konzept, das der Autor im Namen der Freiheit zur Tilgung der Diskursimperative ins Feld führt. Dieser Gehorsam der »bereitwilligen Geständnisse« verwandelt nämlich die Regel der Transparenz *strategisch* in eine Bilderfolge von Unerkennbarkeiten. Die Serie, die Kontrapunktik der Neugeburten in den *Wörtern*, ist ein filmisches

Phantasma: ruckartige Neueinstellungen auf den Helden, der mit jedem Bild ein anderer ist:

Wenn ich die rue Soufflot hinanstieg, spürte ich bei jedem Schritt, an der Art, wie sich mein Abbild plötzlich in den Schaufenstern spiegelte und beim Weitergehen verschwand, die Bewegung meines Lebens, das Gesetz meines Lebens und den schönen Auftrag: allem untreu zu sein. (W 137 – M 202)

Das Kino und sein Imaginäres haben ihre mediale Natur rechtzeitig in die Welt gebracht, um dem kleinen und dem großen Sartre ein Modell seiner instinktiv gesuchten Wahrheit zu schenken. Es bleibt freilich ein Modell: Sartre mußte dennoch Schriftsteller werden, um die ungeheure Masse der Wörter, die ihn daheim zu erwürgen drohte, durchsichtig zu machen, um dank ihrer schwer errungenen Transparenz die Welt zu erblicken. Das Kino hingegen hat diese Transparenz. Das Kino ist ein antipsychologisches Medium von äußerster biographischer Tauglichkeit, denn es präsentiert, wie der Held der *Wörter* von sich selbst sagt, eine seelenlose Durchsichtigkeit. Und dank unaufhörlicher Reinigungen hält sich der Autor Sartre im Zustand psychologischer Unerkennbarkeit. Das Kino-Konzept, die Strategie ständig wechselnder Transparenz verbindet zwei Notwendigkeiten auf ideale Weise: sich bis ins Äußerste erkennbar machen, sich offenbaren, ohne identifizierbar zu werden.

Insofern ist die permanente Unerkennbarkeit eine Strategie, die auf ein Leiden antwortet, auf ein puritanisch/richterlich/großväterlich induziertes Leiden, das von der Unbeantwortbarkeit der Frage herrührt: »Wer bist du?« Dies ist die kriminalistische Frage, die die staatlichen Bürokratien von den kirchlichen Institutionen übernommen haben. Es ist die Frage nach dem Sein, nach der Identität, der Legitimität des Subjekts. In den *Wörtern* richtet ein staatlicher Beamter eine solche Frage an das Kind. Die Reichweite dieser unbeantwortbaren Frage liest sich an der Konstellation ab; sie ist eingefügt in die alte Allegorie der Lebensreise:

Als blinder Passagier war ich im Abteil eingeschlafen und wurde vom Schaffner wachgerüttelt. »Bitte die Fahrkarte!« Ich mußte gestehen, daß ich keine hatte. Auch kein Geld, um die Reise bezahlen zu können. Ich begann damit, mich für schuldig zu erklären: meine Ausweispapiere hätte ich zu Hause vergessen und wüßte auch nicht mehr, wie ich durch die Sperre gelangt sei, aber ich gäbe zu, unrechtmäßigerweise den Zug bestiegen zu haben. Weit davon entfernt, die Autorität des Schaffners zu bezweifeln, beteuerte ich laut meine Achtung für seine Aufgaben und unterwarf mich von vornherein seiner Entscheidung. In diesem äußersten Augenblick der Erniedrigung blieb mir bloß noch der Ausweg, die ganze Situation umzustülpen: ich gab also das Geheimnis preis, daß wichtige und geheime Gründe mich zwängen, nach Dijon zu reisen, im Interesse Frankreichs und vielleicht der Menschheit. (W 64 – M 90)

Die Lösung dieser Allegorie wird dem Leser auch gegeben: Zug, Schaffner, Reisender (Schuldiger) sind ein und dieselbe Person. Das Leben – Sartre hat es in der Analyse des Triumvirats gezeigt – ist eine richterliche Untersuchung. Ausdrücklich nennt sich der schuldige Fahrgast *Delinquent,* um deutlich zu machen, daß die Frage nach der Identität, nach dem symbolischen Double, die Kriminalfrage der Epoche ist: «mes papiers d'identité, je les avais oubliés chez moi» (M 90). Das fehlende Schriftdokument ist ein symbolischer Name der Schuld. Im kindlichen Phantasma antwortet der Delinquent auf diese Schuld mit der Erfindung einer *Mission.* Der Geheimauftrag, das wird später präzisiert, heißt: den generellen Mangel beheben und der gesamten Menschheit Identitätspapiere verschaffen:

In dieser Menschheit ohne Visum, die dem Gutdünken des Künstlers erwartungsvoll ausgeliefert ist, erkennt man das Kind wieder, das vollgestopft wurde mit Glück (. . .). (W 103 – M 150)

Es ist ein Spiel, freilich das Spiel einer Macht, der modernen kulturellen Macht. Bei Flaubert hat Sartre die Wirkung der gleichen furchtbaren Frage analysiert, die calvinistische Frage nach einem Visum, das das Kind nicht in der Hand hat.[11] Es ist eine Formel für jenen existenziellen Mangel, den Sartre als Leiden aller diagnostiziert. Es wurde schon angezeigt, daß alle literarischen Helden und Märtyrer des Triumvirats an dieser Ursünde leiden, die nicht aus dem Bösen stammt, sondern aus den Bedürfnissen der modernen Verwaltungen. Doch auch hier ist der Wandel schon angezeigt. Es wird nicht mehr lange dauern, bis die Autobiographen den Mangel ihres Seins daran erkennen, daß sie sich nach den Schaffnern und Polizisten zurücksehnen. Über kurz oder lang wird niemand mehr einen Zugwagen betreten können, der sich nicht vor einem Datensichtgerät gerechtfertigt hat.

Die Epoche der Polizei beginnt schon heute nostalgisch zu werden, die Gesichter der Richter werden grau und nehmen allmählich retrospektive Züge an. Das Diskursgesetz dieses Jahrhunderts hat die Richter und Polizisten freilich längst verschwinden lassen; sie bewohnen den Diskurs selbst. Und der Autor der *Wörter*, der dies zu durchschauen vermeint, vermag sich dennoch von den unter die Haut genähten Imperativen nicht zu befreien. Selbst die zehnte Wiedergeburt hat die Frage des Schaffners nicht gelöscht; aber sie hat die Kraft der Verweigerung (der Unlust) erzeugt:

Wieder bin ich, wie damals mit sieben Jahren, der Reisende ohne Fahrkarte: der Schaffner ist in mein Abteil gekommen und schaut mich an, weniger streng als einst. Er möchte am liebsten wieder hinausgehen, damit ich meine Reise in Frieden beenden kann; ich soll ihm nur eine annehmbare Entschuldigung sagen, ganz gleich welche, dann ist er zufrieden. Unglücklicherweise finde ich keine und habe übrigens auch keine Lust, eine zu suchen. (W 144 – M 211)

Drei Lebensentwürfe – der undurchdringliche Code der familiären Beziehungen, die permanente Wiedergeburt, das verweigerte und ersetzte Visum – stehen nebeneinander als Reihe der Erkenntnisse und der Verweigerungen gegenüber dem Gesetz der Epoche. Einem Subjekt ist es nicht möglich, sich dort zu situieren, wo es die Zeichen hinsetzen. Es vermag seine Fremdheit anzuerkennen und seinen Text unter sich fortlaufen zu lassen: Es wird der Text seiner Fremdheit, seiner unauffindbaren Vorgänger bleiben, selbst wenn er die wildesten Revolten ausruft. Man sehe nur: Das Modell der permanenten Wiedergeburt und der ewigen Kino-Reinigung enthält die gesamte Freiheitsphilosophie und äußerste Auflehnung des Autors. Es ist ohne Zweifel den technischen Innovationen des 20. Jahrhunderts abgelauscht, dennoch treiben es unübersehbar, aus der historischen Tiefe, die puritanischen Imperative hervor.

Die Kino-Wiedergeburt und die Purifikationen des Mediums

In den *Wörtern* erscheint das Kino an herausragender Stelle: Es schlägt die Brücke zwischen den beiden Kontinenten von Sartres kindlicher Existenz, denen er die Namen der Kulturpraktiken *Lesen* und *Schreiben* gegeben hat. Das Kino eröffnet die Chance, dieses kulturelle Gesetz zu transzendieren. Doch im autobiographischen Kontext steht das Kino-Medium nicht nur über dem Unterschied, sondern auch über der zwischen Lesen und Schreiben klaffenden existenziellen Spaltung, die Sartres richterliches Auge in jede lebensgeschichtliche Konstruktion hineinzulesen versteht. In der Liebe zum Kino organisiert sich biographisch eine gemeinsame, gegen den Großvater gerichtete Leidenschaft von Mutter und Sohn. Dem großväterlichen Hang zum Theater und der theatralischen Repräsentationsform seiner Klasse opponiert halbbewußt die Liebe zum Kino und seinen radikalen Mischungen:

Die Bourgeois des letzten Jahrhunderts vergaßen niemals ihren ersten Theaterabend, und ihre Schriftsteller übernahmen es, die Einzelheiten zu berichten. Wenn der Vorhang aufging, glaubten die Kinder bei Hofe zu sein (...). Aber ich wette, daß meine Zeitgenossen nicht imstande sind, mir den Zeitpunkt ihrer ersten Begegnung mit dem Kino zu nennen. Blindlings tappten wir in ein Jahrhundert ohne Tradition, das sich von den früheren durch seine schlechten Manieren unterscheiden sollte und dessen neue Kunst, die Pöbelkunst, unsere Barbarei vorwegnahm. Sie wurde in einer Räuberhöhle geboren und von den Behörden unter die Volksbelustigungen eingereiht, sie hatte ein volkstümliches Benehmen, das die gesitteten Leute entsetzte. (W 68 – M 97)

Zunächst verhalf das Kino dem kleinen Poulou zum Anschluß an das Jahrhundert, in dem er geboren wurde. Der Großvater hatte ihn doch an die Ästhetik der Louis-Philippe-Epoche geschmiedet – so die Selbststilisierung des Posaunisten der *littérature engagée*. Das Kino sollte den verspäteten Adepten der absoluten Poesie dann auf geheimnisvolle (nur der Philosophie zugängliche) Weise der Familie entfremden. Aber das stand noch bevor. Zunächst begrüßte das Kind im Kino einen Generationsgenossen mit einem Mangel:

Im gleichmacherischen Unkomfort der kleinen Kinos hatte ich gelernt, daß diese neue Kunst mir ebenso wie allen anderen gehörte. Wir waren geistig im selben Alter. Ich war sieben Jahre alt und konnte lesen, die neue Kunst war zwölf Jahre alt und konnte nicht sprechen. Man behauptete, sie sei erst in den Anfängen und müsse Fortschritte machen; ich dachte, wir würden zusammen groß werden. Unsere gemeinsame Kindheit habe ich nicht vergessen: wenn man mir einen englischen Bonbon anbietet, wenn sich in meiner Nähe eine Frau die Nägel lackiert, wenn mir in den Toiletten eines Provinzhotels der Geruch eines bestimmten Desinfektionsmittels entgegenschlägt, wenn ich nachts im Zug an der Decke die violette Nachtbeleuchtung erblicke, dann finden meine Augen, meine Nase, meine Zunge wiederum die Lichter und Düfte jener verschwundenen Säle. (W 70 f. – M 100)

Unschwer läßt sich in diesem Kino ein Doppel des Benjaminschen Telephons erkennen; dieses Medium ist nahezu ein Bruder des kleinen Sartre. Der Mangel des Kinos liefert exakt das positive Gegenbild seines Überflusses: dem Überfluß der Zeichen, die das Kind imprägniert haben, kontrastiert die Stummheit der Filme. Insofern kann der autobiographische Text diesen Kino-Bruder zu einem imaginären Ich-Ideal erklären. Das Medium ist ein freilich harmloses und positives Ich-Ideal. Der Kino-Bruder ist das erste Mitglied einer technischen Familie, die ohne Neurosen ihre Generationenfolgen organisieren kann, und daher sticht er positiv ab vom älteren Bruder Gustave Flaubert, dessen Vollkommenheit den Jüngeren lähmte und neurotisierte. Das stumme Kino, Medium einer technischen Frühe, ist nicht nur als Generationsgenosse familiär, sondern auch als ein Erinnerungsspeicher. Er antwortet auf das »Weißt du noch?« mit treuherziger Genauigkeit. Ähnlich wie Benjamins Telephon ist das Kino Medium der Erinnerung. Es erinnert an die moderne Form des Erinnerns: interne Schaltungen des technisch/literarischen Gedächtnisses. Kein Leser geht nämlich an dem zitierten Passus vorbei, ohne sich an die Proustschen Formen der Erinnerungsschaltung zu erinnern. Freilich: das Sartresche Kino schaltet nicht die Erinnerung, sondern die Erinnerungsschaltungen lassen die Unvergeßlichkeit dieses Mediums wiederauftauchen.

Solche Unvergeßlichkeit scheint vielfach begründet. Das Kino sprengt nicht nur die Zeremonielle, indem es alle Klassen in seinem Körper versammelt; vielmehr ist es die (zeitlich befristete) Tilgung jener Zeichen, der sprachlichen Gesetze, die das Kind an ihren Fäden halten und seine Marionettennatur sicherstellen. Daher eröffnet die durchleuchtete Leinwand für den Stimmenimitator Jean-Paul den Blick ins Freie:

Ich war unzugänglich für das Sakrale, liebte aber heiß die Magie: das Kino war eine fragwürdige Erscheinung, die ich perverserweise liebte, weil ihm noch so viel fehlte. Das Rieseln war alles, war nichts, war alles, zu nichts reduziert. Ich erlebte die Delirien einer Wand; man hatte die festen Körper einer Massivität entkleidet, die mich bis in meinen Körper hinein bedrückte, und mein junger Idealismus freute sich über diese unendliche Zusammenziehung. Später haben mich die Verschiebungen und Rotationen von Dreiecken an die gleitenden Figuren auf der Leinwand erinnert; ich liebte das Kino bis hinein in die Planimetrie. Aus Schwarz und Weiß machte ich bedeutsame Farben, die in sich alle anderen Farben vereinigten, aber nur dem Eingeweihten offenbarten. Ich entzückte mich am Anblick des Unsichtbaren. Überdies liebte ich die unheilbare Stummheit meiner Helden. Oder vielmehr nein: sie waren nicht stumm, denn sie konnten sich verständlich machen. Wir verständigten uns durch die Musik; es war das Geräusch ihres Innenlebens. (W 71 – M 101)

Im Zeichen der Absenz von Sprache wird alles signifikant; ja, die Wirklichkeit selbst fängt an zu sprechen, weil die räuberische Stimme der Signifikanten, der sprachlichen Zeichen noch nicht ertönt. Das ist die Kino-Lehre, die der ältere dem jüngeren Jean-Paul erteilt. In dieser Lehre steckt auch eine Medientheorie: Die Magie des Kinos erzeugt sich Eingeweihte, es sind diejenigen, die der magischen Wirkung uneingeschränkt teilhaftig werden. Gegen alle Zuschreibungen der Epoche, der pädagogischen und literarischen Kinotheoretiker begrüßt der Autor der *Wörter* die stumme Macht des Kinos. Magisch nennt er den Effekt eines Mediums, das noch in seiner technischen Frühzeit steckt und kühl ist wie die Photos der Frühzeit, wie das Telephon der Frühzeit, von denen Benjamin sprach. Um Benjamins Terminologie für ein Mal auf dieses Kino des Sartre zu übertragen: Es ist die *Inkunabel* des Kinos, die allerdings schon viele Kräfte des späteren Mediums entwickelt hat. Die Magie des Kinos, so liest sich die Erinnerung, ist eine gute Magie, die nicht von Teufels Gnaden zu sein scheint. Es ist eine Magie, die der Wahrheit der sprachlichen Zeichen zur Erscheinung verhilft. Denn indem sich alle Festigkeit auflöst, erscheint eine Durchlässigkeit, die eine Schule der Transparenz ist. Die Durchlässigkeit der festen Körper überträgt sich nämlich als körperliche Erleichterung auf das blickende Kind: In traumhafter Verwandlung werden das Ich und die Dinge zu magischen Transparenzen, die von aller Schwere und Unreinheit erlöst sind. Die unendliche Zusammenziehung, über die sich der »junge Idealismus« so freut, ist das philosophische Abbild einer platonischen Semiotik [12], die plötzlich, für die trügerische Zeit des Kinematographen, alle Dichte beseitigt.

Das Kino-Erlebnis wirkte in zwei Richtungen, die Spaltung ließ zwei Wahrheiten zum Vorschein kommen, die der Autobiograph ausdrücklich erwähnt: Zunächst beginnt der kleine Jean-Paul daheim »Kino« zu spielen. Ohne es zu ahnen, tritt er ein in das Propädeutikum des Schreibens, unterwirft er sich dem Versuch, die Wirklichkeit zu erreichen. Eine der Trennwände, die die Sprache, die bunten Wörter, zwischen dem Kind und den Dingen/Menschen errichtet hatten, war einfach dadurch niedergesunken, daß Poulou stumm wurde wie das Kino, das er liebte:

> Tatsächlich versuchte ich, die Bilder aus meinem Kopf zu reißen und au-ßerhalb meiner selbst zu *verwirklichen*, zwischen richtigen Möbeln und richtigen Wänden, ins Auge fallend und sichtbar, gleich jenen, die über die Filmleinwand rieselten. (W 80 – M 117)

Das Kino hat vorderhand das Projekt eines Bezuges zur Realität (was immer dies sei) möglich gemacht: dies bildete die eine Seite der Erneuerung, die sich aus der Kino-Krise entwickelte. Die andere Erneuerung verdankte das Kind der besonderen Realität des Kinoraumes selbst:

> Mein verstorbener Vater und mein Großvater pflegten auf dem zweiten Rang zu sitzen; die gesellschaftliche Hierarchie des Theaters hatte ihnen Geschmack eingeflößt an Zeremonien. Wenn viele Menschen beisammen sind, muß man sie durch Riten voneinander trennen, sonst massakrieren sie einander. Das Kino bewies das Gegenteil. Dieses überaus gemischte Pu-blikum schien weniger durch eine Festlichkeit vereinigt zu sein als durch eine Katastrophe, die Etikette war tot und gab endlich den Blick frei auf das wirkliche Band zwischen den Menschen, auf die Anhänglichkeit. Ich verlor den Geschmack an den Zeremonien und begeisterte mich für Men-schenmassen; ich habe deren in allen Arten kennengelernt, aber diese Nacktheit und rückhaltlose Gegenwärtigkeit eines jeden inmitten von al-len, den Wachtraum, das dunkle Bewußtsein von der Gefahr des Mensch-seins – die habe ich nur im Jahre 1940 wiedergefunden, im Gefangenen-lager Stalag XII D. (W 70 – M 99)

Die Dunkelheit des Kinos beherbergt das Paradox einer Transpa-renz auf die Wirklichkeit der Menschenbeziehungen: Nacktheit und Rückhaltlosigkeit – solche elementaren Begriffe beschwören beinahe einen vorkulturellen Zustand.[13] »Nacktheit« heißt nicht nur der Index einer gegebenen, aller Zeremonielle entkleideten Si-tuation, sondern einer Transparenz zweiten Grades, d. h. sie lenkt den Blick auf die Beziehungen der Menschen im Kriegsgefangenen-lager. Man ahnt, daß auch diese Situation durchsichtig ist, insofern sie ihre Verkleidung für eine Offenbarung der Menschenwahrheit überhaupt ablegt. Das Reale, das sich durch das Dickicht der Zeichen, durch die diaphane Medialität des Kinos und durch die Nacktheit von Menschenverhältnissen hindurch offenbart, sind die Menschen. In seinen Tagebüchern, die er während des *drôle de guerre* führte, hat sich Sartre bereits für diese Durchblicke präpariert: »Der Krieg und Heidegger haben mich auf den rechten Weg gebracht; Heidegger, indem er mir zeigte, daß es jenseits des Entwurfs, durch den die menschliche Realität sich selbst verwirklicht, nichts gibt« (T 471). Es ist die Vorbereitung auf jene Erfahrung, die das Kino-Erlebnis, die Kino-Wiedergeburt wiederholen sollte. Vielleicht gibt das Grund zur Verwunderung: Kino als Ort und Medium und Krieg sind sich so fremd offenbar nicht, das hat Paul Virilio gezeigt[14]; doch gilt dies in einem anderen Sinne für den »komischen Krieg«, dessen Lehre Sartre in seinem Tagebuch festgehalten hat.

Die »Gefahr des Menschseins« ist das Risiko eines Spiels, das zu beschwören Sartre nicht müde wird, das Spiel »Wer verliert, gewinnt«. Es ist nicht nötig, den vollen Umfang dieser Spiel-Allegorie zu durchschreiten. Es ist Sartres *règle du jeu*[15], bei dem der Spieler anders als bei Leiris das *Leben* zu setzen vermeint: das Leben gegen die Symbolik, die ihm vorausliegt und die es organisiert hat. Das riskante Spiel hat jedoch eine Seite, auf die wir unsere Aufmerksamkeit richten dürfen; es ist die Auflösung der menschlichen Dichte und Härte zugunsten der Offenheit und Transparenz. Man erfährt dies in den Kriegstagebüchern; dort wird die Idee des Spiels gegen die »hartnäckige Opazität« des Ernstes gestellt:

Man ist ernst, wenn man nicht einmal die Möglichkeit erwägt, die Welt zu *verlassen*, wenn die Welt mit ihren Alpen und ihren Felsen, ihrer Kruste und ihrem Schlamm, ihren Mooren, ihren Wüsten, all diesen starrsinnigen Unermeßlichkeiten, einen von allen Seiten einschließt, wenn man sich selbst den Existenzmodus des Felsens, die Konsistenz, die Trägheit, die Opazität verleiht (. . .). (T 473)

Das Spiel ist nicht nur seiner Unverbindlichkeit wegen durchsetzt von Affinitäten zum Kino, sondern es ist wegen der Phantasie einer durchweg aufgelösten Opazität und Dichte ein Kinospiel. Nur dort wird die Wirklichkeit durchsichtig bis auf die Kinoleinwand. Und die Wand erscheint durchsichtig bis in die Tiefe des Kinobildes. An dieser Stelle wird nachträglich erkennbar, welcher Art körperlicher Bedrängnis das Kind entflieht, wenn es zum ersten Mal das Stummfilmkino besucht: Sein eigener Körper verliert die

Dichte aller irdischen, physikalischen Festigkeit – Auflösung in schönster Spiritualität. So hat das alte calvinistische Gesetz der Transparenz den Autor Sartre unaufhörlich verfolgt. Die *Wörter* sagen und zeigen es auf jeder Seite; doch im zwanzigsten Jahrhundert hat das protestantische Diskursgesetz, die *disciplina,* seinen medialen Anschluß gefunden: ihre Technik liefert das Kino.[16] Der Anschluß wird durch die Pointierungen und Beschleunigungen der *Wörter* auch sprachlich vollzogen, denn dort finden sich an einer Stelle die beiden scheinbar konkurrierenden Modelle der Unerkennbarkeit (Wiedergeburt und Bilderfolge) miteinander verschmolzen. Die Kontrapunktik der Wiedergeburten, das serielle Phantasma einer immer wieder erneuerten Reinheit des Ursprungs, werden rhythmisiert und in solche Geschwindigkeit versetzt, daß sie das Tempo der Kinobilder erreichen. In den *Wörtern* heißt es:

Vorher hatte ich mir mein Leben in Bildern vorgestellt: darin hatte mein Tod meine Geburt hervorgerufen, und meine Geburt schleuderte mich meinem Tod entgegen. Seit ich darauf verzichtet hatte, den Tod zu sehen, wurde ich selbst zu jenem Wechselspiel und spannte mich bis zum Zerreißen zwischen diese beiden Extreme, so daß ich mit jedem Herzschlag gleichzeitig zur Welt kam und starb. (W 130 – M 191 f.)

Mit jedem Herzschlag ändert sich das Bild, in dem sich dieses Subjekt bewegt: So erfolgt die kinoartige Eliminierung der Wahrheit und zugleich die Konstitution einer vollkommenen Reinheit. Vielleicht findet sich überhaupt darin die Sartresche Wahrheit, daß sein Kino eine calvinistische Institution ist, das Medium der vierundzwanzig Reinigungen pro Sekunde: der Puritanismus im Zeichen des Malteserkreuzes.

Das definitive Stadium der Durchsichtigkeit und Reinheit: Herzensschrift der Menschheit

Sartres autobiographische Texte laufen hin und her zwischen absolutem Traditionsgehorsam und kältester Modernität. Diese Spannung reißt sie bisweilen auch auseinander. Im ständigen Wechsel der Perspektive (der Kameraeinstellung) verbinden sich auf der Ebene des Textes die Gegensätze von Chronik und Selbstparodie, von Anklage und Mikroskopie, von Analyse und Zitat, von Protokoll und Imagination, von Authentizität und Stilisierung. Solches

Rieseln als Effekt der raschen Folge von Einstellungen und Bildern nimmt dem Text, der doch stets den kühlen Expertenstatus beansprucht, die Kohärenz und Interpretierbarkeit. Dennoch steuert die boshafte, masochistische und höchst richterliche Genealogie des Schreibwunsches am Ende der *Wörter* auf einen Fluchtpunkt zu. Eine eigentlich armselige Wahrheit firmiert als integrierende Größe, als Dauereinstellung am Ende des Textes. Unter ihrem stillen Segen werden die Kämpfe an den zwei Fronten ergebnislos abgebrochen: der Kampf gegen die eigene rettungslose Verfallenheit an den unreinen familiären Code, und der Kampf gegen die törichten Anforderungen der staatlichen und bürokratischen Mächte, daß der Mensch eine psychologische und symbolische Identität besitzen müsse. Auf einer der letzten Seiten der *Wörter* findet sich das folgende Bekenntnis:

Im Alter von dreißig Jahren gelang mir der schöne Streich, daß ich – in aller Aufrichtigkeit, wie man mir glauben darf – in meinem Buch ›Der Ekel‹ über die ungerechtfertigte und trübe Existenz meiner Mitmenschen schrieb, meine eigene Existenz jedoch aus dem Spiel ließ. Ich *war* Roquentin, ich zeigte an ihm ohne Gefälligkeit das Muster meines Lebens; zu gleicher Zeit war ich aber auch *ich*, der Erwählte, der Chronist der Hölle, war ich das Fotomikroskop aus Glas und Stahl, das auf mein eigenes zähflüssiges Protoplasma gerichtet war. (W 143 – M 209 f.)

Dies liest sich wie eine Konferenz der zentralen Motive in Sartres Diskurs: In unmittelbarer Nähe zum Konferenzleiter sitzt die *Aufrichtigkeit*; doch gleich daneben ist die *Hölle* plaziert, Deckname jener leeren Tiefe, aus der die bedeutungslosen Sätze emportauchen, und neben ihr findet sich das Erlösungsmotiv: die *Reinigung*. Das »Trübe« (franz. saumâtre) kennzeichnet die Situation der anderen; das »zähe Protoplasma« (sirops protoplasmiques) gibt ein Bild von der nicht hinreichend transparenten Konsistenz der eigenen Person. Und dieser Konferenz sitzt unsichtbar (unbenannt) der Richter vor, der Stellvertreter Gottes, mit dem sich der kleine Sartre immer zu messen suchte. Der entlassene himmlische Rivale war kein Schöpfer, sondern ein Weltenrichter. In seiner modernen Profession verfolgt dieser Gott nicht mehr die Sünden der Väter bis in die äußersten Verästelungen der Genealogie; er hat eher den Geist eines Staatsanwaltes, der das Verbrechen bis in die biochemischen Substanzen heimsucht. Allerdings ist diese Substanz die vorletzte aller Verflüchtigungen, selbst wenn sie eine sirupartige Lebenskraft ist. Doch je leistungsfähiger das Photomikroskop sein wird, desto weniger wird es sichtbar machen. So steht die eben angeführte Bemerkung mit gutem Grund an markanter Stelle, nämlich auf den letzten Seiten der richterlichen Untersuchung: solche Unsichtbarkeit, die definitive Form der Durchsichtigkeit, bildete das Lebensideal und das literarische Ziel des Autors Sartre. Er gibt gar zu verstehen, daß ihm dieses Verlangen nach Transparenz ins Wesen eingeschrieben ist.

Woher eine solche Einschreibung stammt, scheint der Autor nicht zu wissen. Dabei spricht er unablässig von den Inskriptionen, Prägungen, Markierungen in den kindlichen »Tafeln des Körpers«. Es sind fleischliche Hypostasen der kulturellen Regeln und Gesetze, Innervationen der Zeichen und der Zeremonielle aus dem höllischen Reich der Unreinheit. Diese Hypostasen folgen – auch wenn sie den entgegengesetzten Ursprung verzeichnen – dem Konzept der reinsten Hypostase: der Fleischwerdung des christlichen Logos:

Zwischen dem Sommer 1914 und dem Herbst 1916 ist mein Auftrag zu meinem Charakter geworden, mein Delirium verließ meinen Kopf, um sich in meine Glieder zu ergießen. (W 130 – M 191)

Dieses Mandat verdankt sich der Fleischwerdung der Trivialliteratur. Das Kind hat die Mission tausendmal durchgespielt – als Imitator seiner heroischen Gewährsleute, die ihn immer noch »bewohnen« (W 144 – M 212). Der Auftrag lautet: Waisen, Unschuldigen das Leben zu retten, die Übeltäter auszurotten, den eigenen Leib als Geschenk darzubringen. Solche Missionen, Erlöser-Rollen, sind nichts Neues. Alle großen historischen Erlösergestalten sind als Produkte der populären Mythologien erkennbar: Jesus ist den Trivialmythen und Legenden des Judentums entstiegen, Karl Marx entstammt den romantischen Märchen [17], Jean-Paul Sartre ist aus dem Fleisch der Comics. Die Literatur erzeugt Helden, die aus Texten bestehen, Erlöser, in deren Glieder sich Wunderworte ergossen haben. Der Auftrag Sartres, der sich mit diesem selbst aus der Trivialliteratur hervorentwickelt hat, ist dem Mandat des christlichen Erlösers durchaus ähnlich: Jener wollte die Juden vom Gesetz befreien, dieser möchte die Menschen von der Unreinheit der falschen Zeremonielle reinigen. Pathetisch heißt das Mandat: Erlösung von der Lüge. Und nun stellt sich das Verständnis wie von selbst ein. Niemand ist für diese Mission besser präpariert als ein Schriftsteller, der selbst ein Lügner ist, ein Lügner von Anbeginn an. Der alte Sartre erblickt in dem Kind, das er war, einen Märtyrer der ersten Lebensminute. Durch die Passion der Lüge gebrandmarkt, tätowiert, durch die Male der bürgerlichen Kultur gezeichnet, ist er symbolisch prädestiniert. Da er mit dem ersten Atemzug auf der Seite der Falschheit gestanden hat, da sich mit dem ersten Wort der Unterschied von wahr und falsch in seine Existenz eingegraben hat, verfügt er über die erforderlichen Insignien. Welche Lüge ist wahrer als der Satz: ›Ich bin ein Lügner‹? So enthüllt sich die philosophische Strategie Sartres: durch die Universalität der Lüge wird die Rede stillgelegt, wird der Diskurs aus jeder Begründbarkeit gerissen.

Da die Lüge, die Unwahrheit, die Falschheit so prinzipiell in der Kultur, in den Zeremoniellen wurzeln, lassen sich lediglich Zeugen für diesen Sachverhalt benennen, nicht aber Sprecher des wahren Diskurses. Der Zeuge steckt in der Haut und im Diskurs eines idiosynkratischen Richters: Er leitet die Selbstjustiz der Wörter, den Prozeß der Reinigung, dessen paradoxe Logik verlangt, daß die Wörter protokollieren, wie unrein sie sind. Und doch nimmt dieser Richter ein Amt, das Autoren-Amt, wahr; aber wer hat ihm dieses Amt verliehen? Die letzten Worte der *Wörter* lauten:

Eines liebe ich an meinem Wahnsinn: daß er mich nämlich von Anfang an gegen die Verführungen des »Elitedenkens« gefeit hat. Nie hielt ich mich für den glücklichen Besitzer eines »Talents«: mein einziges Bestreben ging dahin, mich, der nichts in den Händen und den Taschen hatte, durch Arbeit und Glauben zu retten. Meine bloße Option freilich erhob mich noch nicht über irgend jemand: ohne Ausrüstung und Gerät machte ich mich mit Haut und Haar ans Werk, um mich mit Haut und Haar zu retten. Was bleibt, wenn ich das unmögliche Heil in die Requisitenkammer verbanne? Ein ganzer Mensch, gemacht aus dem Zeug aller Menschen, und der soviel wert ist wie sie alle und soviel wert wie jedermann. (W 145 – M 212f.)

Mit diesen letzten Worten erwirbt der Autor das Eintrittsbillet in die naturale Wirklichkeit aller Menschen. Er ist wie alle. Da er heute tot ist, gibt es darüber auch keinen Zweifel, daß er dem Gesetz der Natur verfallen war wie alle Menschen. Wen aber erwählt die Natur, um zu sagen, daß der Mensch ein Mensch sei?

Das richterliche Amt ist Sartre zugefallen, weil ihn sein Schicksal erwählt hat; jenseits aller Falschheiten, jenseits der Kultur, jenseits des Diskurses ist er eine völlige Transparenz. So entwirft er selbst das Bild seiner zweiten Prädestination; von solcher Durchsichtigkeit ist in den *Wörtern* allenthalben die Rede. Blicken wir in einen anderen Text, der noch eine Überraschung bereithält! In seinen *Kriegstagebüchern* stellt Sartre seitenlang Überlegungen über seinen Charakter an. Ein Beispiel:

(...) seit meinem siebzehnten Lebensjahr habe ich immer als Paar gelebt, und damit meine ich in keiner Weise als Liebespaar. Ich will sagen, daß ich in eine strahlende und ein wenig sengende Existenzform verstrickt war, die kein Innenleben und keine Geheimnisse kannte, in der ich ständig den totalen Druck einer anderen Anwesenheit auf mir spürte und in der ich mich abhärtete, diese Anwesenheit zu ertragen. Das Leben als Paar machte mich hart und durchsichtig wie einen Diamanten, sonst hätte ich es nicht ausgehalten. Das ist zweifellos eine der großen Ursachen für die »Öffentlichkeit« meines Lebens. Ich sagte, daß auch meine geringsten Gefühle, meine geringsten Gedanken von ihrer Entstehung an öffentlich waren. T. wunderte sich, daß ich überhaupt erwägen konnte, Tagebücher von totaler Aufrichtigkeit zu veröffentlichen. Aber das ist mir zur Natur geworden, und ich glaube fast, daß das an meinen Freundschaften liegt. In jedem Augenblick hatte ich den Eindruck, daß meine Freunde in meinem Herzen lesen konnten (...). (T 393)

Wunderbare Naturgabe: ein Tagebuch von totaler Aufrichtigkeit zu schreiben! Man glaubt zu sehen, wie sich die alten Helden der intimen Bekenntnisse von Augustinus bis Rousseau und Gide vor dieser Schrift verneigen, um einzubekennen, daß ihnen das nicht gegeben war: eine durchsichtige Natur ohne Innerlichkeit, ohne Geheimnis. Es ist kaum anzunehmen, daß der Verfasser dieser triumphalen Beichte die Einzigartigkeit seiner paradoxen Confession nur ahnte. Oder sollte tatsächlich die Herzensschrift beinahe zweitausend Jahre nach ihrer Erfindung ins Stadium restloser Zugänglichkeit getreten sein? Gegen die Universalität der trügerischen, diebischen Zeichen rückt Sartre mit seinem kristallenen Herzen an. Lesen wir also darin die Züge der Selbstbegründung, der Selbstlegitimation seines Diskurses, der nichts als diese Transparenz aller Zeichen und Menschen gefordert hat. Diese Herzensschrift oder genauer: die permanente Lesbarkeit der Herzensschriften ist die Amtsurkunde für den Richter der Literatur, der Poesie, der Psychologie, der Charakterologie. Diese Legitimation – kaum braucht es wiederholt zu werden – ist freilich gegen die Psychologie gerichtet[18]; sie vertraut auf eine strategische Sichtbarkeit, denn solche hellste Transparenz ist gegen jeden tiefen Blick gewappnet. Der Psychologe blickt in die Sonne. Was der Tagebuchautor aus seinem Herzen lesen läßt, das ist die in völlige Klarheit getauchte Wahrheit eines Denkens, das sich selber immer schon wieder überschritten hat:

Seit jener Epoche herrschte in meinem Geist eine unbarmherzige Klarheit, er war ein Operationssaal, hygienisch, ohne Schatten, ohne Winkel, ohne Mikroben, unter einem kalten Licht. Aber da sich die Intimität nie ganz vertreiben läßt, gab es jenseits dieser Aufrichtigkeit des öffentlichen Bekenntnisses oder vielmehr diesseits, eine Art Unaufrichtigkeit, die wirklich mir gehörte, die ich war, nicht so sehr in der Tatsache, Geheimnisse zu haben, als vielmehr in einer bestimmten Art, mich aus eben dieser Aufrichtigkeit davonzustehlen und mich ihr nicht hinzugeben. Wenn man so will, war ich in gewissem Sinn völlig bei der Sache, und in einem anderen Sinn entwischte ich ihr, indem ich mich bei der Sache *sah* und mich von diesem öffentlichen Teil meiner selbst allein dadurch distanzierte, daß ich ihn betrachtete. Ich sagte ja schon, daß die wesentliche Form meines Hochmuts darin besteht, keine Solidarität mit mir selbst zu haben. Hat sie sich als Abwehr gegen die erstickende Durchsichtigkeit der Freundschaft herausgebildet, oder ist im Gegenteil sie es gewesen, die es mir erlaubt hat, dieses helle öffentliche Leben zu ertragen? Ich weiß es nicht, aber die Beziehung ist evident. Nur das unerschütterliche Bewußtsein, immer über das hinaus zu sein, was ich war, hat es mir erlaubt, mich meinen Freunden jahrelang ohne Schleier, in völliger Nacktheit zu zeigen. (T 394)

Es sind die gleichen Bedingungen, die die Kino-Realität konstituieren: Direktheit, Nacktheit, Durchsichtigkeit und ein Tempo, das jedes Bild gleich wieder außer Kraft setzt. Als Reich, als kleines Reservat der Intimität sichert sich der Autor lediglich jenes schnellere Tempo, worin die Reflexion schon gleich wieder ihren Gegenstand verzehrt. Die Geschwindigkeit des Denkens erzeugt immer nur für die kurze Zeit, die die Adaption des trägen Auges benötigt, einen intimen Anteil an sich selbst. ›Was ihr in meinem Herzen lest, ist im Augenblick des Gelesenwerdens nicht mehr wahr, weil ich mich selbst als Objekt dieser Lektüre lese.‹ Solche Zeichen, die keine Dauer und keine Konsistenz mehr haben, sind Kinobilder, kurze, aufflammende Lichter des Moments allein.

Dies ist die Wahrheit, die Bewegung eines Diskurses, die sich in allen Texten Sartres, auf allen Ebenen seiner Theoretisierungen finden läßt. Hier insistiert sein Diskurs. Es ist seine neurotische Zone, seine hypercalvinistische Strenge, seine richterliche Legitimation: Unsolidarisch mit sich selbst, macht er sich den Prozeß und läßt er sich jede Sekunde neu entstehen. Sein richterlicher Spruch sickert in alle fremden Diskurse ein, durchdringt wie Öl die kleinsten Fissuren und löst endlich alle Phänomene in schönster Durchsichtigkeit auf. Man erinnere sich: Baudelaire erschien im Auge Sartres so von der eigenen Entscheidung durchdrungen, daß diese »gleichsam seine eigene Transparenz« wurde (B 53). An Genet analysiert er das Trugbild, den »verbalen Schein, dessen Transluzidität schließlich das Nichts enthüllt« (SG 809). Auf der Ebene der Zeichentheorie proklamierte Sartre als eine Seite der »Zweideutigkeit« der Zeichen deren Durchlässigkeit wie eine »Scheibe« (WiL 17). Dieser Wahrheit wurde wiederum der Schriftsteller verpflichtet, der seine Freiheit »säubern« (WiL 56) muß. Der so verstandenen Ethik der «littérature engagée» hat sich auch der Autor der *Wörter* unterworfen, der irgendwann das Familientheater von sich »abwäscht« (W 126 – M 185). Und schließlich spielt Sartre in einem Gespräch mit Michel Contat die gleiche Melodie: Alles Schreiben sei entweder auf die Lüge, auf das Geheimnis aus oder aber auf die Transparenz (SüS 188). Das ist es, was er ausdrücklich verlangt. Es ist ein Verlangen, das alle Regionen des Sartreschen Diskurses besiedelt und beherrscht, seine Macht reicht bis in die Philosophie des Ego, die darauf zielt, »(. . .) die Befreiung des transzendentalen Feldes und gleichzeitig dessen Reinigung zu realisieren« (TE 83).

Das Verlangen nach Reinheit entsteht nicht auf dem Territorium subjektiver Vorlieben; es ist auch keiner philosophischen Kategorie verschwistert, die sich zur Herrschaft aufschwingt; es ist keine voraussetzungslose Ethik. Unsere Überlegungen sind nun so tief von den Quintessenzen dieses Reinheitsgebotes gesättigt, daß ein Aphorismus jede ausführliche Antwort aussticht: Sartres Transparenz ist eine Allianz von Calvin und Kino. Die Vorgängigkeit der Diskursimperative hat Sartre anerkannt, ohne sie zu erkennen, ohne sie erkennen zu wollen. So entging ihm die Stimme Calvins in der Schallplattenstimme des Großvaters. Und das Kino ist das Medium der Epoche, die technische Gestalt der verblassenden Diskursregeln. Dies wurde zur Genüge gezeigt: Nicht nur die Durchsichtigkeit, sondern auch das Tempo und der Rhythmus der Bilderfolgen beherrschen die Rede des Subjekts über sich selbst. Allerdings geht die Herrschaft, das Verlangen der Reinheit verschiedene Bündnisse ein, um schließlich in die Reinheit der Kategorie überzutreten: Es assoziiert sich mit den Zeichen der Wiedergeburt, bei Sartre der Name einer namenlosen Erlösung; es sucht die Befreiung von der Hölle der Zeichen; es liefert das Maß der ubiquitären Richterschaft, das Ziel aller Martyrien und Opfer. Schließlich erzwingt das Verlangen der Transparenz, das Zeichen der Zeichenlosigkeit, den Übergang des Subjekts in die protoplasmatische Substantialität eines rein Seienden, rein Lebendigen. Wörter, Zeichen fungieren als Steuerungsmächte dieses ewigen Protoplasmas, das sich für eine kurze Epoche der Ewigkeit zum Menschsein verdichtet hat. Aber die letzten Sätze der *Wörter*, die die kategoriale Wende vollziehen, ein definitives Dementi der Differenz aussprechen, sie bezeichnen auch die bescheidene, die armselige Wahrheit dieses autobiographischen Textes. Nach dem unaufhörlichen »Rieseln« des Textes, das wie das Kino alles, nichts, alles, zu nichts reduziert, präsentiert sich der Erzähler in der strahlenden Nichtigkeit des Bekenntnisses, ein Mensch zu sein. In dieser Reduktion hat sich das Verlangen nach Reinheit und Transparenz ein Denkmal gesetzt. Durch die Dichte des Individuellen, des ins Trübe abirrenden Subjekts, erkennt die Selbsterkenntnis die Tatsache der Zugehörigkeit zur Spezies. Das war die Erkenntnis des Kinos, die Erkenntnis des Krieges: »Ein ganzer Mensch, gemacht aus dem Zeug aller Menschen (...)«. (W 145 – M 213)

V
Michel Leiris:
Die *Spielregel* des Todes

Dem Fleisch entfliehen

Es gibt keinen Trost, der sich einer *Metapher* des Todes anvertrauen könnte. Auf der Achse seines Paradigmas herrscht er völlig allein. Dafür ist der Tod der Ursprung aller metonymischen Verleugnungen: Absolutes Ende ist er auch absoluter Anfang. Vom Tode gehen die wuchernden Serien, die unendlichen Metonymien aus, die indessen doch nur bis zu dem Punkt reichen, wo die Sekunde des allerletzten Aufschubs begonnen hat. Aller Trost erscheint erst nachträglich und bildet den Ursprung der gleichen Bewegung, die der Tod zuvor arretiert hat. Wenn Leiris unter den vielen Kräften, die sein Schreiben aufreiben, sichern, steuern, die Metonymie erwähnt, »meinem Fleisch zu entfliehen« (1, 302–I, 235), dann ist er darin bildlich in eine Bewegung eingeschwenkt, die die christlich gefärbten Periphrasen des Todes entworfen haben. Ein Übergang, wo die Seele ihre irdische Schwere abstreift, um in spiritueller Leichtigkeit in die Welt der Geister überzutreten. Allerdings hat Leiris andere Fluchtwege im Auge: die Fuge der Beharrlichkeit. Dem Leib eine Melodie, eine unendliche Melodie aus Zeichen zu unterlegen, woraus ihm in magischer Rückkoppelung jene Festigkeit und Abgeschlossenheit erwachsen könnte, die ihn vor dem definitiven Verschwinden bewahrt. Die Flucht vor dem Fleisch ist die Suche nach einer unvergänglichen Materie, in der sich diese Bewegung verewigen könnte. Man ahnt es, daß das Schreiben allein diese Bedingung erfüllt, denn es ist Bewegung und Stillstand der Bewegung, gefestigte, gehärtete Spur, geschwärzter unaufhörlicher Aufschub.[1]

Mit dem Richter-Auge Sartres gesehen[2], fällt diese Anstrengung unter das Delikt des Selbstbetrugs. Der gleiche Blick entdeckt freilich in der Biographie von Leiris jene Spaltung, jenen Riß, der als existenzphilosophisches Indiz eines Sprungs in eine höhere Wahrheit gelesen werden könnte. Dieser Bruch zeichnet sich zwischen zwei Lebensepochen ab, vor und nach der Afrika-Reise in den Jahren 1931–33. Die Reise markiert in gewisser Hinsicht auch eine Zäsur, die die autobiographischen Texte *Mannesalter* und *Phantom Afrika* von der *Spielregel* trennen, wenngleich die beiden Brüche nicht in einer chronologischen Ordnung liegen. Der Sachverhalt soll nicht interpretiert werden, und auch Sartre hat hier nur als Stichwortgeber gedient. Die Sache kann genauer an den beiden Stadien des Fleisches studiert werden, die sich an *Mannesalter* und an *Die Spielregel* ablesen lassen. Diese beiden Stadien des Fleisches bilden Kardiogramme für zwei Stadien einer technifizierten *Herzensschrift*, des autobiographischen Diskurses, die ihre Verfallenheit an das Fleisch bereits in dem metaphorischen Bekenntnis eingesteht.

Mannesalter ist ein Text, worin sich ein »Maniak der Konfession« (MA 159) auszusprechen sucht. Die alte Regel der Aufrichtigkeit liegt ihm wie ein Folterinstrument an den Gliedern, und der Text läuft zur Autosuggestion seiner Authentizität durch zahlreiche Phantasmen der körperlichen Zerstörung. Diese Absicherung mißlingt, und die Beichte hat zu ihrem tiefsten Inhalt die Not, daß sie ihre Wahrheit durch keine Neigung zum Märtyrertum abzusichern fähig ist:

was damals in meinem Herzen und in meinem Kopf aufkeimte, wurde dermaßen von diesem blutigen Licht gefärbt, daß es mir auch heute noch unmöglich ist, eine Frau zu lieben, ohne mich beispielsweise zu fragen, in welchen dramatischen Konflikt ich mich für sie zu stürzen imstande wäre, welche grausame Hinrichtungsart ich ertragen könnte, Zermalmen der Knochen oder Zerreißen des Fleisches, Ertränken oder Verbrennen auf kleiner Flamme – eine Frage, auf die ich mir immer mit einer so deutlichen Erkenntnis meines Entsetzens vor körperlichem Schmerz antworte, daß ich aus diesem Zustand nie anders hervorgehe als von Scham niedergeschmettert (. . .). (MA 49–55)

Das ist Rousseausche Melodie. Dort wo der Text seine alten Garantien verloren hat, wo er sich nicht mehr auf die Helden und die Mythen des Ledens beruft, sondern auf die Authentizität[3] einer Autorstimme, dort muß er durch die Beichte der Mängel seine Wahrheit absichern. Das Fleisch, das sich nicht opfern läßt, aber gerade unter dieser Verweigerung jene Scham erleidet, die das moralische Opfer, das symbolische Opfer darbringt, wird in negativem Sinne doch noch zum Kronzeugen. In dieser Aporie endet das Verfahren der Inquisition und der Folter. Doch zuvor beschwört der Text *Mannesalter* immer wieder Blutzeugen für sein absolutes *Verlangen* nach Authentizität; das Verlangen ist freilich die unaufhörliche Wirkung des alten Gesetzes: Die mythischen Opfer aus dem Opernrepertoire, Judith, Samson, Elektra, Salomé, Abrahams Opfer, die Operationen, die das Kind erlebte, zahllose schreckliche Gewalttaten aus der Zeitung oder vom Hörensagen, Verletzungen der Brüder oder die Vorgeschichte einer selbst erworbenen Narbe, Geständnisse eines nicht ganz ernsthaft genommenen Selbstmordversuchs und die Episode von der Selbstverstümmelung mit einer Schere – sie organisieren einen Text voller Schmerzen und Blut, das Geständnis einer kleinmütigen Neigung zum Martyrium der Wahrheit und des Begehrens. So heißt das moderne Leiden der Mangel, daß es die Wahrheit und die Blutzeugenschaft nicht mehr gibt. Damit dreht sich das Verhältnis um. In der verkehrten Welt des Textes suchen die Phantasmen der Zerstückelung, in denen sich das Verlangen artikuliert, in der Institution des Diskurses/der Beichte eine verbindliche Form, das Gegengewicht einer Integration. Sorgfältig wird der Text komponiert und montiert.[4] Sein Montageprinzip vereinigt die Zerstückelung mit der Komposition. Zum anderen verschafft sich der Text die Suggestion der Wahrheit durch die Berufung auf eine Regel. Hier sind das unwahre Spiel der Liebe und das unwahre Spiel der Schrift ganz gleich strukturiert: Der »Maniak der Konfession« beichtet stets vor Frauen. Das ist sein Einsatz, aber vor dem einzigen Einsatz, der der unwiderlegliche Beweis der Liebe sein könnte, schreckt er in den Tests der Phantasie zurück. Denn nimmt man das Spiel ernst, so kann die Wahrheitsregel nur *einen* Einsatz fordern: den Tod. Vor dem Dilemma der Wahrheit, das diese Beichte eröffnet, gibt es keinen anderen Ausweg, den sich die Wahrheit, die Gültigkeit oder Authentizität eines Diskurses nur durch den Aufwand des Blutes, des Schmerzes erweisen läßt. So scheitert er immer an der Probe:

In der Liebe erscheint mir alles immer viel zu billig, viel zu harmlos, viel zu unernst. Damit das Spiel wirklich den Einsatz lohne, müßten gesellschaftliche Bloßstellung, Blut oder Tod dabei sein. Darum können die Praktiken, in denen der körperliche Schmerz hinzukommt, auch wenn sie der Liebe ein gewisses Maß von Ernst verleihen, mich nur anwidern, sobald ich weiß, daß sie ein bloßes Spiel bleiben und ich niemals wagen würde, sie wie Lucretia bis zum Selbstmord oder wie Judith bis zur Metzelei zu treiben. (MA 200–235)

Warum ist hier der Einsatz so hoch getrieben? Der Einsatz in der Liebe, der Einsatz in der Literatur stehen am äußersten Rande der Notwendigkeit, sich zu rechtfertigen, ihre Wahrheit zu sagen, weil sie in dieses Spiel eingetreten sind. Rousseau, Poe, Leiris – die Namen bezeichnen drei Stadien einer Klimax, einer theoretischen Klimax der *heißen* Schrift. Aber was schreibt ein Autor, in dessen Herzen Feigheit, Zaghaftigkeit, Selbstzweifel, die grauen Schatten und Doppelgänger aller Menschen, neben den Poesien der Flucht und den Imaginationen der äußersten Leidenschaften hausen? Er müßte sich bei jedem Satz die Adern aufreißen, für jeden Schriftzug der freien Hand die Daumenschrauben anziehen. Aber ein kleinmütiger Autor fällt dann doch wieder zurück auf die Ebene der Anekdoten, der Historien, der Mythen, der Phantasmen, die er erzählt als theatralische Spiegelungen einer Existenz im Wahren, in der Wahrheit des Risikos – trauriges Schattenbild der großen Helden und Heldinnen.

Die heroische Autorenschaft, die Märtyrerautorschaft, ist – bis auf wenige Beispiele – erloschen; sie mobilisiert auch keine Autorität mehr. Der Leib hat keine Beweiskraft, und eben diese Ermüdung des Glaubens an die höhere Sprache der Wunden und Stigmatisierungen kennzeichnet den Stand des Fleisches in *Mannesalter*. Der Text zeigt neben seiner Obsession für Verstümmelungen und Verletzungen noch eine zweite Obsession, sich in fremde Risiken einzutragen, sich durch das Spiel der Gefahr zu skandalisieren. Im Vorwort zu *Mannesalter* mit dem Titel »Literatur als Stierkampf«[5] hat Leiris die zwei Authentizitäten, die skandalöse der literarischen Beichte und die riskante des Stierkampfes, miteinander in Beziehung gebracht. Der Vergleich wird nach einigem Schwanken auf der Basis der *Regel* durchgeführt; im Zitat wird zunächst das Gesetz des Toreros bedacht:

Für den letzteren gilt, daß die Regel, weit davon entfernt, ihm Schutz zu bieten, dazu beiträgt, ihn der Gefahr auszusetzen: den Degenstoß innerhalb der geforderten Bedingungen voranzutragen, bedeutet zum Beispiel, daß er seinen Leib während einer beträchtlichen Zeit in die Reichweite der Hörner bringt; es besteht also eine direkte Verbindung zwischen der Regeltreue und der Gefährdung. Vorausgesetzt nun, daß die richtigen Proportionen gewahrt bleiben, findet sich nicht auch der Schriftsteller, der seine Beichte ablegt, einer Gefahr ausgesetzt, die unmittelbar proportional ist der Strenge der Regel, die er sich erwählt hat? Denn die Wahrheit sagen, nichts als die Wahrheit, das ist nicht alles: man muß ihr auch unerschrocken zu begegnen wissen und sie ohne Künstelei aussprechen, ohne großartige Worte, die Eindruck machen sollen, ohne Tremolos oder Seufzer im Tonfall, Verzierungen, Vergoldungen, die kein anderes Ergebnis hätten als sie mehr oder weniger zu verkleiden, wenn auch nur durch Abmildern ihrer Grausamkeit, und ihre schockierenden Züge weniger spürbar zu machen. (MA 16–17)

So also könnte der heißeste Text in feierlicher, zeremonieller Authentizität vor aller Augen ausgebreitet werden! Indessen meldet sich in diesem Vergleich mit dem Stierkampf bereits jene andere Regel zu Wort, die auch für die *Spielregel* in Kraft treten sollte: In der literarischen Tauromachie geht es um den Aufschub des Todes.

Das Vorwort, aus dem eben zitiert wurde, hat Leiris um die Jahreswende 1945/46 verfaßt, und das Regelspiel, das darin entworfen wird, entstammt der Erkenntnis eines völlig veränderten Standes des Fleisches. Wie das Modell des Stierkampfes zeigen will, geht es auch um das Zeremoniell eines riskanten, radikalen Einsatzes. In der Arena sind Stier und Torero Agenten der gleichen Regel, der Todesregel. Den Stier treibt das gesamte instinktive Gefüge seiner Lebendigkeit in den Kampf, der Torero, der ihn unter dem Gesetz des Aufschubs, worin das Tier seine Tugenden zeigen darf, tötet, ist mit ihm verschmolzen. Denn der Aufschub, den er dem Tier gewährt, ist ein Abbild seines eigenen Aufschubs, den er sich in jedem Kampf neu verschafft. Die Verschiebung aber ist endlich: Die Zahl der Siege bildet ein numerisches Staccato der Zeit. Darin erscheint die gleiche trügerische Buchführung wie im Verzeichnis der Frauen Don Juans, des Zwillingsbruders des Toreros, der in Spanien 1003 Mal den kleinen Triumph des Lebens notieren konnte. Die Buchführung der Siege in der Arena und in den Frauengemächern ist die *literarische* Illusion, die später die Zeitlupe technisch realisieren wird: unmögliche Dehnung der Zeit im Realen.

In der *Spielregel* ist das Fleisch in einen völlig neuen Stand getreten; die Narben, die es zieren, sind keine Schriftzüge der Authentizität, der Wahrheit, der opferbereiten Bewegung am Rande des Abgrundes; die Zeichen auf dem Fleisch sind die Markierungen der Poesie. Das Fleisch ist von der gleichen Art wie das des Stieres: alle seine Kräfte gehen in die Richtung seines definitiven Schicksals. Die Banderillas wie die Wunden und Narben sind Zeichen der Verzeitlichung, der Verschiebung. Deshalb weicht ihm der Autor aus in der zeremoniösen Bewegung eines immer wieder gewonnenen Aufschubs. Die ins Filigran verfeinerte Bewegung darf nicht aufhören. »Dem Fleisch entfliehen« ist daher alles andere als eine religiöse Formel; sie bezeichnet vielmehr die Bewegung der Schrift gegen die Selbststigmatisierung des Körpers in den Anzeichen des Alters, gegen den unerbittlichen Willen des Fleisches, sein Gesetz erfüllt zu sehen, sich zu ruinieren. Die Flucht, die zugleich eine Suche ist, wie man noch sehen wird, schafft sich die Regel der Bewegung, das Zeremoniell der Eleganz, das Gesetz der Poesie selbst. Am Ende des dritten Bandes der *Spielregel*, der den Titel *Fäserchen* (Fibrilles) trägt, steht der abschließende Satz über den Stand des Fleisches. Die *Fäserchen* bezeichnen unter anderem die letzten Verbindungen, die den Autor nach einem Selbstmordversuch, vielleicht auch bereits *während* des Selbstmordversuchs, mit dem Leben verbunden haben, das er nach dreieinhalb Tagen des Komas wiedererlangte. Zur Lebensrettung hatten die Ärzte an ihm einen Luftröhrenschnitt vorgenommen, dessen Narbe als ein polymorphes Zeichen in den Diskurs einzieht, wo es eine poetische Funktion als Paradigma übernimmt:

Diese Marke, die durch ihre eigenartige krallenförmige Zeichnung den Eindruck erweckt, als habe sich ein sechsbeiniges Insekt oberhalb meines Adamsapfels eingegraben, verbindet sich für mich keineswegs mit einem nachträglichen Erschrecken, sondern eher mit einem Stolz, der freilich wenig zu einer nur halb durchgeführten Tat paßt (ein Fehlschlag, ohne den allerdings hier ein *er* wäre, dessen Bild sich einige bewahren würden, und keineswegs der Schatten eines *ich*, das von meinem Stolz oder meinem Erschrecken sprechen könnte). (...) so denke ich an meinen mißlungenen Selbstmord wie an den großartigen und abenteuerlichen Augenblick, der in meiner sonst weitgehend erschütterungslosen Existenz das einzige größere Wagnis darstellt, das ich je auf mich genommen haben werde. Und mir scheint ebenso, daß ich in jenem Augenblick, da sich Leben und Tod, Trunkenheit und Klarsicht, Leidenschaft und Abkehr vermählten, jene faszinierende, sich trotz aller Anstrengung stets wieder entziehende Sache umfaßt habe, der man vermutlich mit voller Absicht einen weiblichen Namen beigegeben hat: die Poesie. (III, 292)

Die Narbe erscheint somit wie eine ins Poetische erhobene, höchste Marke aller jener Körperzeichen, die sich immer nur als Index des Todes lesen lassen: »Neue Zeichen treten zu jenen alten, die mich schon seit geraumer Zeit zu der Feststellung zwangen, daß es mit mir bergabgeht« (2, 331–II, 235). Die Narbe steht für die Vorwegnahme des allerletzten Schrittes in die Tiefe und ist damit das Zeichen des Aufschubs, der gewonnen wurde. Zugleich hat sich in den Leib ein Mal eingegraben, das den ernsten (momentanen) Willen bezeugte, jenem Fleisch zu entfliehen, das auf seiner Außenfläche immer mehr Signale seines eigenen Triebes, den Tod zu suchen, ansammelt. Dem Fleisch vermag nur kurz zu entfliehen, wer das

Tempo beschleunigen kann: Vorwegnahme und Aufschub in einem, Tod und Ewigkeit, Flüchtigkeit und Dauer. Die Beschleunigung ist die Voraussetzung der Zeitlupe, des Staccatos der Momente. Der Umschwung, der neue Stand des Fleisches in der *Spielregel* läßt sich vielleicht so fassen: Indem der Körper selbst die Marke der Poesie trägt, ist er durch das einmalige Zeichen eines Wissens geheiligt, das der autobiographische Text in einer jahrelangen Taktik des Aufschubs in sich aufzunehmen sucht: Der Tod ist nicht die Wahrheit des Lebens/des Diskurses, sondern ihre Regel.

Das Spiel mit den Regeln

Der Bruch, die Spaltung, die *Mannesalter* von der *Spielregel* trennt, liest sich deutlich an den Leibern, an den körperlichen Phantasmen und Marken ab; das Fleisch ist in beiden Stadien der Schauplatz der äußersten Wahrheit. In den Zerstückelungsphantasien von *Mannesalter* ging es darum, den Bekenntnissen jene Beglaubigungskraft zu schenken, die kein Text aus sich selbst erzeugen kann; das zerrissene oder tote Fleisch sollte nach dem alten Märtyrermodell die Wahrheit des Gesprochenen beglaubigen: ein Platonismus des Blutes. *Die Spielregel* hingegen gibt den Körper frei und überläßt ihn der einzigen Wahrheit, die ihn antreibt. Sie selbst verschreibt sich der Schrift und ihrer Wahrheit: daß ihr Geschrieben-Werden zutiefst begehrt wird. Da dies aber kein natürlicher Wunsch ist und sich dieser Wunsch nicht mehr in die Maskeraden der Wahrheit werfen mag, sondern eine äußerste Verbindlichkeit der Mitteilung sucht, begibt sich diese Schrift auf die Suche nach dem Gesetz, das eine Poesie (Aufschub, Außer-Kraft-Setzen) des Lebens und der Sprache gewährleisten könnte. Das ist das Ende der Beglaubigung, die Schließung der Konfessionsbücher, die Löschung der Imperative, der Verzicht auf einen Diskurs, der repräsentiert. Insofern befindet sich auch der Diskurs in einem völlig neuen Stadium. Ohne die Zeugenschaft des Fleisches macht er sich zum Testament seiner selbst. Die Schrift tritt ohne Beglaubigungsnöte, im Zustand der Selbstvergewisserung in das Leben, in den Alltag ein und macht ihn sich untertan.

Ein Text auf der Suche nach dem Gesetz, das ihn konstituiert? Das klingt wie eine Reprise der *Suche nach der verlorenen Zeit.*

Aber der Unterschied ist nur in dieser Formulierung verwischt. Prousts Suche beginnt mit der illusionären Suche nach einer Wahrheit, die die Welt des Schönen und die Welt der Menschen zusammenschließt. Nachträglich erst erkennt der Autor, daß die Vergangenheit, das vergangene, vertane Leben die fragmentarische Schrift erzeugt hat, deren vollständiges Doppel er zu Papier bringen wird. Insofern ist die Lebensgeschichte Marcels abgeschlossen, wenn die Chronik ihrer Enttäuschungen in Angriff genommen wird. Der Roman endet mit dem Entschluß, ihn zu schreiben. Der Roman von Leiris – autobiographischer Text wie Prousts Roman – begibt sich bereits mit den ersten Zeilen auf die Suche nach der gemeinsamen Regel, die sein Spiel, das sein Leben als Wunsch und als Tätigkeit durchdringt, organisieren könnte. Und mit dem ersten Gesetz, das der Autor als halbbewußte Ahnung des Kindes erzählt, hat er bereits die Elementarregel gefunden, die – in aller Simplizität – die *Spielregel* beherrscht: daß der Mensch die Sprache der anderen erlernen muß, um ein Mensch zu werden. Das Wort «. . . reuse-ment!», kindlich-unfertige Morphologie des Ausrufs «heureuse-ment!», bildet die winzige Erinnerungsspur an einen fragmentarischen Idiolekt, den das Kind noch sprechen durfte, bevor es von der Spielregel der Sprache vollständig erfaßt wurde. Diese Gegebenheit, mit der ein Sartre ein Leben lang haderte, bildet den melancholisch gefaßten Anfang einer tatsächlichen Suche, die dem geheimen Gesetz nachspürt, das die poetischen Kräfte mobilisiert.

So stößt man auf keine Stierkampfregel, nicht auf die Etikette eines Risikos und seiner Ästhetik, aber man ist gleich in einem Spiel gefangen, das ebenso Glücksspiel wie Lebensspiel darstellt. Es geht stets um die Unterwerfung. Nichts ist trügerischer als ein Gewinn. Dennoch bedenkt der Autor in *Fibrilles* seinen Selbstmordversuch im Kontext einer Situation, die ihm ausweglos erscheint, als die »letzte Karte«, die er in Händen hielt (III, 105). Nachträglich sieht er sich gar als einen »großen Spieler« an (III, 111). Trügerischer Trost und einzige Bedingung des Trostes ist die retrospektive Bejahung der Unterwerfung unter die Regel. In dieses Spiel ist alles eingeschlossen: Liebe, Literatur, Leben. Oder vielmehr hatte sich das Leben bereits der Literatur unterworfen, denn die *Spielregel* ist die Geschichte eines Lebens, das sich ganz entschieden dem Bedürfnis unterworfen hat, aufgeschrieben zu werden. Der autobiographische Text, die Schrift war selbst zu einer Realität des Lebens geworden, das – jetzt darf bereits gesagt werden: nach einer uralten Konvention – eigentlich den Gegenstand, den Stoff dieser Schrift abzugeben hat. Doch alle Autobiographien sind Zeugnisse von Existenzen, die sich der symbolischen Funktion verschrieben haben: Geistliche, Schriftsteller, Gelehrte formieren die größte Gruppe der Verfasser von Autobiographien. Andere Künstler, Politiker, Militärs bilden die zweite Klasse der Autoren. In der dritten Gruppe versammeln sich bereits die Außenseiter, die negativ durch die kulturelle Symbolik gekennzeichnet sind: Verbrecher, Wahnsinnige, Frauen. Es ging also immer schon um die symbolische Funktion und ihr Zeugnis. Die *Spielregel* indessen ist vielleicht der erste große Text, der diese Funktion in den Vordergrund rückt und selbst zum Thema macht, das sich nicht bewältigen läßt. Zwar wird in den vier Bänden auch von anderen Ereignissen und Erfahrungen berichtet, die nicht primär der autobiographischen Funktion unterworfen waren, wie etwa von Reisen [6]; aber gerade diese Stoffe einer – dem Scheine nach – nicht-literarischen Erfahrung liefern das Material für die Regelapplikation, die sich in der reinen Selbstreferenz der Schrift nicht lange durchhalten läßt. So frißt sich die Autobiographie, der zu schreibende Text, über die lange Entstehungszeit von fünfunddreißig Jahren hinweg in das Leben hinein und unterwirft es der Doppelregel des Schreibens und der Schrift. Aber daß sich der Alltag, wenigstens die Abende und Wochenendstunden, von dieser zweifachen Symbolik durchdringen lassen, das ist die Prozedur des Staccatos, jener angestrengten Bewegung der Dehnung, die sich innerhalb des Textes selbst thematisiert und zur Dauer verwandelt:

Ich bin dermaßen langsam, daß aus der nutzbringenden Suche nach dem Ausgangspunkt (dem Streben nach einer Regel, um sie, nachdem sie gefunden ist, in aller Muße anzuwenden) in der Tat die Anfertigung einer Art Testament wird. (2, 330f. – II, 235)

Dieses Testament folgt durchaus einer Konzeption und dem Entwurf einer Form. Bereits gegen Ende des zweiten Bandes sind die beiden letzten Titel formuliert, und im letzten Band wird schließlich auch eine Pointe dieser Suche aufgedeckt: die Pointe ist in die Form eines poetischen Testaments gebracht. Ein Stück dieser bewußten, konzeptionellen Schrift liest sich aus der Reihe der vier Titel ab: *Biffures, Fourbis, Fibrilles, Frêle bruit* (*Fibules* sollte der

Titel des letzten Bandes ursprünglich lauten). Die sprachlichen Regeln, nach denen diese Titel gebildet sind, heißen Assonanz und Variation. Ein kleiner Bestand an Phonemen (Vokalen und Konsonanten) wird variiert. Und ein solches Spiel von Wortreihen, die durch Klangähnlichkeit miteinander in Verbindung stehen – ein Spiel phonetischer Serien, das man auch musikalisch nennen kann –, organisiert den in ungeheuren Serien durchstrukturierten Text des ersten Bandes *Biffures*. Die Magien der Assonanz, die akustischen Einheiten, erzeugen jene Schwingungen und Vibrationen in den Tiefenschichten des Bewußtseins, durch die selbst die unzugänglichen Bereiche der Erinnerung in Bewegung geraten. Es sind tief gelagerte, längst vergangene Ereignisse, durch ein großes Zeitintervall vom Augenblick der Niederschrift geschiedene Vergessenheiten. Durch die Regel phonologischer Permutationen können sie mobilisiert werden. Dies ist eine ganz und gar akribische Arbeit, die die Leitwörter lange und ausdauernd abhorcht – Auskultationen einer musikalischen Dichte, die in Analogie zum Gedächtnis, aber auch zur absoluten Zeit der Sprache stehen. Diese Methode verwandelt die Ereignisse der Vergangenheit in einen musikalischen Körper, der sich ins kleinste Element zerlegen läßt.

(. . .) plage ich mich damit ab, diesen Bericht (. . .) zu erstellen, der bis in ihre feinsten Verästelungen eine Episode zu erfassen sucht (. . .). (2, 330 – II, 234)

Im französischen Text beherrscht eine musikalische Metapher den Zusammenhang: «dans la suite et la fin de ses resonances». Aus der unscheinbaren Formel tritt ein Element der musikalischen Spielregel hervor, die im Zusammenschluß mit einer Regel der Zeitverzögerung den Roman vollständig beherrscht. Es wird noch zu sehen sein, wie die filigranhafte Erinnerungsarbeit in Leiris' Text durch die Annäherung an eine analoge akustische Speicherung organisiert ist. Dieser Generalregel, die nirgendwo explizit formuliert ist, wird eine ganze Reihe, ein ganzes Spiel von Regeln unterlegt. Zwei dieser Regeln, zwei Fialen der Grundregel, sind vorab noch näher zu explizieren: die Regel der temporären *Dehnung* und die Regel der *Transformation*.

Die erste Regel läßt sich an einer Reflexion aus dem letzten Band *Frêle bruit* studieren, der in der hier bevorzugten Übersetzungslösung »Zerbrechliches Rauschen« heißen soll:

Im Anfang war die Tat. Auf diese Weise umschreibt Faust zu Beginn des goetheschen Dramas die Eingangsworte aus dem Johannesevangelium: *Im Anfang war das Wort.* Früher bedeutete mir diese Passage außerordentlich viel (die ich beim Wiederlesen in ihrer Einzigartigkeit sehr viel gedrängter gefunden habe als in meiner Erinnerung): der innere Kampf des legendären Gelehrten, wie er in seinem Zimmer nachdenkt (. . .). Was mich jedoch über alles bezauberte, das war das Verfahren bei der Übersetzung selbst: die Vorwärtsbewegung des Doktor Faust in drei Phasen, die schrittweise Präzisierung: wie er es mit »Geist« versucht und feststellt, daß das nicht paßt, wie er dann »Kraft« versucht und wieder verwirft; und wie er schließlich bei »Tat« stehen bleibt, als ob mit diesem Wort die Wahrheit selbst gefaßt worden wäre. (. . .) die ganze Anziehungskraft lag für mich darin, Zeuge der Bemühung zu werden, die Abfolge der Stadien zu beobachten und zu sehen, wie ein Philosoph nachdenkt, ganz so wie ein Marey oder ein Muybridge mit einer Serie von Momentaufnahmen – das sollte ich erst vor kurzem kennenlernen – zur Kenntnis bringen konnten, wie ein Pferd galoppiert oder wie ein Mensch läuft. Indem man dem Vorgang Schritt für Schritt folgt, ihr Ineinandergreifen erfaßt, steht man im Geheimnis der Götter (. . .). (IV, 60 f.)

Die Faszination besteht vorhanden in der Dehnung der Zeit: in der Temporalisierung des Denkens, das seine Systematik erfaßt, und in der seriellen Analyse des unerkennbaren Geheimnisses. Doch läßt sich an den beiden Temporalisierungen, die miteinander in Beziehung gebracht werden, das moderne Gesetz, die moderne Regel einer Prozedur erkennen, die eine alte Spielregel ablöst. Denn die faustischen Übersetzungsversuche gelten, wie man weiß, einem religiösen und philosophischen Elementarsatz der abendländischen Ordnung: ›Wie heißt das, was Leben und Geist bis in die äußersten Verästelungen durchdringt?‹ Die faustische Temporalisierung des Denkens des Logos erfolgt in einer Meditation, die die Reihe der Paradigmen *Geist, Kraft, Tat* als Approximationen an die verdeckte oder auch schwer zugängliche Wahrheit selbst durchläuft. Die moderne Temporalisierung, für die die Beispiele Marey und Muybridge stehen, sind Dehnungen, Hypervisualisierungen der Sachverhalte: Elektronenmikroskope, Teilchenbeschleuniger, Teleskope erzielen in sich technische Reorganisationen der Zeiten und Räume. Dort nistet in Sequenzen, Verzögerungen des Unsichtbarwerdens, das Substrat jener metaphysischen Kräfte, die Faust noch der Teleskopie der Reflexion unterwarf. So zeichnet sich in dem kleinen Passus jene entscheidende Substitution ab, die zur

Regel der Moderne wie des Romans von Leiris gehört: die Logizitäten, für die auch noch ein Faust und sein Autor einstanden, Wahrheit, Seele, Geist, werden ersetzt durch die temporäre und räumliche Dehnung der biographischen Details.

Der Vergleich der Logos-Übersetzung mit den Bewegungsserien von Marey und Muybridge, den von ihnen begründeten photographischen Archiven der animalischen und menschlichen Motorik, enthält zugleich das Modell, die Methode, das sprachliche Verfahren der Übersetzung, dessen sich der Autor der *Spielregel* bedient: Serien von Details, mikroskopische Archive organisieren die analoge sprachliche Reproduktion einer Vergangenheit: Es geht zwar nur in dem beschränkten Sinne, wie ihn die Sprache zuläßt, um eine *analoge Verarbeitung* und *Dehnung* der Ereignisse in der Zeit. Doch diese Dehnung, die leicht erkennbare Variante des *Aufschubs* und seiner Ökonomie, läßt sich als eines der wichtigsten Prinzipien analysieren, die den Text strukturieren. Das »Geheimnis der Götter« hüllt sich nicht mehr in jenen Logos der Autoren und Gelehrten, sondern in die feinste materielle Gegebenheit des symbolischen Geflechts. Darin liegt die Modernität der *Spielregel*. Assimilation an die technischen Verfahren der Erkenntnis, Verzicht auf die Analyse jener Himmelswahrheiten, die die Philosophien und Menschenwissenschaften verwalten, Hypervisibilität der symbolischen Struktur des Lebens – diese Elemente desorganisieren eine Textsorte, die einmal die anthropologischen Disziplinen begründen half; sie bestimmen den Status der *Spielregel* als eines autobiographischen Textes jenseits traditioneller Diskursordnungen.

Die *Spielregel* ist also der Name für ein Spiel serieller Analysen, die gerade, weil sie sich den herkömmlichen Logizitäten der Erkenntnis gegenüber explizit subversiv verhalten, diese Regeln transzendieren: Extrem einer analogen Transformation des Vergangenen unter den Bedingungen der temporären Dehnung. Vor dieser Regel, der höchsten Regel der Regeln, erscheinen jene Ansätze zu einer *Poetik* des autobiographischen Textes, die gleichfalls Regeln darstellen, wie Rückfälle in einen die Diskursivität selbst affimierenden Wahrheitsanspruch. Doch nur auf den ersten Blick. Diese Poetik, die Leben und Text erfassen soll, erscheint in der zweiten Hälfte von *Fibrilles* und enthält eigentlich Regeln sprachlicher Ökonomie. Die Ökonomie von Zeichen und Aussagen formuliert Gebote der Vermeidung, die erst in dem hier entwickelten Kontext ihre eigentliche Funktion erkennen lassen. Die Verbote gelten der Lüge, leeren Versprechungen, dem Abspeisen mit schönen Redensarten, dem seichten Gerede und Geschwätz, Indiskretionen, intellektuellen Geschraubtheiten etc. (III, 238 f.). Diese »Spielregeln«, das macht der Direktor des Textes an gleicher Stelle explizit, bilden die Voraussetzung dafür, daß sich eine Schrift der »Immoralität des Schönen« verschreiben darf.

Die Anweisungen sind in der Schärfe traditioneller Diskursimperative formuliert, aber auch kühl und idiosynkratisch, indem sie Distanz und Beherrschtheit zum Ausdruck bringen. Tritt hier wieder einmal das Gespenst Calvins und seiner Genfer Polizeien in die Observationsbüros der Innerlichkeitsschriften? Leiris' Poetik läßt sich nur im allgemeinsten Sinne als Wiederkehr der alten Aufrichtigkeits-Imperative auszeichnen: Das Verbot der Lüge wie auch die anderen Gebote werden nämlich der neuen Regel absoluter *Präzision*, d. h. der technischen Regel der temporären Überdehnung unterworfen. Diese Vorschrift, die allein die Immoralität eines Verstoßes gegen alle anderen Regeln lizenziert, deckt sich genau mit den Verfahrensregeln der Poesie. Ihre Magien resultieren aus der Kombination von Genauigkeit und des zu einer Stimme gehörenden Idiolektes. Die Regeln, die in der immoralischen Bewegung der Schrift außer Kraft gesetzt werden dürfen, das sind die bürokratisch applizierten faustischen Paradigmen: die Gesetze der polizeilichen und psychologischen Identifizierung. Das Beispiel hiervon geben ebenfalls die *Fibrilles*.

Es ist die Nachschrift des Selbstmordversuchs. Sie teilt sich in die Vorgeschichte der Tat mit ihrer seltsamen detaillierten Rekonstruktion des Versinkens im Alkohol und einer bis ans Unerkennbare reichenden verästelten Motivation, und die Nachgeschichte, die das allmähliche Wiedererwachen des Bewußtseins aus tiefen archaischen Phantasmen erzählt.[7] Der gesamte Text ist ein großartiges Beispiel für die Technik der temporären Überdehnung. Dies erfolgt nicht in dem Sinne, daß die zwei Zeiten (Erzählzeit und erzählte Zeit) gegeneinander verschoben werden, sondern daß sich verschiedene Bewußtseinsakte auf der Zeitachse plötzlich mit vergangener Lebenszeit sättigen oder gar übersättigen. Aber auch diese Formulierung gibt noch nicht präzise den Sachverhalt wieder: denn was ist Lebenszeit? Das Erzählbare der Lebenszeit ist bei Leiris stets die Stockung und das Archivierbare. Lebenszeiten dehnen sich, indem ihre stockenden Daten/Ereignisse (Zeichen, Bilder, Geräusche) in Serien von Archiven aufgelöst werden können. In dieser Formalisierung findet sich die provisorische Notiz einer weiteren Regel, deren Effekte überhaupt erst das Spiel der temporären Dehnungen ermöglichen, ja eigentlich ihr Funktionieren gewährleisten. Die Erzählung von der Nachgeschichte des Selbstmordversuchs enthält zahllose Beispiele für diese Doppelschaltung von Dehnung und Entschlüsselungen. Das allmähliche Wiedereintreten in das Geflecht der eigenen symbolischen Existenz nach dem Erwachen aus dem Koma wird dort in einer bestimmten Form strukturiert. Aus den regelmäßig wiederkehrenden Träumen dieser Zeit, aus den Bauelementen von Delirien werden Personen, Bilder, Namen isoliert, die wie Schlüssel oder Aktenzeichen die Archive der biographischen Vergangenheit öffnen. So erscheinen die Tante Claire des Erzählers, eine ehemalige berühmte Sängerin, und deren Stiefsohn als Schlüsselfiguren ganzer Serien von Vergangenheiten, und die verschiedenen Elemente der biographischen Episodik liefern wieder Schlüsselbegriffe für neue Erinnerungsschaltungen:

(. . .) mir wurde nicht klar, daß ich sowohl mit der einen als auch mit dem anderen meinen Fuß in einen besonderen Bereich meiner fernen Vergangenheit setzte. Die alte Berühmtheit, deren Name nur wenigen noch die vielen schönen Abende in Erinnerung rief, bildete tatsächlich das Kondensat der Berühmtheiten meiner frühen Jugend, und im funkelnden Kielwasser dieses Namens, der über alle Lippen im Lärm der Boulevards gegangen war, spiegelten sich unaufhörlich bestimmte Verzauberungen, die mir das Paris jener Zeit beschert hatte (wie jener Abend, wo man mich in die Gegend Madelaine oder der Oper mitgenommen hatte, wo zahllose schaulustige Spaziergänger die »Festbeleuchtung« sehen wollten, deren Anlaß, so glaube ich, ein Besuch des belgischen Königs bildete). (III, 126)

Dehnungen, Schaltungen und Archive (denn das »Kondensat« ist nichts anderes als eine zugängliche Verdichtung von paradigmatischen und syntagmatischen Serien) bestimmen die Rekonstruktion einer Rekonstruktion des kranken und delirierenden Bewußtseins. Alle Verfahren schließen sich in der Regel zusammen, die zugleich die Lizenz zur Streichung, zur Elimination, zur poetischen Demoralisation einer anderen Regel darstellt: der Polizeiregel und der Psychologieregel. Dies macht der Abschluß der so ausführlich rekonstruierten Selbstmordgeschichte schlagartig deutlich. Der Erzähler muß sich wegen des Selbstmordversuchs bei der Polizei einstellen und ein Protokoll signieren. Die Befragung verläuft in einem unauflösbaren Mißverständnis:

Ich bestätigte, daß es sich tatsächlich um einen »Selbstmordversuch« gehandelt habe, doch eigentlich zufällig, da ich doch ohne die Einwirkung des Alkohols nichts dergleichen unternommen hätte. Der Polizeibeamte wollte die Gründe in Erfahrung bringen und konnte nicht begreifen, daß ich einfach aus einer Depression heraus gehandelt hatte, ohne ein bestimmtes Motiv (was für den Zeitungscharakter unserer Unterhaltung besagte, daß man Ehestreit, Liebeskummer oder Geldschwierigkeiten ausschließen mußte). Allein die Depression anzuführen, das hieß die Unwahrheit sagen; doch – gesetzt den Fall, daß ich die Zeit und die Geduld aufgebracht hätte, die Angelegenheit von A bis Z auseinanderzulegen und ihre Komplexität aufzuzeigen – sollte ich vor diesem Polizisten meine Generalbeichte ablegen? Mein Gesprächspartner wollte einfach nicht einsehen, daß man sich *ohne Grund* umbringen könnte. Am Ende meiner Kräfte fragte ich ihn, ob er wüßte, was »Neurasthenie« sei. Indem ich dieses Wort aussprach, das alles mehr denn je verfälschte, folgte ich einer glücklichen Eingebung: die somit angebotene Möglichkeit, den rechtswidrigen Akt in einer ihm vertrauten Schublade unterzubringen, beruhigte ihn auf der Stelle und beendete zugleich die Unterhaltung. (III, 179 f.)

Die Polizeigeschichte illustriert anekdotenartig die Sachregel, die mit den Bewegungen gemäß der poetischen Spielregel ausgelöscht wird. Die Befragung verlief nach dem Muster der faustischen Übersetzung: Wahrheitsfindung als Durchmusterung einer paradigmatischen Reihe von Termini. Dem steht das autobiographische Verfahren entgegen: Es vergrößert die erzählerischen Daten, dehnt sie gemäß den Mustern der seriellen und temporären Auflösungen und aktualisiert damit unaufhörlich das Spiel der Regeln, die sich gegen das Gesetz der einfachen anthropologischen Logiken auflehnen. Die Opposition der *Spielregel* gegen die Psychologie und Psychoanalyse – eine illuminierte Opposition – wurde von anderen bereits gewürdigt.[8] Sie interessiert hier auch nur in dem Sinne, daß sie das Spiel der Operationsweisen, die poetische Amoralität gegenüber den Codes der Moralitäten pointiert. Freilich bilden sie das Geheimnis aller Poesie, und die *Suche*, von der in der *Spielregel* allenthalben gesprochen wird, die Suche nach den Festigkeiten und Kondensaten eines vergehenden Körpers, läßt sich eben nur als *Bewegung* analysieren, als Bewegung, die auf die Bewegung selbst zurückkommt, ohne Ziel, ohne definitive Erkenntnis. So läßt sich das Prinzip der Operationsweisen, die bescheidene Erkenntnis am

Ende der Suche nur aphoristisch fassen: Das Schreiben ist eine Bewegung des Lebens, die nur ihre Unaufhörlichkeit zum Ziele hat; im letzten Band *Frêle bruit* findet sich daher auch das folgende Resumé:

(. . .) Die Hoffnung, das, was ich suche, auch zu finden, hat sich für mich nach und nach in eine Hoffnung verwandelt, nicht das zu finden, was ich suche, sondern in Erfahrung zu bringen, was genau für eine Sache es ist, die ich finden möchte. Kurzum, was ich heute suche, ist der *Gegenstand* meiner Suche. (Und am Ende gelange ich beinahe dorthin, mich zu fragen, ob ich – da ich schon nicht mehr zu wissen begehre, was das Objekt meiner Suche ist – nicht einfach die Suche gesucht habe, indem ich mit klopfendem Herzen einen Gang nach dem anderen abschritt, in der ewig gespannten Erwartung des Fundes . . .). (IV, 311)

Da weder das Leben noch der Tod als Objekt zugänglich sind (ebensowenig wie die Wahrheit), tritt an deren Stelle jenes Reglement, das die Bewegung hin zu seiner Unauffindbarkeit logifiziert. Es ist ein Reglement, das sich in aller Strenge selbst kontrolliert und aus dieser Gewalt gegen sich selbst das Recht bezieht, das Reich der konventionellen Unwahrheiten zu verlassen.

Archive des Lebens

Die Struktur des Textes läßt sich in dieser Weise bestimmen: Die Reihe von Ereignissen, deren Syntagma in chronologischen, phonologischen, lyrischen, narrativen Verknüpfungen verläuft, bildeten Schlüsselbegriffe für Serien von Archiven aus, die die Vergrößerung und Temporalisierung des tendenziell analog (Analogie der Zeit und der Inventare) konzipierten Textes vollziehen. Doch bleibt zu klären, was in diesem Kontext »Ereignis« heißt und welche Funktion die Archive im einzelnen übernehmen. Regeln und Strukturen sollen hier wie in den übrigen Untersuchungen lediglich die Würde der apriorischen Gegebenheiten genießen – keineswegs bilden sie das Markante und Substantielle der Texte: das Fleisch der Texte und die Narben dieses Fleisches fallen hier in den Blick. Archive sind die Monumente der Körper, die großen Schrift- und Zeichen-Magazine, denen sich in der Neuzeit beinahe ausschließlich das *Leben* anvertraut. Von allem Anfang an ist der autobiographische Text für das Archiv konzipiert. Die vollständige Verschriftlichung des

Lebens ist schon ein Phantasma, das durch das Neue Testament geistert: das Buch des Lebens.[9] Es sagt in apostolischer Knappheit: Alles war immer schon längst da. Das apokalyptische Axiom gilt auch für die *Spielregel*: Ehe die Schrift ihre Serien zu erzeugen und in ihr Reglement zu zwingen vermag, ist das Archiv schon gefüllt, und die Theorie des Archivs harrt dort ebenso auf ihre Abrufung; die Kartei, die, wie der Autor unaufhörlich erklärt, der Niederschrift vorausliegt und ihrerseits Funde aus dem Tagebuch oder andere schriftliche Notizen systematisch verzeichnet, die Karteien der Dossiers des Gesammelten verweisen deutlich auf einen Sachverhalt des Sammelns des Sammelns, der jener Suche der Suche völlig analog ist. Die miteinander verschalteten Systematiken, die in eine Ordnung der Schrift eingehen, welche wiederum die Regel ihres Spiels hervorzubringen sucht, vermögen sich ihrerseits ganz im autobiographischen Sinne zu verschalten, da bereits das gesamte Leben eine Form der Archivierung eingegangen ist; der Autor findet:

als Kind mein Hang, mir Alben oder Hefte anzulegen, was mir gefiel oder was mich interessierte in kleinen Packen oder Blättern oder unter einigen Pappdeckeln (oder auch in Schachteln oder Schubladen) zu versammeln, als wollte ich die verschiedensten Dinge, die mir gefielen, in einem *Kompendium* einschließen, das mir jederzeit zur Verfügung stand. Als ich nur für meinen eigenen Gebrauch in kurzen Fragmenten, die kaum mehr als Gedächtnisstützen waren, eine Art Dossier anlegte, in dem, zunächst auf fliegenden Blättern, dann in einem Umschlag verwahrt, jene Kindheits- oder Jugenderinnerungen aufgezeichnet waren, die ich nicht vergessen wollte, gehorchte ich einem Impuls eben dieser Art. Desgleichen, als ich viel später auf den Gedanken kam, die hier verwendeten Materialien systematisch auf Karteikarten zu übertragen (...). (1, 354f. – I, 276f.)

Sammeln und *Archivieren* bilden empirisch die Voraussetzung und bezeichnen strategisch die Struktur des autobiographischen Textes. Die Sammlung – das Beispiel der vielen Benjaminschen kindlichen Sammlungen zeigte es [10] – bildet ein Syntagma und Paradigma in einem. Denn die Systematik verlangt die Ordnung der Dinge (Schmetterlinge, Briefmarken, Bücher). Die Zeit hingegen bildet die Schrift, die Linie, den biographischen Vektor der Sammlung. Vielleicht ruht in dieser doppelten Ordnung, die ganz der sprachlichen Ordnung von Lexikon und Grammatik entspricht, auch das Geheimnis, daß Sammlungen ein besonderer Charakter innewohnt, ja daß sie die (psychologische) Wahrheit eines Charaktertyps, der gemeinhin der zwangsneurotische heißt, ausmachen. Aber diese Psychologie löst sich in eindrucksvoller Weise auf, indem das Sammeln in dramatischen Kontakt mit dem Verschwinden gebracht wird. In der Mitte des ersten Bandes von Leiris' Autobiographie wird das Thema der Ordnung, des Ordnungszwanges im Zusammenhang mit einem vermißten Buch entfaltet, das ausgerechnet Michelets berühmte Schrift über die *Hexe* enthält. Nun darf man das Hexenwesen, die weibliche Besessenheit, ohne zuviel zu sagen, als eine der Zwangsneurose exakt entgegengesetzte elementare Formation der menschlichen psychischen Materie bezeichnen, nämlich als Inbegriff eines ständigen Verschwindens der Charakterzeichnung, als das absolute Anderssein, die Maskerade, die Lüge, die Hysterie. Indem Michelets *Hexe* verschwindet, verflüchtigt sich die Verflüchtigung selbst. Doch kann dies kein Archivar hinnehmen. Seine Regeln sind die Vorsorge gegen solche Ereignisse. Da aber das Buch tatsächlich von seinem angestammten Platz verschwunden ist, erscheint an dieser Stelle der Erzählung, an dieser Leerstelle der Bibliothek, das Bekenntnis der zwangsneurotischen Archivalik:

Eine Zeitlang mußte die *Sorcière* in einem Winkel meines Schreibtischs gelegen haben, falls, ordnungsbesessen wie ich stets war (ich entsinne mich jetzt einer Operation, die ich als Kind von Zeit zu Zeit vornahm und »das große Aufräumen« nannte; die Operation bestand darin, alle Soldaten aus Blei oder Zinn, die ich besaß, zu zählen und zu ordnen, indem ich statistische Listen aufstellte, wo alle genau abgezählten Soldaten nach Kategorien wie Waffengattung, Dienstgrad, Größe und Material erfaßt wurden), falls ich dieses ziemlich dicke Buch (ein unvollständiger Band der gesammelten Werke, daher vielleicht eine gewisse Abneigung, denn ich habe einen allzu manischen Geschmack an Ordnung und mir graut vor unvollständigen Dingen) seit meiner Rückkehr nicht bereits in die Regale meiner Bibliothek gestellt hatte, vermutlich ziemlich weit nach oben, wo zwischen Büchern, die mir gehörten, jene standen, die strenggenommen nicht zur Belletristik zählten. (1, 206f. – I, 161f.)

Es bedarf keiner Psychologie, um diesen Klartext zu verstehen: Es geht um die systematische Ordnung als Grundregel eines Charakters, wobei sich leicht einsehen läßt, daß dieser Charakter keine Individualform darstellt, sondern einen kulturellen Typus von augenscheinlicher Modernität. Was hier erzählt wird, ist der Paradefall eines Ereignisses: das Verschwinden eines Elementes einer Ordnung,

die selbst unvollständig ist. Die *Hexe* ist ein geflüchtetes Teilstück
einer Edition der gesammelten Werke Michelets, das noch einmal
geflüchtet ist. Doppel einer Unordnung, die mit der weiblichen Besessenheit völlig ineins geht, denn sie begreift sich in der Form, wie
sie Michelet beschreibt und wie sie in der ethnologischen Erfahrung von Leiris wiedererscheint[11], als weibliche Revolte gegen eine
auferlegte Ordnung. Der Fall, den das verschwundene Buch eintreten ließ, ist der Aufstand einer Sache gegen das Regime einer Ordnung, die Bleisoldaten und Bücher gleichermaßen umfaßt. Aber
diese Ordnungen und Operationen sind nicht indifferent, sondern,
wie der Autor gesteht, selbst *manisch*. Manie der Ordnung und
Manie der Unordnung in einer Konfrontation, die deutlich macht,
daß das, was in der Dimension der Psychologie gleich ist, auf der
Ebene der Archive auf undurchsichtige Weise kollidiert.

Der Text gibt zugleich zu erkennen, welcher Art die *Ereignisse*
sind, die Leiris als die Ausgangs- und Knotenpunkte seines autobiographischen Textes nimmt: Die Ereignisse sind Brüche, Dys-
funktionen, Versagungen, Unglücksfälle jener Ordnungen, über
die das manische Begehren wacht. Das Fehlen des Buches gehört in
die gleiche Ordnung wie das Herunterfallen des Soldaten vom
Tisch – die Urszene der *Spielregel* auf den allerersten Seiten. Und
wie dort die Sprache einsetzt, als Stimme des Systems (des kindlichen Idiolekts), das sich wieder in das System der erwachsenen
Sprachmorphologie eintragen lassen muß (reusement und heureu-
sement). Der Unglücksfall also ist jene Lücke, jene Öffnung des Systems und seiner Ordnung, an dessen Stelle sich – auf der Ebene
des Textes – die Dehnung einer archivalischen Präzisierung ein-
pflanzt, die eine doppelte Funktion erfüllt. Zum einen wird ein
neues Register, ein neues Dossier an der Stelle eröffnet, wo das andere System eine Schwäche gezeigt hat; in der Erinnerungsepisode
beispielsweise erscheint die Reflexion über die Regel der Erwach-
senensprache; in den beiden Parenthesen des oben zitierten Abschnitts werden zwei kleine charakterologische Archive eröffnet,
die freilich im Kern den gleichen Inhalt haben. Man könnte es als
die *Narbe* im organischen System bezeichnen, das wie die Narbe
des Erzählers ein Zeichen wird, das die Serie verschlüsselt. Die andere Funktion läßt sich vielleicht inhaltlich bestimmen als Sammlung von Erfahrung, als kleines Dossier besseren Wissens, das die
Lücke zu füllen hat, minimalste Gegenstrategie gegen die Macht

des Schicksals. Auf der Ebene der körperlichen Kybernetik sedimentiert sich in diesem Wissen die Rückkoppelungsenergie: Eintragung in den genetischen Code.

So läßt sich die Struktur der Ereignishaftigkeit präzisieren: Sie umfaßt Serien von Tatsachen, d. h. Versagen der Ordnung, Durchbrüche des Systems, Sonderfälle der Sprache. Auf den Sonderstatus, die Lückenhaftigkeit, antwortet jene Dehnung des narrativen Kontextes, das Staccato, in dessen Spaltungen, in dessen Risse die archivalische Serie eingetragen wird. Diese Mikrostruktur wiederholt sich in der Makrostruktur des Textes: Die diversen Großarchive, die der Text eröffnet, und die vielen kleinen Dossiers (von der Art der Selbstcharakteristik in den beiden Parenthesen des Zitats) zählen vielleicht zu Hunderten: Es gibt Sammlungen, Stapelungen, Bildergalerien, Nester, Atlanten, Dossiers, Listen, Karteien, Stimmarchive, Konservatorien, Museen, Alben, Kataloge, Wortfamilien, Bücher, Schallplatten, Zeichenensembles, Erinnerungsfetische, Reliquiensammlungen, Motivreihen, Faktenpuzzle, Herbarien, Corpora, Planzeichnungen, lyrische Reihen. Insbesondere im letzten Band finden sich (im Kursivdruck) solche lyrischen Kleinserien, wie etwa die Sammlung *Letzter Worte* (IV, 290), oder surrealistische Texte, die durch Parallelismus der grammatischen Form wie Inventare lyrischer Weisheiten erscheinen (IV, 46f., 80, 119f., 202ff.). In *Frêle bruit* findet sich auch die Miniatur einer Theorie dieser Sammlungen:

war nicht meine Absicht, Tatsachen, die mich am stärksten berührt hatten, zusammenzustellen und bei ihrer Untersuchung herauszufinden, was für mich – poetisch wenigstens – das Allerwichtigste ist? (IV, 311)

Die Archive sind und enthalten ohne Zweifel die Ressourcen der poetischen Kraft und Magie, die der Text gegen die Gesetze der empirischen Räume zu mobilisieren trachtet. Denn das Bindeglied, das Motiv, das die zahlreichen internen Ordnungen und Regularitäten der *Spielregel* miteinander verschaltet, ist der *Wille*, die Dossiers des Realen, der Polizeien, Bürokratien, das geläufige Wissen für die literarische Ordnung des Diskurses außer Kraft zu setzen. Und in einem ganz elementaren Sinne richtet sich diese Anstrengung auch auf das Gesetz des Lebens/des Todes.

Nahezu ein Drittel des zweiten Bandes *Krempel* umfaßt die Dehnung und Archivierung dessen, was der Text »Mors« nennt. Gemeint ist weniger das Gebiß der Pferdezäumung als das Homonym *Mort,* das mit »Mors« in seiner lateinischen Form erscheint. Es ist das Thema, auf dem der Autor herumbeißt; aber »Mors« heißt vor allem der definitive Einbruch in die narrative Ordnung eines Lebens, der absolute Verstoß gegen die Spielregel der Existenz, die Desorganisation schlechthin. Ein Archiv, das erzählerische Staccato, die lexikalische Zeitlupe treten an zum temporären Aufschub des Todes?

Das Kapitel »Mors« ist ein in zahllose Dossiers und Register untergliedertes Groß-Archiv. Die Struktur läßt sich als Serie von Erzählungen bestimmen, in denen auf verschiedene Art ein Tod gestorben wird: Diese Ereignisse, wirkliche Todesfälle, Anwandlungen von Todesangst, Bilder, Symbole, Träume, sie markieren jeweils wieder Schaltstellen, an denen sich Register und Archive eröffnen. Ein Beispiel. Der Autor erzählt, wie er kurz nach dem Krieg anläßlich einer Gedenkveranstaltung zu Ehren des von den Nazis ermordeten Dichters Max Jacob auf einer Bühne vor großem Publikum erscheinen mußte, um eine Ansprache zu halten und einige Gedichte des Verstorbenen zu rezitieren (2, 53 ff. – II, 40 ff.). Seine Angst und das Lampenfieber fusionieren mit der Todesangst. Auf diese Weise eröffnet die Bühne des biographischen Ereignisses eine Serie von Bühnen: Auf die Schaltung zum Theater und zu einer Reihe von Theatertoden, von Karl V, Romeo und Julia, Cyrano de Bergerac, Bérénice, folgt die Inauguration eines neuen Archivs; es ist ein Archiv von Archiven. Die Erzählung füllt sich mit Berichten und Erinnerungen von großen musealen und kleinen spektakulären Schaustellungen des Todes. Zunächst das Museum von Saint-Pierre de la Martinique, wo durch einen Vulkanausbruch 1902 die gesamte Stadt unter Asche und Lava verschwand, während eben ein Theaterstück gespielt wurde, nämlich *Les cloches de Corneville.* Nach diesem Museum mit dem Bilde einer Stadt, die ein Museum ihrer selbst wurde, erscheint der Luna-Park, der selbst wieder ein Museum von Todesschrecken ist (2, 66 ff. – II, 49 ff.), denn dort findet man unter anderen Gruselkabinetten einen Guckkasten mit dem Modell einer kleinen amerikanischen Gebirgsstadt, die durch den Bruch eines Staudamms von einer Wasserflut vernichtet wurde. Diese Katastrophe wird nach dem Einwurf einer Geldmünze in dem Modell simuliert. Und gleich die nächste Schaltung: Die Erinnerung betritt ein anderes Museum, in dem (durch natürliche Einwirkung) mumifizierte Menschenkörper zu sehen sind (2, 77f. – II, 56f.); der nächste Besuch führt den Leser in das alte Museum Guimet, wo in einer Vitrine die Mumie der Thaïs ausgestellt wird. Die Serie der Museen schließt; eröffnet wird statt dessen ein Archiv der unheimlichen Menschenfiguren:

Automaten und Roboter. Menschenattrappen in den Schaufenstern, Nachbildungen die einen, reine Anspielungen oder als Bruchstücke ausgestellt die anderen (beispielsweise eine Büste mit verlockendem Dekolleté, ein Bein oder eine Hand). Museumspuppen, mal allein, mal als Paare oder in Gruppen, um einmal die Kriegsausrüstung des Galliers mit seinem langen Schnauzbart und seinen «braies», ein anderes Mal die mit Federn geschmückten Haare und den Fellmantel eines alten indianischen *sachem*, dann wieder die männlichen und weiblichen Trachten des Baskenlandes in der Mitte des vergangenen Jahrhunderts oder eine Szene aus dem Alltagsleben der Wilden Afrikas oder Ozeaniens zu zeigen. (2, 80 – II, 58f.)

So geht es fort. An dieser Stelle freilich schlägt der Autor ein Dossier auf, das in unser nächstes Kapitel überleitet: ein Dossier von Stimmen, ein Tonarchiv. Mit dem Hinweis kann die Analyse der archivalischen Struktur abgeschlossen werden. In der vollen Herrlichkeit der Evidenz erscheint die serielle Konzeption des Textes, in der sich temporäre Dehnung, Zeitlupenformen mit den Reihen der Dossiers und Archive verschalten. Bisweilen verschalten sich aber auch solche Texte mit dem Leben. Es sind gefährliche Rückkopplungen.

In gewisser Hinsicht nämlich bildet das Kapitel »Mors« ein Herzstück der gesamten *Spielregel*. Es schreibt in unablässigem Aufschub die Metonymik des Todes. Ein Klartext, das explizite Modell einer Bewegung, die alle Elemente, den gesamten Text erfaßt. Wie weit die Kraft dieser Regel reicht, daß sie durch den Autor hindurchläuft, das liest sich daran ab – dies ist die atemberaubende Implikation dieser strukturellen Analyse –, daß sie sich wiederum in die Biographie des Verfasser-Subjekts eingetragen hat. Davon erzählt jedenfalls der folgende Band *Fibrilles*. Der Autor registriert enttäuscht die Kritikerresonanz auf den zweiten Band *Krempel*. Insbesondere stellt er betroffen fest, daß dort durchgehend von der Obsession des Autors durch die Todesthematik gesprochen wird. Das ist es, was diesen tief deprimiert:

(...) aus der großen Zahl solcher Artikel mußte ich den Schluß ziehen, daß mein Versuch, der erstickenden Atmosphäre, die die ständige Gegenwart der Idee des Nichts erzeugt, zu entkommen, gescheitert war. (III, 89)

Die Niedergeschlagenheit, die diese Erkenntnis verursachte, sollte nicht wenig zu der selbstzerstörerischen Gesamtstimmung beitragen, die den Autor in einem extremen Augenblick dazu veranlaßte, die lebensgefährliche Dosis Phenobarbital einzunehmen. Biographische Tatsache oder nicht: der autobiographische Text ist in allen Details und als Ganzes der mißlingende Aufschub des Todes. Der Augenblick des Mißlingens freilich ist offen.

Tonarchive

Die *Spielregel* ist durchzogen von Opernmusik. Wenn diese nicht hörbar wird, dann liegt dies sowohl an einer Aporie der Sprache als auch daran, daß alle Musik *erinnert* wird. Nicht nur sind die meisten Erinnerungen mit musikalischen Syntagmen verknüpft (die sich zugleich auf Schallplatten »versteinert« haben) (1, 328 – I, 256 f.), die Schaltungen der Erinnerungen funktionieren in diesem Text nach dem Vorbild der Schallplattenaufnahmen. Das Beispiel der Schallplatte des Herzens (1, 27 – I, 23) wurde bereits zitiert. Es wird sich nun zeigen, wie weit dieses moderne technische Modell die literarische Archivalik und Serialität der Erinnerungen und der Suchen infiltriert hat. Es leuchtet ein, daß sich im Zeichen der Schallplattenmusik drei Parameter der autobiographischen Schrift zusammenschließen: die Schaltung der Erinnerung, das diskologische Archiv, die phonologische Organisation der sprachlichen Verknüpfungen. Ein viertes Element kommt hinzu, und es soll hier am Anfang stehen. Mit der Diskologie verknüpft sich auf traumhafte Weise das Motiv der Suche; und das Motiv der Suche erscheint an einer Leerstelle, die einen manischen Sammler von Dossiers, einen Neurotiker der Archive, besonders quälen muß:

Einer der beharrlichsten Träume meiner Kindheit – ich habe ihn wiederholt notiert, nachdem die Aussicht auf eine immer kürzer werdende Zukunft mich zu veranlassen begann, in der hinter mir sich auftürmenden Vergangenheit herumzustochern – beruhte auf diesem sehr einfachen Thema: die Suche nach einem bekannten Gegenstand, den ich verlegt habe und sehnlichst wiederfinden möchte. Diesen Traum reinen Begehrens träume ich heute noch manchmal in den verschiedensten Formen, und fast immer ist der wiederzufindende Gegenstand eine Schallplatte, eine wunderbare Platte (meist Jazz), die gehört zu haben ich mich entsinne, ohne daß es mir jedoch gelingen wollte, sie in einem Stapel ebenfalls erst kürzlich gehörter Platten herauszufinden; eine wirkliche, doch unauffindbare Platte (obwohl ich, solange ich träume, nicht daran zweifle, daß sie in der Nähe ist); ein einzigartiges Stück, verloren inmitten einer Sammlung, die etliche bemerkenswerte Exemplare enthält, die aber alle nicht im entferntesten an jene Platte heranreichen, deren Fehlen ernstlich verhindert, daß ich – wenn auch nicht für lange, doch zumindest für Augenblicke – überglücklich bin. (1, 326f. – I, 255)

Diese schöne Traumepisode macht jeden Leser zum Traumdeuter, ohne daß er im Register der *Traumdeutung* nachzuschlagen hätte. Das Studium der *Spielregel* hat bereits die Erkenntnis gebucht, daß Lücken, Löcher, Leerstellen aller Art in Konnotationen mit dem Tod eingetragen sind. Die Traum-Schallplatte, Objekt der Suche, Subjekt einer Unauffindbarkeit, scheint in sich alle Kräfte des Trostes zu verdichten, jenes Trostes der Poesie und der Schönheit, die der Archivar so vieler Systeme sich allenthalben verschaffen muß. Nicht nur, weil sie verschwunden ist, ist diese Schallplatte ein Doppel der *Hexe* von Michelet, sondern zugleich ist das «objet égaré», wie es französisch heißt, (der »verlegte Gegenstand«) ein verwirrtes, wahnsinniges Objekt. In ihm scheint also auch eine Kraft gespeichert zu sein, die dem Hexentum oder der Manie in besonderer Weise zukommen. Es wurde bereits gesagt, daß diese Manie, die sich der Autor selbst zuspricht, die Manie der Ordnung, gewissermaßen eine ungeheure Radikalisierung der Ordnung ist: einfacher oder auch rätselhafter Name der Poesie. Die Poesie der *Spielregel* beruht auf einer Ordnung, worunter der Autor sowohl kulturelle Regeln als auch die Gesetze von Leben und Tod zusammenfaßt. Die Notation des Traumes (die Eintragung ins Register), aber auch die Wiederkehr des Traumes, seine Insistenz, verweisen auf die Beharrungskraft des Todesthemas, das das einzige Thema des Lebens ist, wenn wir diesmal bei Freud nachschlagen wollen. Das Aufschreiben des Traumes, so verrät der Autor, entspricht jenem »Stochern in der Vergangenheit«, der Temporalisierung, der Dehnung einer Zeit, die knapper wird. Und die Platte selbst ist nicht nur Speicher der schönen Musik, sondern zugleich Inbegriff eines Glücks temporärer Form: »nicht lange, doch für Augenblicke« – das will eben sagen, daß die Zeit des Glücks keine reine Dauer ist, sondern ein Staccato kurzer Zeit.

Die Schallplatte erscheint in dem Kapitel »Trompetentrommel«

auf vielfache Weise mit dem Thema Buch/Schrift/Erinnerung ge-
koppelt: Einmal wird vom Autor selbst das Motiv einer Lücke im
diskographischen System mit einer Lücke in der Bibliothek (der
fehlende Band ist eine Abhandlung über Magie) verbunden. Auffäl-
lig ist noch eine andere Kombination, von der der Autor nicht recht
weiß, ob sie eine reale oder imaginäre Verschaltung ist. Eine Trompetentrommel ist ein Spielzeug, das – wie der Name sagt – zwei musikalische Funktionen vereinigt; sie firmiert in diesem Kapitel als
Urbild, Ausgangszeichen einer Serie von solchen Doppelfunktio-
nen; zum Beispiel:

Postkarten (aber vielleicht träume ich dies?), die gleichzeitig Schallplatten
waren. (1, 326 – I, 254)

Ein solches zweiseitiges Kommunikationsmedium will die *Spielre-
gel* sein: Schallplatte und Buch, Signifikantenreihe und Musik,
Ordnung und Poesie. Man erkennt die Schallplatte (nicht nur die
Herzensschallplatte, sondern die reale und metaphorische) als in-
sistierendes Paradigma, durch das sich die Sprache und die Schrift
aneinander aufzulösen versuchen. Hier finden sich durch die
Bände verstreut ganz merkwürdige Schmelzpunkte, metaphorische
Kopplungen von Schallplatten- und Erinnerungsschrift.[12] Das
Stochern in der Vergangenheit, von der die Erzählung des Traumes
berichtet, die *Suche* mit einem spitzen Gegenstand im amorphen Material eines Haufens der Vergangenheit, ist eine leicht entzifferbare
Metapher des Schreibens; es bedarf kaum des Verweises auf die
spitze Feder, mit der der »Flöz« der Erinnerungen abgebaut werden sollte (1, 27 – I, 23), um auch das Stochern dieses Schreibens
mit den Nadeln der Schallplattenschrift in Verbindung zu bringen.
Aber ein völlig anderes Bild, eine veränderte temporale Struktur,
ergibt sich bei der genauen Lektüre der allerersten Seite der *Streichungen*, wo von einem frühkindlichen Spiel die Rede ist:

Oder ein nackter Fußboden, gewachstes Holz mit dunkleren Lineamen-
ten, sauber geschnitten von der strengen Schwärze der Rillen, aus denen
ich zuweilen, um mich zu zerstreuen, Staubflocken stocherte, wenn ich
unverhofft eine Nadel gefunden hatte, die den Händen der im Taglohn ste-
henden Schneiderin entfallen war. (1, 7 – I, 9)

Auch wenn man registriert, daß die französischen Termini (« rainu-
res» für »Rillen«; «tirer» für »stochern«) nicht die adäquaten Syn-

onyme für das Stochern der Nadel in den Rillen der (Herzens-) Schallplatte darstellen, so präfiguriert das kindliche Spiel doch ganz genau die Bewegung der Schallplattenschrift: Das Stochern im amorphen Material (dem Staub der Vergangenheit) bewegt sich in einer vorgegebenen Struktur (der Schrift des Lebens, der Schrift der Zeit im Holz) wie die Nadel in den Rillen der Schallplatte. Das kindliche Spiel trägt in sich alle Züge einer Vorübung zu jener Praxis der Schrift, die der Zeit ein Staccato auferlegt. Freilich muß der Unterschied der Zeitstruktur festgehalten werden: auf der ersten Seite der *Streichungen* heißt die infantile (sprachlose) Beschäftigung *amuser*. Ein Kind, das sich die Zeit vertreibt, stochert in einer strukturlosen *Zukunft*.

Löcher, Leeren, Lücken, Fehlendes, Risse in der Struktur – diese Verweisungen auf den Tod, diese Ängstigungen, die verschwundenen Objekte des Aufschubs füllen sich in der Musik mit Syntagmen des Trostes. Strukturell gesprochen sind es Pendelbewegungen, Rhythmisierungen der Zeit, die die Musik vollbringt:

Obwohl letztere nicht gerade ein Pendel ist (das heißt, ein Regulator), hat sie zumindest immer einen so großen Einfluß auf mich gehabt, daß ich mich an bestimmte Augenblicke meines Lebens in erster Linie vermittels bestimmter Melodien erinnere, dank derer, scheint mir, ein verhältnismäßiger Einklang zwischen mir und der Welt entstehen konnte. Meist Tanzmelodien, mit anderen Worten: Melodien, die sich mit Verlassenheit und Freude verbinden und mit einem zu organischen und zu tiefen inneren Atem abgestimmt sind, daß ihre Abwesenheit, träume ich davon, nicht gleichbedeutend mit ihrem Verlust ist, den ich um jeden Preis wieder wettmachen muß. (1, 328 – I, 256f.)

In der *Spielregel* erfüllt die Musik einer durch Assonanzen verschalteten Sprache, einer durch Assonanzen operierenden Erinnerung alle vier Bände. Doch bricht sich die Musik immer wieder an der Signifikanz und gelangt niemals zu jenem reinen Rauschen, von dem der Titel des letzten Bandes zu sprechen scheint: *Frêle bruit* heißt nicht nur »zerbrechliches Rauschen«; die verschiedenen lyrischen Passagen, die lyrischen Archive dieses letzten Bandes produzieren auch eine Art von reinem, rauschendem, sprödem Sprechgeräusch (sofern man den Text wie eine Partitur liest). Nahezu ausschließlich ist es Opernmusik, die sich auf den beiden Ebenen, der des Textes und der des musikalischen Themas, zur Suggestion und Produktion akustischer Erinnerung einschaltet. Wie die Trompetentrommel ist die Oper ein zweiseitiges Medium, und wie die Schallplatten-postkarte fungiert sie als eine mit sprachlichen Informationen durchkreuzte akustische Konserve.

Musik, Schallplattenmusik insbesondere, zitiert die *Spielregel* allenthalben als Medium, als Schaltung der Erinnerung kraft ihrer Fähigkeit, sich mit Zeichen zu liieren. Solche Verbindungen schließt Opernmusik nicht nur als ständig offenes Archiv der theatralischen Ereignisse und schönen Melodien; gerade ihre Zitierfähigkeit, ihre durch die technische Speicherung erworbene Präsenz gewährleistet eine magische Macht der Verdichtung und Fixierung der Vergangenheiten. Jene Prozeduren, die in der *Suche nach der verlorenen Zeit* das optische Medium durch »zementierte Lichttropfen« (Arrêt und Marmorisierung) realisierte, werden in der *Spielregel* der Schallplatte, dem technischen Tonarchiv, anvertraut:

Wenn ich von dieser verlorenen Schallplatte träume, die ich wiederfinden möchte, wenn ich ferner (. . .) von einem außerordentlich wichtigen Buch träume, das ich vergebens suche, bei seinem Verleger die Holzregale eines Zimmers durchstöbernd, wo es zwischen anderen Werken, Reiseberichten oder Abhandlungen über Magie, stehen muß, so suche ich immer nur dies eine: ein Unterpfand der Übereinstimmung, ein Zeichen von Dauer, auf das ich mich immer berufen kann, die Versteinerung eines kurzen Glücks-moments, wie auch die gerillte Wachsfläche, die man in Händen halten kann, versteinerte Musik ist, die man sich, wann immer man möchte, un-zählige Male vorspielen kann. (1, 333 f. – I, 260 f.)

Einige Beispiele aus den Sequenzen der musikalischen Archive: Die Erinnerungen an die Tante Claire, an die ehemalige Opernsänge-rin, enthalten weniger versteinerte als schwingende Musikreminis-zenzen, Dossiers eines Opernarchivs; sie steigen empor aus dem wiedererwachenden Bewußtsein des Autors, der für einige Tage bei den Toten gewohnt hat, zur undurchdringlichen Assoziation von Zeichen des Lebens und der Musik, die seine Zeitlichkeit einhüllen (III, 121 ff.). Zum Archiv des Gedächtnisses gesellt sich eine alte Musikzeitschrift, die Bilder der Diva aus ihrer Glanzzeit enthält. Das letzte Kapitel des zweiten Bandes *Krempel* beschwört für sein eigenes Ende die Musik des Finales aus *Aida*, das erhabene Duo der zwei Liebenden, die bereits zu Lebzeiten in ihr Grab eingeschlos-sen werden. Auf der Ebene der Schriftkomposition tauchen mehr-fach Verweise auf musikalische Strukturanalogien (Leitmotive, Ou-vertüren) auf. Schließlich wird die Oper zum Universalzeichen:

Des Autors Erinnerungen an das Stimmengewirr auf den Straßen
Roms während eines Aufenthaltes dort laufen in einer Einheit von
Optik und Akustik der »Sommeroper« (1, 386 – I, 301) zusammen;
oder die eigene Soldatenkostümierung verfremdet sich dem Erzähler zur »Geschichtsoper« (1, 183 – I, 143). Die zahlreichen Allianzen von Erinnerungszeichen mit Musik wurzeln in dem elementaren Sachverhalt, daß sich das einfache phonetische Element der
Sprache mit Musik zu sättigen vermag:

In der Liste der Wörter auf *lan,* die ich als Beispiele für lustige Wörter gab
– explodierend wie jene Blechmusikfanfaren, die ich überaus liebte, als ich auf
dem Phonographen Stücke wie den berühmten Marsch aus *Aida* oder des
Propheten hörte (den laut schmetternden und pompösen »Weihemarsch«,
in dem ich damals das wahre Bild von Größe sah) –, ist ein Wort vergessen
worden: ich habe doch tatsächlich versäumt, *gondolant,* urkomisch, zu
zitieren, obwohl es eines der besten Beispiele für diese Art von Wörtern
ist. Selbst die Umgangssprache gibt ihm einen komischen Sinn, und es ist
schwierig, ein pausbäckigeres, runderes, röteres und durch die bevorstehende
Lachexplosion aufgeblaseneres Adjektiv zu finden (. . .). (1, 379 – I, 295)

Das vergessene Wort kann nur sein Verschwinden dokumentieren,
wenn es wiedergefunden wird. Dann aber treibt es der Autor rasch
zum Exerzitium seiner musikalischen und linguistischen Schal-
tungskunst. Das glücklich wiedergefundene Wort wird gleich in
zwei Partituren eingehüllt, die sein Klang herbeizitiert. In das Register dieser Wortklasse -lan, die das Dossier des Kapitels »Trompetentrommel« eröffnen hilft, zurückgekehrt, wird aus der Semantik
des Wortes jene Kraft der Beglückung hervorgeholt, die die unauffindbare Schallplatte des Traums in Augenblicken der Zeit nur zu
skandieren verspricht. Zugleich probiert der Autor an dem Wort
sein Verfahren der Dehnung, der temporalen Mikroskopie, und
entdeckt, eingelassen in die Musik des Zeichens, eine ganze Physiognomik des Urkomischen.

Verschaltung von Musik, Sprache, Leben, Vergangenheit und
Aufschub des Todes – diese Funktion des Spiels der *Spielregel* findet sich noch in einem anderen Archiv auf eindrucksvolle Weise gesichert. Es ist jenes Tonarchiv, auf das die Erzählung nach dem Reigen der Museumsbesuche in *Krempel* (von dem im letzten Kapitel
zum Schluß die Rede war) stößt – das Stimmenarchiv:

Ou-vrez-moi/cet-te-porte/où-je-frappe/en-pleu-rant/La-vie/est-va-ri-
able/aus-si-bien/que-l'Eu-ripe . . ./ So sprach mehr als zwanzig Jahre nach

der Aufzeichnung in den Archives de la Parole der inzwischen verstorbene Guillaume Apollinaire auf einer Schallplatte, die eine (wegen des Tonfalls des Vortrags) eintönige, aber durch die schlechte Qualität der Aufnahme noch stimmloser und nach Art uralter Filme wie vom Regen zerschrammt klingende Stimme zurückbrachte. Man stellt sich den todtraurigen Toten vor, dessen Selbstgespräch aus weiter Ferne herandringt, vorgetragen mit matter Stimme wie von jemandem, den man mit Fragen bestürmt, während man ihn besser in Ruhe lassen sollte. (2, 81–II, 59)

Das Archiv der Stimmen, das Museum akustischer Mumien, versteinerter Rezitationen, entläßt gespenstische Doppel jener autobiographischen Schrift, die sich durch den unaufhörlichen Aufschub eine Konserve des Lebens, ein Privatmuseum der Aktualitäten zu schaffen sucht.[13] *Solche* Lebendigkeit ist ohne die Begleitwirkung des Unheimlichen nicht zu haben. Die Unmittelbarkeit der Stimme auf eine Präsenz des Toten zu beziehen, das erzeugt die Unheimlichkeit, die es – anders als die Aura – *gibt*. Doch die Stimme Apollinaires ist das Dokument seiner kulturellen Funktion. Freilich wird die autobiographische Schrift im Phonogramm nur mit jenem Stand konfrontiert, den die technische Archivierbarkeit des Subjekts erreicht hat. Das Beispiel läßt zugleich erkennen, daß die Speicherung der Lebendigkeit (ebenso wie ihre Simulation) lediglich schauererregend ist. Aber eine Dichterstimme, auch in äußerster technischer Perfektion der Speicherung, ist ein Organ der Verweisung. Es ist lange vorbei, daß man dem Bildnis des Menschen eine Magie zusprach, und es ist ebenso lange vorbei, daß man sich den Toten als Sprechenden vorstellte, wenn eine Tonkonserve seiner Stimme erklang. Indem Photographie und Phonographie die Dimensionen der medialen Aktualität geschaffen haben, hat sich diese Akte des Imaginären geschlossen. Die technische Erinnerung funktioniert ohne die Akzidentien des Lebendigen, ohne Gesichter, ohne Körper, ohne unveränderliche Kennzeichen. Alles Wißbare der Vergangenheit ist in das Medium selbst versenkt, und die äußerste Mimikry in der Bewegung von Leben und Text führt nicht bis zu dem Punkt der Aktualität: die Schallplatte des Glücks ist entweder definitiv verschwunden, oder es muß diese Schrift, das Archiv, das Staccato der zeitlichen Dehnung an ihrer Stelle erscheinen. Oder aber jenes Geräusch, das Rauschen, worin alles aufsteht und versinkt.

Das zerbrechliche Rauschen der Erinnerung

Frêle bruit, der vierte und abschließende Band der *Spielregel,* erweckt auf den ersten Blick den Anschein, als sei das Vermögen des Erzählers, seine Karteikarten miteinander zu kombinieren und zu verschalten, erlahmt.[14] Ohne durchgängig erkennbaren Zusammenhang sind die Textstücke hintereinandergestellt. Doch bei genauerem Lesen lassen sich andere Formen der Textorganisation erkennen, für die der Titel als Indiz gelten sollte. Der Text ist von einem solchen zerbrechlichen Rauschen erfüllt, von lyrischem Rauschen, Erinnerungsrauschen, Traumrauschen. *Rauschen* ist gewiß kein Term vollständiger Sachgenauigkeit, aber immerhin vermag er die neue Form der Verknüpfung anzudeuten, die nicht mehr in strengen, deutlich ausgebildeten Schaltungen erfolgt, sondern in einem Spiel der Konnotierungen, die die volle Aufmerksamkeit des Lesers erfordern. Mit diesem Ungefähr, das ebenso lyrisch wie traumsprachlich organisiert ist, erzielt der Text noch einen Grad verstärkt jene Kühle, die Reduktion der charakterologischen trennscharfen Signale, aus der heraus die autobiographischen Diskurse des 20. Jh. sprechen. Der Effekt läßt sich so beschreiben, daß in *Frêle bruit* das Spiel der Kopplungen zwar weitergeführt wird, doch die Verbindungsglieder selbst, die Schaltelemente, sind ausgespart, abgesunken in die allgemeine Bewegung der Sprache. Aus diesen Leerstellen, dem wiederkehrenden Manko des Verschlusses, ergibt sich ein solcher Effekt, als ob der Text sich aus einem Rauschen emporbewegte, das einen Teil seiner Information resorbierte, um wieder darin zu versinken. Es soll hier ein längerer Passus zitiert werden, der einmal diese kühle Technik von *Frêle bruit* dokumentiert und der zum anderen wie eine vollständige Zusammenfassung der Grundelemente, der bewegenden Kräfte der gesamten *Spielregel* gelesen werden kann; es ist ein Traum, der eingefaßt und durchzogen ist von den Kommentaren des Träumers/Autors selbst. Doch die einzelnen Verbindungen erfolgen selbst ganz im Stile des Traums über merkwürdige, von Rauschen erfüllte Lücken hinweg:

Diesen Traum hatte ich in einer Juni-Nacht in Baden-Baden, einem Heilbad, das so alt ist, daß es neben seinem neoklassizistischen Casino und seinem Theater, wo Berlioz' »Beatrice und Benedict« kurz vor dem Krieg 1870 uraufgeführt wurde – Gebäude, die am Rande des Parks gelegen sind,

auf den ein hinreichend gebändigter Wasserfall niedergeht und dessen
schöne Wiesen von Bäumen mit hochoben sich ausbreitendem, schwerem
Laubwerk beherrscht werden, – noch über die Reste von römischen, beinahe katakombenartigen Bädern verfügt, die ihrerseits in einem nichtssa-
genden, abgelegenen Teil des eigentlichen Stadtbezirks zu finden sind, wo
sich die Hotels jeglichen Zuschnitts (vom Palast bis zur Pension) in großer
Zahl befinden, die Kirchen (darunter eine große, russisch orthodoxe im
Zuckerbäckerstil), die Geschäfte, die Villen, die öffentlichen Gebäude,
ohne auch noch die Reihen von Mietshäusern zu zählen, die nicht gerade
durchschnittlich sind, aber doch irgendwie von der Art, daß man sie kaum
bemerkt.

Ich habe mir einen Diebstahl zuschulden kommen lassen. Auf der Straße
debattiere ich darüber mit zwei oder drei Begleitern, und sie meinen wie
ich, daß es so, wie die Dinge liegen, das Beste für mich wäre, mich verhaf-
ten zu lassen. Die Polizei ist außerdem über diesen Schritt bereits benach-
richtigt. Ohne Zweifel werde ich zu drei Monaten Gefängnis verurteilt
werden.

Auf dem Platz, wo wir uns befinden, in Richtung auf das Zentrum einer
großen Stadt (größere Provinzstadt oder Hauptstadt eines kleineren nord-
oder osteuropäischen Landes), erweist es sich als schwierig, den Eingang
der Polizeistation zu finden, obwohl ich weiß, daß sie sich hier befinden
muß. Rund um diesen nahezu kreisförmigen Platz, der nichts Großartiges
hat und dessen Reiz mit seinem nicht mehr zeitgemäßen oder verschlafe-
nen Aussehen zusammenhängt, befinden sich zahlreiche Häuser mit Klein-
warenläden oder anderen Geschäften und auch zahlreiche Verkaufsstände
und Buden; aber ich sehe nichts, was auf ein Kommissariat hinweist. Nach
mehreren Versuchen entdecke ich eine kleine verschlossene Tür zwischen
zwei bescheidenen Geschäften, ich öffne sie und steige eine ziemlich enge
und lange Treppe abwärts. Ich gelange in einen geräumigen Saal (der an ein
Postamt erinnert) mit vielen Schaltern, die vornehmlich mit reizlosen
Frauen mittleren Alters besetzt sind. Ich möchte mir Auskunft geben lassen, und nach einigem Hin und Her zwischen verschiedenen Angestellten
befinde ich mich einem großgewachsenen Polizisten gegenüber, der seine
graue Filzkappe über kurzgeschorenem Haar nach hinten geschoben hat
und mit einem weiten Mantel bekleidet ist. Er erinnert an den strengen,
aber auch sympathischen Polizisten, der zu dem klassischen Personal des
amerikanischen Kinos gehört. Alles in allem verläuft unsere Unterhaltung
äußerst herzlich. Dieser Mann führt mich zu dem Büro, wo meine Vernehmung stattfinden soll. Zu diesem Zweck nimmt er mich auf einem kleinen
motorgetriebenen Wägelchen mit (so glaube ich wenigstens), wie man sie
auf Bahnhöfen zum Transport des Gepäcks benutzt. So überqueren wir einen Hof mit unklaren Begrenzungen, eine Art von Lager oder Baustelle
von den Ausmaßen und mit dem Getriebe einer Markthalle, für die er ver-

antwortlich ist. Keine leichte Arbeit, denn ihm obliegt die gesamte Organisation, das heißt, daß er sich – nahezu wie ein Architekt – um die gesamte materielle Verwaltung und Bewirtschaftung kümmern muß: Verteilung von Parkplätzen, Flugzeughallen, Werkstätten und anderen Räumlichkeiten, die teils unter offenem Himmel liegen, teils unter breiten Dächern oder Glas- und Metallmarkisen. Das ist kompliziert, aber interessant, sagt er mir. Wie bei Marcel Proust die »Feuilles d'automne« fügt er hinzu, Vergleich, der mir zeigt, daß er mich als Schriftsteller betrachtet (was mir, natürlich, schmeichelt), und worüber ich, in den Zustand des Wachseins zurückgekehrt, auf dem Rückweg von einem Spaziergang in dem Park mit den großen laubreichen Bäumen denke, daß es keineswegs ein dummer Vergleich ist: Proust hat doch (wie mir scheint, in einem Brief) geschrieben, daß *A la recherche du temps perdu* in der Art einer Kathedrale konstruiert ist (Schiff, Querschiff, Apsis etc.), und die Arbeit, sei sie auch nur wenig architektonisch, der Platzeinteilung, die von jemandem vorgenommen wird, der gleichzeitig ausgebildeter Kriminalbeamter und lebendige methodische Kartei ist, bietet sie sich nicht geradezu an für diese Verknüpfung, die auf den ersten Blick absurd erscheint?

Noch bevor mir der Polizeibeamte Fragen stellt, ist es an mir zu sprechen: Indem ich die Dinge von ihren Anfängen her darstelle, lege ich also ein Geständnis ab. Aber das ist nicht so einfach, und schließlich weiß ich sogar nicht mehr – obwohl meine Schuld ganz ohne Zweifel ist –, was für ein Vergehen ich mir zuschulden kommen ließ. Daher frage ich auch meinen Polizisten, wie er den Diebstahl definiert. Eine Frage, die sich im Sande verliert, in dem Maße, wie sich in mir nach und nach die Hoffnung verdichtet: Ich habe überhaupt keinen Diebstahl zu gestehen, und wahrscheinlich wird man mich freilassen, ohne daß ich überhaupt nur eine Nacht im Polizeigebäude verbringen muß. Auf diese Weise ermutigt, mache ich mich auf den Weg, wach zu werden, was sich übergangslos vollzieht.

Dies hatte sich im ersten flüchtigen Schlaf abgespielt, und ich hatte überhaupt keine Mühe, wieder einzuschlafen. Dennoch fühlte ich mich am Morgen von einem üblen Gefühl erfüllt.

Tatsächlich war für mich die Angelegenheit interessant, wenn auch kompliziert, ebenso wie das Problem einer Organisation, das der Polizist zu lösen hatte, und sie hielt sich in meinem Kopf wie ein Gewebe von Spinnennetzen, das auch die Helligkeit, die später von der Kathedrale ausging, nicht zum Verschwinden bringen konnte . . .

(Jetzt, dank dem Abstand, sehe ich eine bessere Erklärung, obgleich sie auch zu konstruiert ist, um wirklich befriedigend zu sein: Diese verschiedenen Tätigkeiten, die zur Verwaltung von festgelegten Räumlichkeiten gehören, Personen mit dem geringsten Zeitaufwand von einer Arbeit zur anderen zu bringen, das Aufteilen von Tätigkeiten, das Aufeinanderabstimmen von Flugbahnen, die trotz der Komplexität und dem Druck von Imperativen aus Zeit und Raum vorgeplant und ohne Zusammenstöße durchgeführt werden müssen, das auf diese Weise im Geist des Polizisten gebildete Netz aus Handlungen, Zeitplänen und Raumzuteilungen – entspricht es nicht der leidenschaftlich auf *Räume ausgerichteten* Eigenart des Proustschen Denkens – wie etwa das bewegte Bild der drei Kirchtürme, das so schön ist, weil sich ihre Stellung zueinander zu verändern scheint, während doch der Betrachter sich einer bestimmten Straße, einer bestimmten Zeit entlang bewegt, was kaum klarer veranschaulicht wird, als durch die wieder erlebten Augenblicke an anderen Orten und unter anderen Umständen, als ob die Zeit nichts als ein Fuhrkarren gewesen wäre, der die Wahrnehmungen von einem Punkt zum anderen transportiert: gleiches Vergnügen bei der Geschmacksempfindung in Combray wie in Paris, gleiches Stolpern auf ungleichmäßigem Pflaster in Venedig und im Hof eines Hauses im Faubourg Saint-Germain, gleicher Klang, der von dem Hammerschlag bei der Kontrolle der Anhängerkupplung eines haltenden Zuges und der Gabel oder dem Löffel in einem Speisesaal auf dem Tellergrund verursacht wurde – eine Wendung, die auf dem Niveau der Erzählung die abschließende Durchdringung illustriert, die durch das Spiel der Bezüge möglich wird, indem es beweist, daß sich die Zeiten geändert haben und daß die Trennwände abgerissen sind zwischen den beiden gesellschaftlichen Sphären, die sozusagen kategorisch die zwei »Welten« Swann und Guermantes umschreiben, wohin die Spaziergänge des Heranwachsenden führten?) Traum, zu dessen Grundelementen ohne Zweifel die Erinnerung an *A la recherche du temps perdu* (angeregt vielleicht durch den altertümlichen Charakter des Badeortes) gehörte, denn Proust ist an anderer Stelle genannt und beglaubigt, nicht durch seine Frühlingshecke von Weißdorn, sondern durch die »feuilles d'automne«, die für Hugo – das ist eine andere nachträgliche Überlegung – die Zeit der Reife symbolisieren und die somit eine unverschleierte Anspielung auf das Tempo der Zeit darstellen. Ein Traum freilich, der weniger der Odyssee des Jean Santeuil nahesteht (im Namen eines schnell aufs Abstellgleis geratenen Nests für impressionistische Künstler) als Erzählungen von Kafka, mit all diesen Büros, deren Eingang von außen sich auf bösartige Weise zu entziehen schien, mit den Beamten, die sich meines Falles annehmen, mit diesem Hin und Her zwischen verschiedenen Schaltern, und diesem Gefühl, aus irgendeinem Grund schuldig zu sein, es ganz sicher zu sein, aber ohne daß ich zu der Einsicht gelange: weswegen – außer wegen eines Diebstahls, aber doch nur im allgemeinsten Sinne – noch womit ich mich nun tatsächlich schmutzig gemacht habe, und auch mit dieser zweideutigen Seite einer beinahe herzlichen Beziehung, die mich mit dem Polizisten verbindet, der in der Tat jünger ist als ich und doch das Betragen eines älteren Bruders hat.

Feuilles d'automne – Herbstblätter: mehr noch als Bedauern oder Erinnerungen, Kram von Gewissensbissen, die mit schmutzigem Staub zusammenhängen, Fluchtversuchen, Nicht-ein-noch-aus-wissen, ungesprochenen Worten, wo man sie doch hätte aussprechen müssen, Gesten, die ich hätte vollführen müssen, die ich aber doch unterlassen habe, Gefühl der Zufriedenheit, als mir Alibis oder doch Ausgänge eröffnet wurden, verspätete Anstrengungen immerhin von der Art der Treppenwitze (verschiedene Akte, die das *Zuviel* dem *Zuwenig* gegenüberstellen), rasch unterdrückte Hoffnungen, da sie ungebührlich scheinen, Sätze, die gesagt wurden, um von denen, die mich hörten, gut angesehen zu werden oder um mich nach ihrer Laune zu richten, Nadelstiche von minimaler Konsequenz, aber doch mit hinterhältiger Absicht, oder, nicht weniger schmählich, schreckliche Gefälligkeiten, in bewußter oder scheinheiliger Absicht – alles nicht unbedingt Dinge im Sinne von Delikten, aber vielleicht noch scheußlicher als große Verbrechen, deren Bodensatz ich in mir ruhen ließ, ohne je mehr als einen flüchtigen Blick auf sie zu richten; Vermehrung der Befürchtungen, denn ich befinde mich im Winter des Lebens, und Ekel über diese Ängste, die ganz allein meinen Rücken beugen würden, so als ob, von einem Augenblick zum anderen, der Himmel auf meinen Kopf fallen würde.

Gelbe Fäulnis, die wie mit dumpfem Licht das Ende des *Cyrano de Bergerac* beleuchtet (den ich als Knabe so liebte, daß ich ihn jedem, der mir zuhörte vorlas, insbesondere der alten Schneiderin, die jeweils an einem Wochentag bei meinen Eltern beschäftigt war), mit Laub, das entlang den Alleen bei dem Kloster niederfällt, wo die Heldin sich hinbegeben hat – dies ist wieder Stoff zum Nachsinnen –, das von dem einen ihrer alten Verehrer, der inzwischen Herzog und Marschall geworden ist, mit den kleinen und gemeinen Taten verglichen wird, durch die dieser, dem die Zeit erlaubt hat, seine Wünsche zu erfüllen, jeden seiner Schritte behindert fühlt (leichte Hindernisse, die der Fuß nur zögernd zurückstößt oder niedertritt, und die doch ebenso sehr Grund für Scham sind wie für Melancholie).

Schlimmerer Pesthauch noch: Geruch des Weihwasserbeckens und des Beichtstuhls, dessen aufgerührte Ekelgefühle, Ängste, Gewissensbisse mich durchdringen, den kein Wind hinwegfegt, und die mit ihren giftigen Gerüchen das Halbdunkel des Traumes bevölkern, der doch mehr auf die muffige Atmosphäre des Baden-Badener Kursaals abgestimmt scheint als auf die heilkräftige Umgebung des Schwarzwaldes ...

Nicht weniger ist er mit seinen Schrecknissen – aber dieser Punkt ist zu beängstigend, so daß ich ihn erst nach mehreren Ausflüchten aufgreife – auf einen düsteren Schatten abgestimmt, von dem ich weiß, daß er häufig in dieser Gegend zu finden ist: Die eiserne Faust, die mit Säuberungen und Foltern versucht hatte, die »Schlacht von Algier« zu gewinnen, und die, einen hohen Militärrang im Rheinland bekleidend, bei der Ausstellungseröffnung (eines zeitgenössischen französischen Malers) anwesend sein sollte – was dann zufällig doch nicht geschah –, zu der wir von Paris in das ehemalige Großherzogtum Baden gereist waren. Dieser Kasper von einem Kommandanten, dieser Haudegen, dessen Hand ich mir unter keinen Umständen zu drücken geschworen hatte, diese Hand nicht aus Stein, aber aus zähem Fleisch, das ekelhafte Fasern zog – hätte er mich nicht in meinem überaus luxuriösen Hotelzimmer durch die Vermittlung des Traumes erreicht, dessen Gefängnis- oder Verhörraum und dessen mühsame Deutung mich am nächsten Morgen quälten, und die mich auch lange nach diesem Morgen nicht zu verwirren aufhörten, indem sie immer wieder, in Wellen, die sich nicht verflüchtigen wollten, zurückkehrten?

Diese unbestimmte Verfehlung, von der ich errate, daß sie nicht zu sühnen ist wie ein Diebstahl, der ein Wesen in seiner Totalität verstrickt: Loch, durch das ich, wenn ich meine Augen fest und geduldig dahinein versenkte – ohne je bis an den Grund zu gelangen –, mein gesamtes Leben sehen würde (ganz nach Maßgabe meiner Erinnerung), wie es sich zusammenkrampft, eine Schicht nach der anderen, bis zum Überdruß.

Diese Verfehlung, oder vielmehr: diese Last, die mich mit ihrem unklaren Bewußtsein jedesmal peinigt, wenn ich Partei ergreife oder andere kritisiere – dennoch ist es mir möglich – Pose des Findens, mehr nicht –, ihr Wesen anzugeben, da doch das *grilling* (Verhör), dem ich mich unterziehe, immerhin diesen Zipfel von Wahrheit zutage fördert: Unter einer eitlen Maske moralischer Anständigkeit (siehe den typischen Fall meines ehrbaren, aber folgenlosen Weigerns, mich mit einem Folterer einzulassen) eine schreckliche Weichheit, aus der – wie das von den »feuilles d'automne« bezeugte nostalgische Zurückblicken, die weder der große Marktplatz herbeirief noch diese Art Lagerhalle oder der Rangierbahnhof im Mittelpunkt des Traums, der ihn wie eine Drehscheibe zur Beruhigung wenden wollte – die (nicht einmal von mir selbst getroffene) Entscheidung hervorging, mich der Ordnungsmacht zu stellen, um meinen guten Willen zu beweisen, mein unruhiges Laufen von Schalter zu Schalter, dann meine Schulbubenhaltung gegenüber dem in einen Mentor, wenn nicht gar in eine Säuglingsschwester verwandelten Polizisten und das plötzlich von der Literatur in das Räderwerk gegossene Öl, für mich eine Heimstatt, für ihn ein Ölzweig und, im Überblick, ein elegant möblierter Salon, wo sich die Leute von allen Seiten anlächeln . . .

Zutreffender Hinweis, der doch zu verschwommen ist, als daß man ermessen könnte, bis wohin diese Weichheit reicht – aus der ich, wie paradox dies auch wieder an Betrug grenzt, gerne Marmor machen möchte – und wie foltert mich die Vorstellung einer elementaren Schurkerei.

Ein kriminalistischer Traum. Ein Literaturtraum. Die Kriminalistik und Literatur der *Spielregel* haben in diesem Text, wo sich

Traum und Kommentar gegenseitig durchdringen, eine definitive Verschmelzung erreicht. Was allerdings den Traumcharakter des Ganzen gewährleistet, das ist die Tatsache, daß dem Kommentator des Traums dessen eigentliches Geheimnis entgeht. Um dies zu erkennen, muß der Text als eine Ganzheit gelesen werden, als eine verschlüsselte Selbstaussage, die sich in Serien analysieren läßt.

Allen voran findet sich die Serie, die im Zeichen des Delikts organisiert ist. Zu Beginn weiß sich der Träumende eines Diebstahls schuldig, am Ende wird er von dem Gedanken gemartert, daß er eine ganze elementare Schurkerei zu verantworten habe. Zwischendurch scheint sich das Motiv zu verflüchtigen; doch in einer metaphorischen Transformation wird noch ein Gerichtstermin abgehalten, wenn der Kommentator aus dem Titel der *Feuilles d'automne,* der Herbstblätter, eine ganze Reihe von quälenden Verfehlungen herausliest, die dem Delinquenten, der sich eben von dem Vorwurf des Diebstahls befreien konnte, nur noch größere Pein verursachen. Und die verschiedenen Artikulationen der Delikte, Verhör, Geständnis, Gewissensbisse, Beichte, Selbsterforschung, gehen wie Schläge der alten Diskursimperative durch den Text. Im Sequenzlauf der Qualen, der Marter, bewegt sich auch jener kasperhafte Kommandant – gemeint ist der General Massu –, der in Algerien während der Schlußphase der Kolonialzeit brutale Übergriffe und Folterungen zu verantworten hat.

Eine andere Serie läßt sich als topologische auszeichnen. Zu ihr gehört die gleichnamige Leidenschaft des Erzählers Marcel Proust. Doch bereits die ersten Sätze des Textes, die Beschreibung von Baden-Baden, eröffneten diese Reihe. Der Platz der Traumstadt wird mit einer solchen Präzision dargestellt, daß er sich mit dem Planschema der Kathedrale und dem Säuberungssystem des Generals (quadrillage) in diese Kartei topologischer Motive einträgt. Doch vornean firmiert darin das großflächige Betätigungsgebiet des Polizisten, der eine riesige Halle mit Garagen, Werkstätten und Hangars zu verwalten hat; zur Topologie gesellt sich noch ein Ressort: ein temporäres Planungssystem, die Verwaltung der Zeit. Diese bürokratischen Organisationsprobleme von Raum und Zeit verschieben sich dank der schönsten Traumschaltung in eine analoge literarische Raum/Zeit-Problematik der *Feuilles d'automne.*

Diese Herbstblätter fungieren als Schaltstelle einer – im Raum des Textes – realen und symbolischen Ordnung. Real sind das Laub und die Blätter, die laubreichen Bäume im Park von Baden-Baden, zu denen die »Herbstblätter« ein negatives Komplement bilden. Real und symbolisch erscheinen sie in Edmond Rostands Komödie *Cyrano de Bergerac*, dem Lieblingsstück des Kindes: Der Titel-Held des Stückes stirbt, während Herbstlaub auf ihn niederfällt, doch in die *Blätter* sind auch die Papiere eingetragen, auf denen die Literatur steht. Die gleiche Kombination real/symbolisch indizieren Victor Hugos *Feuilles d'automne.* Hingegen verweisen die Blätter des Traums in reiner Symbolik auf die anderen Texte, auf Prousts *Suche nach der verlorenen Zeit*, seinen *Jean Santeuil* und – aus der Ferne – auf Kafkas Texte. Näherhin ist die Textur des Traumes und seiner Verzweigungen im Kommentar von einer vertikalen und einer horizontalen Struktur erfaßt: Die hohen Bäume und die fallenden Blätter stehen für die Vertikale, ebenso der Abstieg des Träumers in die Tiefe des Polizeikommissariats. In der gleichen Ordnung erhebt sich die Kathedrale, und lotrecht ist die Vision eines Himmels, der auf den Sünder niederstürzen würde. Die vertikale Linie erreicht ihre größte Tiefe durch den Blick in das »Loch« des Deliktes, das alle Schichtungen des Lebens sichtbar machen würde. – Verglichen damit sind die Bewegungen in der Ebene weniger qualvoll: Das gilt für den Spaziergang im Park von Baden-Baden, für die Fahrt auf dem Kofferwägelchen des Polizisten, für den Weg des Erzählers zum Erwachen, für die Spaziergänge Marcels in Prousts Roman, für die verschiedenen Reisen von Paris nach Baden-Baden (das Zickzack in dem unterirdischen Postamt muß davon ausgenommen werden).

Soviel läßt sich festhalten: Das Organisationszentrum der verschiedenen Sequenzen, Verschaltungen und Strukturen bildet das Zeichen »Herbstblätter«. Eine Multifunktion läßt in ihm zunächst die Serien der Literatur zusammenlaufen; metonymisch (Abfall, Schmutz) treten moralische Zeichen hinzu (Gewissensbisse, Ablagerungen von Verbrechen); über optische Metaphorisierung (gelbe Fäulnis) öffnet sich die Theaterbeleuchtung von Rostands Komödie, und olfaktorisch erfolgt die Kombination mit der Beichte, dem Verhör, der Galeerenstrafe. Weiterhin verbinden sich in den Herbstblättern (durch die Aussage des Polizisten) die beiden komplexen Organisationsaufgaben der Verwaltung und der Literatur – die Bewältigung und Beherrschung des Raumes sowie die Strukturierung der Zeit. Und mit diesen linearen Ordnungsproblemen kreuzen sich die Bewegungen in der Vertikale. Das empirische und meta-phorische Potential der Herbstblätter dient also zur Schaltung von literarischer/moralischer Symbolik, von Raum/Zeitorganisation in der Horizontale wie Vertikale. Diese komplexe Kombinatorik findet sich freilich in jedem Einzelelement gespiegelt: Der Polizist, der die Ordnung und Schuld zu ermitteln hat, ist gleichzeitig Architekt und Verwaltungschef, Filmtypus, Kartei, Mentor und Säuglingsschwester – ein ganz ungeheures Potential der Metamorphose. Seine Verwaltungstalente, seine Fähigkeit, die »Imperative« der Zeiten und Räume in einem komplizierten Gefüge realer Bewegungen zu beachten, machen ihn zu einem Bruder oder Kollegen des Autors Proust, dessen Roman so viele Schaltungen von Zeiten und Räumen, von *Durchdringungen* der Zeiten und Räume vornimmt. Ein gleiches architekturales Prinzip, kommentiert der erwachte Träumer, regiert innerhalb der diffizilen Kybernetik der Hallen, Werkstätten, Bewegungen, Flugpläne und der *Suche nach der verlorenen Zeit.* Proust hat das architektonische Bauprinzip des Romans selbst hervorgehoben, dies zwar nicht in einem Brief, wie sich der Träumer/Kommentator falsch erinnert, sondern in seinem Roman selbst. Doch diese Erinnerungstäuschung (Fehlschaltung) ist nur das Vorspiel einer zweiten Täuschung, die gewissermaßen im Dienste des Kompositionsprinzips, der Spielregel des ganzen Textes steht: Im Hinblick auf die abschließende Durchdringung der Zeiten und Räume in Prousts Roman erwähnt der Kommentator eine Schaltung des akustischen Mediums, wobei er sich auf signifikante Weise irrt: Das Geräusch, das der Löffel im Hôtel der Guermantes wiederholt, wurde nicht durch einen Hammerschlag auf die Wagenkupplung verursacht, sondern durch den lärmenden Kontakt von Hammer und Wagenrad. Die Entstellung des Sachverhalts in der Erinnerung ist eine neuerliche Fehlschaltung, die aber die Textfunktion thematisiert. Mit dem falsch erinnerten Hammerschlag des Kommentators (der ihn auf die Anhänger*kupplung* niedergehen läßt) wird ein technisches Detail beim Namen genannt, dessen Funktion der Text mit seinen zahlreichen Kopplungen ins Lyrische und Metonymische imitiert. Damit ist das Kupplungssystem Polizist (die kriminalistische Maschine des Traums) erst einmal in allen Ressorts analysiert. – Ganz analog vereinigt die Serie der Literatur alle anderen seriellen Elemente in sich: Schuld, Polizei, Zeit/Raum, Herbstblätter; denn nicht nur Hugos *Feuilles d'au-*

tomne sind Literatur, sondern alle Literatur sind welkende Blätter. Schließlich ist Literatur auch *Diebstahl* und *Verbrechen*. Das Verbrechen der Literatur klingt deutlich in der Schaltung zum *Cyrano de Bergerac* an, dessen Held sterbend unter dem Herbstlaub versinkt. Der geistvolle Cyrano hatte seinem Freund Christian die eigenen Worte in den Mund gelegt und ihm damit geholfen, Roxane zu gewinnen. Denn Christian war nur schön, und das genügt nicht, um eine Frau zu bezaubern; der Betrug der Worte gehört dazu. Also hat sich Christian von Cyrano, der Roxane selbst liebte, die Stimme, die Sprache geliehen. Selbst sterbend setzt er die Täuschung fort. Und Cyrano verbuchte für sich den kleinen Triumph, daß Roxane, die nach dem Tod Christians, dessen letzte geliehene Worte im Herzen, in ein Kloster geht, seinen Geist immer durch das Medium des schönen Christian hat lieben müssen. Unter den fallenden Blättern, in den Armen Roxanes deckt er den Betrug auf und macht damit für den Zusammenhang des Traumtextes deutlich, daß Herbstblätter, wenn sie beschrieben sind, zwischen Liebe und Tod trügerische Allianzen herstellen. Indem diese Ebene der Analyse erreicht ist, die Ebene der Literatur-Delikte, hat sich wieder der Verhörraum der Kriminalistik eröffnet. Die dumpfe Erkenntnis der Schurkerei, das diffuse Gefühl eines Delikts, die sich in der Institutionen-Serie von Vernehmung, Geständnis, Verhör, Beichte ausschreiben, chiffrieren jene Schuld, die die Literatur ist, insbesondere ein Text mit dem Titel *La règle du jeu*. Denn was anderes ist im Spiel als Anstrengungen, den Tod zu betrügen? Ein zweites Delikt ist damit impliziert, nämlich der Selbstbetrug. Der Literaturbetrug, der Trug der Zeichen, steht auch im Kontext Kafkas, der wahrlich ein Autor von Kriminalromanen war, so wie die *Suche nach der verlorenen Zeit* ein kriminalistischer Roman ist. Zu dieser Gattung gehört auch die *Spielregel*. Das Verbrechen der Selbsttäuschung wird von diesen Autoren bis zu dem Punkt der Klarheit geführt, der den Betrug der Schrift nicht paralysiert. Sie haben mit Kafka den Stand der Erkenntnis, daß schreiben »betrügen, allerdings ohne Betrug« heißt.[15] Doch bleibt für den Traum-Text von Leiris eine Frage offen: Warum ist von Diebstahl die Rede, während doch eigentlich von Betrug, allenfalls von Urkundenfälschung gesprochen werden dürfte?

Der Text enthält eine Doppeldeutigkeit, die sich der einfachen Formulierung des Delikts verbirgt: «Je suis coupable d'un vol» (IV,

121). Der Text der Anklage »Ich habe mir einen Diebstahl zuschulden kommen lassen« könnte nämlich auch so übersetzt werden: »Ich habe mir einen Flug zuschulden kommen lassen«. Was hat es damit auf sich?

Zunächst fügt sich zu dieser Variante die zweite Profession des Polizisten, der ja auch Verwalter einer großen Verkehrs-Station ist, die einen Flugzeughangar umfaßt und wo Flugbahnen zu berechnen und aufeinander abzustimmen sind. Wer sonst als ein Kriminalbeamter und Fluglotse in einem vermöchte die doppeldeutige Frage zu beantworten, wie ein Diebstahl/Flug zu definieren sei («comment il définit le vol»)? Verständlicherweise mildert es das Schuldgefühl, wenn sich das Delikt eines Diebstahls durch veränderte Umgebungen in eine »Flugschuld« zu verwandeln scheint. Nun geht tatsächlich auch eine Motivreihe im Zeichen des Fliegens durch den Text; die Metamorphose, die Blattlaub in Herbstlaub verwandelt, vollzieht sich zuletzt im Flug, durch Absinken und Landen. Ein weiterer Zusammenhang stellt sich durch den Folterer von Algier her: der General Massu war Kommandant einer Fallschirmjägereinheit, und das brutale Eingreifen seiner Truppe bedeutete nichts weniger als eine Flugschuld. Insofern konnotiert die Bewegung von oben nach unten, die auf einer Achse innerhalb der Organisation des Textes erfolgt, die Kräfte der Vergänglichkeit, Tod, mitsamt jener Selbsterkenntnis, die der Blick in die Tiefe des Lochs eröffnet – es ist die Dimension der Zeit, der Vergänglichkeit, der Schuld. Dagegen sammelt die Bewegung in der Ebene um sich die positiven Elemente von Erkenntnis, Genuß, Orientierung, im Zeichen des Betrugs; dies ist die Dimension der Zeit, des Wiederfindens, wie es – das Beispiel steht für alle – Prousts Roman thematisiert.

Unausgesprochen und doch präsent ist die dritte Dimension der Zeit, die der Ewigkeit, worin alle bedrängenden »Imperative« von Zeit und Raum ihre Macht einbüßen. So erschließt sich das Geheimnis des Textes, daß der Flug – maskiert im Delikt des Diebstahls – ein Zeichen der poetischen Funktion im Spiel hält. Fliegen und Poesie entziehen sich sowohl den Ordnungen von Zeit und Raum als auch denen der Moral (was das Thema der Schuld ins Spiel bringt). Das Fliegen indiziert somit eine symbolische Funktion der Poesie, indem sie das Leben nicht mehr in den Kontinuitäten von Zeit und Raum, sondern in einer temporären und spatialen

Dehnung von Zeichenspielen aufgehen läßt. Zuletzt laufen Räume und Zeiten der Ewigkeit in einem Ereignis akustischer Dauer zusammen: in einer Permanenz der reinen unbestimmten, potentiellen Signifikation, die im Titel von *Frêle bruit* anklingt, im Rauschen. Das ist es, was der doppeldeutige Satz sagt «un vol qui engagerait l'être en totalité» (IV, 126): ein Diebstahl/Flug, der das Sein/Wesen in seiner Totalität erfaßt. Diese Wahrheit sich einzugestehen, sucht der Träumende die Lokalitäten und Institutionen der Wahrheit auf, die allesamt von jenem Zuschnitt zu sein scheinen, wie sie der alte autobiographische Diskurs konstituiert hat. Es sind Polizeiräume, Wahrheitsräume, imperativische Räume. Doch diesen symbolischen Lokalitäten, diesen Lokalen der Symbolfunktion auf ewig zu entfliehen, das ist der Traum:

Was meinen Geschmack am Schreiben betrifft, so gab ich ihm als Grundlage ein Bedürfnis nach Negation, als wäre es mein Hauptziel, mich zu entziehen, unerreichbar zu machen, indem ich eine Welt erfinde, in der alle natürlichen und menschlichen Gesetze außer Kraft gesetzt und die Bindungen an die sozialen Klassen gekappt sind; desgleichen der Strick, den der Zivilstand sorgfältig um die Hälse schlingt, ein Kanzleischreiber, gar Henker für alle Belange, die eine erzeugbare, unterwerfbare und auf Gnade verscharrbare Menschheit betreffen. (1, 306 – I, 238)

Dies wäre vielleicht der Klartext des Traumes, wenn er zugleich das Paradox ausradierte, daß der Traum sein Wünschen so verstellt, so verschoben und sich selbst verleugnend inszeniert, während die Schrift alles so leichthin sagen kann. Freilich enthält der Traumtext ein weniger deutliches Wünschen, dafür aber eine perfekte poetische Chiffre für jene stille Macht des Wünschens, die Poesie zu sein vermag. Aus dem Rauschen des Traumes, aus dem Literaturrauschen – die »Feuilles d'automne« werden nicht weniger als fünfmal angeführt, um die Verwandlung des Laubs in Blätter anzuzeigen – entsteht das kleine Rätsel des Fluglotsenpolizisten und des Flugdiebstahls. Es enthält Verdichtungen von Sein und Wünschen, die die Schrift ohne den Beistand der delirösen Traumsprache nicht finden könnte.

»Das alles ist doch Literatur . . .«

In *Frêle bruit* gibt es ein kleines Archiv letzter Worte (IV, 290), deren satirischer Tenor einem ernsten letzten Wort offenbar den Zugang versperrt hat: Es ist der Satz, den der Autor gesprochen haben soll, kurz bevor er durch die Wirkung des Phenobarbitals für dreieinhalb Tage vom Tod kostete. Er lautete: «Tout ça, c'est de la littérature . . .» (III, 106). Letzte Worte dieser Art erhalten ihre Bedeutung erst nachträglich, und die ultimative Äußerung eines Menschen, der sich in einsamem Wissen auf eine solche Reise begibt, hat etwas von der Ungeheuerlichkeit jener Worte des toten Apollinaire, die sich der Erzähler von einem Lebenden gesprochen dachte. Sprechakte, deren Kontexte sich nachträglich einstellen und den Klang von Rufen eines Toten erhalten, entfalten eine besondere magische Kraft. Sie eignen sich, ein Leben zu resümieren. Hier resümieren sie einen Text: Der letzte Satz, den wir hier Michel Leiris sprechen lassen, steht schon geschrieben. Denn die letzten Worte der Literatur spekulieren darauf, daß sie niemals letzte Worte gewesen sein werden. Alles, was sich über das Leben sagen läßt, ist Literatur. Und die unüberwindliche Stummheit des Lebens erlaubt es der Literatur, alles über das Leben zu sagen – bis hin zu der ebenso großartigen wie wahnsinnigen Idee des Abendlandes, daß das Seiende selbst sprechen könnte/würde. Die wahrhaft moderne und einzigartige Leistung dieses Jahrhunderts liegt in der Erkenntnis, daß nur die Sprache spricht. Was aber bringt die Sprache zum Sprechen? Eine heikle Frage, wie die so dauerhaft trügerische Antwort der Philosophie ahnen läßt. Das Seiende schreibt auch nicht, doch wir wissen, was die Literatur zum Geschriebensein bringt. Es ist nicht das Leben, sondern der Tod. Davon spricht die *Spielregel*, und indem sie davon spricht, versucht sie dieser Regel zu entgehen. »Sich absetzen von der Ordnung der Dinge« (1, 303 – I, 236), so lautet das Programm im Kapitel »Sonntag« der *Streichungen*, es ist ein Programm, das der Autor ausdrücklich als Kombination von Leben und Schrift aufgefaßt wissen will. Es gibt kein poetisches Leben ohne Literatur, und insofern treibt derjenige die schönsten Blüten einer Todes-Symbolik in sein Leben, wenn er ausschließlich schreibt und ein Leben unter dem Aspekt des Schreibens organisiert.

Der letzte Satz »Das alles ist doch Literatur« sagt nicht mehr als so viele Sätze in der *Spielregel*, doch er sagt es – sofern wir dem Autor, der sich auf das Zeugnis seiner Frau beruft, das Testat unseres Glaubens schenken – so sehr am Rande des Todes, daß er vom Tode selbst, aus der Position des Todes gesprochen ist. In diesem Kontext eingetragen, ist es ein Satz, in dem sich die letzte Energie des Aufschubs verausgabt, dem bereits das Bewußtsein geraubt worden ist, der nichts von sich weiß: ein reiner Satz, ein Lyrismus des Todes. Daß er, von einem Lebendigen gesprochen, doch alle Kräfte des Todes in sich trägt, macht eben die Macht der Täuschung aus, die auch jenem Satz aus den Archives de la Parole innewohnt, zwei Versen aus seinem Gedicht *Le Voyageur,* die Apollinaire auf eine Stimmkonserve gesprochen hat: Stimme aus dem Nichts, geisterhafte Präsenz des Abwesenden. Der Kommentar, der in *Krempel* zu diesem gespenstischen Sprech-Ereignis gegeben wird, läßt sich ebenso als Kommentar zu jenem letzten Satz des Autors Leiris lesen:

Und wenn bisweilen ein Geräusch, das für uns wie eine Stimme aus dem Jenseits klingt, fast dieselbe Verwirrung stiftet, so vielleicht deshalb, weil hinter ihm das gleiche Schweigen lauert, aus dem es aufgestiegen zu sein scheint wie jemand, der sich aus dem Abgrund retten konnte und nun zaghaft an die Pforte unseres Ohres pocht, um uns sein Anliegen vorzutragen? (2, 81 – II, 59)

Hinter der Stimme aus der alten Tonkonserve ertönt nichts anderes als jenes Rauschen, das auch die zerbrechliche Textur *Frêle bruit* aus sich hervorzubringen versucht, und ebenfalls versinkt die Stimme desjenigen, der sich mit dem Satz, daß alles doch Literatur sei, auf den Weg des Todes begibt, in einem Rauschen des Bewußtseins, das die Imperative von Räumen und Zeiten außer Kraft setzt. Denn das Wiedererwachen erfolgt als allmähliches Emporarbeiten aus den Halluzinationen, den durch fehlende Trennschärfen von Zeiten und Räumen rauschenden Erinnerungen. Die ferne Opernmusik, die aus der Stimme seiner Tante herüberklingt, schenkt dem halb vom Tod verschlungenen Bewußtsein des Erzählers erst allmählich wieder die Trennschärfenregelung zurück, um Gegenwart und Vergangenheit, Ich und andere zu scheiden.

Hinter dem Sprechen steht nichts als das Nichts oder das ewige Sprechen – diese Erkenntnis tritt hervor aus der langen Suche der autobiographischen Regel. Eine Erkenntnis von schöner Simplizität. Mein Sprechen ist von keinem anderen Sprechen gehalten, und das Netz meines Diskurses wird mich am Ende des allerletzten Aufschubs nicht halten. Mein Sturz geht durch das zerbrechliche Rauschen, das kurze diffuse Geräusch meines Seins. Die Erkenntnis ist beim Hören jener Dichterstimme gewonnen worden, die auf eine Schallplatte gebannt worden ist – ein zerbrechliches, rauschendes, akustisches Ereignis, weder wahr noch unwahr, sondern auf dem Grunde des Schweigens errichtet: Botschaft, daß alles Literatur ist, selbst die letzten Worte. Früher galt einmal, daß jeder Satz, der gesprochen wird, ein letztes Wort ist. Das gab den allerletzten Worten ihre Magie. Hingegen war das geschriebene Wort niemals ein letztes. Sein ganzes Wesen ist das Verlangen nach dem Wiederauferstehen in der Lektüre. Die Phonographen haben etwas verändert: Sie graben auch die lediglich gesprochenen Worte wieder aus, und das macht sie, die Apparate, zum Grab von Gottes Wort. Denn sie erheben sich an seiner Statt zu Modellen der unmöglichen Auferstehung. So schreibt sich die Herzensschrift des 20. Jahrhunderts, deren Gesetz die *Spielregel* in sich faßt.

VI
Finale

Läßt sich der Zufall bestechen, oder ist es ein Arrangement, daß vier der bedeutendsten autobiographischen Texte des 20. Jahrhunderts, Marcel Prousts *Suche nach der verlorenen Zeit*, Walter Benjamins *Berliner Kindheit um Neunzehnhundert*, Jean-Paul Sartres *Wörter* und Michel Leiris *Spielregel* jeweils ihre ganze ruinierte Wahrheit in die Metapher eines technischen Mediums eintragen? Es ist kein Zufall, sondern ein poetisches Arrangement der Epoche. Die vier technischen Medien, Photographie, Telephon, Kino und Grammophon, treten zusammen als Embleme der neuen Struktur, die der autobiographische Text im Feld der kulturellen Regularitäten und Kommunikationsformen ausbildet. Erkenntnisse dürfen ebenso Sachverhalten wie emblematischen Arrangements entrissen werden. Die autobiographische Poesie der vier Medien operiert bereits mit einem Funktionselement der Darstellung, das die hier vorgetragene Analyse des autobiographischen Textes verallgemeinert hat: die Schaltung. Indem die Texte selbst ihrer Lektüre den universellen Term, der ebenso elektronische wie zerebrale Verbindungen/ Unterbrechungen erfaßt, vorgeben, ist ein Schritt der Präzisierung möglich geworden, ohne die Kraft der Literatur selbst abzuschalten.

Die Schaltungen, die Texte sind und vollziehen, bestimmen ihren kulturellen Standard. Im 20. Jahrhundert schaltet sich die Literatur selbst. Sie erzeugt und dirigiert ihr Spiel ohne Verbindung mit den großen mythischen Kräften Schicksal, Wahrheit, Geist, Natur, die ihren Texten die spezifischen Geltungskräfte zugeführt haben. Der autobiographische Text bildet nicht zufällig das Paradigma jenes Vorgangs, worin sich die Literatur insgesamt von den großen absoluten Texten lossagte. Der Autor, der sich in der Autobiographie sein eigenes Notariat einrichtete, repräsentierte in den Schwundformen absoluter Textualität, als Genie oder auch als Subjektivität, eine letzte Garantie für die Verbindung der Literatur mit einer Körperschaft der Wahrheit, die nicht sie selbst war. Dies ist definitiv zu Ende. Der autobiographische Sprechakt autorisiert sich im Text des 20. Jahrhunderts, indem er nur sich selbst und seine Leidenschaft zum Thema macht, indem er nach seinen Ursprüngen, seinen Konditionen, seinen Imperativen, seinen Souffleuren fahndet und ein reines Anderssein proklamiert. Und mehr noch. Nachdem die Autoren selbst, trotz flehender Zurufe von Lehrern, Geistlichen, Professoren und Psychologen, der kraftlos gewordenen Diskurspolizei, ihre alten Lizenzen und Zertifikate verbrannt haben, können sie die Gegebenheiten und Ausschließlichkeiten der Literatur in höchster Präzision benennen. Hierzu gehört die einfache Erkenntnis, daß dem Medium Literatur in den technischen Medien eine ganze Serie von Substituten erwachsen ist, die ihr Monopol verstreut hat. Zugleich muß sie mit ihrer kulturellen Vorrangstellung auch ihre Führungsposition bei der Verwaltung des anthropologischen Diskurses (die Funktion der Homogenisierung durch die Homogenität des Mediums) abtreten. Die Diskurspolizei ist in die großen Labors der Menschenwissenschaften/der Kriminalistik übergewechselt, wo sich allmählich auch die schönen lyrischen und philosophischen Anthropologien in die Flüchtigkeit und Unsichtbarkeit von Genetik und Biochemie aufzulösen beginnen. Dies hat es der Literatur leicht gemacht, von sich zu sagen, daß sie ein Spiel von Schaltungen ist, ein Spiel von unendlichen Möglichkeiten, die allein durch die Gesetze der Sprache begrenzt sind.

Wollte man den diskursiven Status der autobiographischen Schrift im 20. Jahrhundert in einem Satz zusammenfassen, so lautete dieser: der autobiographische Text ist seit 1900 Kommentar. Dieser Satz bedarf freilich selbst der Erläuterung.

In bestimmter Hinsicht gehörte die Autobiographie schon immer in die Ordnung des Kommentars. Der Sachverhalt, der den Diskurs in diese Position lenkte, liegt im Licht einfacher Empirie. Die Rechenschaftsberichte, Beichten und Herzensschriften der autobiographischen Tradition kamen aus der Feder von Personen, die selbst das symbolische System zu tragen hatten: Geistliche, Schriftsteller, Gelehrte, produktive Künstler, Politiker. (Daß die Bekenntnisaktivität erheblich weiter geht, daß noch eine ungeheure Masse von diaristischen und autobiographischen Schriften lediglich in Familienarchiven schlummern, sei nur nebenbei bemerkt. Hier trat vornehmlich die gedruckte Autobiographie in den Blick, wenn auch die diaristische und autobiographische Aktivität zur Gesamtheit des Diskurssystems und seiner Imperative gehört.) In dieser Hinsicht ist also der autobiographische Text schon immer Kommentar gewesen, indem er die Verwalter und Repräsentanten der absoluten Texte in die Pflicht des Bekenntnisses zwang. Doch hier beginnt auch schon die Einschränkung: In diesem System erschien die autobiographische Aktivität auf der gleichen Ebene der Legitimation wie alle übrigen Schriften der betreffenden Autoren, bzw.

wie deren übrige symbolische Aktivität: Sie bezog sich auf die Ursprünge, auf das Fundament, die Autorität des symbolischen Systems, so wie sie von diesem System ausgesagt wurde – auf die Heiligen Schriften, auf die wissenschaftliche Ordnung der Vernunft, auf die philosophische Wahrheit, auf die Genialität des Künstlers, auf die Legitimationen des Politikers, kurz: auf die epochale Formation des absoluten Textes.

Im 20. Jahrhundert erscheint der autobiographische Text als Kommentar in ganz anderem Sinne: Er kommentiert die absolute Priorität der medialen Gegebenheit und das unwiderruflich Sekundäre des eigenen Status. Dieses Testat findet sich in allen Texten, die hier gelesen wurden: die autobiographischen Schriften von Proust, Benjamin, Sartre, Leiris bestimmen sich selbst als Epiphänomene der kulturellen Textualität, und näherhin entfalten sie sich – wo es um die Gewähr der Erinnerungen, um die Schaltungen in die eigene Vorgeschichte geht – als Kommentare von Photos, von Bildern der Vergangenheit, von Filmen, von Schallplatten. Die Priorität der Medien und Objekte, insbesondere der symbolischen Elternschaften, erlauben das (von Verantwortung entlastete) kühle Spiel des Textes. Der Eintritt in die Position des Kommentators, der nur noch diverse Speicher der eigenen Vergangenheit schaltet, hat über keinen der Texte, die hier analysiert wurden, Schatten von Trauer oder Melancholie geworfen; vielmehr wird die Sekundarität als Geheimnis der eigenen poetischen Macht unterstrichen. Es ist eine Entlastung der Schrift, daß sie sich nicht mehr als apostolische Affirmation der mythischen Zeichenkörper ausweisen muß, sondern als die Kraft der Kombination, die die Streuungen und Archivierungen der Kultur- und Vergangenheits-Zeichen in ihre eigene Ordnung einholt.

Nicht nur von dieser Entlastung, die er den zahllosen Speichern und Archiven verdankt, legt der autobiographische Text Zeugnis ab; er eröffnet auch den Blick auf eine radikale Transformation kultureller Praktiken: Die kulturellen und technischen Gedächtnisse sind in einem Maße fortgeschritten, vervollkommnet, daß die altertümlichen Modi des Eingedenkens, ich wähle mit Absicht gänzlich heterogene: der Reim, der Friedhof, das Poesiealbum, das Auswendiglernen, das Amulett, die Tätowierung, der Ehering, allmählich verschwinden. Vielmehr bezeugt der autobiographische Text als Kommentar den Einbruch einer neuen Macht des Sekundären: Jedes Subjekt produziert im Laufe seines Lebens eine solch ungeheure Masse von Spuren, daß nicht mehr die Spuren selbst, alltäglicher Besitz, Kleider, Möbel, Briefe, sondern die Spuren der Spuren das Dasein bezeugen. Besser gesagt: Objekte zweiten Grades, die in sich einen höheren Wert und eine abstrakte Verdichtung der Zeit aufgenommen haben. Ich hinterlasse Immobilien, Sammlungen, Antiquitäten (Möbel zweiten Grades), Wertgegenstände und alltägliche Dinge, die stets mehrfach substituiert sind. Dies steht einerseits mit der Universalisierung des Warenwerts in Zusammenhang. Doch werden auch Waren in einem System der Werte, der Nachlaß- und Erinnerungswerte, erfaßt. Der Erinnerungswert hat stets eine temporäre Struktur (Kombination von Alter und Modus des Besitzens), doch deren Mischungsverhältnis hat sich völlig verändert. Denn in der modernen Kultur ist ein Prozeß permanenter Abschöpfung und Reproduktion, die diese Abschöpfungen in Originale zweiter Ordnung verwandeln, an die Stelle jener primären Zeugnisse getreten, die einmal die Kultur der Tradition und des Eingedenkens beherrschten. Permanente Substitution und permanente Abschöpfung erzeugen die große neue Objektwelt des Alten, der reinen Medien des Vergangenen, die unabhängig von familiären oder genealogischen Überlieferungen existieren.

So kommt eine völlig neue Struktur der Erinnerung in den technischen Doppelmedien des Vergangenen zum Vorschein: in den vergilbten Photos der Frühe, in den alten Filmen, den rauschenden Tonspeichern, die nicht nur das Vergangene festhalten, sondern die selbst medial Dokumente eines unwiederholbar Vergangenen sind: Benjamins Metapher der »Inkunabeln« der Photographie hat diese Bedingung ganz exakt benannt: es ist die Bedingung der Nichtreproduzierbarkeit, die das Erinnern heute ausmacht, oder auch die absolute Medialität. Indem die Veränderung durch technische Perfektionierung charakterisiert ist sowie durch eine vollkommene Kunst der Imitate, erhalten die Produkte der technischen Frühzeit den Wert untrüglicher Repräsentation.

Die Masse, die Verdichtung, die minuziöse Genauigkeit, das Vollständige, das die Archive der Moderne auszeichnet, begegnet in den autobiographischen Texten einem ungeheuren Fragmentarismus, einer kühlen Antwort. Heiß sind die Archivierungen, kühl sind die Schalttechniken der Erinnerungen. Während früher der heiße (wahre) Text auf die fragmentierte Vergangenheit antwortete, während früher ein Kondensat des verbindlichen Sprechens gegen die Streuungen der Zeit aufgeboten wurde, verläßt sich die kühle Erinnerung auf die Kondensate der kulturellen und historischen Archivierungen.

Die Kühle, der Fragmentarismus, die Technizität des autobiographischen Textes hängt weiterhin damit zusammen, daß die heißen Wahrheiten der Subjekte in anderen institutionellen Konstellationen gewonnen werden: Die riesigen Netzwerke der modernen Seelenkulturen, in denen nach Hunderten von unterschiedlichen Psychotechniken Individualwahrheiten erzeugt und Sanierungen von Innerlichkeiten vorgenommen werden, bilden in zweierlei Hinsicht ein Nachfolgesystem der alten Beichtpraxis. Vorderhand stehen alle Therapien unter der Regel, die tiefste archaische Substanz der Subjekte zu mobilisieren, damit diese ihre vermeintliche präkulturelle Wahrheit neu artikulieren. Es sind allesamt Philologien der Herzensschrift. Zum anderen jedoch ist die Psychokultur von einem gewaltigen Lärm der Meinungen und Theorien durchzogen, von Spaltungen, Gegensätzen, Schulstreitigkeiten, die ganz den Gesetzen des Sektiererischen entsprechen, die die Etablierung jeder neuen absoluten Textur nach sich zieht, ob es die christliche, die protestantische, die marxistische oder auch die tiefenpsychologische Schrift war.

Netzwerke von Psychotechniken funktionieren nicht ohne Schrift. Aus diesem Milieu gehen ohne Zweifel große Ladungen von Bekenntnisliteratur hervor. Diese Literatur ist vollständig sekundär und reproduziert lediglich das Theorem, dem sie zugehört. Gibt es ein Recht, diese Schriften aus einem Konzept des autobiographischen Textes zu streichen, das sich gerade auf diskursive Formationen, auf kulturelle Imperative, auf eine Phänomenologie der Politik der Innerlichkeit beruft? Die Frage, die hier gestellt worden ist, hatte doch einen anderen Ausgangspunkt; sie lautete: Wie kommt es, daß der autobiographische Text des 20. Jahrhunderts aus dem System der Imperative, Wahrheiten und Erkennbarkeiten ausbricht? Und die Schemen der Antwort lauten: Die modernen technischen Medien, insbesondere Telephon, Radio, Fernsehen, haben in einem Zuge mit der Psychologie/Psychoanalyse eine neue *Kultur der Mündlichkeit*, ein neues System oraler Kommunikation errichtet, das in zunehmendem Maße die Schrift aus den interpersonellen Beziehungen verdrängt. Mit der neuen Kommunikationstechnik ist vor allem aber eine neue Anthropologie entstanden, so wie die Technik des Drucks die Menschen*typen* der Neuzeit produziert hat. Es bleibt eine Aufgabe der Forschung zu erkennen, wie sich in den Epochen jeweils einheitliche Dispositive ausbilden, die Machttechnik (Verwaltung, Homogenisierung), Informationstechnik, Menschenkunde und Mythos (Wissenschaft) ineinander verzahnten. Der Geist von Epochen ist der Inbegriff dieser Kooperationen. Nicht der Stil ist der Mensch, sondern das Tempo der Informationsbewegung. Zur Bildungskraft wird ein Medium stets durch Universalisierung. Über die Tendenz zur Universalisierung der modernen Kommunikationstechniken besteht kein Zweifel, und ihr folgt auch eine neue Typologie des Neurotischen, wenn wir mit Freud ganz allgemein das Neurotische als die Reaktionsform der psychischen Substanz auf die Innervationen der kulturellen Techniken und Codes betrachten. Unter diesen Voraussetzungen stellen die zahlreichen neueren Bekenntnisschriften, Psychotexte, Frauenliteratur nur eine Art literarischer Nachlese einer neuen Kultur der Mündlichkeit dar, die ohne Aussagekraft für diese Epoche ist. Mündlichkeit verweht und ist ohne Gedächtnis.

Hat dann aber der autobiographische Text selbst noch eine Aussagefunktion? Ohne Zweifel bilden die Einsichten und Erkenntnisse dieser Texte in die mediale Konstitution von Subjekten die Prämie des Verlusts der kulturellen Sonderstellung, die die Literatur einmal innehatte. Erkenntnisse erscheinen stets am Rande, und ihr Weg ins Zentrum ist mit Zuwachs an Macht und Verlust an Wahrheit verknüpft. Die Anerkennung, die die hier analysierten Texte im Kanon der modernen Literatur genießen, beruht auf den Zuschreibungen, den Infusionen von Sinn, dessen die Institutionen des Sinnes (Kirche, Schulen, Universitäten, Akademien) bedürfen: Reaktivierung einer Funktion der Literatur, die diese eben explizit und nicht ohne Pathos ausgestrichen hatte. Wollte man versuchen, aus den Texten der modernen Autobiographik, von Proust über Sartre, Julien Green, Leiris, Canetti, Thomas Bernhard, eine Wahrheit der Epoche herauszuziehen, so fände man nur eine, nämlich die Temposteigerung der Literatur auf ihrem Weg heraus aus der Funktion einer kulturellen Steuerungsmacht. Sie bezeugt allein ihre Leidenschaft, ihre Sekundarität, ihre Don-Quichotterie im Kampf gegen den Tod. Die Erkenntnisse, das Menschenwissen, das sich in diesen Texten ansammelt, ist bescheiden (weil man auch nicht viel von den Menschen zu wissen braucht). Die gesammelte Wahrheit dieser autobiographischen Texte entspringt ihrer marginalen Position, die eine Leidenschaft diktiert: die modernen Texte verweisen in ihrer Tiefe allein auf den Wunsch zu schreiben. Es ist die *Leidenschaft des Inauthentischen*. Man könnte die modernen autobiographischen Texte eben nach einer solchen Strategie des Ausweichens analysieren, als Manöver, um den Strukturierungen der Lebensgeschichte, die die Psychoanalyse formuliert, zu entgehen. Canettis *Gerettete Zunge* bewegt sich ebenso auf einer solchen Linie wie die Texte von Thomas Bernhard oder auch Sartres *Wörter*. Es sind Aufstände gegen das anthropologische Muster (und gegen die Genealogie der Leidenschaft), gegen Elternschaften, gegen Naturalitäten und für das anonyme Ensemble kultureller Formationen, für die Reinheit der Differenzen. Daher finden sich in allen Texten wortreiche Bekenntnisse zur eigenen Person als Epiphänomen des Medialen. Nicht die Wahrheit der familiären Kulturisation, dafür die vollständige Unauffindbarkeit des Subjekts im Milieu seiner literarischen Imprägnierungen. Es sind strategische Positionen der Verweigerungen, die den autobiographischen Text zum Dokument des radikalisierten Wissens machen: An die Stelle der Simulationen der Wahrheit tritt das Testat der Sekundarität: Eine Leidenschaft ohne Psychologie gräbt Spuren des Verschwindens in das anthropologische Archiv.

VII
Anhang

Anmerkungen

Anmerkungen zu Kapitel I

1 Der lateinische Text lautet: »Epistula nostra vos estis, scripta in cordibus nostris, quae scitur et legitur ab omnibus hominibus; manifestati quoniam epistula estis Christi ministrata a nobis, scripta non atramento sed Spiritu Dei vivi, non in tabulis lapideis sed in tabulis cordis carnalibus.« Nach Nestle-Aland (1898/1979): *Novum Testamentum Graece et Latine*, Stuttgart, S. 476.

2 Vgl. zur Einheit der Bedeutungen im französischen Sprachgebrauch: *Littré. Dictionnaire de la langue française* Vol I (1971), S. 1450f. Dort versammeln sich nacheinander die Bedeutungen »signe tracé ou écrit – caractères d'écriture – types d'imprimerie – titre naturel – le propre d'une chose – ce qui distingue, au moral, une personne d'une autre.« Der Gebrauch im Englischen: *Oxford English Dictionnary* Vol III (1933), S. 280: »distinctive mark – graphic symbol – writing, printing – style of writing – distinctive mark, evidence – the sum of the moral and mental qualities which distinguish an individual«. Im Deutschen ist die Bedeutung Schriftzeichen/Letter geschwunden, sie findet sich freilich leicht in dem Zusammenhang, der hier skizziert werden soll, wieder, z. B. in Johann Caspar Lavaters *Physiognomischen Fragmenten zur Beförderung der Menschenkenntnis und Menschenliebe* (1775–1778/1969), Bd. I, S. a3verso: »Ich verspreche nicht (...) das tausendbuchstäbige Alphabet zur Entzifferung der unwillkürlichen Natursprache im Antlitze (...) aber doch einige Buchstaben dieses göttlichen Alphabets so leserlich vorzuzeichnen (...).« Und im Bd. II lautet der Kommentar zu einem Portrait: »Der Stirn Umriß (...) Buchstabe, Charakter innerer, vordringender, sanfter Kraft!« (S. 111).

3 Die Anfänge der biographischen und autobiographischen Archive in England stehen noch im Zeichen der alten christlichen Martyrologie. Hervorzuheben ist dabei der Fleiß des Geistlichen Samuel Clarke, der im 17. Jh. nicht weniger als fünf solcher Sammlungen herausgebracht hat. Sie sind verzeichnet in dem ausgezeichneten Buch von William Haller (1938/1965): *The Rise of Puritanism,* New York and London. Dort findet sich eine Bibliographie zu diesem Anfang der Archivierungen. Im Hinblick auf eine präzise Beweisführung zum Zusammenhang von Druckschrift und Diaristik bzw. Autobiographie ist zu erwähnen, daß die Biographik in den frühen Archiven sich immer auf solche hinterlassenen Schriften des Verstorbenen (Tagebücher/autobiographische

Texte) beruft. Ohne die Dimension der Öffentlichkeit und ihrer Kontrollfunktionen gäbe es diesen Schrifttypus nicht.

In Deutschland beginnt die Archivierung offensichtlich etwas später. Sie gehört in den Umkreis der pietistischen Erweckungszeugnisse. Zu erwähnen ist zuallererst Heinrich Reitz' Ende des 17. Jh. in erster Auflage erschienene *Historie der Wiedergebohrenen*. Später ist das von August Hermann Francke wiederbelebte Augustinische Bekehrungsschema autobiographisch vervielfacht worden und zum Modell einer ganz exzessiven pietistischen Diaristik und Autobiographik erhoben worden. In den pietistischen Brüdergemeinen sind diese Zeugnisse gesammelt und archiviert worden. Vgl. hierzu Günter Niggl (1977): *Geschichte der deutschen Autobiographie im 18. Jahrhundert*. Stuttgart. Dort finden sich zahlreiche weitere Hinweise auf die Praxis der Autobiographik, insbesondere auf die Vorschrift und Verbindlichkeit dieser Protokolltätigkeit bei den Pietisten.

Gegen Ende des 18. Jh. haben sich bereits zahlreiche Archive dieser Art gebildet. Ich erwähne nur einige: Johann Georg Müller (1791–1810): *Bekenntnisse merkwürdiger Männer von sich selbst*, 6 Bde.; David Christoph Seybold (1796–1799): *Selbstbiographien berühmter Männer*, 2 Bde. – Noch zwei berufsständische Archive: Christoph Weidlich (1755–1766): *Zuverläßige Nachrichten von den jetzt-lebenden Rechtsgelehrten*, 6 Theile; Johann Adam Hiller (1774, 1786[2]): *Lebensbeschreibungen berühmter Musikgelehrter*. Zuletzt noch eine Sammlung, die ihre Funktion im Titel nennt: Friedrich Carl Freiherr von Moser (1784–1790): *Patriotisches Archiv*, 12 Bde. Von Mosers patriotischem Archiv ist es nur noch ein Schritt zur *Allgemeinen deutschen Biographie* (1875–1912), 55 Bde.

4 Vgl. hierzu den kurzen und prägnanten Text: Marshall McLuhan: Probleme der Kommunikation mit Menschen mittels Medien. In: McLuhan *Wohin steuert die Welt* (1978), S. 42–72.

5 Cf. weiter unten den Abschnitt »Einheit von Subjekt und Buchstabe: Charakterologie«.

6 So liest sich im »Vorwort« zu den *Confessions* (1981), S. 7: »Dies ist das einzige Bild eines Menschen, genau nach der Natur und in seiner ganzen Wahrheit gemalt (...). (...) zerstören Sie nicht ein einzigartiges und nützliches Werk, das als erstes Vergleichsstück beim Studium der Menschen dienen kann, einem Studium, welches erst beginnen muß (...).«

7 Jean-Jacques Rousseau: Ébauches des Confessions. In: *Œuvres complètes* (1959), S. 1158. »Anstatt die anderen nach sich selbst zu beurteilen, sollte man vielleicht sich selbst nach den anderen beurteilen, ohne sich allerdings mit dem Augenscheinlichen zu begnügen, sondern indem man in ihrem Herzen liest wie im eigenen.« Und zuvor heißt es S. 1149: »(...) habe ich beschlossen, meine Leser in der Menschen-

kenntnis einen Schritt weiter tun zu lassen, indem ich sie von dieser einseitigen und fehlerhaften Regel wenn möglich abbringe, wonach man den anderen gemäß dem eigenen Herzen beurteilen soll; während doch im Gegenteil es häufig nutzbringender ist, daß man, um das eigene zu kennen, zunächst einmal im Herzen des anderen zu lesen beginnt.«

8 Vgl. Jean-Jacques Rousseau (1924–1934): *Correspondance générale*. Annotée et commentée par Théophile Dufour, éditée par Pierre-Paul Plan. Bd. XX, S. 46.

9 Edgar Allen Poe (1965). Vol XVI: Marginalia-Eureka, S. 128. Übersetzung von Friedrich Polakovics.

10 Zit. nach Charles Baudelaire (1952): *Œuvres complètes*. Bd. II, S. 226.

11 Michel Leiris (1983), S. 13 f. – (1946), S. 23.

12 Michel Leiris (1982), S. 27 – (1948), S. 23.

13 Jean-Jacques Rousseau (1959): Ébauches des Confessions, S. 1154.

14 Eine vorzügliche Arbeit, die das im folgenden für die Bekenntnis-Aktivität eingeschränkte Polizei-Dispositiv im Hinblick auf allgemeine politische Erkenntnispolitik entwickelt, ist: Walter Seitter (1985): *Menschenfassungen*. Wichtig für den gleichen Zusammenhang, wenn auch nur im Sinne einer einfachen, aber sehr sorgfältigen historischen Übersicht ist das Buch von Hans Maier (1966): *Die älteste deutsche Staats- und Verwaltungslehre (Polizeiwissenschaft)*.

15 Vgl. hierzu den Beitrag zu den neuen calvinistischen Observierungsmethoden von Philippe Denis: Remplacer la Confession: Absolutions collectives et discipline ecclésiastique dans les Églises de la Réforme au XVIᵉ siècle. In: Groupe de la Bussière (1983): *Pratiques de la confession. Des pères du désert à Vatican II*. Quinze études d'histoire. Paris, S. 165–176. Das kleine Modell der Stadt Genf mit seinen Rigorositäten öffentlicher gegenseitiger Kontrolle ist zu einem weltweiten Vorbild geworden.

16 Begriff und Untersuchungsverfahren beziehen sich auf Marshall McLuhan (1962/1968): *The Gutenberg Galaxy*. So wie es ohne die Technik des Drucks keine durchgängige abendländische homogene Kultur und Technik gäbe, so gäbe es die neuere Medientheorie nicht ohne McLuhan.

17 Die ersten Zeilen in Friedrich Hebbels Tagebuch lauten: »Ich fange dieses Heft nicht allein meinem zukünftigen Biographen zu Gefallen an, obwohl ich bei meinen Aussichten auf die Unsterblichkeit gewiß sein kann, daß ich einen erhalten werde. Es soll ein Notenbuch meines Herzens sein, und diejenigen Töne, welche mein Herz angibt, getreu, zu meiner Erbauung in künftigen Zeiten, aufbewahren.« In: *Werke* (1963–1967), Bd. 4, S. 7.

18 Zur Archivalik der Autobiographien und Bekenntnisse vgl. oben Anm. 3.

19 Vgl. zu diesem schönen Begriff: Maier (1966), S. 127. Maier verweist auch auf den entsprechenden Artikel des Grimmschen Wörterbuches, wonach »Polizei« im 15. bis 17. Jh. »die regierung, verwaltung und ordnung, besonders eine Art sittenaufsicht in staat und gemeinde (. . .)« bezeichnet. So gibt Maier auch einen Beleg für die Verwendung des Wortes in dem Sinne geistlicher Aufsicht »Biblische Polizey« (S. 126).

20 Dort ist der Gedanke der Kontrolle bereits klar artikuliert: »The keeping of such a Journall, especially if we look often into it, and read it over, will be a notable means to encrease in us that self-abasement & abhorrency of spirit that is most acceptable in the sight of God. (. . .) Oh! how will the serious survey of such a Journall abase the soul before the Lord!« In: John Beadle (1656), S. 179 f.

21 Cf. bei Niggl (1977), S. 7 und 62 ff.

22 z. B. Johann Friedrich Oest (1787/1977): *Höchstnöthige Belehrung und Warnung für Jünglinge und Knaben*, S. 93, S. 113.

23 Karl Philipp Moritz (1782/1978): *Vorschlag zu einem Magazin einer Erfahrungsseelenkunde*, Lindau, Bd. I, S. 1.

24 Thomas a Kempis' (1470): *De imitatione Christi* ist eines der am häufigsten aufgelegten Erbauungsbücher der Welt mit der paradoxen Aussage, daß nicht die Lektüre, sondern das Gebet, Einsamkeit und Sammlung die Formen der Christusnachfolge sein sollten. Die Negation der Lektüre inauguriert die Ausschließlichkeit der Lektüre-Frömmigkeit.

25 »Ich habe mich so gezeigt, wie ich war (. . .) Ich habe mein Inneres entblößt (. . .). Jeder von ihnen enthülle seinerseits sein Herz (. . .).« Rousseau (1981): *Bekenntnisse*, S. 10.

26 Diese Formulierung ist auf David Riesman gemünzt und sein einflußreiches Buch *The Lonely Crowd* (1950/1974 [15]). An Riesmans Grundthesen orientiert sich auch Bernd Neumann (1970): *Identität und Rollenzwang. Zur Theorie der Autobiographie.* Frankfurt. Diese Konzeption ist ein Topos der Autobiographie-Theorie und läßt sich als ein paneuropäisches Phantasma bestimmen.

27 Vgl. hierzu den ersten Teil der »Entwürfe zur Kritik der historischen Vernunft« im dritten Teil von Wilhelm Dilthey: Der Aufbau der geschichtlichen Welt in den Geisteswissenschaften. In: W. D. (1965 [4]): *Gesammelte Schriften*, Bd. VII, S. 191 ff.

28 »Anregung« ist eine in jeder Hinsicht verkürzende Formel für die Strahlkräfte, die von verschiedenen Büchern Foucaults und Derridas ausgegangen sind und die hier genannt sein sollen. Michel Foucault (1975): *Surveiller et punir. La naissance de la prison.* – ders. (1976– 1984): *Histoire de la sexualité.* Vol I–III. Paris. – Jacques Derrida (1967): *De la grammatologie.* Paris.

29 Dies ist der in den großen historischen Büchern Foucaults entwickelte

Gedanke , in *Histoire de la folie* (1961), in *Surveiller et punir* und zuletzt in *Histoire de la sexualité* (vgl. Anm. 28).

30 Karl Philipp Moritz (1782/1978), Bd. I, S. 2 und 4.

31 Ich verweise auf Lacenaire (1835/1968); Lombroso (1899); Johannes
Jaeger (1905); Georges Manolescu (1905); Anonymus (1937/1967 [11]);
Jean Genet (1949); Charles Hamilton (1952); Nathan F. Leopold Jr.
(1958/1968); Maureen McKernan (1957); Clifford R. Shaw (1968).

32 Auch hier hat Cesare Lombroso (vermutlich ebenso unseriös wie auf
dem Gebiet der Verbrecherbekenntnisse) in seinem Buch über *Genie
und Irrsinn* die ersten Dokumente veröffentlicht. Vollständig in die Öffentlichkeit sind nur wenige solcher Texte gelangt, obgleich ohne Zweifel zahllose geschrieben worden sind (s. weiter unten Anm. 48/49). Das
berühmte Beispiel von Daniel Paul Schrebers 1903 erschienenen *Denk-
würdigkeiten eines Nervenkranken* bildet hier wieder eine Ausnahme.
In dieser Hinsicht trifft ohne Zweifel Foucaults Definition des Wahn-
sinns zu, daß er die Absenz des Werkes ist. Dort wo die (autobiographische) Schrift wieder möglich wird, ist der Wahnsinn – gemäß der kulturellen Regel, die ihn definiert – geheilt.

33 Pierre François Lacenaire (1835/1968): *Mémoires*, S. 26: »Je ne te pro-
mets qu'une chose, moi, c'est de te faire lire dans mon cœur aussi bien
que moi-même (. . .)«.

34 Dieter Henrich (1979); David J. de Levita (1971). Ich verweise außerdem auf Jean-Marie Benoist (Hg.) (1980): *Identität*. Ein interdisziplinä-
res Seminar unter Leitung von Claude Lévi-Strauss. Stuttgart. – Philip
Gleason: Identifying Identy. A Semantic History. In: *The Journal of
American History* 69 (1983), S. 910–931.

35 Cf. A. G. Daubanton (1809): *Traité-Pratique du Code d'Instruction
Criminelle*, d'après le Bulletin des Lois n° 214 bis. Paris, S. 486 f. Auf
diesen Paragraphen bezieht sich die Kriminalistik der Identifikation,
cf. Edmond Locard (1909): *L'identification des récidivistes*. Paris.

36 Zur Person von Erikson in der Rolle eines Promoters des Paradigmas
vgl. Gleason (1983) (Anm. 34).

37 Johann Caspar Lavater (1775–1778/1969): *Physiognomische Fragmente
zur Beförderung der Menschenkenntnis und Menschenliebe*. Zürich.
Bei aller Vielseitigkeit und Differenziertheit ist die Lavatersche Charakterologie manichäisch (i. e. kriminologisch) konzipiert.

38 Franz Joseph Gall (1822–25): *Sur les fonctions du cerveau*, 4 Bde. Paris.
Die einzigartige Verbindung von Physiognomik und Schädelmessung
entwickelte Wilhelm Heinrich von Wittich (1870): *Physiognomik und
Phrenologie*. Berlin.

39 Cesare Lombroso (1887): *Der Verbrecher in anthropologischer, ärztlicher und juristischer Beziehung*, in deutscher Bearbeitung von M. O.
Frenzel. Hamburg.

40 Alphonse Bertillon (1893): *Instructions signalétiques*. Melun. – Ders. (1895): *Gerichtliche Photographie*. Mit einem Anhange über die anthropometrische Classification und Identificirung. Halle.

41 Angelo Mosso (1881): *Über den Kreislauf des Blutes im menschlichen Gehirn*. Leipzig. – Mosso gehört zu den Pionieren der Technik des Lügendetektors.

42 Wilhelm Wundt gehört zu den Technikern des Assoziationstests, der auf Francis Galton (s. Anm. 46) zurückgeht. Wundts Forschungen stehen in seiner mehrbändigen *Völkerpsychologie* (1904²).

43 Carl Gustaf Jung (1906): Die psychopathologische Bedeutung des Assoziationsexperimentes. – Ders. (1906/1909): *Diagnostische Assoziationsstudien*.

44 Hugo Münsterberg (1913): *On the witness stand*. Essays on psychology and crime. Garden City/New York. Vgl. hierzu auch Ulrich Raulff (1985): Münsterbergs Erfindung oder der elektrifizierte Zeuge. In: *Freibeuter* 24 (1985), S. 33–42.

45 Ich verweise hier auf Rüdiger Herren (1973): *Freud und die Kriminologie*. Stuttgart.

46 Ein Buch von ungeheurer kulturhistorischer Bedeutung ist Francis Galtons (1908/1973): *Inquiries into human faculty and its development*. New York. Die erste Auflage erschien im Jahre 1880.

47 William James (1890/1950): *The Principles of Psychology*. Vol. I/II. New York. James, der selbst einer der Gründungsväter der modernen amerikanischen Menschenwissenschaften ist, schreibt über Galtons *Inquiry*, daß es in der beschreibenden Psychologie Epoche gemacht habe. (Vol. II, 51).

48 Morton Prince, Walter F. Prince (1932): *Die Spaltung der Persönlichkeit*. Deutsche Übersetzung etc. von Willy Herms. Einführung von T. K. Österreich. Stuttgart. – In diesem Buch wird der Fall der Sally Beauchamp rekonstruiert. Zwei weitere Fallgeschichten schließen sich an. Sie alle zeigen die therapeutische Gemeinsamkeit, daß die Kranken zur Niederschrift ihrer Lebensgeschichte angehalten werden – mit gutem Erfolg. In der ursprünglichen Fassung lautete der Titel Morton Prince (1905, 1908²/1978): *The Dissociation of a Personality*. Dort wird der therapeutische Vorgang in allen Einzelheiten dargelegt und der erstaunliche Effekt der autobiographischen Therapie dokumentiert. –

49 Dies ist ein besonderer Fall, den Prince in zwei Heften des *Journal of Abnormal Psychology III* (1908/09) dokumentierte. Im ersten erschien eine Selbstdarstellung unter dem Titel *My Life as a Dissociated Personality* (S. 241–260). Im nächsten Heft meldete sich die abgespaltene Hälfte zu Wort. Zum ersten Mal erwies sich das Unbewußte selbst als schrifttüchtig (S. 311–334). Hier schien das Therapeutikum der Lebensschrift zu versagen. – Dagegen betonte Prince diesen Effekt bei seinem

Fall Sally Beauchamp. Ihre Autobiographie könnte daher den gleichen Titel tragen wie die Bekenntnisse von B. C. A. aus dem Band III. – In einer späteren Falldarstellung der Doppelspaltung Sallys zitiert Prince mehrfach aus ihrem autobiographischen Text. Interessant im Hinblick auf die Probleme der gespaltenen Schrift ist auch die von Prince erwähnte Tatsache, daß verschiedene Anteile von Sally in der Lage waren, Tagebuch zu schreiben (eine Schriftprobe der vier Sallys findet sich in der Auflage von 1908/1978 auf den Seiten 562 f.), aber diese Schrift nicht zur Reintegration führten. Dies war der Kraft der Lebensschrift vorbehalten. Cf. Morton Prince (1920): Miss Beauchamp. The Theory of the Psychogenesis of Multiple Personality. In: *The Journal of Abnormal Psychology* Vol XV (1920), S. 67–135.

50 Lavater bemüht sich in seiner Physiognomik um die Lesbarkeit und Systematisierung der *Herzensschrift*, die auf der Fläche des Gesichts erscheint. Es ist somit der Versuch einer Charakterologie ohne Introspektion des Subjekts. Moritz hingegen versammelt in seinem Magazin narrative Selbstzeugnisse bzw. psychologische Berichte der symbolischen Sekretäre (Priester, Lehrer, Richter). Ihm ging es demnach um ein kasuistisches Archiv.

51 Lacenaire (1835/1968), S. 25 macht sich über die Phrenologie lustig, indem er ihren wissenschaftlichen Stand mit dem Wissen der Medizin über die Cholera vergleicht, die Anfang der dreißiger Jahre des 19. Jh. verheerend durch Europa gezogen war.

52 Polonius zu Laertes: »This above all: to thine own self be true/ And it doth follow, as the night the day,/ Thou canst not then be false to any man«, und die Rede begann mit den Worten: »And these few precepts in thy memory/Look thou character« (I, 3).
Zu diesem Zusammenhang: Lionel Trilling (1972); Henri Peyre (1963): *Literature and Sincerity.* New Haven and London. – In Sympathie, aber in deutlicher Opposition steht unsere Untersuchung auch zu Roland Galle (1986): *Geständnis und Subjektivität.* München.

53 Montesquieu (1717/1949): »Éloge de la sincérité« ist eine Akademierede mit deutlichen Zeichen der rhetorischen Kunstübung. Aber die Thematik ist längst entdeckt und in das Register der Moral eingetreten. In: *Œuvres complètes* I. Paris, S. 99–107. In Anknüpfung an den stoischen Imperativ der Selbsterkenntnis unterstreicht Montesquieu die Unmöglichkeit der Selbsterkenntnis durch Introspektion. So plädiert er für Menschenkenntnis durch Aufrichtigkeit.

54 Im Proömium seines berühmten Sonettzyklus' *Astrophel and Stella* schreibt der Dichter Sir Philip Sidney, wie unmöglich es ihm schien, seiner Geliebten seine Liebe und seinen Schmerz mitzuteilen. Die letzten drei Verse lauten: »Thus great with child to speake, and helplesse in my throwes,/Biting my trewand pen, beating my selfe for spite,/

›Foole,‹ said my Muse to me, ›looke in thy heart and write.‹« In: *The Poems of Sir Philip Sidney* (1962), S. 165.

55 Vgl. das Avertissement »Au Lecteur« zu Beginn der Essais: »Que si j'eusse esté entre ces nations qu'on dict vivre encore sous la douce liberté des premiers loix de nature, je t'asseure que je m'y fusse très-volontiers peint tout entier, et tout nud«. In: *Œuvres complètes* (1962). Paris, S. 9.

Die vorwissenschaftliche Generalisierung des Imperativs findet sich u. a. bei Maine de Biran. Unter dem 25. 12. 1794 schreibt er in sein Tagebuch: »Alle Menschen sollten auf die verschiedenen Abschnitte des Lebens achten, sich zu verschiedenen Zeiten mit sich selbst vergleichen, Buch über besondere Gefühle und Lebensweisen führen (. . .). Prüft sich der Mensch dann in entfernteren Lebensabschnitten, könnte er seine Grundsätze, seine allgemeine Ansicht vom Leben, wie er sie zu einer bestimmten Zeit hatte, mit den Ideen eines anderen Lebensabschnitts vergleichen. Hätte man auf diese Weise mehrere Gedächtnisse von Beobachtern seiner selbst, welches Licht fiele auf die Wissenschaft vom Menschen!« In: Maine de Biran (1977): *Tagebuch.* Ausw. u. Übers. von Otto Weith. Hamburg, S. 29.

56 Der Schüler Ludwig Börne beschließt bereits als Sechzehnjähriger, seine Lebensgeschichte zu veröffentlichen. Als Student schreibt er: »Menschen wie ich sollten es sich zur heiligsten Pflicht machen, ihre Biographie bekannt zu machen.« In: *Sämtliche Schriften* (1964–1968), Bd. IV, S. 7, S. 122.

57 Hier eine Auswahl von Autobiographien, deren Autoren angeben, die Schrift auf Wunsch anderer verfaßt zu haben: Goethe, Heinrich Jung-Stilling, Ulrich Bräker, Johann Peter Frank, Karl Heinrich von Bogatzky, J. J. Reiske, Karl Friedrich Bahrdt, Friedrich Christian Laukhard, Jean-Jacques Rousseau, Meister Johann Dietz, Johann Stephan Pütter, Johann Jacob Reiske.

58 Cf. Karl Friedrich Bahrdt (1983): *Geschichte seines Lebens.* Stuttgart-Bad Cannstatt. Teil 1/2, S. 15.

59 Zur Geschichte und Technik der Lügendetektoren cf. Paul Trovillo (1939): *A History of Lie Detection.* – Clarence D. Lee (1953): *The Instrumental Detection of Deception. The Lie Test.* – John E. Reid/Fred E. Inbau (1966): *Truth and Deception. The Polygraph* (»Lie-Detector«)-Technique.

60 Cf. Jacques Derridas Analyse von Rousseaus *Essai sur l'origine des langues.* In: *De la grammatologie* (1967).

61 Hierzu das bahnbrechende Buch von Friedrich A. Kittler (1985): *Aufschreibesysteme 1800/1900.* München.

62 Alt aber weiterhin nicht übertroffen ist das Werk von Auguste Bouché-Leclerc (1879–1882/1963): *Histoire de la divination dans l'antiquité.*

63 Aurelius Augustinus (1982): *Bekenntnisse*, S. 246. Die folgenden Zitate sind der gleichen Ausgabe entnommen.

64 Jean-Jacques Rousseau: Dialogues. In: *Œuvres complètes* (1959), S. 860.

65 Rousseau: Première lettre à Malherbes: »Personne au monde ne me connoit que moi seul«, in: *Œuvres complètes* (1959), S. 1133. – Belege für die eigene Lektüre in den Herzen anderer, in: *Die Bekenntnisse* (1978), S. 54, 84./*Œuvres complètes* I, S. 52, 82.

66 Rousseau: *Œuvres complètes* I, S. 1153 f.

67 Lavater ist freilich auch ein Theoretiker und Philologe der Herzensschrift. Cf. in dem Brief des Autors an den Herausgeber von Lavaters ursprünglich anonym erschienenem Buch: *Unveränderte Fragmente aus dem Tagebuch eines Beobachters seiner selbst* (1773/1978), S. XVIII: »Itzt sage ich nur mit zwey Worten so viel: Es ist in dem Evangelio kein Gebot, keine Vorschrift, die nicht dem Wesen nach in aller Menschen Herzen geschrieben sey (. . .)«. Es ist wie ein Echo der paulinisch/calvinistischen Tradition der Herzensschrift. Ich zitiere aus einem Traktat des englischen Geistlichen William Chillingworth aus dem Jahre 1638 mit dem Titel *The religion of Protestants a safe way to salvation* – nach Haller (1938/1965), S. 242 – »(. . .) right Reason, grounded on Divine Revelation and common Notions, written by God in the Hearts of all Men«. Rousseaus Herzensschrift geht durch alle Texte. Noch ein Beleg aus dem 4. Buch des *Emile*: »Was Gott von einem Menschen erwartet, teilt er ihm nicht durch andre Menschen mit, er sagt es ihm selbst, er schreibt es tief in sein Herz hinein.« Ein Beleg bei Lessing findet sich in *Nathan der Weise* V 601 f. Und schließlich noch Nietzsche in einer Variante zu *Der Wanderer und sein Schatten*. In: Nietzsche (1980), Bd. 14, S. 183. Und wie sich eine solche Lektüre anhört, das vernimmt man in II 1 von Verdis *Aida*, wo Amneris im Herzen Aidas gelesen hat. – Zur Verwandlung dieser Schrift im autobiographischen Text des 20. Jh. cf. die Kapitel über Sartre und Leiris.

68 Johann Wolfgang von Goethe: Dichtung und Wahrheit. In: *Goethes Werke*. Hamburger Ausgabe (1966[4]). Bd. 10, S. 80 f.

69 Augustinus (1982), S. 251.

70 Belege, für die ich dem Tübinger Goethe-Wörterbuch zu Dank verpflichtet bin, verweisen auf die Weimarer Ausgabe. Der Grundgedanke erscheint in Goethes Anmerkung zu Palissot im Anschluß an seine Übersetzung von *Rameaus Neffe:* »Dem Genie ist nichts vorzuschreiben, es läuft glücklich wie ein Nachtwandler über die scharfen Gipfelrücken weg, von denen die wache Mittelmäßigkeit beim ersten Versuche herunterplumpst« (I, 45, S. 188). So charakterisiert Goethe Jung-Stilling in *Dichtung und Wahrheit* (I, 27, S. 253) und sich selbst als Autor des *Werther* (I, 25, S. 224). Vgl. auch *Egmont* (I, 8, S. 219).

71 Cf. Gershom Scholem (1981): Der Sinn der Thora in der jüdischen Mystik. In: Ders.: *Zur Kabbala und ihrer Symbolik*. Frankfurt/M.

72 Vgl. Anm. 9.

73 S. hierzu Jacques Derrida (1972): La différance. In: *Marges de la philosophie*. Paris.

74 Aus der großen Zahl der Traktate, die die Selbstbeobachtung empfehlen, erwähne ich Richard Rogers (1603, 1630[5]): *Seven treatises (...) how to leade a goodly and comfortable life every day.* William Perkins (1603): *A Graine of Mustardseede,* dort S. 783: »Give all diligence to make thy election sure, and to gather manifold tokens thereof. For this cause observe the workes of Gods providence (...).« Zitat nach: Gerd Birkner (1972): *Heilsgewißheit und Literatur.* München. Noch einmal sei verwiesen auf William Haller (1938/1965).

75 Johann Gottfried Herder (1877–1913/1967–68): *Sämtliche Werke,* Bd. 1, S. 394 f.

76 Michel Leiris (1946) *L'âge d'homme.* Paris. Deutsch von Kurt Leonhard: *Mannesalter* (1983). Frankfurt/M., S. 23.

77 Augustinus (1982), S. 262.

78 John Beadle (1656), S. 2.

79 Rousseau (1981): *Die Bekenntnisse,* S. 274. – In: *Œuvres complètes* I, S. 278.

80 Eine Ausnahme bilden allenfalls die Texte, die in die Magazine und Paradigmen der Psychologie oder auch der Kriminalistik einziehen sollen. Vgl. Anm. 31 und 47/48/49.

81 Ausdrücklich sei hier das Buch erwähnt, das meine Rousseau-Lektüre ganz entscheidend geführt hat: Jean Starobinski (1971): *Jean-Jacques Rousseau. La transparence et l'obstacle.* Paris. Zum »Pakt« dort S. 239.

82 Belege bei Hans-Jürgen Heinrichs (1981), S. 36. Ebenso Lejeune (1975): *Le pacte autobiographique,* S. 264 et pass.

83 Elias Canetti (1981): *Das Gewissen der Worte.* Frankfurt/M., S. 13.

84 Ich erwähne noch einmal eine Arbeit, die die Nietzsche/Foucault-Tradition im deutschen Sprachraum fortsetzt: Walter Seitter (1985).

Anmerkungen zu Kapitel II

Textstellen aus der *Suche nach der verlorenen Zeit* werden nach der siebenbändigen Ausgabe (Suhrkamp Taschenbuch) in der Übersetzung von Eva Rechel-Mertens zitiert. Die erste arabische Ziffer verweist auf die einzelnen Bände dieser Ausgabe. An zweiter Stelle in der Belegklammer erscheint die entsprechende Fundstelle der französischen Ausgabe (Bibliothèque de la Pléiade), deren drei Bände jeweils mit römischer Ziffer angezeigt sind.

Textstellen aus dem *Contre Sainte-Beuve* folgen gleichfalls der Ausgabe der Bibliothèque de la Pléiade (1971). Die Übersetzungen stammen vom Verfasser. In der Belegklammer erscheint das Sigel CSB.

1 Zur Kriminalistik bzw. Spionage – ein Thema der *Suche nach der verlorenen Zeit,* das noch längst nicht erschöpft ist – vgl. Ursula Link-Heer (1983) sowie Armand Hoog (1967), wo freilich der Titel *Proust, agent secret de 1900* ein wenig zu viel verspricht.

2 In *Im Schatten junger Mädchenblüte* heißt es nacheinander: »Jedenfalls erreichte er durch sein sonderbares Gebaren, daß ich ihn für einen Gauner oder Geistesgestörten hielt« – (2, 430 – I, 752) – »(. . .) schaute er (. . .) – so wie ein Mitglied der Geheimpolizei mit besonderem Auftrag persönliche Freunde in seine berufliche Aufsichtspflicht nicht mit einbezieht.« (2, 432 – I, 754) – »(. . .) hatte er (. . .) sekundenlang den prüfenden Blick seiner durchdringenden Augen auf mein Gesicht geheftet, und zwar so ernsthaft und völlig in Anspruch genommen, als entziffere er ein sehr schwer lesbares Manuskript«. (2, 441 – I, 760).
Eine andere Spionage-Stelle findet sich in *Die Welt der Guermantes.* Sie spielt am Sterbebett der Großmutter, wo der Erzähler mit einem entfernten Verwandten, einem Pater, sitzt: »Er legte seine beiden Hände vor sein Gesicht wie ein in schmerzliche Betrachtung versunkener Mensch, aber da er meinte, ich werde wieder wegsehen, hatte er zwischen seinen Fingern einen kleinen Spalt offengelassen. In dem Augenblick, wo meine Blicke ihn verließen, bemerkte ich sein scharfes Auge, das sich das Versteck hinter den Fingern zunutze gemacht hatte, um zu beobachten, ob mein Schmerz wohl auch aufrichtig sei«. (3, 449 – II, 339)
Die priesterliche Spionage trägt in sich noch den alten Blick der Beichtväter; die Gegenspionage, die diesen Blick und seine Kontrolle inspiziert, ist der Blick der Opposition und des Begehrens.

3 Vgl. weiter unten das Kapitel »Die Universalität des Medialen«.

4 Andere haben diese Hartnäckigkeit gezeigt und im Grunde alles Notwendige gesagt: Marcel Muller (1984 [2]), Thérèse B. Lynn (1974/75) und David R. Ellison (1980).

5 Zur Differenz von »heißen« und »kalten« Medien vgl. oben das Kapitel »Die Einheit von Subjekt und Buchstaben: Charakterologie«.

6 Paul de Man (1979): *Allegories of Reading,* S. 57 ff.

7 Ernst Robert Curtius (1965[3]): Proust. In: *Französischer Geist im zwanzigsten Jahrhundert.* S. 311.

8 Vgl. Volker Roloff (1984), S. 229f. So dankenswert genau und umfassend Roloff die Elemente *Werk* und *Lektüre* herausgearbeitet hat, um sie aus der traditionellen Festigkeit und Selbstverständlichkeit zu lösen, so bleibt er doch auf halbem Wege stehen, wenn er an einer Lektüre, die

Selbsterkenntnis sein soll, theoretisch festhält: im Medium der Selbsterkenntnis des Werkes soll sich die Leser-Subjektivität erfassen. Proust selbst jedenfalls geht noch einen Schritt weiter, indem er Lektüre (nicht nur die von Texten) *an die Stelle* der Selbsterkenntnis rückt. Wenn jede Lektüre Selbsterkenntnis ist, genauer: Lektüre des Selbst, dann aus dem Grunde, weil die unfaßbare Substanz des Subjekts eine unaufhörliche Sedimentierung von Lektüren ist.

9 Soweit ich sehe, ist dies bislang als einzigem Gilles Deleuze aufgefallen. Er spricht davon in seinem Beitrag in La table ronde der *Études proustiennes II* (1975), 89 f.

10 Vgl. auch die Stelle im ersten Kap. von *Sodom und Gomorrha:* »Ich hatte am Strand eine schöne, schlanke, bleiche junge Frau gesehen, von deren Augen kreisförmig Strahlen in geometrischer Anordnung auszugehen schienen, so leuchtend, daß man bei ihrem Blick an irgendein Sternbild dachte.« (4, 346 – II, 851).

11 Johann Caspar Lavater (1775–78/1969): *Physiognomische Fragmente zur Beförderung der Menschenkenntnis und Menschenliebe,* Bd. I, S. a3verso. Das Beispiel eines Kommentars zu zwei Kupferstichportraits: »Der Stirn Umriß in 2 – Buchstabe, Charakter, innerer, vordringender sanfter Kraft! Die Oberlippe in 1. Buchstabe innigen Gefühlsdurstes« (Bd. II, S. 111).

12 Zur Einheit von Buchstaben- und Persönlichkeitscharakter vgl. oben das Kapitel »Die Einheit von Subjekt und Buchstaben: Charakterologie«. Einen Beleg findet man leicht wenige Zeilen höher in Anm. 11.

13 Zu diesem Zeichen, dessen merkwürdige Funktion und Kraft bislang nur in groben Zügen erkannt worden sind, vgl. Manfred Schneider (1975) und Michel Butor/Michel Launay (1983).

14 Ein Beispiel dafür, wie der Spionage-Blick diesen Sachverhalt fixiert; hier ist das Modell die gefangene Albertine: »(. . .) ich erinnerte mich auch, wie sehr ich darunter gelitten hatte, wenn Blicke, aktiv gleich denen eines Malers, der eine Skizze anfertigen will, über ihr Gesicht glitten, bis keine Stelle darin von ihnen unberührt geblieben war, Albertine aber, zweifellos in Anbetracht meiner Gegenwart, diesen Kontakt über sich ergehen ließ, als bemerke sie ihn nicht, das heißt mit einer im stillen möglicherweise lustvollen Passivität. Bis sie sich aber wiederum faßte und zu mir sprach, verging dann eine Sekunde, in der sie sich nicht rührte, doch ins Leere lächelte mit der gleichen Miene gespielter Natürlichkeit und versteckten Vergnügens, als sei soeben jemand im Begriff, sie zu photographieren (. . .)«. (5, 195 f. – III, 149).

15 Zu diesem Term vgl. Roman Jacobson (1939/1979): Das Nullzeichen. In: R. J.: *Aufsätze zur Linguistik und Poetik.* Hg. von W. Raible. Frankfurt/M., Berlin, Wien, S. 44–53. Diese terminologische Anleihe rechtfertigt sich insofern, als das sprachliche Nullzeichen nicht einfach

ist, sondern seine Bestimmung aus dem Verhältnis der Opposition bezieht.

16 Vgl. meinen Essay: Hysterie als Gesamtkunstwerk. In: *Merkur* 10 (1985).

17 Johann Wolfgang von Goethe (1827–30/1966[8]): Römische Elegien. In: *Goethes Werke* (Hamburger Ausgabe), Bd. 1, S. 160. »Überfällt sie der Schlaf, lieg' ich und denke mir viel./Oftmals hab' ich auch schon in ihren Armen gedichtet/Und des Hexameters Maß leise mit fingernder Hand/Ihr auf den Rücken gezählt. Sie atmet in lieblichem Schlummer,/Und es durchglühet ihr Hauch mir bis ins Tiefste die Brust.«

18 Zur genauen Analyse dieser Passage vgl. Koji Abe (1983).

19 Serge Doubrovski (1974), S. 8.

20 Vgl. hierzu Gérard Genette (1980), der sehr pointiert die moderne Umkehrung beschreibt. Indem sich der Autor im Werk verflüchtigt, mitsamt der anthropologischen Illusion verflüchtigt, erscheint die vitale Substanz als Essenz des Werkes. Dies liquidiert jede andere Wahrheit: »(...) signe paradoxal d'authenticité: l'inauthenticité, c'est le *voulu* (...)«, S. 11.

21 Ich verweise noch einmal darauf (vgl. Anm. 8), daß der Begriff der Lektüre die Medien der Sprache und des Drucks weit überschreitet und daß er die Psychologie und Selbsterkenntnis in der Struktur des unendlichen Palimpsestes abschafft.

22 In dieser Fußnote heißt es: »Ich habe natürlich davon abgesehen, in diesem Band die zahlreichen Texte, die ich über Kirchen im *Figaro* geschrieben habe, erneut wiederzugeben (...). Sie waren in die *Suche nach der verlorenen Zeit* eingegangen, und ich durfte mich nicht wiederholen. Wenn ich für diesen eine Ausnahme machte, so darum, weil *In Swanns Welt* ihn nur unvollständig zitiert, außerdem in Anführungszeichen als ein Beispiel für das, was ich in meiner Jugendzeit schrieb« (CSB 64).

23 In *Gesammelte Schriften*, Bd. VI1, S. 260ff.

24 Zum Begriff des *kompakten Mediums* vgl. meinen Essay: Das Kino als kompaktes Medium. Zur Logik und Strategie des Zitierens in Wagner/Syberbergs ›Parsifal‹. In: *Freiburger Universitätsblätter* 85 (1984), S. 79–96.

25 *Marcel Proust, Choix de lettres,* présentées et datées par Philip Kolb, préface de Jacques de Lacretelle. Meaux 1965, S. 280.

26 Sigmund Freud (1916–17/1948): Vorlesungen zur Einführung in die Psychoanalyse. In: *Gesammelte Werke,* Bd. XI, S. 429.

27 Gilles Deleuze (1978), S. 144f. – Vgl. auch: La table ronde. In: *Études proustiennes* II (s. Anm. 9).

28 Die beiden Lesarten einer handschriftlichen Überlieferung bieten die zwei Editionen des *Contre Sainte-Beuve* an. Fallois in der Ausgabe von

1954 liest »gouttes de lumière cimentées« (S. 368); Pierre Clarac (1971) entscheidet sich für »ciselées« mit Fragezeichen (S. 309/864).

29 Zur Musik-Thematik siehe in weiterem Sinne der akustischen Medialität Klaus Oldemeyer (1981); neuerdings ist die größere Monographie von Jean-Jacques Nattiez (1984) erschienen.

30 Die Universalität und durchgängige Apriorität der Lektüre führt zu der logischen Notwendigkeit, jene »authentische« Innerlichkeit, die Roloff interpretieren zu können glaubt (Roloff, 1984, S. 228), zu streichen.

31 Zu diesem Thema vgl. Armand Hoog (1967), Anna Giubertoni (1975), vor allem jedoch Jean-François Chevrier (1982): *Proust et la photographie*. Paris. Als erster stellt Chevrier den Zusammenhang zwischen den Erinnerungsschaltungen durch die Medien und der so unendlich mystifizierten Madeleine-Episode her.

32 Zum Thema Differenz und Ähnlichkeit sei verwiesen auf die Überlegungen von Gilles Deleuze (1969): *Logique du sens*. Paris. Dort vor allem S. 300.

33 Zur großen Metonymie-Thematik sei verwiesen auf den klassischen Text von Gérard Genette (1972) sowie auf Koji Abe (1983).

Anmerkungen zu Kapitel III

Zitiert werden Benjamins Texte nach der Ausgabe der *Gesammelten Schriften*. 6 Bde, Hgg. Rolf Tiedemann, Hermann Schweppenhäuser unter Mitwirkung von Theodor W. Adorno u. Gershom Scholem. Frankfurt/M. 1974–1985. Der Beleg wird durch die römische (Bandzahl bzw. Teilband) und die arabische (Seitenzahl) Chiffre angegeben. Zitiert werden weiterhin:

Br =   Walter Benjamin: *Briefe*. 2 Bde, Hgg. Gershom Scholem u. Theodor W. Adorno. Frankfurt/M.

PMs =   Pariser Manuskript der *Berliner Kindheit um Neunzehnhundert*. Es handelt sich um ein nicht numeriertes Typoskript aus den in der Bibliothèque Nationale gefundenen Manuskripten von Walter Benjamin. Vgl. zu dieser spätesten Fassung der *Berliner Kindheit*: Bernd Witte (1984).
         Die Wiedergabe des Textes erfolgt mit freundlicher Genehmigung der Bibliothèque Nationale.

1 Da die Pariser Fassung der *Berliner Kindheit* bislang nicht publiziert worden ist, wird in der Belegklammer nur auf diese Quelle verwiesen und zugleich der Fundort der früheren Textfassung innerhalb der *Gesammelten Schriften* angezeigt. Vergleiche lohnen sich – nicht nur aus philologischem Interesse. Die ersten Ergebnisse, die Bernd Witte veröf-

fentlicht hat, sind gut durchdacht und solide, aber treffen meines Erachtens nicht das Wesentliche. Auch läßt sich aus dem Pariser Manuskript keine definitive konzeptionelle Entscheidung ablesen. Auf der Liste der »Reihenfolge der Stücke« stehen 30 Titel – doch sind zwei, die im Konvolut erscheinen, nicht verzeichnet (»Erwachen des Sexus« und »Das Karussell«). Außerdem liegt dem Konvolut ein Zettel bei, auf dem 10 Texte unter der Überschrift »Noch umzuarbeiten« aufgezählt sind: »Gesellschaft«, »Schränke II, III, IV«, »Verstecke«, »Straßenjungen und Straßenmädchen«, »Abreise und Rückkehr«, »Der Lesekasten«, »Neuer deutscher Jugendfreund«, »Schülerbibliothek«.

2 Wir treten hier nicht ein in die Debatte zum Allegorie-Begriff bei Benjamin, sondern analysieren ihn funktionell. Im übrigen sei auf die bislang sorgfältigste Arbeit zum Gesamtthema Sprache bei Benjamin verwiesen, auf Winfried Menninghaus (1980): *Walter Benjamins Theorie der Sprachmagie.*

3 Dies ist ein Terminus, den Benjamin in seiner Dissertation *Der Begriff der Kunstkritik in der deutschen Romantik* (I 1, 36 f.) einführt. Der Kontext gibt für sich keinen Anlaß, diesen Begriff in einen technischen Zusammenhang zu stellen; dennoch finden sich zahlreiche Berührungspunkte mit Benjamins esoterischem (Heterogenitäten integrierendem) Begriff des Mediums. Vgl. hierzu weiter unten.

4 Verwiesen sei auf Benjamins Übersetzungen der *Suche nach der verlorenen Zeit,* die er zusammen mit Franz Hessel zu großen Teilen ausgeführt hat, und den schönen Essay *Zum Bilde Prousts.* Hierzu weiter unten.

5 Dies sind eigentlich zwei Besprechungen: *Kleine Geschichte der Photographie* (II 1, 368–385); sowie: zu Gisèle Freunds *La photographie en France au dix-neuvième siècle* (III, 542–544).

6 Cf. Dietrich Harth, Martin Grzimek: *Aura* und *Aktualität* als ästhetische Begriffe. In: Gebhardt et al. (1976): *Walter Benjamin – Zeitgenosse der Moderne.* Kronberg, S. 110–145. – Marleen Stoessel (1983): *Aura. Das vergessene Menschliche.* Zur Sprache und Erfahrung bei Walter Benjamin. München.

7 Cf. in den Protokollen zu Drogenversuchen (VI, 588 et pass.).

8 Die *Ästhetische Theorie* hat den *Aura*-Begriff kritisch wiederaufgenommen. Die *Spur* ist jedoch ohne Spur geblieben. Vgl. Theodor W. Adorno (1970): *Ästhetische Theorie.* Frankfurt/M. S. 57, 89.

9 Zum Motiv des bucklichten Männleins vgl. Anna Stüssi (1977): *Erinnerung an die Zukunft,* S. 59 ff.

10 Vgl. zu diesem Zusammenhang die Überlegungen des Eingangskapitels.

11 Werner Fuld (1981): *Walter Benjamin,* Photo nach S. 176.

12 Die Kino-Passage aus dem Zitat ist vollständig eliminiert; das Pariser

Manuskript setzt wieder ein mit dem Satz: »Es sah mich im Versteck (. . .)«.

13 Gaston Bachelard (1975): *La poétique de l'espace*, dt.: *Poetik des Raumes*. Übers. von Kurt Leonhard. München.

14 Ich zitiere die Vorbemerkung des Pariser Manuskripts: »Im Jahr 1932, als ich im Ausland war, begann mir klar zu werden, daß ich in Bälde einen längeren, vielleicht einen dauernden Abschied von der Stadt, in der ich geboren bin, würde nehmen müssen.

Ich hatte das Verfahren der Impfung mehrmals in meinem inneren Leben als heilsam erfahren; ich hielt mich auch in dieser Lage daran und rief die Bilder, die im Exil das Heimweh am stärksten zu wecken pflegen – die der Kindheit – mit Absicht in mir hervor. Das Gefühl der Sehnsucht durfte dabei über den Geist ebensowenig Herr werden wie der Impfstoff über einen gesunden Körper. Ich suchte es durch die Einsicht, nicht in die zufällige biographische sondern in die notwendige gesellschaftliche Unwiederbringlichkeit des Vergangenen in Schranken zu halten.

Das hat es mit sich gebracht, daß die biographischen Züge, die eher in der Kontinuität als in der Tiefe der Erfahrung sich abzeichnen, in diesen Versuchen ganz zurücktreten. Mit ihnen die Physiognomien – die meiner Familie wie die meiner Kameraden. Dagegen habe ich mich bemüht, der B i l d e r habhaft zu werden, in denen die Erfahrung der Großstadt in einem Kinde der Bürgerklasse sich niederschlägt.

Ich halte es für möglich, daß solchen Bildern ein eignes Schicksal vorbehalten ist. Ihrer harren noch keine geprägten Formen, wie sie im Naturgefühl seit Jahrhunderten den Erinnerungen an eine auf dem Lande verbrachte Kindheit zu Gebote stehen. Dagegen sind die Bilder meiner Großstadtkindheit vielleicht befähigt, in ihrem Innern spätere geschichtliche Erfahrung zu präformieren. In diesen wenigstens, hoffe ich, ist es wohl zu merken, wie sehr der, von dem hier die Rede ist, später der Geborgenheit entriet, die seiner Kindheit beschieden gewesen war.«

15 Vgl. auch die verschiedenen Räume in der *Einbahnstraße:* »Frühstücksstube«, »Souterrain«, »Vestibül«, »Speisesaal«, »Hochherrschaftlich möblierte Zehnzimmerwohnung«, »Loggia«, »Fundbüro« etc. Und dort zur Raum-Schrift der Erinnerung: »Wie ultraviolette Strahlen zeigt Erinnerung im Buch des Lebens jedem eine Schrift, die unsichtbar, als Prophetie, den Text glossierte« (IV 1, 142).

16 Zur Liste der umzuarbeitenden Texte vgl. Anm. 1.

17 Als Kommentar lese man aus einem Brief Benjamins an Martin Buber: »Mein Begriff sachlichen und zugleich hochpolitischen Stils und Schreibens ist: hinzuführen auf das dem Wort versagte; nur wo diese Sphäre des Wortlosen in unsagbar reiner Macht sich erschließt, kann

der magische Funken zwischen Wort und bewegender Tat überspringen, wo die Einheit dieser beiden gleich wirksam ist.« Zitat nach Witte (1985): *Walter Benjamin*, S. 29.

18 Ich verweise noch einmal auf die Bücher von Marshall McLuhan, deren Schicksal als Modebücher ihr Vergessen einleitete. Eine knappe Zusammenfassung der Theorie findet sich in dem Aufsatz: Probleme der Kommunikation mit Menschen mittels Medien. In: Marshall McLuhan (1978), S. 42–72.

Anmerkungen zu Kapitel IV

Die Schriften von Jean-Paul Sartre werden mit folgenden Sigeln zitiert:

W–M   *Die Wörter* (1968) – *Les mots* (1964)
IF   *Der Idiot der Familie* (1977–80) – *L'Idiot de la famille* (1971–72). Die deutsche Fassung wird durch arabische Zahlen (= Bandzahl), die französische durch römische Zahlen angeführt.
SG   *Saint-Genet, Komödiant und Märtyrer* (1982)
B   *Baudelaire* (1978)
WiL   *Was ist Literatur* (1981)
TE   *Die Transzendenz des Ego* (1982)
SüS   *Sartre über Sartre* (1977)
T   *Tagebücher November 1939–März 1940* (1984)

1 Vgl. Jean-Jacques Rousseau (1959): Confessions. In: *Œuvres complètes* I, S. 446: »Mon cœur transparant comme le cristal n'a jamais su cacher durant une minute entière un sentiment un peu vif qui s'y fût réfugié«. Zu diesem Kontext cf. Jean Starobinski (1971): *Jean-Jacques Rousseau. La transparence et l'obstacle.*

2 Zur Zeichen- und Sprachkonzeption Sartres cf. Gérard Genette (1976): Sens et signification. La théorie sartrienne du langage poétique, sowie Alain Goldschlager (1982): Jean-Paul Sartre: Une philosophie du langage? In: Michael Issacharoff, Jean-Claude Vilquin: *Sartre et la mise en signe.*

3 Ein anderer Beleg: »Mit sieben Jahren ist die Intention klar: Gustave leidet *in der Unterwerfung*. (...) Wie sollte man das heilige Urteil des Mannes anfechten, den seine Familie verehrt, seine Studenten bewundern, ganz Rouen achtet? Wenn der in Ungnade Gefallene seinen Richter derart liebt, muß er ihn bis in seine unerbittliche Strenge hinein lieben«. (1, 400–I, 395).

4 Ich verweise auf die einschlägigen Untersuchungen hierzu: Gerd Birkner (1972): *Heilsgewißheit und Literatur.* München, der den puritanischen Weg beschreibt. William Haller (1938/1965): *The Rise of Puri-*

tanism. Für die deutsche (autobiographische) Erweckungstradition cf. Günter Niggl (1977): *Geschichte der deutschen Autobiographie im 18. Jahrhundert.*

5 Zur Psychoanalyse der Wiedergeburten vgl. Reinhold Wolff (1980): Der Mythos von der Geburt des Helden.

6 Zur weiteren Bestimmung des *Bösen* im Kontext Flauberts cf. IF 5, 23 f. – III, 21 f.

7 Vgl. Rousseaus Anweisungen zur Sprecherziehung im 1. Buch des *Emile:* »Ich möchte, daß die ersten Laute, die es zu hören bekommt, spärlich, leicht und deutlich sind, daß sie oft wiederholt werden, und daß die Worte, die sie zum Ausdruck bringen, sich einzig auf sinnfällige Gegenstände beziehen, die man dem Kind zunächst zeigen kann«. »Schränkt also den Wortschatz der Kinder so sehr wie möglich ein. Es ist ein großer Nachteil, wenn es über mehr Worte als Vorstellungen verfügt und wenn es mehr sagen kann, als es zu denken vermag«. In: Jean-Jacques Rousseau (1976): *Emile oder über die Erziehung.* Übers. v. Eleonore Sckommodau. Hg. v. Martin Rang. Stuttgart.

8 Vgl. zum Thema der Selbstparodie den Aufsatz von Geneviève Idt (1976): L'Autoparodie dans *Les Mots* de Sartre.

9 Sartre gibt eine Definition von Magie im *Saint-Genet:* »Magisch nämlich ist das unbelebte Ding, das menschliche Wirkungen hervorbringt, ohne daß es aufhört, Ding zu sein« (SG 168).

10 Vgl. Sartre im Gespräch mit Michel Contat: »Der Krieg hat mein Leben regelrecht in zwei Teile geteilt« (SüS 213).

11 Das gleiche Motiv im *Idiot der Familie:* »Für dieses Kind ohne Visum, das – selbst vor seinem Sündenfall – niemals ganz sicher ist, daß es das Recht zu existieren hat (. . .)« (IF 1, 400 – I, 395).

12 Zum Sartreschen Platonismus cf. Christoph Miething (1983): *Saint-Sartre oder der autobiographische Gott,* S. 155.

13 *Nudité* heißt im Kontext der französischen Konfession seit Montaigne Offenheit und Wahrheit. Vgl. das »Au lecteur« zu Beginn der *Essais.* In: *Œuvres complètes* (1962), S. 9.

14 Paul Virilio (1984): *Guerre et cinéma 1.* Logistique de la perception. Paris; dt. *Krieg und Kino.* München.

15 In *Der Idiot der Familie* ist es ein auf mehreren Ebenen durchgeführtes Modell (1, 553; 4, 167–I, 545, II, 1923 ff.) In den *Wörtern* gehört es zum Résumé (W 144 –M 212).

16 Sartres Wunsch nach einer transparenten Schrift (Autobiographie) ist auf merkwürdige Weise in seinen Filmgesprächen realisiert worden. Das Medium substituiert die Dunkelheit der Blindheit. Dieser dreistündige Film *Sartre par lui-même,* der 1973 gedreht wurde und drei Jahre später im Kino zu sehen war, hat große Aufmerksamkeit gefunden. Er gibt eigentlich Anlaß, über Sartres Beziehung zu diesem Me-

dium nachzudenken. Darüber gibt es bislang nicht viel Lesenswertes. Ich verweise auf: Michel Rybalka (1968): Sartre et le cinéma.

17 Cf. Manfred Schneider (1980): *Die kranke schöne Seele der Revolution*, S. 225 ff.

18 Hierzu zwei Bemerkungen aus dem Kriegstagebuch: »Die Psychologie der Introspektion schien mir mit Proust ihr Bestes gegeben zu haben, ich hatte mich zwischen meinem 17. und meinem 20. Lebensjahr voll Trunkenheit darin versucht, doch hatte ich den Eindruck, daß man in dieser Übung sehr rasch Meister wird und daß die Ergebnisse zudem recht eintönig sind. Und dann brachte mich der Hochmut davon ab, mir schien, daß man die kleinen Gemeinheiten nur vergrößerte, ihnen Kraft verlieh, wenn man seine Nase hineinsteckte. Erst der Krieg und mehrere neue Disziplinen (Phänomenologie, Psychoanalyse, Soziologie) sowie *L'âge d'homme* von Leiris brachten mich dazu, ein lebensgroßes Portrait von mir zu zeichnen« (T 206). »In Wirklichkeit behandle ich meine Gefühle wie Ideen: eine Idee bearbeitet man so lange, bis sie platzt oder endlich zu dem wird, ›was sie war‹. Doch wenn der Psychologe das Recht hat, auf diese Weise mit den Gefühlen umzuspringen, so schreit der *Mensch* um Gnade, er möchte einmal Reaktionen haben, die er nicht benennen kann« (T 396 f.).

Anmerkungen zu Kapitel V

Von Michel Leiris' *Spielregel* sind bislang nur die beiden ersten Bände von Hans Therre übersetzt worden. Sie werden jeweils in der Belegklammer mit arabischer Ziffer angeführt; daneben erscheint mit römischer Ziffer der jeweilige Band mit Seitenzahl der französischen Ausgabe. Textstellen aus dem dritten und vierten Band der *Spielregel* wurden von mir übertragen. Zu *Mannesalter* erscheint ebenfalls erst der Beleg der deutschen Übertragung und anschließend der Fundort aus dem französischen Original. Beide Texte werden unter dem Sigel MA angeführt.

1 Das Prinzip des Aufschubs hat zuerst Philippe Lejeune analysiert. In: *Le pacte autobiographique* (1975), S. 245 ff.

2 Sartre, der mit Leiris befreundet war, hat sich sehr durch *Mannesalter* beeindrucken lassen (vgl. oben Anm. 18 zu Kap. IV). Im *Saint-Genet* analysiert er die »Urszene« aus den *Streichungen* (SG 74 f.). Es gibt immer nur Unterschiede im Ausmaß des Selbstbetruges; entscheidend ist die Strategie der Selbsttäuschung.

3 Der Anspruch des Authentischen steht in *Mannesalter* ganz im Vordergrund (MA 15 – 15); in der *Spielregel* ist hier Ernüchterung eingetreten (1, 349 f. – I, 273).

4 Das Montage-Prinzip formuliert Leiris mehrfach (MA 14/15 – 18/18) – Vgl. hierzu Lejeune (1975): *Le pacte*, S. 249 ff.

5 Der französische Titel lautet, in Anlehnung an Thomas de Quinceys *On Murder considered as One of the Fine Arts*, einer zweibändigen Essay-Sammlung aus den Jahren 1827–1839, *De la littérature considérée comme une tauromachie*. Der Text verarbeitet eine Reihe von Gedanken, die bereits früher formuliert wurden, in: *Miroir de la tauromachie, précédé des Tauromachies*. Zweisprachige Ausgabe (1982).

6 Wir begnügen uns hier damit, den Kontrast zwischen dem Leiris der heißen Schrift und dem der Grammophonprosa an den beiden Texten *Mannesalter* und *Die Spielregel* zu illustrieren. Das Tagebuch unter dem Titel *L'Afrique fantôme* gehört in die mediale Form von *Mannesalter*. Über den Zusammenhang von Ethnologie und Autobiographie vgl. Lejeune (1975): *Le pacte*.

7 Töricht ist die Darstellung von Leiris' Selbstmordversuch in dem entsprechenden Kapitel von Christoph Miethings *Saint-Sartre* (1983). Er spricht von einem »bewußt geplanten, ausgeführten und beschriebenen Selbstmordversuch« (S. 67). Was beweist, daß man, um schön interpretieren zu können, besonders flüchtig lesen muß.

8 Keine Antipsychologie schützt vor psychologischer Interpretation. Zu Leiris' Ausweichen vor Psychologie und Psychoanalyse vgl. Lejeune (1975). Eine zweifellos kluge strukturale Analyse hat Jeffrey Mehlmann (1974) verfaßt. S. dazu weiter unten Anm. 12.

9 Gemeint ist das Himmelsbuch aus der Apokalypse des Johannes, wo alles was geschieht, geschrieben steht, und das geschlossen (eingerollt) wird, wenn die Zeit der Welt beendet ist. Vgl. hierzu Hans Blumenberg (1981): *Die Lesbarkeit der Welt*. Frankfurt, S. 22 ff. – Die gesamte Tagebuchpolizei der calvinistischen Tradition begründet ihre Aufforderung zur diaristischen Selbstkontrolle damit, daß bereits im Himmel ein Konto geführt werde. Vgl. Beadle (1656) u. a.

10 Vgl. oben den Abschnitt »Die Poetik der Räume« im Kapitel III.

11 Dies steht wenige Abschnitte zuvor (1, 206 – I, 161).

12 Trotz aller Bereitschaft, Mehlmanns Analyse zu folgen, der im Phonographen, dem väterlichen Gerät, die Maschine des Symbolischen erscheinen läßt, d. h. eine Schrift, die die Überleitung nicht nur von phone zu graphein erzwingt, sondern auch die Phantasien und die Imagination aufbricht, gilt es etwas neu zu bedenken: wenn auch ein Apparat problemlos in die symbolische Konstitution eines Infans eintreten kann, so bleibt die erstaunliche Tatsache, daß die Erinnerung, das Unbewußte über maschinelle Schaltungen in Bewegung gesetzt werden können, ja daß maschinelle Speicher auf diese Weise selbst zum Unbewußten werden, ein Faktum, das der Analyse nicht mehr zugänglich

ist. Wie sich dieses Unbewußte schaltet, führen Kinder an ihren Video-
spielen in aller Naivität vor.

13 Der Passus liest sich wie eine Erinnerung oder eine Reprise des Tele-
phonpassus aus Marcel Prousts Artikel *Journées de lecture* (CSB 526),
der dann in den Band *Die Welt der Guermantes* aus der *Suche nach der
verlorenen Zeit* Eingang fand. Dort gehört er in die Schilderung des Te-
lephongesprächs mit der Großmutter. Die Telephonstimme klingt wie
die Vorwegnahme der (phonographisch festgehaltenen) Stimme der Toten.

14 Wenn man will, läßt sich der späte Text *Le ruban au cou d'Olympia*
(1981) wie eine Fortsetzung von *Frêle bruit* lesen.

15 Franz Kafka (1967): *Tagebücher 1910–1933*. Hg. Max Brod. Frankfurt/
M., S. 383. Eine Eintragung nach dem 28. 9. 1917.

Bibliographie

1. Texte der Autoren *Proust, Benjamin, Sartre, Leiris*

Proust, Marcel (1954): *Contre Sainte-Beuve.* Paris
–, (1971): *Contre Sainte-Beuve.* Précéde de pastiches et mélanges et suivi de essais et articles. Paris (Bibliothèque de la Pléiade)
–, (1954): *A la recherche du temps perdu,* 3 Vol. Paris (Bibliothèque de la Pléiade), dt. (1981 ff.): *Auf der Suche nach der verlorenen Zeit.* Übersetzt von Eva Rechel-Mertens. 7 Bde. Frankf./M.

Benjamin, Walter/Scholem, Gershom (1980): *Briefwechsel 1933–1940.* Hg. Gershom Scholem. Frankfurt/M.
Benjamin, Walter: *Berliner Kindheit um Neunzehnhundert* (Maschinenschriftliches Manuskript im Fonds Walter Benjamin der Bibliothèque Nationale, Paris)
–, (1978): *Briefe.* 2 Bde. Hgg. Gershom Scholem u. Theodor W. Adorno. Frankfurt/M.
–, (1974–1985): *Gesammelte Schriften.* 6 Bde. Hgg. Rolf Tiedemann, Hermann Schweppenhäuser unter Mitwirkung v. Th. W. Adorno u. G. Scholem. Frankf./M.

Sartre, Jean Paul (1982): *Die Transzendenz des Ego.* Philosophische Essays 1931–1939. Erweiterte Neuausgabe. Übersetzt von Traugott König u. a. (Ges. Werke in Einzelausgaben. In Zusammenarbeit mit dem Autor u. Arlette El Kaim-Sartre hrsg. von Traugott König). Reinbek b. Hamburg
–, (1982): *La nausée,* Paris 1938, dt.: *Der Ekel.* Übersetzt von Uli Aumüller (Ges. Werke in Einzelausgaben). Reinbek b. Hamburg
–, (1984): *Les carnets de la drôle de guerre.* Novembre 1939 – Mars 1940, Paris 1983, dt.: *Tagebücher November 1939 – März 1940.* Übersetzt von Eva Moldenhauer (Ges. Werke in Einzelausgaben). Reinbek b. Hamburg
–, (1980[2]): *L'imaginaire.* Psychologie phénoménologique de l'imagination, Paris 1940, dt.: *Das Imaginäre.* Phänomenologische Psychologie der Einbildungskraft. Übersetzt von Hans Schöneberg. Reinbek b. Hamburg
–, (1977): *Sartre über Sartre.* Aufsätze und Interviews 1940–1976. Übersetzt von Gilbert Strasmann u. a. (Ges. Werke in Einzelausgaben). Reinbek b. Hamburg
–, (1982[8]): *L'être et néant,* Paris 1943, dt.: *Das Sein und das Nichts.* Versuch einer phänomenologischen Ontologie. Übersetzt von Justus Streller, Karl August Ott, Alexa Wagner. Reinbek b. Hamburg

–, (1981): *Qu'est-ce que la littérature*, in: Situations, II, Paris 1948, dt.: *Was ist Literatur.* Übersetzt von Traugott König (Ges. Werke in Einzelausgaben). Reinbek b. Hamburg

–, (1982): *Saint Genet, comédien et martyr*, Paris 1952 (Œuvres complètes de Jean Genet), dt.: *Saint Genet, Komödiant und Märtyrer.* Übersetzt von Ursula Dörrenbächer (Ges. Werke in Einzelausgaben). Reinbek b. Hamburg

–, (1978): *Baudelaire*, Paris 1963, dt.: *Baudelaire. Ein Essay.* Übersetzt von Beate Möhring. (Ges. Werke in Einzelausgaben). Reinbek b. Hamburg

–, (1964): *Les mots*, Paris, dt. (1968): *Die Wörter.* Autobiographische Schriften. Übersetzt von Hans Mayer (Ges. Werke in Einzelausgaben). Reinbek b. Hamburg

–, (1971–72): *L'Idiot de la famille.* Gustave Flaubert de 1821 à 1857, Paris, dt. (1977–80): *Der Idiot der Familie.* Gustave Flaubert 1821 bis 1857. Übersetzt von Traugott König. Reinbek b. Hamburg

Leiris, Michel (1983): *L'âge d'homme*, Paris 1939, dt.: *Mannesalter.* Übersetzt von Kurt Leonhard. Frankf./M.

–, (1979): *Aurora*, Paris 1946, dt.: *Aurora.* Übersetzt von Rudolf Wittkopf. München

–, (1948–1976): *La règle du jeu* I–IV. Paris
I: *Biffures* (1948), dt. (1982): *Die Spielregel 1. Streichungen.* Übersetzt von Hans Therre. München
II: *Fourbis* (1955), dt. (1985): *Die Spielregel 2. Krempel.* Übersetzt von Hans Therre. München
III: *Fibrilles* (1966)
IV: *Frêle bruit* (1976)

–, (1982): *Miroir de la tauromachie précédé des tauromachies*, Montpellier 1980, dt.: *Spiegel der Tauromachie eingeleitet durch Tauromachien.* Übersetzt von Verena von der Heyden-Rynsch. München

–, (1983): *Le ruban au cou d'Olympia*, Paris 1981, dt.: *Das Band am Hals der Olympia.* Übersetzt von Rolf Wintermeyer und Simon Werle. Frankfurt/M./Paris

2. Weitere Quellentexte

anon. (1937/1967 [11]): *The Professional Thief. By a Professional Thief.* Annoted and interpreted by Edwin H. Sutherland. Chicago/London/Toronto

Augustinus, Aurelius (1982): *Bekenntnisse.* Vollständige Ausgabe, übertragen von Wilhelm Thimme. München

Bahrdt, Karl Friedrich (1983): *Geschichte seines Lebens, seiner Meinungen und Schicksale*. Hg. Günter Mühlpfordt (= Deutsche Autobiographien, Hg. Bernd Neumann, Bd. 2/Teil 1–2). Stuttgart/Bad Cannstatt

Baudelaire, Charles (1952): *Œuvres complètes* II+III. (Juvenilia. Œuvres posthumes. Reliquiae). Paris (Editions Louis Conard)

Beadle, John (1656): *The Journal or Diary of a Thankful Christian*. London

Bernhard, Thomas (1975): *Die Ursache. Eine Andeutung*. Salzburg/Wien

–, (1976): *Der Keller. Eine Entziehung*. Salzburg/Wien

–, (1978): *Der Atem. Eine Entscheidung*. Salzburg/Wien

–, (1981): *Die Kälte. Eine Isolation*. Salzburg/Wien

–, (1982): *Ein Kind*. Salzburg/Wien

Canetti, Elias (1980): *Die Fackel im Ohr*. Lebensgeschichte 1921–1931. München/Wien

–, (1983[8]): *Die gerettete Zunge*. Geschichte einer Jugend. München/Wien

–, (1985): *Das Augenspiel*. Lebensgeschichte 1931–1937. München/Wien

Genet, Jean (1949): *Journal du voleur*. Paris

Gnothi Sauton oder Magazin zur Erfahrungsseelenkunde als ein Lesebuch für Gelehrte und Ungelehrte, herausgegeben von Carl Philipp Moritz (1783–93/1978), Bd. 1–10. Nachdruck der Ausgabe Berlin 1783–1793. Lindau i. B.

Green, Julien (1963): *Partir avant le jour*. Paris

–, (1975): *Œuvres complètes*. Paris (Bibliothèque de la Pléiade)

Hamilton, Charles (Ed.) (1952): *Men of the Underworld*. The Professional Criminals' own Story. New York

Hebbel, Friedrich (1963–1967): *Werke*. 5 Bde. Hgg. Gerhard Fricke, Werner Keller u. Karl Pörnbacher. Darmstadt

Herder, Johann Gottfried (1967–68): *Sämtliche Werke*. 33 Bde. Hg. Bernhard Suphan. Nachdruck der Ausgabe Berlin 1877–1913. Hildesheim

Hoffmann, E. T. A. (1971): *Tagebücher*. Nach der Ausgabe Hans v. Müllers hrsg. v. Friedrich Schnapp. Darmstadt

La Bruyère (1951): *Œuvres complètes*. Paris (Bibliothèque de la Pléiade)

Lacenaire (1968): *Mémoires de Lacenaire avec ses Poèmes et ses lettres, présentés par Monique Lebailly*. Paris

Lavater, Johann Kaspar (1773/1978): *Unveränderte Fragmente aus dem Tagebuche eines Beobachters seiner Selbst; oder des Tagebuches Zweyter Theil, nebst einem Schreiben an den Herausgeber desselben*. Unveränderter Nachdruck der Ausgabe Leipzig 1773. Bern/Stuttgart

–, (1775–1778/1969): *Physiognomische Fragmente, zur Beförderung der*

Menschenkenntnis und Menschenliebe. Bd. I–IV. Faksimiledruck der Ausgabe 1775–1778. Zürich

Leopold Jr., Nathan. F. (1958/1974): *Life plus 99 Years*. Reprint of the Doubleday – Edition (1958). Westport

Manolescu, Georges (Fürst Lahovary) (1905 a): *Ein Fürst der Diebe. Memoiren*. Berlin

–, Fs. (1905 b): *Gescheitert. Aus dem Seelenleben eines Verbrechers*. Berlin

May, Karl (1910/1975): *Mein Leben und Streben*. Hildesheim/New York (Nachdruck der Ausg. Frbg./Br. 1910)

McKernan, Maureen (1957): *The Amazing Crime and Trial of Leopold and Loeb*. New York

Montaigne (1962): *Œuvres complètes*. Paris (Bibliothèque de la Pléiade)

Montesquieu (1949): *Œuvres complètes I*. Paris (Bibliothèque de la Pléiade)

Musil, Robert (1983 ^{2}): *Tagebücher*. 2 Bde. Hg. Adolf Frisé. Hamburg

Nietzsche, Friedrich (1980): *Sämtliche Werke*. Kritische Studienausgabe in 15 Bänden. Berlin/New York

Oest, Johann Friedrich (1787/1977): *Höchstnöthige Belehrung und Warnung für Jünglinge und Knaben, die schon zu einigem Nachdenken gewöhnt sind*. Reprint der Ausgabe 1787, neu hrsg. v. Joh. Merkel und D. Richter. München

Oetinger, Friedrich Christoph (1978 ^{2}): *Selbstbiographie*. Genealogie der reellen Gedanken eines Gottesgelehrten. Hg. J. Roessle. Metzingen

Pavese, Cesare (1952/1976): *Il mestiere di vivere*, Turin 1952, dt.: *Das Handwerk des Lebens*. Tagebuch 1935–1950. Übersetzt von Charlotte Birnbaum. Frankfurt/M.

Beyer-Fröhlich, Marianne (Hg.) (1933): *Pietismus und Rationalismus* (= Deutsche Literatur. Reihe Selbstzeugnisse, Bd. 7) Leipzig

Poe, Edgar Allen (1965): *The Complete Works*. Ed. by James A. Harrison. Vol. XVI: Marginalia-Eureka. New York

Rousseau, Jean Jacques (1981): *Les confessions*, Genf 1782–1789, dt.: *Die Bekenntnisse*. Vollständige Ausgabe, übersetzt von Alfred Semerau. München

–, (1959): *Œuvres complètes I*. Les confessions. Autres textes autobiographiques. Paris (Bibliothèque de la Pléiade)

Shaw, Clifford R. (1968): *The Natural History of a Delinquent Career*. New York

Sidney, Sir Philip (1971): *The Poems*. Reprinted from the first Edition 1962, ed. by W. A. Ringler Jr. Oxford

Stendhal (1955): *Œuvres intimes*. Paris (Bibliothèque de la Pléiade)

Young, Edward (1760/1970): *Gedanken über die Original-Werke* (= Faks. der Ausgabe 1760: Deutsche Neudrucke. Reihe: Goethezeit, Hg. Arthur Henkel). Heidelberg

–, (1854/1968): *The Complete Works Poetry and Prose*. Vol. II. Ed. by James Nichols. Nachdruck der Ausgabe London 1854. Hildesheim

3. Sekundärliteratur zu den Autoren
Proust, Benjamin, Sartre, Leiris

Proust

Abe, Koji (1983): Structure de la rhétorique proustienne. Une analyse du fragment de ›La regarder dormir‹. In: *Études de langue et littérature Française 42* (mars 1983), 87–103

Barthes, Roland (1980): Une idée de recherche. In: Gérard Genette/ Tzvetan Todorov (Hgg.) (1980): *Recherche de Proust*. Paris, 34–39

Baudry, Jean-Louis (1984): *Proust, Freud et l'autre*. Paris

Bersani, Jacques/Raimond, Michel (1975): Les mémoires d'un valet de chambre. (Les souvenirs d'Ernest Forssgren). In: *Études proustiennes* II (1975), 19–142

Blanchot, Maurice (1982): *Le livre à venir*, Paris 1959, dt.: *Der Gesang der Sirenen*. Essays zur modernen Literatur. Übersetzt von Karl August Horst. Frankfurt/M./Berlin/Wien

Butor, Michel/Launay, Michel (1983): Proust ou le sourire des signes. In: M. Butor/M. Launay (1983): *Résistances*. Conversations aux antipodes. Paris, 69–76

Carré, Dominique (1982): Proust . . . à la recherche de la photographie. *Les Nouvelles Litteraires* 2860, 39, 4. 11. 1982

Chevrier, Jean-François (1982): *Proust et la photographie*. Paris.

Curtius, Ernst Robert (1965³): *Französischer Geist im zwanzigsten Jahrhundert*. Bern/München

Deleuze, Gilles (1978): *Proust et les signes*, Paris 1970, dt.: *Proust und die Zeichen*. Übersetzt von Henriette Beese. Frankfurt/M.

Dimić, Ivan (1981): Notes sur la temporalité et l'identification dans la narration proustienne. In: *Eidôlon* 17 (1981), 5–20

Doubrovsky, Serge (1974): *La place de la Madeleine*. Paris
–, (1979): Faire catleya. In: *Poétique* 10 (1979), 111–125

Ellison, David R. (1980): Who is ‹Marcel›? Proust and the Question of Autobiographical Identity. In: *L'esprit créateur* 20 (1980), H. 3, 78–86

Genette, Gérard (1972): *Figures III*. Paris
–, (1979a): Écrire ‹catleya›. Note conjointe. In: *Poétique* 10 (1979), 126–128
–, (1979b): –‹Cat(t) lei/ y a› suite (et fin?). In: *Poétique* 10 (1979), 254
–, (1980): La question de l'écriture. In: Gérard Genette/Tzvetan Todorov (Hgg.) (1980): *Recherche de Proust*. Paris, 7–12
Genre (1973). Essays on Autobiography, Vol. VI
Girard, René (1978): Narcissism: The Freudian Myth demythified by Proust. In: Alan Roland (Hg.) (1978): *Psychoanalysis, Creativity and Literature*. A French-American Inquiry. New York, 293–311
–, (1961): *Mensonge romantique et vérité romanesque*. Paris
Giubertoni, Anna (1975): Fotografia e aura nella narrativa di Marcel Proust. In: *Rivista di letterature moderne e comparate* 28 (1975), 12–27
Grindea, Miron (1976): Proustian Delinquency. In: *Adam* 40 (1976), H. 394–396, 2–11

Hanney, Roxanne (1983): Proust and Negative Plates. Photography and the Photographic Process in ‹A la recherche du temps perdu›. In: *Romanic Review* 24 (1983), H. 1, 342–354
Hildebrandt, Hans-Hagen (1980): *Becketts Proust-Bilder*. Erinnerung und Identität (Romanistische Abhandlungen Bd. 2). Stuttgart
Hoog, Armand (1967): Proust, agent secret de 1900. In: A. Hoog (1967): *Le temps du lecteur ou l'agent secret*. Paris

Keller, Luzius (1978): *Les avant-textes de l'épisode de la Madeleine dans les cahiers de brouillon de Marcel Proust*. Paris
Kellman, Steven G. (1977): The Mirror and the Magic Lantern in ‹A la recherche du temps perdu›. In: *Neophilologus* 61 (1977), 43–47

Lejeune, Philippe (1977): Les carafes de la Vivonne. In: *Poétique* 8 (1977), 285–305
Link-Heer, Ursula (1979): *Prousts ‹A la recherche› und die Form der Autobiographie*. Diss. Bochum (nicht im Bibliotheksdienst zugänglich)
–, (1983): Zwischen Ödipus und Anti-Ödipus. Bemerkungen zur psychoanalytischen Lektüre Prousts. In: Edgar Mass/Volker Roloff (Hgg.) (1983): *Marcel Proust*. Lesen und Schreiben. Zweite Publikation der Marcel Proust Gesellschaft. Köln/Frankfurt/M., 67–82

283

Lynn, Thérèse B. (1974/75): The Narrator, not Marcel: Manuscript Proofs. In: *Romance Notes* 16 (1974/75), 258–261

de Man, Paul (1979): *Allegories of Reading*. Figural Language in Rousseau, Nietzsche, Rilke and Proust. New Haven/London
Meyers, Jeffrey (1975): Bellini, Giotto, Mantegna, Botticelli and ‹Swann's way›. In: J. Meyers (1975): *Painting and the Novel*. Manchester
Mouline, Lucette (1978): Proust. Pouvoir, sexualité, écriture dans ‹le petit cabinet sentant l'iris›. In: *Eidôlon* 4 (oct. 1978), 31–61
Muller, Marcel (1984²): *Les voix narratives dans la ‹Recherche du temps perdu›*. Genf

Nattiez, Jean-Jacques (1984): *Proust musicien*. Paris

Oberg, Arthur K. (1980): ‹Krapp's Last Tape› and the Proustian Vision. In: James Knowlson (Hg.): *Samuel Beckett. Krapp's Last Tape*. Theatre Workbook 1. London, 151–157
Oldemeyer, Klaus (1981): Proust der Ohrenmensch. Formen der Gehörwahrnehmung in der ›Recherche‹. In: *Neue Deutsche Hefte* 28 (1981), 65–87

Painter, George D. (1980): *Marcel Proust*. A Biography. Vol. 1+2. London 1959/1965, dt.: *Marcel Proust*. Eine Biographie. 2 Bde. Übersetzt von Christian Enzensberger (Bd. 1) und Ilse Wodtke (Bd. 2). Frankfurt/M.
Prat, Michel (1981): Proust et la lanterne magique de Schopenhauer. In: *Revue de littérature comparée* 55 (1981), 195–207
Proust et la nouvelle critique. Colloque organisé à Paris du 20 au 22 janv. 1972 par N. Y. Univ. et l'École Normale Supérieure. Table ronde. (Roland Barthes, Gérard Genette, Jean-Pierre Richard, Gilles Deleuze, Serge Doubrovsky, Jean Ricardou). In: *Études proustiennes* II (1975), 87–116
Marcel Proust. Une pomme au fond d'une armoire. (Apocryphe). Commenté par Gérard Genette. In: *Poétique* 13 (1982), 383–384

Ritte, Jürgen (1982): Marcel und Proust. Die Biographen. In: Reiner Speck (Hg.): *Marcel Proust*. Werk und Wirkung. Erste Publikation der Marcel Proust Gesellschaft (1982). Köln/Frankfurt/M., 14–27
Roger, Alain (1985): *Proust, les plaisirs et les noms*. Paris
Roloff, Volker (1983): Lesen als ‹déchiffrement› – zur Buchmetaphorik und Hermeneutik bei Novalis und Proust. In: Edgar Mass/Volker Roloff (Hgg.): *Marcel Proust*. Lesen und Schreiben. Zweite Publikation der Marcel Proust Gesellschaft (1983). Köln/Frankfurt/M., 186–205

–, (1984): *Werk und Lektüre.* Zur Literarästhetik von Marcel Proust. Frankfurt/M.

Rossum, Walter van (1982): La philosophie. Proust et . . . Eh? In: Reiner Speck (Hg.): *Marcel Proust.* Werk und Wirkung. Erste Publikation der Marcel Proust Gesellschaft (1982). Köln/Frankfurt/M., 69–86

Rother, Michael (1982): Proust, auf der Suche nach der Identität. In: Peter Brockmeier/Hermann H. Wetzel (Hgg.): *Französische Literatur in Einzeldarstellungen.* Bd. 3 (Von Proust bis Robbe-Grillet). Stuttgart

Schneider, Manfred (1975): *Subversive Ästhetik.* Regression als Bedingung und Thema von Marcel Prousts Romankunst. Tübingen

Teroni Menzella, Sandra (1983): Sartre lecteur de Proust. Sensation et mémoire dans ‹La nausée›. In: *Studi Francesi* 27 (1983), 44–82

Benjamin

Fuld, Werner (1981): *Walter Benjamin.* Zwischen den Stühlen. Frankfurt/Main

Kleiner, Barbara (1980): *Sprache und Entfremdung.* Die Proust-Übersetzungen Walter Benjamins innerhalb seiner Sprach- und Übersetzungstheorie. Bonn. (Abhandlungen zur Kunst-, Musik- und Literaturwissenschaft, 296)

Lindner, Burkhardt (Hg.) (1985²): *Walter Benjamin im Kontext.* Königstein/Ts.

Menninghaus, Winfried (1980): *Walter Benjamins Theorie der Sprachmagie.* Frankfurt/M.

Scholem, Gershom (1983): Nachwort zu Benjamins »Berliner Chronik«. In: Gershom Scholem (1983): *Walter Benjamin und sein Engel.* Frankfurt/M., 174–79

Stüssi, Anna (1977): *Erinnerung an die Zukunft.* Walter Benjamins »Berliner Kindheit um Neunzehnhundert«. Göttingen

Witte, Bernd (1984): Bilder der Endzeit. Zu einem authentischen Text der »Berliner Kindheit« von Walter Benjamin. In *DVJS* 58. 4 (1984), 570–592

Witte, Bernd/Bolz, Norbert (Hgg.) (1984): *Passagen.* Walter Benjamins Urgeschichte des XIX. Jahrhunderts. München

Arnold, A. James/Piriou, Jean-Pierre (1973): *Genèse et critique d'une autobiographie.* ‹Les Mots› de Jean-Paul Sartre. Paris

Astruc, Alexandre/Contat, Michel (1976): *Sartre par lui-même.* Un film. Reinbek bei Hamburg

Bauer, George H. (1977): Interview as Autobiography. In: *L'esprit créateur* 17. 1 (1977), 61–69

Beauvoir, Simone de (1981): *La cérémonie des adieux.* Suivi de Entretien avec Sartre, août-sept. 1974. Paris

Bensimon, Marc (1965): D'un mythe a l'autre: Essai sur les ‹Mots› de J.-P. Sartre. In: *Revues des sciences humaines* (1965), 415–430

Bonnet, Henri (1979): Proust et Sartre. In: *Quintessenses* I (1979), 4–13

Bothorel, Nicole (1980): Le livre et l'image du livre dans ‹Les Mots›. In: *Interférences* 12 (1980), 79–97

Bökenkamp, Werner (1979): Der Philosoph auf dem Schemel. Jean Paul Sartres filmische Autobiographie. In: *FAZ* 225 (11. 11. 1976), 21

Contat, Michel (1975): Sartre et le cinéma. In: *Magazine littéraire* 103/104 (Sept. 1975), 57–58

Doubrovsky, Serge (1982): Phallotexte et gynotexte dans ›La Nausée‹: ›Feuillet sans date‹. In: Michael Issacharoff/Jean-Claude Vilquin (Hgg.) (1982): *Sartre et la mise en signe.* Paris, 31–55

Genette, Gérard (1976): Sens et signification. La théorie sartrienne du langage poétique. In: Pierre R. Léon/Henri Mitterant (Hgg.) (1976): *L'Analyse du discours. Discourse analysis.* Montréal, 193–202

Hyppolite, Jean (1971): Sartre. In: J. Hyppolite (1971): *Figures de la pensée philosophique.* 2 Bde. Paris, 2. Bd., 759–813

Ibert, Jean-Claude (1966): Sartre et les secrets d'une enfance. In: *Culture française* 13 (1966), 220–221

Idt, Geneviève (1976): L'autoparodie dans ‹Les Mots› de Sartre. In: *Cahiers du 20e siècle* VI (1976), 53–86

–, (1982): Des mots à l'enfance d'un chef: Autobiographie et psychoanalyse. In: Michael Issacharoff/Jean-Claude Vilquin (Hgg.) (1982): *Sartre et la mise en signe.* Paris, 11–30

Meyer, Philippe (1976): Sartre vaut mieux que ça. In *Esprit* XLIV, 463 (1976), 861–63

Miething, Christoph (1983): *Saint-Sartre oder der autobiographische Gott*. Heidelberg

Prince, Gerald (1982): Roquentin et le langage naturel. In: Michael Issacharoff/Jean-Claude Vilquin (Hgg.) (1982): *Sartre et la mise en signe*. Paris, 103–113

Rybalka, Michel (1968): Sartre et le cinéma. In: *L'esprit créateur* 8 (1968), 284–92

Schilipp, Paul Arthur (Hg.) (1981): *The Philosophy of Jean-Paul Sartre*. Carbondale
Sénart, Philippe (1964): Jean-Paul Sartre ou l'enfant du miracle. In: *La table ronde* 195 (1964), 7–16
Stone, Robert V. (1981): Sartre on Bad Faith and Authenticity. In: Paul Arthur Schilipp (Hg.) (1981): *The Philosophy of Jean-Paul Sartre*. Carbondale, 246–256

Teroni Menzella, Sandra (1983): Sartre lecteur de Proust: sensation et mémoire dans ‹La nausée›. In: *Studi Francesi* 79 (1983), 44–52

Wolff, Reinhold (1980): Der Mythos von der Geburt des Helden Jean-Paul Sartre oder: ‹Les Mots› als Familienroman. In: *Lendemains*. Zeitschrift für Frankreichforschung und Französischstudium 17/18 (1980), 139–153

Villelaux, A. (1964): Auto-Sartro-Graphie. *Les lettres françaises*, 2 (20. 2. 1964)

Leiris

Anis, Jacques (1983): Visibilité du texte poétique. In: *Langue Française* 59 (Sept. 1983), 88–102

Boyer, Alain-Michel (1974): *Michel Leiris*. Paris
Brée, Germaine (1980): Michel Leiris: Mazemaker. In: James Olney (Hg.): *Autobiography: Essays Theoretical and Critical*. Princeton, N. J., 194–206

Calle-Gruber, Mireille (1980): Anamorphoses textuelles. Les écarts de la lettre dans le ‹Glossaire› de Michel Leiris. In: *Poétique* 11 (1980), 243–249

Finkielkraut, Alain (1972): L'autobiographe et ses jeux. In: *Communications* 19 (1972): 155–169

Heinrichs, Hans-Jürgen (1981): *Ein Leben als Künstler und Ethnologe.* Über Michel Leiris. Frankfurt/M.

Le Dantec, Denise (1978/79): Le Je de Michel Leiris ou le jeu glossolalique des corps. In *Sud* 28–29 (hiver 1978/79), 16–26

Lejeune, Philippe (1975): *Lire Leiris.* Autobiographie et langage. Paris

Levinas, Emmanuel (1981): La transcendence des mots. A propos des biffures. In: *Autour de Michel Leiris.* L'ire des vents 3–4 (1981), 57–63

Lidle, Wolfgang (1982): *Das multiple Subjekt.* Der historische Wandel von Identität und psycho-sozialer Ausgrenzung in autobiographischen Schriften von Jean-Jacques Rousseau, Gustave Flaubert und Michel Leiris. Freiburg

Thomas, Jean-Jacques (1975): A One-Dimensional Poetics, Leiris. In: *Sub-Stance* 11–12 (1975), 3–43

4. Weitere Sekundärliteratur

Abastado, Claude (1979): *Mythes et rituels de l'écriture.* Bruxelles

Adorno, Theodor W. (1970): *Gesammelte Schriften 7.* Ästhetische Theorie. Frankfurt/M.

Athenaeum (1798). Eine Zeitschrift von August Wilhelm Schlegel und Friedrich Schlegel. Ersten Bandes Erstes Stück. Berlin

L'autoportrait (= corps écrit 5) (1983). Paris

Bachelard, Gaston (1975): *La poétique de l'éspace*, dt.: *Poetik des Raumes.* Übersetzt von Kurt Leonhardt. München

Barthes, Roland (1985): *La chambre claire.* Note sur la photographie, Paris 1980, dt.: *Die helle Kammer.* Bemerkungen zur Photographie. Übersetzt von Dietrich Leube, Frankfurt/M.

B. C. A. (1908/09a): My Life as a Dissociated Personality. In: *The Journal of Abnormal Psychology*, Vol. III (1908/09), Boston, 240–260

–, (1908/09b): An Introspective Analysis of Co-Conscious Life (My Life as a Dissociated Personality). By a Personality (B) claiming to be co-conscious. In: *The Journal of Abnormal Psychology*, Vol. III (1908/09), 311–334

Beaujour, Michel (1980): *Miroirs d'encre.* Rhétorique de l'autoportrait. Paris

Bertillon, Alphonse (1893): *Identification anthropometrique.* Instructions signalétiques. Album. Melun

–, (1895): *Gerichtliche Photographie. Mit seinem Anhange über die anthropometrische Classification und Identificirung.* Halle

Biran, Marie-François-Pierre G. Maine de (1977): *Tagebuch.* Ausw. u. Übers. von Otto Weith. Hamburg

Boitard, M. (1836): *Leçons de droit criminel.* Paris

Bouché-Leclercq, Auguste (1879–82/1963): *Histoire de la divination dans l'antiquité.* Impression anastatique. Bruxelles
Tome premier: *Paris 1879*
Tome deuxième: *Paris 1879*
Tome troisième: *Paris 1880*
Tome quatrième: *Paris 1882*

Breuer, Rolf (1976): *Die Kunst der Paradoxie.* Sinnsuche und Scheitern bei Samuel Beckett. München

Calvin, Johannes (1960): *Auslegung der Heiligen Schrift.* In Zusammenarbeit mit anderen hrsg. v. Otto Weber. – Neukirchen/Kreis Moers, Bd. 16: Auslegung des Römerbriefes und der beiden Korintherbriefe. Übers. u. bearb. von G. Graffmann, H. J. Haarbeck u. O. Weber

Chateaubriand (1957[3]): *Mémoires d'Outre-Tombe I.* Edition nouvelle établie d'après l'édition originale. Paris

Daubanton, A. G. (1809): *Traité-pratique du code d'instruction criminelle, avec formules, d'après le Bulletin des Lois no 214 bis.* Paris

Deleuze, Gilles (1969): *Logique du sens.* Paris

Derrida, Jacques (1974): *De la grammatologie,* Paris 1967, dt.: *Grammatologie.* Übersetzt von Hans-Jörg Rheinberger u. Hanns Zischler. Frankfurt/M.

Dilthey, Wilhelm (1965[4]): *Gesammelte Schriften.* Bd. VII: Der Aufbau der geschichtlichen Welt in den Geisteswissenschaften. Stuttgart/Göttingen

Ebner, Dean (1971): *Autobiography in Seventeenth-century England.* Theology and Self. The Hague/Paris

Edelmann, Johann Christian (1849/1976): *Selbstbiographie.* Faksimile-Neudruck der Ausgabe Berlin 1849. Hg. Bernd Neumann (= Deutsche Autobiographien, Hg. Bernd Neumann, Bd. 1), Stuttgart/Bad Cannstadt

Erikson, Erik H. (1976[3]): *Identity and the Life Cycle,* 1959, dt.: *Identität und Lebenszyklus.* Übersetzt von Käte Hügel. Frankfurt/M.

–, (1977): *Life History and the Historical Moment,* New York 1975, dt.: *Lebensgeschichte und historischer Augenblick.* Übersetzt von Thomas Lindquist, Frankfurt/M.

Foucault, Michel (1976–1984): *Histoire de la sexualité.* Vol. I –III. Paris

–, (1977): *Surveiller et punir.* La naissance de la prison, Paris 1975, dt.: *Überwachen und Strafen.* Die Geburt des Gefängnisses. Übersetzt von Walter Seitter. Frankfurt/M.

Freund, Gisèle (1976): *Photographie et societé*, dt.: *Photographie und Gesellschaft*. Übersetzt von Dietrich Leube. München

Friedrich, Hugo (1949): *Montaigne*. Bern

Gall, Franz-Joseph (1822–25): *Sur les fonctions du cerveau*. 6 Bde., Paris

Galle Roland (1986): *Geständnis und Subjektivität*. Untersuchungen zum französischen Roman zwischen Klassik und Romantik. München

Galton, Francis (1892): *Fingerprints*. London/New York

–, (1908/1973): *Inquiries into Human Faculty and its Development*. Reprint of the 1908 edition. New York

Genette, Gérard (1982): *Palimpsestes*. La littérature au second degré. Paris

Gerhardt, Marlis (1985): Ich höre Stimmen und Rhythmen. Ein Portrait der amerikanischen Schriftstellerin Gertrude Stein, in: *DIE ZEIT* Nr. 44, 25. 10. 1985, S. 65f.

Ginzburg, Carlo (1983): *Spurensicherungen*. Über verborgene Geschichte, Kunst und soziales Gedächtnis. Berlin

Gleason, Philip (1983): Identifying Identity. A Semantic History. In: *Journal of American History*, Vol. 69, No. 4 (1983), Bloomington, 910–931

Glitsch, A. (1899[2]): *Geschichte und gegenwärtiger Bestand der historischen Sammlungen (Archiv, Bibliothek, Gemäldesammlung) der Brüder Anität*. Herrnhut

Gough, Harrison G./Peterson, Donald R. (1952): The Identification and Measurement of Predispositional Factors in Crime and Delinquency. In: *Journal of Consulting Psychology* 16 (1952), 207–212

Groupe de la Bussière (1983): *Pratiques de la confession*. Des pères du désert à Vatican II. Quinze études d'histoire. Paris

Haller, William (1965[4]): *The Rise of Puritanism or, The Way to the New Jerusalem as set Forth in Pulpit and Press from Thomas Cartwright to John Lilburne and John Milton, 1570–1643*. New York and London

Henrich, Dieter (1979): »Identität« – Begriffe, Probleme, Grenzen. In: Marquardt, Odo/Stierle, Karl-Heinz (Hgg.) (1979): *Identität*. München, 133–186

Herren, Rüdiger (1973): *Freud und die Kriminologie*. Einführung in die psychoanalytische Kriminologie (= Kriminologie. Abhandlungen über abwegiges Sozialverhalten. Hg. Th. Würtenberger, Nr. 10). Stuttgart

Hocke, Gustav René (1978[2]): *Europäische Tagebücher aus vier Jahrhunderten*. Motive und Anthologie. Wiesbaden und München

Hobbes, Thomas (1967[2]): *Vom Körper (Elemente der Philosophie I)*. Unveränderter Nachdruck der Auswahl und Übersetzung von Max Frischeisen-Köhler 1915 (= Philosophische Bibliothek Bd. 157). Hamburg

Hume, David (1964): *A Treatise of Human Nature*. Being an Attempt to introduce the Experimental Method of Reasoning into Moral Subjects. In

two Volumes. Vol. I (Reprint of the New Edition London 1886), ed. by
Th. H. Green and T. H. Grose. Aalen

Jaeger, Johannes (1905): Hinter Kerkermauern. Autobiographien und
Selbstbekenntnisse, Aufsätze und Gedichte von Verbrechern. Ein Beitrag zur Kriminalpsychologie. In: *Archiv für Kriminalanthropologie
und Kriminalistik,* Bd. 19 (1905), H. 1, 1–48 und H. 3/4, 204–257
(Fs.)
James, William (o. J.): *The Principles of Psychology.* Vol. 1 + II. Authorized
edition of the work first published by Henry Holt and Co. in 1890.
New York (Dover-Edition)
Jung, Carl Gustav (1906): Die psychopathologische Bedeutung des Assoziationsexperimentes. In: *Archiv für Kriminalanthropologie und Kriminalistik,* Bd. 22 (1906), 145–162
–, (1906/1909): *Diagnostische Assoziationsstudien.* Leipzig

Kittler, Friedrich A. (Hg.) (1980): *Austreibung des Geistes aus den Geisteswissenschaften.* Programme des Poststrukturalismus. Paderborn/Mün-
chen/Wien/Zürich
–, (1985): *Aufschreibesysteme 1800/1900.* München

Lee, Clarence D. (1953): *The Instrumental Detection of Deception.* The
Lie Test. Springfield/Oxford/Toronto
Lejeune, Philippe (1975): *Le pacte autobiographique.* Paris
–, (1980): *Je est un autre.* L'autobiographie, de la littérature aux médias.
Paris
De Levita, David J. (1971): *Der Begriff der Identität.* Frankfurt/M.
Littré. Dictionnaire de la langue française (1971)
Locard, Edmond (1914): Mémoires originaux. La preuve judiciaire par les
empreintes digitales. In: *Extraits des archives d'anthropologie criminelle,
de médecine légale et de psychologie normale et pathologique,* no 245,
15. mai 1914, Lyon, 312–348
–, (1909): *L'identification des récidivistes.* Paris
Locke, John (1961): *An Essay concerning Human Understanding.* In two
volumes. Vol. I (ed. John W. Yolton). London
Lombroso, Cesare (1887): *Der Verbrecher in anthropologischer, ärztlicher
und juristischer Beziehung,* in deutscher Bearbeitung von M. O. Fraen-
kel. Hamburg
–, (1899): *Kerker-Palimpseste.* Wandinschriften und Selbstbekenntnisse ge-
fangener Verbrecher. Vom Verf. dtsch. hrsg. in Verb. mit H. Kurella.
Hamburg
Lorenz, Thorsten (1985): *Wissen ist Medium.* Die Stummfilmdebatte
1907–1929 (Diss.). Freiburg/Br.

Maier, Hans (1966): *Die ältere deutsche Staats- und Verwaltungslehre (Polizeiwissenschaft)*. Ein Beitrag zur Geschichte der politischen Wissenschaft in Deutschland. Neuwied am Rhein/Berlin

Malraux, André (1968): *Antimémoires,* Paris 1967, dt.: *Anti-Memoiren.* Frankfurt/M.

de Man, Paul (1979): Autobiography as De-facement. In: *Modern Language Notes* 95, 5 (1979), 919–930

McLuhan, Marshall (1968): *Understanding Media,* 1964, dt.: *Die magischen Kanäle.* Understanding Media. Übersetzt von Meinrad Amann. Düsseldorf/Wien

–, (1978): *Wohin steuert die Welt.* Massenmedien und Gesellschaftsstruktur (Aufsatzsammlung. Übersetzt von Heinrich Jelinek). Wien/München/ Zürich

–, (1968): *The Gutenberg Galaxy,* Toronto 1962, dt.: *Die Gutenberg-Galaxis.* Übersetzt von Max Nänny. Düsseldorf/Wien

Mehlmann, Jeffrey (1974): *A Structural Study of Autobiography.* Proust, Leiris, Sartre, Lévi-Strauss. Ithaca/London

Morris, John N. (1966): *Versions of the Self.* New York/London

de Musset, Alfred (1937): *Œuvres complètes.* La confession d'un enfant du siècle. Paris

Münsterberg, Hugo (1913): *On the Witness Stand.* Essays on Psychology and Crime. Garden City/New York

Niggl, Günter (1977): *Geschichte der deutschen Autobiographie im 18. Jahrhundert.* Theoretische Grundlegung und literarische Entfaltung. Stuttgart

Olney, James (Ed.) (1980): *Autobiography: Essays Theoretical and Critical.* Princeton, New Jersey

Ong, Walter J. (1984[3]): *Orality and Literacy.* The Technologizing of the Word. London/New York

Oxford English Dictionnary, Vol. III (1933)

Poétique. Revue de théorie et d'analyse littéraires, 56 (1983): L'autobiographie. Paris

Prince, Morton (1920): Miss Beauchamp. The Theory of the Psychogenesis of Multiple Personality. In: *The Journal of Abnormal Psychology,* Vol. XV (1920–1921) No. 2–3, Boston, 67–135

–, (1978): *The Dissociation of a Personality.* The Hunt for the Real Miss Beauchamp. Oxford/New York/Melbourne

Raulff, Ulrich (1985): Münsterbergs Erfindung oder der elektrifizierte Zeuge. In: *Freibeuter* 24/1985, 33–42

Reid, John E./Inbau Fred E. (1966): *Truth and Deception. The Polygraph (»Lie-Detector«) Technique.* Baltimore

Riesmann, David (1974[15]): *The Lonely Crowd.* A Study of the changing American Character, New Haven 1950, dt.: *Die einsame Masse. Eine Untersuchung der Wandlungen des amerikanischen Charakters.* Übersetzt von Renate Rausch. Hamburg

Sainte-Beuve (1956): *Œuvres* I. Premiers Lundis. Début des Portraits Littéraires. Paris

Seitter, Walter (1985): *Menschenfassungen.* Studien zur Erkenntnispolitikwissenschaft. München

Shumaker, Wayne (1954): *English Autobiography.* Its Emergence, Materials, and Form. Berkeley and Los Angeles

Schneider, Manfred (1980): *Die kranke schöne Seele der Revolution.* Heine, Börne, das ‹Junge Deutschland›, Marx und Engels. Frankfurt/M.

–, (1985): Hysterie als Gesamtkunstwerk. Aufstieg und Verfall einer Semiotik der Weiblichkeit. In: *Merkur* 10, 879–895

Schreiber, Jens (1983): *Das Symptom des Schreibens.* Roman und absolutes Buch in der Frühromantik (Novalis/Schlegel) (Europäische Hochschulschriften: Reihe 1, Dt. Sprache und Literatur, Bd. 649). Frankfurt/M./Bern/New York

Starobinski, Jean (1971): *Jean-Jacques Rousseau.* La transparence et l'obstacle. Paris

Trilling, Lionel (1972[2]): *Sincerity and Authenticity.* London, dt.: *Das Ende der Aufrichtigkeit.* Deutsch von Henning Ritter. München

Trovillo, Paul V. (1939): A History of Lie Detection, in: *American Journal of Police Science, incorporated in the Journal of Criminal Law and Criminology* (1939), Apr./May/June, 848–881

Werckmeister, Otto Karl (1981): *Versuche über Paul Klee.* Frankfurt/M.

Wittich, Wilhelm Heinrich von (1870): *Physiognomik und Phrenologie.* Berlin

Wordsworth, William (1959[2]): *The Prelude or Growth of a Poet's Mind.* (ed. by Ernest de Selincourt, second edition revised by Helen Darbishire) Oxford

Wundt, Wilhelm (1904[2]): *Völkerpsychologie.* Eine Untersuchung der Entwicklungsgesetze von Sprache, Mythos und Sitte. Bd. 1: Die Sprache. Leipzig

Dietmar Kamper
im Carl Hanser Verlag

Abstraktion und Geschichte
Rekonstruktionen des Zivilisationsprozesses
Herausgegeben von Dietmar Kamper. 1975. 239 Seiten

Geschichte und menschliche Natur
Die Tragweite gegenwärtiger Anthropologie-Kritik
1973. 278 Seiten

Über die Wünsche
Ein Versuch zur Archäologie der Subjektivität
Herausgegeben von Dietmar Kamper. 1977. 183 Seiten

Zur Geschichte des Körpers
Perspektiven der Anthropologie
Mit Beiträgen von Volker Rittner und anderen
Herausgegeben von Dietmar Kamper und Volker Rittner
1976. 222 Seiten

Zur Geschichte der Einbildungskraft
1981. 291 Seiten

Das gefangene Einhorn
Texte aus der Zeit des Wartens
1983. 134 Seiten

Zur Soziologie der Imagination
1986. 224 Seiten